自序

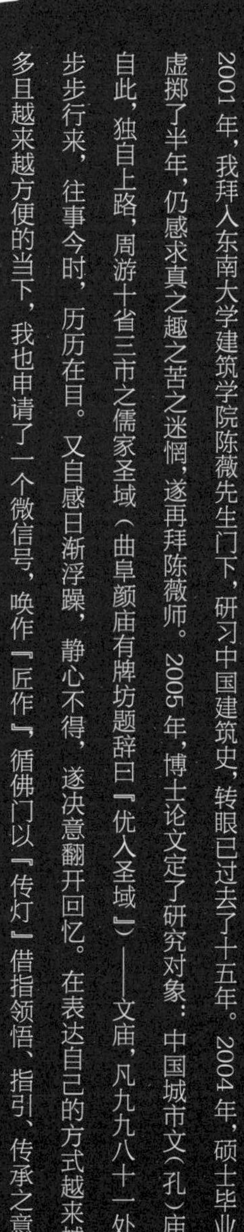

2001 年，我拜入东南大学建筑学院陈薇先生门下，研习中国建筑史，转眼已过去了十五年。2004 年，硕士毕业，虚掷了半年，仍感求真之趣之苦之迷惘，遂再拜陈薇师。2005 年，博士论文定了研究对象：中国城市文（孔）庙。自此，独自上路，周游十省三市之儒家圣域（曲阜颜庙有牌坊题辞曰『优入圣域』）——文庙，凡九九八十一处。步步行来，往事今时，历历在目。又自感日渐浮躁，静心不得，遂决意翻开回忆。在表达自己的方式越来越多且越来越方便的当下，我也申请了一个微信号，唤作『匠作』，循佛门以『传灯』借指领悟、指引、传承之意，作所谓《圣域传灯录》，希冀以明灯驱散黑暗，借儒光赶走虚妄。

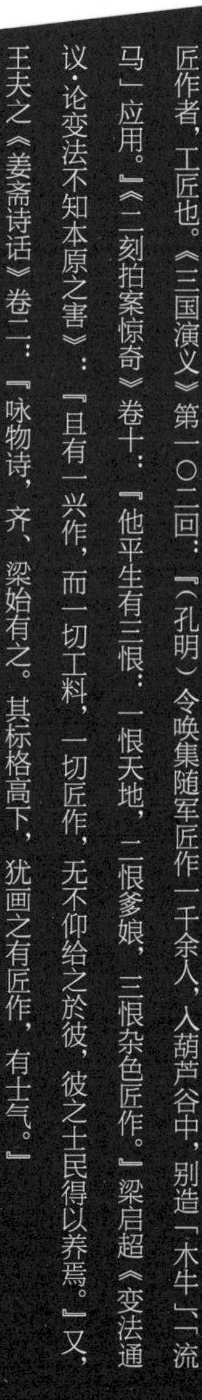

匠作者，工匠也。《三国演义》第一〇二回：『（孔明）令唤集随军匠作一千余人，入葫芦谷中，别造「木牛」「流马」应用。』《二刻拍案惊奇》卷十：『他平生有三恨：一恨天地，二恨爹娘，三恨杂色匠作。』梁启超《变法通议·论变法不知本原之害》：『且有一兴作，而一切工料，一切匠作，无不仰给之於彼，彼之士民得以养焉。』又，王夫之《姜斋诗话》卷二：『咏物诗，齐、梁始有之。其标格高下，犹画之有匠作，有士气。』

凡此种种，皆意『匠作』为下品。取其为名，以下品自谓，乃喻求实之艰。

卷四

卷五

目录

引子

泰山

2003.12.07 | 2013.05.31

第一次真正意义上的师门学术考察，乃是2003年底的“走在运河线上”，至今回味无穷。吾师陈薇带队，同行者有：诸葛净、刘捷、申丽萍、赵林、李国华。途中，登了泰山。正是雪后，东岳的雄奇，映着日头尤显光芒万丈。还记得那篇著名的课文《雨中登泰山》中的一句：“有雨趣而无淋漓之苦”。奈何各人的体力是不一样的，我爬上山顶仅寻得刘、申、李三位坐缆车上山的。

在泰山极顶玉皇顶西南的望吴峰下，碧霞祠西侧，有座明嘉靖年间（1522-1566年）尚书朱衡创建的孔子庙。都说“孔子登东山而小鲁，登泰山而小天下”，这个庙恐怕不仅仅是为了纪念，天下封禅之地，有儒圣作证，自然根正苗红，诚如（明）严云霄《咏孔子庙》曰：“泰山岳中之孔子，孔子人中之泰山。”记住了孔子庙门两侧（清）徐宗干的题联，录之自勉：“仰之弥高，钻之弥坚，可以语上也；出乎其类，拔乎其萃，宜若登天然。”

残阳如血时分，告别岱顶，赶上了最后一班下山缆车，售票处竟有与我四人走散的陈薇师留下的字条：“来此后，速下去，车站集合，最迟七点。”让吾师担心了。

十年后的盛夏，我又站在了岱顶的孔子庙前，而今看云空阶上，两鬓已是星星点，可叹：“天上浮云似白衣，斯须改变如苍狗。”

首尔

曲阜

卷一

|

2003.12

2005.08
2006.02

2006.07

2007.09

曲阜

2003.12.07-12.08
2006.07.24-07.25
2007.09.27-09.28

曲阜对出身于东南大学建筑史学科的很多人来说，都是个终身难忘的地方。许多年前的孔庙、孔府等一干建筑的测绘，凝聚了众多前辈的汗水与辛劳。吾师陈薇进了曲阜的地界，就显得特别兴奋，一会就念叨个事，一会就念叨个人，还特别奢侈地带我们入住了戴念慈先生设计的阙里宾舍，可惜的是已经换成私人承包，原来的妙想很多都被所谓的商业经营理念给掩盖了，所幸采用的方式仅限于一些表面装饰，并未伤筋动骨。陈薇师还特地强调，看孔庙是有讲究的，起点应该从哪里开始，进去了怎么穿门越户，递进的空间又是怎么组织有序……总之，"跟着我走！"真是不跟不知道，一跟吓一跳，这种耳提面命的现场教学，直让人击节叫好，当时就想过孔庙值得好好做做。蒙吾师垂青，这个题目还真是落到了我的头上。

再来曲阜已是三年之后了。曲阜文物局的徐会臣先生将我引见给孔祥林先生，孔先生热情和蔼，倾囊相谈，也给我泼了点冷水："做孔庙的人太多了，你怎么做？要想清楚！……为什么不做做关帝庙呢？"不过，我倒愿意将之看作是一个很关键问题的反问，即孔庙做的人太多了，那么现在的研究进展到了什么程度，我的突破点又在哪里？陈薇师曾经就研究生阶段的学术研究概括为两大方向，一是攀高峰，一是拓荒地，我明显属于前者。这个问题至今还萦绕在我的脑海里，博士虽然毕业了，但高峰还得继续攀登，离顶远着呢。

越一年，曲阜举行盛大的孔子诞辰 2557 周年纪念活动，徐会臣先生还惦着我，嘱我来参加，不胜感激。活动当天，乌泱泱人头攒动，行动路线自城门开始，倒也符合朝圣的程序，有意思的是身份的证明不是挂个牌牌，而是条鲁绣围巾，杏黄色的挺鲜亮，还绣了孔圣人的头像。进城时看见有人举着摄像机采访，原是于丹女士，彼时她在央视的百家讲坛讲《论语》正火，被请来作嘉宾解说了。活动很热闹，该说话的说话，该表演的表演，我却受不了这喧嚣，站了一会就悄悄离开了，到旁路转转，居然安静得很。

在幽暗的两庑里，照进来的光被隔扇的格子切割成一小块一小块的，泛着耀眼的红，像是一群恣意游泳的鱼。我挨着木主一个个拜下来，不时停停想想……

| 一 |

以下，记：研究思路。

以教育作为个人、家庭和社会发展的根基，是中华民族最优秀的文化传统之一，而这一传统的主要载体，正是古代各级城市以文庙为中心的各类教育建筑。至今，除一些新建城市，中国县级以上的城市中古代文庙大量遗存（或有实体、或有遗址，甚或是地名等），成为举足轻重的城市文化遗产。

中国古代，自唐以后的都城和地方城市，不论规模大小或建置等级，文庙都不可或缺，其现象本身独具意义。文庙的象征意义、祀典活动及建筑配置等，与城市的管理运作、空间组织及日常生活等复杂系统有密切关联。陈薇师《解读地方城市》一文指出“地方城市丰富多样，几近包罗万象……很难用简单的类型进行归纳和总结，也不能采用单一的方法进行研究”；并提纲挈领了必要的研究方法及关注层面：运用社会人类学的研究方法；都城和地方城市的相互传播与影响；地方城市边界及其相关问题。[1] 基于此，将文庙作为城市类型建筑的探讨和研究，必然丰满中国古代城市的认识架构；同时，在城市的背景下研究文庙的形态也更有指向性。

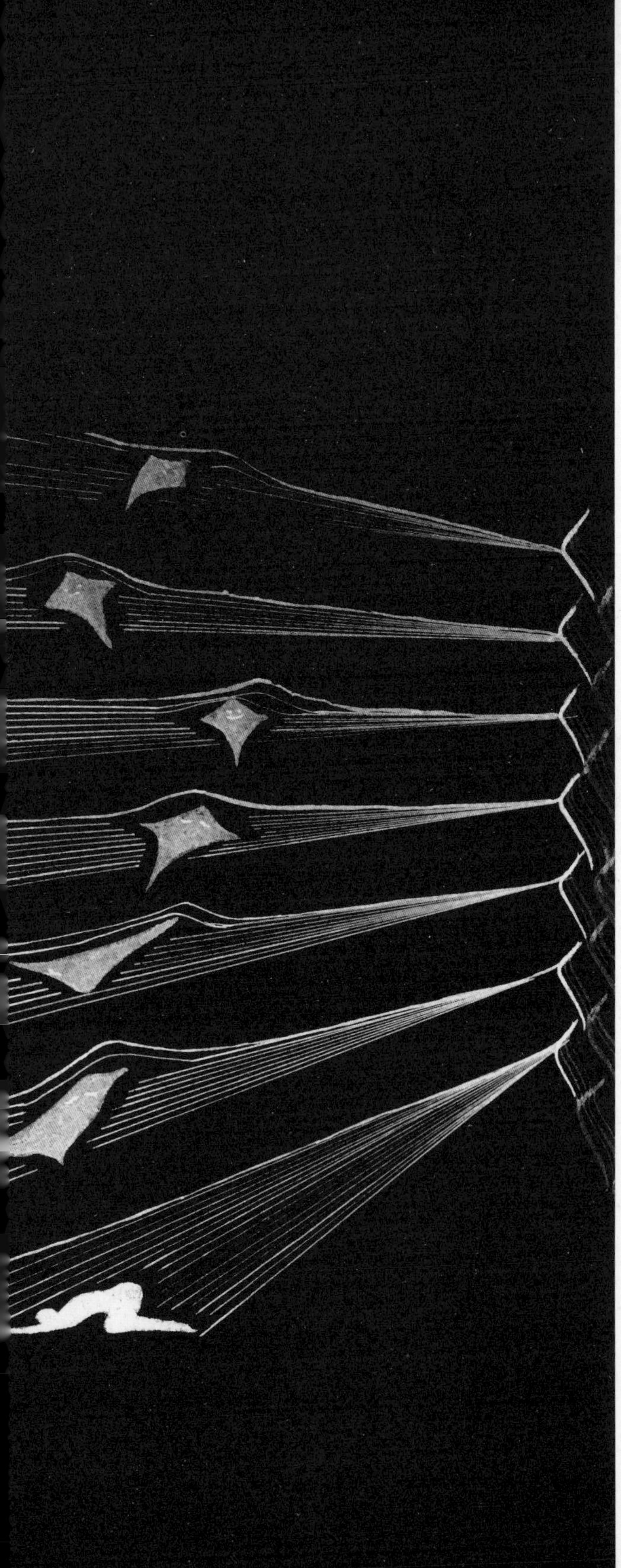

基于建筑史的文庙研究，虽较为频见，但不出建筑配置及空间布局，或个案的建构技术等范围，呈现出分散、独立的状态；而城市史方面，尚局限于选址的考察，甚少涉及文庙在城市中发挥的实际作用，及在更广区域范围内的影响。只有立足于文庙建筑既是城市构成的重要类型，更为传承中国传统文化的最重要载体之一，涉及建筑学、文化学、政治学等多学科的交叉与融合，才能在既有的研究基础上，扩大城市类型建筑的研究视界和范围，并以城市为背景和契机，将文庙研究推向更为广阔的领域。

基于对史籍记载和现代学术研究两方面的归类总结，虽关于中国古代文庙的研究成果颇丰，但放在城市背景下研究的很少，尤其是关于城市文庙发展轨迹的整体的、连贯的历史解读甚少，难于对其建立丰满的认知。而具体研究工作的开展，又应当力求在研究内容和方法上都有所创新，但方法的运用务必服务于内容的创新，实交融一体，故统论之，概为五点：

其一，用传统研究方法梳理建筑史学层面的文庙形成与发展：应当在前人研究基础上，结合文献的对比阅读和实地考察，力图建构建筑史学领域内关于中国古代城市文庙形成与发展的系统认知框架。文庙作为中国文化传统主要载体的历史沿革、建筑形制与空间特征的形成与动因，及文化价值予以系统揭示。

其二，用考证的方法探讨借由中央官学文庙解析的都城空间再认识：除曲阜孔庙外，都城中央官学文庙乃为各历史时段文庙发展的风向标和表率。应当以考证为主，结合制度研究，将都城文庙的建设放在时代和城市背景中逐一考察，详尽梳理历代都城文庙的演变轨迹。同时，尝试厘清部分中国古代都城史研究领域中尚属含混的问题，如都城文庙的出现时间、文庙建筑配置（尤其宋及以前）等；又如都城文庙选址、构成元素、建筑规模与布局、祭孔程序等，带来的诸多都城空间变化是不容忽视的，若是在诸如此等方面有些许收获，恰是对古代都城空间的再认识和可能的补充。

其三，用数据化和图像化的方法分析明以前地方文庙的发展态势：应当借助统计学和图像学的方法（如 GIS 技术），从大量相关的文献中耙梳掘剔，扩容宋以前及辽、金两代的地方文庙实例；再结合前人对宋、元时期的文庙文献整理，大致廓清自汉至元地方文庙逐步发展的轨迹，并转换为历代版图内的图像性语言，以朝代的更替作为描绘地方文庙发展轨迹的时间坐标，概述明以前各时间段的社会背景和版图内文庙的分布概况，以期大致串联起明清地方文庙大普及前的孕育过程。而且，文庙数据库的建立，是一个开放和可以不断更新的系统，随着史料发掘的深入和相关研究成果的成熟，也可为日后进一步研究工作打下良好的基础。

其四，用统计学方法推演文庙建筑配置与空间构成的基本架构：依我陋见，文庙虽颇受学界青睐，但因缺乏必要的、基于统计的脉络梳理（以避免所谓选取代表性案例的问题），以致其建筑配置或象征性空间的出现时间、设置原因等大多未得深究，如棂星门、泮池之类，甚而至于以讹传讹。尤其就建筑史的研究层面而言，尚局于静止的观察阶段，或仅是站在当下回望；倘无正本清源的基础工作，文庙建筑空间的认知恐为无本之木。应在廓清文庙营造组织、布局方式等控制性因素的基础上，结合大量数据和简图分析，将构成文庙形态的各要素分解，逐一分析其产生、发展、变化、空间特点等及背后的动因，据之获得文庙建筑配置与空间构成演变的基本架构。

其五，用多学科的视野进行城市构成空间和管理系统双重体系下的文庙考察：文庙的同质化如何体现于城市空间中，基于城市的不同形态又是否有异质化的可能？文庙与城市的“边界及其周围发生的事情和产生的建筑与建置”，或是解读的重要途径，亦与“城市的认知及形象的建立密不可分”。[2] 应结合古代文庙遗存的现状和史实资料的完备程度，探讨文庙作为城市构成空间和管理系统运作双重体系中的重要建筑类型，与城市其他构成要素的互动关系，主要包括城市选址、文庙边界与城市空间关系、对城市生活的影响等方面。此外，自唐以后科举兴盛，各种与祈求地方文运相关的建筑类型也应运而生，如文峰塔、文昌阁等，并在明清时期达到顶峰，城市内形成了以文庙为统领的庞大的祈祝文运建筑系统，并对城市空间和景观的再构起到相当的影响，亦为过去古代城市研究中发力不多的领域。

| 二 |

以下，记：曲阜庙城。

早在 1935 年，梁思成、莫宗江等先生就赴曲阜孔庙勘察修葺工程，对孔庙的大部分建筑进行了详细测绘和摄影工作，同年 7 月提出了孔庙修葺计划。并多方查找历史资料，考证出每座建筑的年代，撰文《曲阜孔庙之建筑及其修葺计划》，载于《中国营造学社汇刊》第六卷第一期（曲阜孔庙研究专号）。

至今，学界硕果不断，堪称经典者如：由潘谷西先生领衔的南京工学院建筑系（今东南大学建筑学院）与曲阜文物管理委员会合著的《曲阜孔庙建筑》，几乎所有涉及曲阜孔庙建筑的研究都无法绕过该著的相关体系与论述；傅崇兰、孟祥才、曲英杰、吴承照四位先生合著的《曲阜庙城与中国儒学》，经由跨越建筑、考古、历史、城市、地理众领域专家的通力合作，成就的是依据城市发展学基础理论而开掘探索了城市史研究的新途径及方法；傅熹年先生在《中国古代城市规划、建筑群布局及建筑设计方法研究》一书中，对曲阜孔庙的平面布局及大成殿和奎文阁都作了构图分析；2001-2004 年，天津大学建筑学院更是出动师生 353 人次，对已成为世界文化遗产的孔庙、孔林、孔府及颜庙、洙泗书院、尼山孔庙等文物建筑，进行了全面测绘和数字化。

珠玉在前，曲阜孔庙于我，其一，是作为解读普遍意义上文庙建制和建筑空间的参照系；其二，也是我最关心的，是明清时期的曲阜游观和祭孔礼仪前期准备的过程，并及于庙城之间的空间与功能转换。在历史的曲折发展过程中，曲阜城市几经迁移而孔庙独存，最终形成了以孔庙为核心的城市生长，概括而言，主要有五个阶段：

其一，因孔子讲学之所为庙，在东汉中期以前，庙在鲁城之北。

其二，因旧宅立庙，约在东汉顺帝间（126-144 年），庙已移往鲁城之内；此后一直相沿，时有修复，皆维持汉制。

其三，孔庙扩建，始于唐高宗乾封元年（666 年），宋、金亦不断扩建之。宋初曲阜县城仍沿于唐及五代时期旧址（今曲阜东北周公庙高地一带），真宗大中祥符五年（1012 年）以传说轩辕黄帝诞于寿丘之故，诏改曲阜为仙源县，并移县址于仙源县（在今曲阜城东旧县村）。金熙宗皇统二年（1142 年）复曲阜旧名，而县址不迁，直至明中叶。如是，庙城相分达五百余年。

其四，庙宅相分，元世祖至元四年（1267 年）由孔子五十三世孙、曲阜县令孔治主持完成，由此形成了明清以后孔庙的基本格局。[3]

其五，环庙筑城，直接起因乃明正德六年（1512 年）山东刘六、刘七起事，一度攻入曲阜县城，并对孔庙大加破坏；次年（1513 年）按察司分巡东兖道佥事潘珍奏请："将曲阜县治徙庙傍，量筑城池，以备防守。"得以诏许，于是在今址以孔庙为中心重修曲阜城。历时十年，至嘉靖元年（1522 年）竣工，此时孔庙及孔府已扩建，约等同于今日所见规模，县城即以之为中心规划营建。城周八里三十六步，初开四门，即东秉礼、南崇信、西宗鲁、北延恩。《城阙里记》云："视其外则高墉深沟，与泰山、洙泗映带而潆回；视其内则庙貌、公府伉然中居，而县治、儒校、行台、分司，以及市廛、门巷罗布环列，足以增宫墙之重。前此千百年之缺典，乃今始克举之；后此千百年而有外侮焉，于是乎庶几无患矣。"[4]

明时的"移城卫庙"至少在空间形态上使孔庙、孔府与城市发展结合起来，使曲阜成为因庙成城、庙城相依的独特城市案例；但庙城的大发展并形成具有真正意义上的城镇，实际在清，孔子本庙拥有了城市构成中的绝对控制权，其作为天下孔庙之祖的身份在曲阜得到了最有分量的城市空间体现。

自城市的角度来考察孔庙，原因及基础资料有三：

其一，徐振贵、孔祥林二先生编注的《孔尚任新阙里志校注》：（清）孔尚任的著名在于其《桃花扇》作者的身份，而作为孔子后裔，则饱蘸深情地记录了曲阜游观的指南。行程前后有别，既有尊卑之分，又充分考虑了交通路线的合理性。孔庙、孔府当为首要，其后则出城两日，将曲阜周边胜迹囊括概尽；又返城观颜庙、孔林等，后再出城，观余景。依之“日有余暇，景无剩美”，共需“跋涉五日，悉酬平生之愿矣”。并对来往曲阜作了引导：如北上者，可“度汶水，登泰山”；若南行，或东西行者，则“仍回阙里，西之滋阳县，东之泗水县，南之邹县。”[5]向导的意义在于简明扼要地为来者介绍城市的著名胜迹，借由其文，可观时人心目中的曲阜城市与建筑。

其二，仍据该书纪录的康熙二十三年（1684年）南巡至曲阜之亲祭孔庙：该时孔尚任提任引驾官，除讲经外，又深得康熙帝赏识，破格授国子监博士，提调入京。康熙帝的游观路线记载详尽，可据之作不同人等的曲阜游观比照。

其三，赵荣光先生《〈衍圣公府档案〉食事研究》中对于孔庙“丁祭”[6]程序的整理：我的兴趣不在具体的祭祀程序，而是“丁祭”前长达二十天的准备工作中，孔庙内事件发生的地点或空间。

当我循着（清）孔尚任的笔端，在图纸上描画出孔庙的游观路线时，由衷地叹服于这个规模巨大建筑群空间布局的合理，仿佛在观摩类似《清明上河图》或是《盛世滋生图》一般的景观长卷，再综合其他建筑群的游观路线，对古代建筑群中平行空间的组织有了更为真切的认知：

其一，拜祭为先，游观次之。

客至曲阜，需“访礼生，问仪注，备祭品”，尊崇的心情和祭奠的必需，使得时人在孔庙内的初始路线与今日大门敞开的情状自有大不同，而是直接深入至殿庭的心脏部位——杏坛，“依礼生仪注陈设祭品，行释菜礼”，毕后始作游观。且中路的三大殿（大成殿、寝殿、圣迹殿）是为首要，即紧密围绕孔圣，随之方依据空间布局展开有效路径。整个游观涉及孔庙的任何角落，重复路线仅有两段，且距离皆不悬远，由是可观平行空间连接的递进性和布陈的匀致性。

其二，尊卑有别，体现在不同人等的空间路线。

颜庙、尼山孔庙等处的游观方式与孔庙相仿，不由绝对中轴是显而易见的，表之于对正中“门”的避让；而皇帝的脚步则是踏在中轴线上，尊卑的体现无以复加。因时人祭拜为先，又受制于等级，游观路线与皇帝及今日游客皆相反，对孔庙前导空间一步三叹的感受至少有两次，叠加的效果是不断增强的空间敬畏感。

其三，城市分区对不同人等前往孔庙的限定。

皇帝与常人，前者由孔庙南门直入，后者以西门为起始，除了身份的不同，曲阜的城市功能布局亦为控制因素之一。清时曲阜城市格局以孔庙、孔府为核心分野：东部是以其他孔氏府第为主的阔气富裕区，商业集市也比较发达，与中心的文化纪念和祭拜区有明显分工的差别，不仅形成了一个紧随康乾盛世发展趋势的城镇功能区，也更加鲜明了城市中心的礼仪性；西部则是以县衙办公、学校教育及一般城市居民消费为主的公共建筑和管理机构综合区。[7] 皇帝行宫在东城，接待外来人士的公馆在西城，不同人等前往孔庙的空间位移，亦体现了城市的功能分区。

其四，毓粹门与鼓楼作为多重空间转换的枢纽。

不同人等孔庙游观路线的终点皆为毓粹门，亦为随后拜访孔府及全城游走的基点，此门不仅是庙、府之间的最直接联系媒介，亦为孔庙内向空间外化于城市的世俗出口。行走于城市中，孔庙威仪的感触除了万仞宫墙至庙南牌坊、下马碑等之间的三角地带，还在之庙两侧的半壁街与阙里街，狭长的线性感和纵深感借由高垣、牌坊、角楼、钟楼等得到渲染，最终仍是交汇于庙东的毓粹门。而孔族“丁祭”前准备工作在孔庙内的发生地点，随着祭祀时间的临近，亦明显地呈现出由四周往中、东部趋近的态势，虽毓粹门仅为进出的通道，并无重要事件发生，但隐含的空间组织作用不容小觑。

鼓楼则是曲阜三个主要功能区（中：祭祀区，东：居住商业区，西：办公文教区）的城市尺度转换节点，不仅城市的主要街道于此会聚，游观庙城的路线亦多据之发散。清曲阜已形成区域发展的格局，代表者即为孔林与少昊陵[8]，虽在城外，却是曲阜城区域人文社会和生态环境不可或缺的组成部分，其影响可与庙城相提并论。如清乾隆帝巡曲阜即达八次之多，除孔庙外，孔林、少昊陵、周公庙、颜庙等亦是必往祭拜或参谒的，皇帝的活动范围恰是这种区域格局形成的反映，并推动了其发展。

首尔

2005.08.31–2006.02.26

硕士毕业后，晃了一阵，又想读书了，再投陈师门下。入学不久，陈师为我和师兄胡石创造了去韩国汉阳大学交流的机会，师从韩东洙先生。我二人也是胆子忒大，一个“圈圈字”不识就去了，以为韩国会跟日本一样,大街上到处有中文字,半蒙半猜总能应付,哪知道那些时日正是“去汉化”最厉害的,大街小巷的电子广告显示屏上都是一个橡皮对着“汉城”两个汉字使劲擦，最后变出“首尔”两个韩语文字来。不得已，还是上了语言班，是英语教韩语，那叫一个郁闷啊，直到回国我也只是能说些简单的日常用语，和对着字典看看韩文书。

还好，韩文是在 15 世纪中期才发明的，之前的文献都是汉字记录。既来之则安之，来前已经定了关于文庙的研究方向，那我的第一步就从东亚建筑文化圈的韩国开始。朝鲜（今日的韩国和朝鲜）是中国以外以孔子为代表的儒家思想传入时间最早、传播领域最广、接受程度最深的国家，为推崇孔子，表彰儒学，显示崇儒重道，历代王朝陆续修建奉祀孔子的庙宇，使朝鲜成为中国以外建有文庙最多的国家。因之，有关其探讨也可为中国古代城市文庙的研究提供更为广阔的视野和比较平台。

看得最多的书是《朝鲜太学志》，看得最仔细的房子是成均馆（朝鲜时期国子监），还借着游历大半个韩国的时候看了庆州乡校和巨济乡校，回国时交出了《李氏朝鲜时期的成均馆（国子监）——东亚建筑文化视野下的比较研究》，算有了个交代。

在那儿的半年，遇到很多稀奇事，如韩国申报了江陵端午祭为世界非物质文化遗产，如有学者研究出孔子是韩国人，如又有学者研究出水稻种植是韩国发明的……且不去管这些林林总总的莫名其妙，韩国人的规矩却是让我铭记的。

在学校的教学楼里经过，只要有学生知道我们是中国来交流的博士生，都毕恭毕敬地退到一边鞠躬，久而久之，我也被熏染，乃至回国后很久，看见长辈都表示敬意，奈何时日长了就被慢慢磨掉了，应该坚持的。再就是节假日是找不到老师的，但中秋节的时候，韩东洙先生却特地跑到宿舍来给了两盒点心，怕我们思乡，令人动容。东洙师烟瘾极大，有次带我们去全罗南道的曹溪山松广寺体验寺庙修行，夜里竟冒着零下 20 多度的严寒走了 20 多分钟山路出去抽烟，我很纳闷："您在户外就行了啊，跑那么远？" 东洙师答曰："寺庙周边不允许抽烟，这是不敬的。"再次让我动容。此外，每次外出考察，都有工作室的同学相伴，都是极好的人，他们是：辛慧园、郑文植、朴晋宏、郑奉九……

话说在松广寺体验修行，也是此生没有的难忘经历。凌晨三点多的样子，就要起身做早课，大殿里没有暖气，开着大门，跪在地上念经，还要脱了鞋子，这才体会到什么是真正的刺骨寒冷。经念完了，要全身磕，一起一跪，不多时我的脑子就供血不足了，待结束后经询问才知道一共磕了 108 个。此后还得回斋房继续打坐，有师傅拿着藤条巡视，一旦懈怠了姿势不对，便毫不留情抽打一下。约六点开饭，吃完自己去洗碗，只要用水冲下就干干净净了，可见是极素的斋饭。而寺庙里的年轻和尚，不上网、不开车、不打手机，平日里是专心向佛，念经学习。

需要带一笔的是，念经的读本是中韩文对照的，这可不是因为旅游需要，而是因为韩文经书乃译自中文典籍使然。吊诡的是照着韩文念押韵，照着中文念却觉拗口。回来查了些资料才明白，这和唐以后中文发音的演变有关，就像泉州的南音现在听不懂，唐时却是官话一样。再如广东、福建一带的人学日语或韩语较快，也是因为他们的发音里延续了较多相通的古音。

| 一 |

以下，记：太学之于儒学传播。

以孔子为代表的儒家思想传入朝鲜后，得到迅速、顺利的传播，研究朝鲜史学者概括其原因有三[9]：其一，朝鲜自古即为中国邻邦，较早就产生了经济、文化交流，在此过程中，必然受到当时相当发达的中国文化的影响。其二，儒家思想的核心天命观与朝鲜本土的固有思想，如祖宗崇拜和信天思想等，具有本质上的一致性，因而儒学的传播没有遇到强烈反抗。其三，崇尚名分等级论的儒家思想正适合于以等级制为基础的国家精神统治，于是它成为强化王权的理论基础。

儒学传入韩国的确切时间，史无记载，无从考证。中、韩史学界大都认为至迟是在公元前 1 世纪左右。其传播过程大致可分为四个阶段[10]：其一，朝鲜三国时代传入的汉代五经思想。其二，统一新罗和高丽时期传入的隋、唐文学的儒学思想。其三，高丽末期、朝鲜初期传入的以朱子思想为代表的宋代理学。其四，朝鲜后期传入的清代实学思想。

西汉武帝元封三年（前 108 年）灭卫氏朝鲜，在今朝鲜半岛北部设置了乐浪、临屯、玄菟、真番四郡，派遣汉族官吏前往管理。昭帝元凤六年（前 75 年）又募郡国徒往朝鲜修筑玄菟城。汉人到朝鲜，带去了高度发达的汉族文化，时值汉武帝“罢黜百家、独尊儒术”之际，“臣妾内属，而中华政化所尝渐被”，占统治地位的儒家思想也随之传入朝鲜，“虽居燕韩之左僻，而有齐鲁之气韵。”[11]

至迟 1 世纪初，儒学在朝鲜半岛已相当普及。有不少人能背诵《诗经》《书经》《春秋》等儒家经书。3 世纪，朝鲜已经有了输出儒学的能力。据《日本书纪》载：284 年，朝鲜半岛西南部的百济国王派遣阿直岐、贡良马出使日本，阿直岐向日本朝廷推荐王仁赴日讲学。翌年，王仁抵日，并带去《论语》。史学界一般认为孔子儒家思想是由朝鲜传入日本的。[12]

孔子主张忠君尊王，有利于安定社会秩序，自是大受朝鲜统治者的欢迎和扶持。三国之中的新罗由于偏处朝鲜半岛东南隅，与中国交通不便，儒学传入较晚，及至奈勿麻立干时（356-402 年）沦为高句丽的保护国，方透过高句丽接受汉文化，仿效中国的政治组织，加强中央集权。

由于统治者的大力提倡，形成了人人习儒的社会风气。“俗爱书籍，至于衡门厮养之家，各于街衢造大屋，谓之扃堂，子弟未婚之前，昼夜于此读书习射。其书有五经及《史记》《汉书》、范晔《后汉书》《三国志》。”[13] 儒家思想深入人心。

新罗花郎徒[14]的世俗五戒“事君以忠，事亲以孝，交友以信，临阵无退，杀生有择”也体现了儒家的道德规范，说明时人自青少年时代就以儒家道德规范来约束自己。

675 年，新罗统一朝鲜半岛。为加强统治，统治者更加提倡儒家思想。统一后的第八年（682 年）即创立太学。为表示对儒学的重视，新罗有几代国王还曾亲自到太学听讲儒家经书。

高丽朝为巩固统一、加强中央集权，深知“王者化成天下，学校为先，祖述尧舜之风，聿修周孔之道”，因此大力提倡儒学，“欲兴周孔之风，冀致唐虞之理，庠序以养之，科目以取之。”[15]“四民之业以儒为贵，故其国以不知书为耻。”[16]

10 世纪末，由于同契丹连年战争，儒学教育受到很大冲击，京城和地方的教育设施遭到破坏，战争结束后国家未能及时关心教育。为再振文风，著名儒学家崔冲首创私学，郑倍杰、卢旦等 11 位名儒也相继聚徒讲学。仁宗五年（1127 年）诏“诸州立学，以广教导”[17]，民间乡校大为发展。此时的高丽，“上而朝列官吏，闲威仪而足辞采；下而闾阎陋巷间，经馆书台三两相望，其民之子弟未婚者，则群居而从师授经。既稍长，则择友各以其类，讲习于寺观。下逮卒伍童稚亦从邹先生学于戏，盛哉。”[18]

13 世纪初，蒙古入侵，战乱连年，儒学教育再受重创，著名学者安珦有感于儒学式微、文庙荒废："香灯处处皆祈佛，箫鼓家家亦赛神，惟有数间夫子庙，满庭秋草寂无人。"[19] 元宗十一年（1270 年）高丽与蒙古交好，国王由江华岛迁都回开京，即致力于复兴儒学。

忠宣王时（1308-1313 年）据"掌成均之法，以治建国之学政"[20]，将以太学为代表的中央官学机构改称"成均馆"，并沿用至今。

1392 年，太祖李成桂推翻王氏高丽建立了李氏朝鲜，为巩固统治，重建统治秩序，更加提倡儒家思想。

孔子及儒家提倡正统与大义名分，反对分裂割据，强调君臣、父子义理，反对犯上作乱，而在高丽忠烈王时传入的程朱理学更将儒家的伦理道德推崇为人人须遵的天理，予李朝维护宗法制度以强有力的思想武器，儒家思想被宣布为唯一的正统思想，儒教成为国教，李氏王朝也被称为儒教王朝。李氏朝鲜以儒学立国，不遗余力地推行儒家思想。

建国之初即以学校兴废作为考课地方官吏治绩的依据。府、牧、郡、县无不设立"乡校"，学习儒学经籍，并规定十六岁以上的良人俊秀者须进入乡校为校生。乡校按照人口比例定员，据《经国大典》记载，全国在校生共约有 15000 余名。官办学校以外又有无数书堂、书斋等私设教育机关，用以教育平民年幼子弟。16 世纪中期，以乡校为中心的官办教育衰退，士林个人开设的书院开始兴盛。至 19 世纪，书院已达 1000 余处。

李氏王朝坚持以儒学为标准取士，选拔官吏。为鼓励士子向学，对科举及第者赐以殊荣，"殿庭唱榜，彻前赐酒，赐花与盖，优人呈戏，鼓吹前导，三日游街以荣之"，并恩及科举及第者父母，"赐思荣宴。其亲存者，则令所在官给酒乐以荣之，名曰荣亲宴；殁者设祭，谓之荣坟。中第一名者赐米。"为加快儒学传播，满足士子的学习需要，李氏朝鲜还自行铸字印刷儒家经典和史书，并将诸书颁赐给各道学校。

李朝时期，国王“时时亲行释奠，或不时幸学，与师儒讲论，或横经问难，或行大射礼，或亲策儒生。”幸学的次数和频率，也侧面地反映了帝王的勤政程度。

世祖十一年（1466 年）册立王世子时,命世子戴儒冠入太学行谒圣礼,曰:“我将易定口诀后，率汝幸芹官释奠素王，著汝以儒冠，与儒生齿坐，横经问难，大宴诸生。”[21] 册立世子，先行释奠孔子，始于此，并成为定制。

帝王亲行释奠、世子册立谒圣等史实均说明成均馆（国子监）已成为朝鲜王朝推崇儒学，显示崇儒重道的重要政治场所。由于朝廷不遗余力的推行儒化，形成了整个朝鲜民族“崇尚信义，笃好儒术，礼让成俗，柔谨成风”的民族性格和社会风尚。

| 二 |

以下，记：成均馆之历史沿革。

朝鲜一朝对孔子极为仰慕，并深受儒家思想润泽，这在纪念儒家先圣的物质载体上得到了充分体现。学校乃教育风化之源,汉城乃朝鲜首善之地,成均馆作为中央官学的最高机构，自然为朝鲜全国儒学教化的表率，其建设与发展，也必然会受到历代帝王的高度重视。

成均馆始建于太祖六年（1397 年）三月，至七年（1398 年）竣工，效仿高丽朝和中国文庙之制，奠定了基本格局。初创时，即位于汉城东北部的崇教坊,终朝鲜一代,未曾易地。（朝鲜）《林园十六志·乡礼志编》载:“君子营宫室，始建祠堂于正寝东。”[22] 成均馆选址于城东，可能是遵循了此理论的择地标准。

汉城的地理特点是山川环抱的丘陵性盆地，成均馆的周边环境也体现了城市的这一特性。（朝鲜）卞纪良《文庙碑记》云：“山止土衍，水环以流，阙位面阳。”[23] 据朝鲜时期的汉城地图，成均馆基地有两条河流环绕。

东侧河流自北向南、直行而下，西侧河流呈半圆之势，环绕成均馆西南，两条河流聚于基地东南角，并汇入汉城的中心河流——清溪川。后世成均馆虽历经数次兴废，但其建设活动均限于此两条河流所限范围内。

基址其后有汉城主山白岳山的余脉——鹰峰，环境绝佳，并有宋洞、浦洞、御井洞等多处奇境，“时有人家，望若仙界”。[24] 此种依山面水的风水宝地，世人多有称赞，如中国明朝使臣金提“善风水，盛称成均馆基址，以为人才辈出。”[25]（朝鲜）李廷龟《文庙碑阴记》云:“山抱而地宽,二水环流,自称泮璧之形，真天作之灵境也。”[26]

其西初为空地，后于成宗十五年（1484 年）建昌庆宫，又西为建于太宗五年（1405 年）的昌德宫。“昌庆宫集春门在太学西畔，甚近。世传祖宗朝往往便舆出，幸太学，讲论经传”，或“御春塘台，召在泮儒生讲经赐第”。[27] 更有传说，成宗一日游昌庆宫后苑，命开后苑小门，召成均馆儒生一名入，作生活问答，成为美谈。[28]

其东为兴德洞，“平旷幽深……桃红柳绿，掩映村闾，而十亩之间，桑者闲闲。”[29]

成均馆周边山环水绕，“明伦堂后冈，有万松苍郁”[30]，“桥门流水溅溅度，槐市熏风习习吹”（金昌协诗）[31]，“晓向成均谒庙堂，杏坛宏敞碧山阳”（明使臣倪瓒诗），建筑群内部“云护庭松阴正绿，果传坛杏味偏香”（明使臣陈鉴诗）[32],优越的地理环境和静谧的学习气氛,有益于儒生读书思考。

成均馆乃“掌儒学教诲,作成人才之任”的地方,因此日常礼数极为严格,禁喧哗,其目的也是为了营造肃静严谨的学校环境。成宗二十五年（1494年）因成均馆“狭隘，与闾阎相混……买取洞中民家，拓其基，以西泮水为限。”[33] 英祖二十年（1746 年）曾颁布法令，禁止泮水“石桥系牛马者”[34]。这些举措，确保了学校清静。

逢释奠之日或科举开考等，成均馆则一改往日之貌，来者云集。如肃宗十二年（1686 年）谒圣时，观者众多，“入门时争先纷扰，互相蹂躏，而死者至于八人。”[35] 尽管意外发生，但热闹之境况，自不待言。

关于成均馆的建设情况最早见于记载的是（朝鲜）卞纪良《文庙碑记》，作于太宗九年（1407 年），文中描述了创建时的建筑配置，因去太祖朝不远，故可认为基本属实，但记录较为简单。“圣哲崇宇，从祀旁序，学在庙后。中明伦堂，左右有夹引，修廊于两夹之南。左夹之东，有厅有廊。师生之位，正录所处，无一不完。规模宏敞，缔筑坚缜。凡为屋大小以间计者九十六。”[36] 主要建筑已经包括大成殿、东西庑、明伦堂、东西斋、正录厅等。

定宗二年（1400 年）成均馆焚毁，由于当时王室内部权力斗争激烈，定宗于同年十一月即告退位，成均馆未及重建。

太宗即位于松都（即开城），太宗五年（1405 年）还都汉城，七年（1407 年）重建成均馆。比原先增加了神厨，东、西门，“卞季良文庙碑记”碑等。但由于建设昌德宫（即太宗离宫），“增广宫墙，泮水缺焉。”[37] 除此以外，基本格局未有变化。

至成宗朝，成均馆迎来了创建之后的第一次建设和扩张高峰。恢复泮水旧观、修筑泮水桥梁，增建了围墙、典祀厅、享官厅、尊经阁、下辇台，并于明伦堂前庭植银杏二株，伫立至今。整个成均馆用地范围，向西扩张至西泮水，作为在馆儒生日常游憩和练习六艺的场所；向东扩张较小，只是增建了下辇台。其后即位的燕山君荒淫无度，以成均馆为游宴之所，儒学盛况不复见。

中宗朝对遭到燕山君严重损坏的成均馆进行大修，增建了碑阁。其间，尊经阁曾焚毁，旋即得到重建。宣祖二十五年（1592 年）日本军队攻占汉城，史称“壬辰倭乱”，成均馆未得幸免，尽数焚毁。二十六年（1593 年）抗倭成功，中宗于成均馆废墟设坛祭奠。三十四年（1601 年）重建，但没有恢复到太宗朝的建筑规模。仁祖四年（1626 年）重建宣祖朝未及恢复的尊经阁、正录厅、食堂、养贤库，增修学舍，并恢复卞季良撰于太宗九年（1407 年）、毁于壬辰倭乱的碑文，并由李廷龟撰文阐述缘由，李弘胄书写，金尚容篆刻。孝宗四年（1653 年）重建享官厅。显宗朝，增建丕阐堂、一两斋、辟入斋，为成均馆西侧空地增加了新的内容。肃宗二十七年（1701 年）前后，在丕阐堂以北的空地上增建了自宣祖以来长期争论的启圣祠。至此后，成均馆西侧建设及扩张，未有重大变故。

英祖朝，增建御书碑阁、六一阁，在成均馆东侧营建崇节祠，并将下辇台至泮水的空地作为武科试场和行大射礼时的射场，成均馆范围再次东扩，以东泮水为限。

此外，成均馆还有大量奴仆，被称为“泮民”“泮人”，应成均馆日常生活服务之役，是成均馆不可或缺的组成部分。他们的祖先是开城（高丽朝都城）成均馆的奴仆，后随朝鲜朝迁都，徙于汉城。“泮人，是自松京移来者，故其语音与哭声，如松京人。”[38] 高丽朝安珦“建置国学，纳奴婢百口，至今泮人，皆其后孙。故设坛于泮村之北”。遇其忌日，则祭之。[39] 如无变故，这些泮民代代为成均馆使用。“馆婢所生，则为斋直，他婢所生，则为书吏。斋直长，则为守仆。”[40] 且朝鲜历代帝王常赐藏获奴婢于成均馆，以致成均馆典仆甚众，数量多至数百人。[41]

泮民主要居住在成均馆附近，其居住聚落被称为“泮村”。由于泮民“生齿渐繁，而无以聊赖，特命设屠肆。属之泮民，名曰悬房”，并给予一定的税收优惠。这样一来，成均馆“奴婢身役偏重而不至流亡者，以其有屠肆之利也。”肃宗三十三年（1707 年）“典仆其数渐多，而泮村甚狭不能容接，命以司瞻旧基赐之。”[42] 正祖六年（1782 年）“募入太学典仆之居外者，于景慕宫洞口空闲之地，特许加设屠肆一处。”至于居住在泮村者，允许“从愿移入”，共有六十几户人家入住。[43]

至此，成均馆及泮村范围扩张基本结束。“旧时泮村，以自馆岘，至惠化门之路为界，当宁朝（即正祖朝）[44]，立石于景慕宫前，莲池边以为泮界，而莲池以北，皆为泮村云。”[45]“东西泮村，以大路分言之也。洞口有下马碑，洞口之西，有砖石岘通梨岘大路。自砖石岘入洞口处有石桥。当宁朝，命刻观旂桥三字于桥头。”[46]“观旂”之桥名出自《诗经·鲁颂》“思乐泮水，薄采其芹。鲁侯戾止，言观其旂。”其南侧石桥名“思乐”，意同此出。据此，只能对成均馆和泮村的空间范围作大概了解，具体用地界限，因资料匮乏，目前尚难定论。

后至高宗六年（1869 年），对成均馆进行了大规模的修改工程，同年八月竣工。其格局及建筑，除启圣祠部分外，基本保留至今。

综上，成均馆代有兴废，但其建设和扩张并没有发生根本的布局变动。并且这些变动不是孤立的、自发的，而是伴随着重要历史事件的发生。

成均馆是一个群体概念，这个群体不是一蹴而就的，其内包括众多、不同时期增加的单体建筑。其建设年代有先后，建设动因林林总总，体现了朝鲜王朝在推崇和传播儒学的过程中，不同时期的关心程度和态度转变。

| 三 |

以下，记：成均馆之建筑空间。

朝鲜文庙与中国文庙是流与源的关系。

韩国文庙建设在继承和发扬中国文庙建筑配置和精神内涵的基础上，结合本国的建筑传统和布局理念，呈现出独特的表达方式和营建技术，尤其在汉城成均馆的建设上，表现得更为突出。

在中国，文庙与其他的古代建筑一样，由于受到等级观念的影响，强调其庄严和权威感，普遍采用均衡对称的布局方式，多数以纵轴线为主，横轴线为辅，进行群体组织。尽管各地文庙建筑群并不一致，但主要建筑物的布局和形制大致相同，主要包括：照壁（万仞宫墙）、棂星门、东西牌坊、泮池、大成门（仪门、戟门）、大成殿、月台、东西庑、启圣祠（崇圣祠）、明伦堂（彝伦堂）、东西斋等。

朝鲜时期汉城成均馆的平面布局，与中国明清时期的文庙以及高丽时期开城的成均馆相类似，虽迭经重建、增建，但仍保持了初建时的形制，主要由以大成殿为主的祠庙部分和以明伦堂为主的学宫部分，组成前庙后学的布局方式，主体建筑均坐北朝南，轴线对称。庙西有祭器库、守仆厅、典祀厅等文庙附属建筑；学东及后则为学校管理机构及儒生食堂等。这些附属建筑由于受到地理条件的限制，和本国风水观念的影响，并没有固定的形式，体现了灵活、自由的布局特点，建筑朝向和建筑形制也没有特别的约束。

尽管成均馆的群体布局与中国文庙相类似，但进入方式不同，为东、西侧进入。肃宗七年（1681 年）朝廷准备添建东、西庑，礼官利用这个机会“请改东、西夹门，并用南向之制。”领议政金寿恒也提出其出使中华时，见中国文庙“内、外门皆有左、右夹门，而并用南向之制”，“我朝文庙东、西夹门之制，虽未知何据”，但改为“南向之制，未尝不可。”但添建工程不知因何故终止，故东、西夹门之制“因旧不改。”[47] 成均馆南面正门被称为神三门，其存在的意义还是出于仪制性的考虑。至英祖十六年（1740 年）礼曹判书闵英洙建议祭祀时，荐俎官“自典祀厅，由西夹门入，捧置于神门外……由神门捧入。”因原先行进路线是直接由典祀厅入大成殿庭院，“入儒生杂还之中，恐有颠仆之患”[48]，英祖从之，此为神三门使用特例。

中国文庙前导空间有一特殊的建筑形式——泮池，呈圆形或半圆形，而在朝鲜成均馆及乡校建筑中却较鲜见。虽如此，朝鲜大多数文庙建筑会经由河流进入。从成均馆周边河流被称为“泮水”来看，这种河流有指代泮池之意，是泮池的一种变体，也体现了韩国本土的亲近自然的建筑营建态度。

在成均馆正南面的空地上植有槐树林，可能取自始于中国西汉太学中“槐市”的概念。在中国的庙学配置中槐市已荡然无存，却在此欣然得见；

槐林在这里既是景观，亦为礼仪场所。“上御下辇台试武才，榜出后，儒生皆出槐亭北上，西向祇送。”[49]

此外，尚存三点疑问：

其一，孔子曾“休坐于杏坛之上，弟子读书，孔子弦歌”[50]，后世将之典故化为“杏坛讲学”。但在中国众多文庙中，杏坛并不多见，最著名者当属曲阜孔庙大成殿前的杏坛。杏坛当植杏树，在朝鲜却讹传为银杏之坛[51]，银杏也成为韩国文庙中常见的树种。尽管吟诵成均馆的诗作中经常出现杏坛，如(朝鲜)李廷龟诗曰:“杏坛浓绿匝庭梧，圣庙元同大国模。”[52]大成殿和明伦堂庭院中亦植有银杏，但杏坛是否是一个明确的建筑概念、成均馆是否确有杏坛存在，尚有待考证。

其二，朝鲜传统建筑入口前导空间常有类似于牌坊性质的构筑物——红箭门，作为进入标识，地方乡校中也十分常见，但创建成均馆时，该构筑物是否同时配置，有关成均馆的文献和画作中皆未提及。只是在仁祖十四年(1636年)中国后金皇太极来犯朝鲜，引发“丙子胡乱”，成均馆“守仆朴潜美等数人，奉圣庙位版，入南汉”，后为表彰其功绩，“立旌门于东泮村大路傍”[53]，此旌门类同红箭门。

其三，成均馆现状中，下马碑位于神三门南面御书碑阁西侧。据现有文献，只提及位于泮村洞口的下马碑，“泮宫图”及其他相关画作中均未标注，怀疑现有下马碑是后来移位于此。

成均馆在高宗六年（1869年）大修之后，除启圣祠部分无存外，其他建筑则大多保留至今。仅就现存建筑情况，论述成均馆代表性建筑单体及室内、外空间。

其一，大成殿：为单檐歇山顶，面阔五间、进深四间，进深第一间为副阶，为前堂后室的形式。正面为板门和直棂窗，其他三面无门窗，为红色墙壁，比一般朝鲜传统建筑更具封闭感，营造的气氛简单而朴素。比较特别的是，大成殿檐柱上部四分之三涂以红色，下部四分之一涂以白色，在地方乡校的大成殿建筑上也多次出现。此种形式，解释不一。一说白色似白云袅袅，以示孔子的圣人地位；一说韩国传统中打扫完毕后，会在柱子下部围以白布作为标识，后来逐渐演变为一种表现形式。正确与否，无从考证。

大成殿前有单层月台，面积不大。中国北京国子监文庙大成殿前有宽大的单层月台，主要是作为举行释典仪式时，乐队和舞队的使用场所。而成均馆祭祀时，乐队和舞队布置在大成殿庭院内，这可能是成均馆大成殿月台面积不大的原因。实际使用时，由于地方局促，还是带来了使用困难。英祖十六年（1740 年）礼曹判书闵英洙认为祭祀时“版位设于东阶之上，则地形甚狭，登歌似当分设于阶上神路左右。且盥洗位设于阶上，饮福位无以推移，排设盥洗位罢后，即撤去，更设饮福位，恐宜”。[54] 后依其议，对祭祀环节作相应调整，建筑本体并未改变。

大成殿地位崇高，“霖雨后，圣殿有渗漏处，则户曹奉审前期，行告由祭，仍移安于明伦堂上，而工人升屋改瓦后，复还安。行祭移安还安时，生进奉位版，幼学奉椟，余皆祗迎于明伦堂庭。”但至朝鲜中后期，大成殿“一经雨水则辄修改”，“屋瓦非一雨辄改者，况大成殿是何等制作，而雨辄渗漏，年年改瓦乎？此必守仆辈，利其捐财与屡祭，而有所诬诈也。此辈每于经霖之后，以布片染泥水，系于长竿，以涴殿壁，使若雨水之渗漏者然云。”[55] 此等利用修理大成殿之便、私吞建筑费用的行径，实是对圣人之大不敬，只叹人心不古。

大成殿室内陈设祭祀版位，其空间原是为席地祭祀而置。虽释奠仪位陈设方式常有变动，始终未影响建筑本体的形制和规模，只是祭祀工具的改变而已。

其二，明伦堂：为单檐悬山顶，面阔和进深均为三间，左右翼室面宽三间、进深二间。“旧历成均馆试制儒生，政府馆阁堂上齐会，皆踞椅子。诸生入庭行拜。”中宗四十一年（1546 年）知馆事卢守慎建议：“拜下乃臣见君之礼也。首善之地，待儒生不可如是怠慢。今宜令儒生行揖，诸宰下椅子，立受，以示优礼待士之意。”泮试庭揖始此。[56]

与大成殿相异，明伦堂前月台十分宽大，可能与祭祀后的宴饮有关，而若以成均馆食堂作宴饮之途，过于狭隘，“亲御食堂古有规，明伦庭下或行之。”[57] 春秋释奠祭后，“文武百官聚会，行饮福礼，其礼甚盛……聚朝中文士及诸儒生，以为斯文盛事……大会明伦堂，馔品极精。”文武百官按官职大小依次落座，“自一品至堂上三品，坐于明伦堂上交椅。自堂下三品至九品，坐于阶上长床。”饮福礼乃释奠行为，故其举行过程及位次配置，仍依中华制，采用交椅、长床。“略设馔桌，皆起坐于桌前，以次俯伏兴饮。”行礼结束后的众人宴饮，气氛则较为轻松，故按朝鲜生活民俗，席地而坐。“撤去馔桌及交椅、长床，平坐于本处，各进大盘馔品，极丰，皆本馆备办。又选能饮者，别属以大杯，极醉而罢”，或“退御帐殿于下辇台，文臣宰枢入侍殿内，堂下官文臣分庭列坐，八道儒生云集京师，无虑万余人。”[58]

但明伦堂庭院毕竟是一个闭合空间，所容人数有限，故宴饮场所常移至成均馆东侧下辇台附近的空地进行，如成宗二十三年（1492年）“上幸太学，御下辇台，大飨百官儒生，教于诸生曰：饮酒不可及乱。今日之事实出崇儒重道之意，其各醉饱。与宴儒生总三千余人，观听之人填溢桥门。”[59]

明伦堂庭院还是帝王幸学试士的场所，若人员过多，则“通开明伦堂、丕阐堂，以明伦堂为内庭，丕阐庭为外庭，分悬御题。”[60] 庭院中亦存在地势之争，“其庭有上中下三台，而最以上台两槐之下为要地，争先占之。”[61] 又“或由集春门，回驾御春塘台，为试士处所。”[62] 春塘台试士前，预先“设食堂于台上，一依东西轩及寄斋所坐处而布席”，但场面比较混乱，“外面虽似整齐，而实则杂乱无次。且进食之时，下辈乘时偷窃，全不成样，或有二三人兼一馔者，而又无可食。”[63]

其三，东、西斋：是儒生生活、学习的场所，除帝王临幸、进餐、归宁、洗衣（每月两次、规定时间）之外，日常活动范围主要就局于斋室及明伦堂内外。

朝鲜时期汉城的官方教育职能建筑包括成均馆和四学等。其中，成均馆乃“掌儒学教诲，作成人才之任”；四学乃“掌训诲小学之士”，包括南、中、东、西四学（四学中不设北学，“避北不敢名，尊朝廷也”）。成均馆及四学“常养五百人，每三岁以明经取者，谓之生员；以诗赋取者，谓之进士。自南、中、东、西四学升者，谓之升学”，“生员、进士居上斋，升学居下斋。生员、进士须殿试。”如果高中，“乃谓之式年，乃入官。否则，仍养于成均馆。式年，每三岁止取三十三人”。升学者须为“通小学、四书、一经者”，而生员、进士率举不中，虽可继续留在成均馆，但“年满五十者，叙职。”[64]

成均馆创建时，“上下斋各五十人，东西总二百人。”[65]后“因岁欠……减其数”。世祖朝采纳李承召建议，又将人数恢复从旧。后，再减为七十五人。直至英祖七年（1731年）“始以一百人定额，并寄斋二十人，掌议二人，色掌四人，通为一百二十六人。”[66]馆员生活所需，则由国家供给。

东、西斋初建规模不详，以下所述为仁祖四年（1626年）增修学舍后的概况。

“东西斋每二间为一房。东斋第一房曰药房，其次曰右一房，其次曰掌议房，其次曰进士房，其次曰下一房，其次曰下终房，其次曰下斋。西斋第一房曰西一房，其次以下并与东斋同称。儒生入居者，必寻其所亲，与之同处，或出居泮村与享官厅。”[67]每逢祭祀日，儒生则需搬出享官厅，享官入住。“东西上下斋通为二十八间，最下各二间为下斋。下斋东西各十人”[68]，“又东、西下斋，各分出二人，住启圣祠”[69]，“药房东斋最上房名，其西窗外悬鼓，每日未明鼓之呼起寝，又打三鼓呼洗手。”[70]

儒生入住成均馆，其礼甚严。“新榜生进，初入泮斋，必与所亲同居。有新榜礼，随其贫富以为丰薄”[71]，“上斋不得住下斋，所谓斋礼也。”[72]不入东、西斋者，则较为逍遥，“若欲偷闲消永日，享官厅或泮村幽。”[73]斋室后勤由专人管理，“大厅直……凡明伦堂及斋中窗户铺陈，皆任之。每房茵席，间一朔进排。”[74]其他诸如点油灯、烧火取暖、糊纸墙窗、供应笔墨等，皆有斋直负责。[75]

现存的东、西斋建筑规模比史载多出二个房间，原因不明。每单元约仅 5 平方米，“斋房通计，一间住四人”[76]。空间实为逼仄。东、西斋面明伦堂庭院一面不开门只设窗，并有廊。可能是因为明伦堂庭院也是礼仪空间，对此开门，学生进出，视为不敬。再者，也方便老师时时于廊下窗外施行检阅，以防学生学习懈怠。

其四，食堂：为比较特殊的“回”字形建筑，分东、南、西、北轩。在解决儒生进餐问题的同时，以建筑形式表达了相应的礼仪制度。“北轩为堂上入参时坐处，南轩为南班儒生坐处，又于东、西轩下方，各对设数间轩，坐下斋生。”[77]但“当宁朝，定式除掌色六人，只许百人参食堂。释菜及大科时，则前期三日，始许勿限数。”[78]

进餐时间以鸣鼓三声表示，午餐时，东、西斋儒生“具巾服、分路、序齿而立，相对行揖，然后入食堂。生员入东堂，进士入西堂。”晚餐则不必作揖。

食堂内部，每人位有姓名牌，不得乱坐。进餐过程中，食堂内部围以白布，“虽有欲出者，不得越布而行”。如迫不得已，须“割布而出”。关于食堂位次，就“榜次之坐”和“序齿之坐”多有争议，及至显宗四年（1663 年）行食堂序齿之礼，并称为定制。[79]若王世子入学，其位次亦“与诸生齿让”，为的是“以抑骄侈之心，以敦孝悌之义”[80]。进餐规矩甚为繁琐，如：进餐流程为“劝饭、进水、退床、起坐”，均有专人发出指令，儒生须按程序一一施行，不敢逾矩半步；国忌日则要吃素；夏日炎炎，儒生亦不许摇扇，只是食堂餐桌上置拳头大般冰块，以去暑。[81]

| 四 |

以下，记：儒生行为之于城市。

李氏朝鲜对成均馆儒生素来重视，因此儒生行为在朝鲜宫廷礼仪和汉城城市空间中也扮演着重要的角色，影响最为广泛者有三。

其一，儒生空馆。

“空馆”之规，不知始于何时，类似于中国至迟在宋代出现的“卷堂”，“或有欲伸公议及廉隅而卷堂。”[82]“空馆”发生时，太学儒生逐成均馆而去，是对时政发泄不满的一种决然表达。[83]“凡太学生陈疏承严批，或有情势义，当空馆者，自阙门下罢归，诣圣庙神门外，行四拜礼，遂空馆而出”。事情发生后，成均馆职官（堂上、即厅）于泮水中石桥外“设幕而坐，招诸生”。诸生入幕内，陈其空馆之由。若诸生执意不入内陈请，则由朝廷礼官前往中石桥。“诸生不承命，则礼官以次陈启；若承命入斋，则礼官及本馆堂、即以退归之意呈草记而出”。较之“空馆”，还有一种程度较轻的儒生抗议行为，称为“空斋”，“只不入食堂，无神门拜辞之规。”[84]

泮水上石桥有三，香石桥、中石桥、食堂桥（后勤使用）。其中，香石桥位尊主桥，具礼仪性质。如“王世子酌献入学”时，祭祀人员及儒生即于香石桥（按身份等级分列于桥上、下）行祗迎礼。[85]儒生“空馆”，职官并未在香石桥设幕、将主要道路填塞，而是择中石桥而立，说明其抗议行为还是比较温和的。

其二，儒生陈疏。

“斯文有事及讨逆时，掌议或诸生发论治疏。”[86]“陈疏”较之“空馆”，则是波及大半城市的行为活动。

儒生先于明伦堂将意见写于纸上，由专人收于木椟，再逐一念之。与此同时，为紧接的儒生“疏行”（即游行）作准备。“凡百使换一委儿房使令，将发先使清路，该部下人，督路傍居民洒扫尘秽，号令风生，无敢后者。”

一切准备就绪，“疏行既发，泮人前行为侍陪，分两边极目联旦。于是疏头随疏函，尊中路而行，掌议及疏任次之，分东西缓步，使连属不绝，皆具巾服”[87]，“四学儒生又在生进后，掌色作头而行，使学隶负四柜，摆列在前”[88]，“疏行发，则斋直及泮中无赖辈，先作队而出，攫夺市中之物，或持杖作乱。故市人闻有疏举，则撤市闭门，争相鼠伏。”[89]“疏行”本为严肃厉事，却为泮民中不道德之辈所乘，趁机滋扰市民，其行为举止，令人愤懑。

“疏行”人群最终目的地为王宫，按程序递交帝王。等待帝王回复意见时，儒生并不返馆，而是“分定依幕与红马木近处或公廨或村舍，移设食堂，各于依幕受食。”[90]遥想当年，场面定为壮观，儒生之受重视如此，朝鲜王朝重儒敬道可谓盛矣。

其三，祗送祗迎。

帝王临幸是朝中大事，成均馆儒生须行“祗送祗迎礼”。

“陵幸例以仲春秋为之。出宫时，泮儒祗送于城外，回銮时，复祗迎。”[91]“泮儒祗迎，东则于关王庙傍，西则于慕华馆革桥傍，作班于路边掌议押班，待天乐渐近，玉辇绕过，一齐鞠躬。今之鞠躬，乃伏地也。”[92]若帝王于“城内动驾，则无祗迎之例，而当宁朝，每于景慕宫动驾时，或路由馆岘，则诸生成班于观旂桥傍，祗送祗迎于下辇时。”[93]

| 五 |

以下，记：建筑形制技术特点。

其一，规模等级。

中、朝传统建筑都有等级关系的规定，主要表现在建筑开间、屋顶和台基上，就文庙而言，规模等级最高的建筑是大成殿。

“间”为建筑空间组成的基本单元，传统建筑间数历来被视作关系等级名分的重要象征，且有明确的等级概念。朝鲜相对明清中国而言，相当于诸侯国身份，因之建筑间数与中国相比，必须维持一定的等级关系：中国曲阜孔庙为天下文庙之首，其大成殿开间采用了相当于皇帝地位的九、五数字；北京国子监文庙为其次，大成殿面阔七间；汉城成均馆大成殿则为五间。

中国传统建筑的屋顶等级顺序一般为：重檐庑殿、重檐歇山、庑殿、歇山、悬山及硬山。而在朝鲜，歇山则是最高等级，其次为庑殿。曲阜及北京国子监的大成殿屋顶均为重檐歇山，且采用黄琉璃瓦，相当于帝制；成均馆则为次要的单檐歇山顶、覆灰瓦，位列王的等级之后，与帝制更是相去甚远。

中国传统建筑台基最高等级为雕石栏杆、台基三重。曲阜孔庙大成殿台基为雕石栏杆、二重台基，次于帝制。北京又次于曲阜，为单层台基。成均馆大成殿前亦为单层台基，无雕石栏杆，且营造较为简单。

其二，彩画运用。

成均馆是祭祀与施行教育的地方，彩画绘制以朴素大方为基本准则，红、绿色为主，部分使用黄、白色。斗栱及额枋、平板枋、椽子等为绿色，柱与墙壁为红色，栱眼壁为黄色，此类代表祭祀建筑性格的彩画在汉城宗庙和其他祭祀性建筑上也得到了普遍的使用，是朝鲜祭祀建筑彩画的独特之处。而中国祭祀建筑彩画除了图案和构图之外，则与宫殿建筑无太大区别。

就成均馆而言，彩画主要运用在礼制性建筑上，包括神三门、大成殿、东西庑、碑阁、尊经阁及隶属于各个单体院落的门等。其他的生活性建筑则采用木头本色，不施彩画。

其三，暖炕设置。

朝鲜时期木地板和火炕已经相当普及，由于这种居住习惯的影响，成均馆的建筑单体上出现了有别于其他国家文庙的建筑构造和表现形式。现存的成均馆建筑中，具有居住功能的建筑，如东西斋、明伦堂、享官厅等，均设置了火炕设施和木地板。尽管大成殿是祭祀性建筑，不需要火炕设置，但仍然沿用了这种席地的传统生活习惯，以木地板为之。

| 六 |

以下，记：成均馆之祭祀活动。

尊儒敬道的传统在韩国得到了很好的保留和继承，至今每年在成均馆仍会举行隆重的祭孔大典，再现尊儒盛况。关于祭祀大典的具体过程及释奠细节，韩国学者作了细致整理和深入研究[94]，但关于祭祀活动和空间（包括城市空间、建筑室内、外空间等）的互动关系，所述不多。

朝鲜文庙奉祀孔子，配享先圣及从祀先贤、先儒多从中国之制，只是配祀圣贤并非与中国文庙全部相同。成均馆文庙大成殿主祀孔子，以四配、十哲、宋六贤配祀，两庑以孔门弟子六十九人、中国汉代至元代先儒二十五人以及东国十八贤从祀。1949 年，韩国儒林大会决定，朝鲜孔庙只奉祀孔子、四配、宋二贤、东国十八贤，均供奉在大成殿内。[95]

大成殿配祀与中国不同的是宋六贤，即宋代理学家周敦颐、程颢、程颐、邵雍、张载、朱熹，是在肃宗四十年（1714 年）因儒臣宋时烈之请由两庑升于大成殿内的。在中国，只朱熹一人配祀于文庙大成殿内，其他五人均为南宋时以先儒从祀孔庙，明崇祯十五年（1643 年）升为先贤，位居孔门弟子之次。朝鲜文庙把宋六贤均升入大成殿内配祀，正说明了宋代理学在朝鲜的地位。

东、西庑从祀与中国不同的是东国十八贤。东国十八贤是朝鲜的十八位儒学家，韩国儒贤从祀文庙始于高丽朝显宗十一年（1020 年）。朝鲜统治者在推崇儒学的同时，也致力于儒学的本国化，以朝鲜儒贤从祀文庙，在表彰本国儒学代表人物的同时，更能推动儒学的普及与深入。

成均馆祭祀活动过程与中国相类似，简述如下。

其一，祭祀时间：每月的朔日（初一）、望日（十五）举行焚香礼，每年春秋仲春、秋月（阴历二月、八月）的上丁日举行释奠礼；每三年帝王亲临酌献。

其二，祭祀仪注：基本与中国相同。清时，曲阜孔庙仪注为迎神，奠币、行初献礼、行亚献礼、行终献礼、撤馔、行饮福礼、送神、望燎。朝鲜释奠仪注名称虽区别于中国，但内容无大差别。按祭祀活动重要程度的不同，仪注的程序也有繁简之别，其中以“释典视学”最为隆重，仪注也最为完备。除固有的祭祀外，随时间推移，名目屡有增加。

其三，祭祀乐曲：以“安”命名，取《诗经·关雎·序》“治世之音安以乐”意。其唱笏奏“凝安”，奠币奏“明安”，初献、亚献、终献均奏“成安”，饮福撤撰奏“娱安”，送神奏“凝安”。较之中国历代释奠乐章，与宋代最为相近。南宋光宗绍熙元年(1190年)大晟乐府制定的释奠乐章为：迎神奏“凝安”，升降奏“同安”，奠币奏“明安”，酌献、亚献、终献均奏“成安”，送神奏“凝安”。二者曲名基本相同，这说明朝鲜仍在沿用宋代释奠乐名。而中国除元代外，金代用“宁”，明代用“和”（“大乐与天地同和”），清代用“平”（“削平寇乱以有天下”），已经几经变更。

其四，祭祀用舞：中国唐代迎神用武舞、送神用文舞，明、清均只用文舞，而朝鲜文、武舞并用，唱笏、奠币、初献用文舞，亚献、终献用武舞。“国初用八佾，而其后变为六佾，盖所为祭之神宜用八佾，而用六佾者以祀在藩邦也”[96]，舞用六佾，谨遵诸侯之礼（现在汉城成均馆文庙祭祀已改为八佾）。

其五，祭祀乐器：形式仿中国，八音具备。

其六，祭祀供品：祭品名称与排列形式，基本与中国相同。略有不同的是孔子位前的羹汤，中国为“一太羹”、“二和羹”，而朝鲜为“三太羹”“三和羹”。

如上所述，成均馆祭祀名目较多，其中以“释典视学”等级最高、形制最为完备，并发生于不同的时间和空间上，涉及王宫内部空间、王宫与成均馆之间的城市空间、成均馆内部空间、朝鲜王室礼仪制度等方方面面。（以《太学志》[97]《泮宫杂咏》[98] 所载为参照）

“释典视学”需历时七天：前六日，“礼曹启闻、请斋戒”，拉开“释典视学”的序幕；前五日，祭祀人员开始斋戒，因身份等级，斋戒地点不同，内容不一；前三日，相关职能部门和人员开始布置祭祀陈设，陈设项目庞杂，共耗时三日；前一日，行“传香祝”。“传香祝”礼毕，王车驾出宫，行至斋宫。王居斋宫北，王世子与诸祭官、陪享官居斋宫南（文东武西），其他官员各就其次，宿卫如常。省牲与肄仪亦于当日举行。

祭祀当日，自丑前五刻始，祭祀人员各就其位。就绪，王至成均馆大成殿部分的东门，祭祀活动正式开始。行奠币、馔享、初献、亚献、终献、饮福、撤笾豆、望瘗。祭祀毕，王返至东门外大次，稍后，王自成均馆明伦堂部分的东门人，停于明伦堂后小次，待相关人员就位后，出小次，自明伦堂东阶升座，行视学。行毕，王返小次、返大次、驻斋室[99]，后车驾还宫。

“释典视学”至是告罄。

祭祀过程中，王的活动空间和路线主要为：昌德宫（宣政殿—仁政殿—仁政门—敦化门）—斋宫—成均馆（下辇台—大次—大成殿小次—大成殿—大成殿小次—大次—明伦堂小次—明伦堂—明伦堂小次—大次—斋室—下辇台）—昌德宫。在丕阐堂、启圣祠等建筑增建后，王的活动路线也随之增加，“英宗朝，谒圣时拜启圣祠，以祗迎启圣祠，命赋题，当宁朝亦尊而行之，遂为恒式。行礼后，御丕阐堂，悬题后，御下辇台，试武科。”[100]

需要说明的是，以上“释典视学”过程是按照《太学志》所载整理[101]，在实际操作上，具体细节屡有变动。如：

朝鲜时期不同帝王居住的宫殿是不一样的（包括景福宫、昌德宫、昌庆宫等），祭祀时的活动路线也会随之变动。英祖十六年（1740 年）路线为“出宫自弘化门，还宫由敦化门”，“谒圣回銮时，辄过弘化门，而由敦化门还宫，是出为文武科诧荣之意。”在此之前，还有“谒圣，自集春门作路，此实取便之意。”[102]

馔幔原设于成均馆东侧。英祖十六年（1740 年）礼曹判书闵英洙上疏认为：馔幔与典祀厅分列成均馆东、西，释菜时极为不便。上从其谏，改设于西侧。[103]

荐俎官原先行进路线是直接由典祀厅入大成殿庭院，“入儒生杂还之中，恐有颠仆之患”，后改为“自典祀厅，由西夹门入，捧置于神门外……由神门捧入。”[104]

其他祭祀活动相较“释典视学”而言，除“王世子酌献入学”外，只是祭祀环节、祭祀人员等方面的减少，具体陈设、人员站位、空间利用没有太大出入。

“王世子酌献入学”在朝鲜王朝是非常重要的礼仪制度。“王子宗亲亦有入学之礼，以司成为博士，载于五礼仪。”[105]由于不仅仅是单纯的祭祀活动，因此祭祀环节比其他祭祀多出了“择日、祗迎、传香、入学”等环节，活动空间的重心也转移到了明伦堂部分。绘于纯祖十七年（1817 年）的“王世子入学图帖”再现了该年王世子入学的盛况，包括出宫仪图（王宫部分）、献爵仪图（成均馆大成殿部分）、往复仪图、修币仪图、入学仪图（成均馆明伦堂部分）、受贺仪图（王宫部分），图中人员位置、数量、朝向等绘制精确，各仪礼细节有详尽文字描述，从略不述。

随着朝鲜时期仪礼行事的兴起，为行事的顺利进行，普遍地使用一种名为“遮日”的临时设施。“遮日是一种能够有效地避免一般的日射和降雨的幕构造设施，是一种不分阶层而被广泛使用的假设设施。”这种临时设施特别适用于人员、仪仗和仪物众多的情况下使用，在成均馆祭祀活动中也十分常见。

遮日的设置方式主要分为两种："现有殿阁内附着设置方式""外部空间独立设置方式"，其功能为保护主管仪礼行事的国王和王室家族以及神圣的行事空间避免日晒雨淋，同时通过遮日与外部空间的隔离，赋予和突出行事空间的崇高地位。前者是通过在现有空间内部设置和使用遮日，更加注重扩张行事空间的功能；后者则是利用现有空间的外部，更加注重为了仪礼行事营造内部空间的功能。其类型主要包括白木（即棉布）大遮日、油芚遮日、满箭遮日等三种。[106]

比照朝鲜时期有关文庙祭祀的画作"王世子入学图帖""华城圣庙殿拜图"，遮日的两种设置方式都得到了使用。大成殿和明伦堂部分使用"现有殿阁内附着设置方式",王使用的"次"则为"外部空间独立设置方式"。另，尚有一种附着于院墙的遮日，权且称之为"外部空间附着设置方式"。尽管画作中只出现了"白木大遮日"一种类型，但其他两种遮日类型是否存在，不能确定。朝鲜末期的实物照片中亦有遮日的出现，为奏乐人员遮日挡雨。

注释

1 陈薇《解读地方城市》,《建筑师》2001年12月P44-47。

2 陈薇《解读地方城市》,《建筑师》2001年12月P46。

3 详见傅崇兰等《曲阜庙城与中国儒学》第三章《秦代鲁城》、第四章《魏至唐城》、第五章《宋金元城》(曲英杰撰)。

4 详见傅崇兰等《曲阜庙城与中国儒学》第六章《明代清代的曲阜庙城》(傅崇兰撰)。

5 徐振贵、孔祥林《孔尚任新阙里志校注》P157。

6 曲阜孔庙祭祀是例行的圣诞，以“四大丁”最为隆重，即每年阴历的二月、五月、八月、十一月的第一个丁日。

7 傅崇兰等《曲阜庙城与中国儒学》P139-140。

8 傅崇兰等《曲阜庙城与中国儒学》P141。

9 郑判龙、李钟殷《朝鲜－韩国文化与中国文化》P73。

10 （韩）柳承国《韩国儒学史》P2。

11 （宋）徐竞《宣和奉使高丽图经》卷四十《同文·儒学》。

12 孔祥林《朝鲜的孔子庙：儒家思想深远影响的象征》,《孔子研究》1992年第1期P108。

13 《旧唐书》卷一百九十九上《列传第一百四十九·东夷·高丽》。

14 花郎徒为新罗真兴王三十七年（576年）建立的以弥勒下生信仰为中心的军队组织，为新罗统一三国起到重要作用。

15 《高丽史·成宗世家》，引自孔祥林《朝鲜的孔子庙：儒家思想深远影响的象征》,《孔子研究》1992年第1期P109。

16 （宋）徐竞《宣和奉使高丽图经》卷十九《民庶》。

17 《太学志》卷十二《事实·古今学政祀典总叙》P449。

18 （宋）徐竞《宣和奉使高丽图经》卷四十《同文·儒学》。

19 （朝鲜）李肯翊《燃藜室记述·别集》卷七《成均馆》P642。

20 《周礼注疏》卷二十二《春官宗伯》下。

21 《世宗实录》，引自孔祥林《朝鲜的孔子庙：儒家思想深远影响的象征》,《孔子研究》1992年第1期P111。

22 引自（韩）韩东洙《初探中韩两国古代建筑文化的比较与交流》第四章《形成东方儒教文化圈的根：文庙建筑》P9。

23 《太学志》(下编）卷九《事实·纪迹上》P185-186。

24 （朝鲜）尹愭《泮中杂咏》P249-250。

25 《太学志》(上编）卷一《建置》P24。

26 《太学志》(下编）卷九《事实·纪迹上》P192。

27 （朝鲜）李肯翊《燃藜室记述·别集》卷七《成均馆》P644。

28 《太学志》(下编）卷十《事实·纪迹下》P245。

29 （朝鲜）尹愭《泮中杂咏》P251。

30 （朝鲜）尹愭《泮中杂咏》P7。

31 《太学志》(下编）卷九《事实·纪迹上》P217。

32 《太学志》(下编）卷九《事实·纪迹上》P194。

33 《太学志》(上编）卷一《建置》P30。

34 《太学志》(下编）卷十《事实·杂式》P286。

35 《太学志》(下编）卷十《事实·纪迹下》P261。

36 《太学志》(下编）卷九《事实·纪迹上》P185-186。

37 《太学志》(上编）卷一《建置》P23。

38 （朝鲜）尹愭《泮中杂咏》P29。

39 （朝鲜）尹愭《泮中杂咏》P23。

40 （朝鲜）尹愭《泮中杂咏》P74。

41 《太学志》(下编）卷七《仓廪·藏获》P25-28。

42 （朝鲜）李肯翊《燃藜室记述·别集》卷七《成均馆》P648。

43 《太学志》(下编）卷十《事实·杂式》P292-297。

44 “当宁”意为“当时朝代”，语出《礼记·曲礼》“天子当宁而立，诸公东面，诸侯西面曰朝。”

45 （朝鲜）尹愭《泮中杂咏》P252。

46 （朝鲜）尹愭《泮中杂咏》P27。

47 《太学志》(上编）卷一《建置》P25-26。

48 《太学志》(上编）卷三《礼乐·释奠视学》P264。

49 《太学志》(下编）卷八《亲临试士》P63。

50 （清）马骕《绎史》卷八十六之四《孔子类记·外纪》。

51 参阅（韩）박왕희《한국의 향교 건축》P63；彭林《杏坛考》,《中国史研究》1995年第3期P117-124。
52 《太学志》(下编）卷九《事实·纪迹上》P203。
53 （朝鲜）尹愭《泮中杂咏》P22。
54 《太学志》(上编）卷三《礼乐·释奠视学》P264。
55 （朝鲜）尹愭《泮中杂咏》P164。
56 （朝鲜）李肯翊《燃藜室记述·别集》卷九《官职典故·科举二》P709。
57 （朝鲜）尹愭《泮中杂咏》P121。
58 （朝鲜）李肯翊《燃藜室记述·别集》卷七《成均馆》P644-646。
59 《太学志》(上编）卷四,《礼乐·大飨》P261。
60 （朝鲜）尹愭《泮中杂咏》P127。
61 （朝鲜）尹愭《泮中杂咏》P246。
62 （朝鲜）尹愭《泮中杂咏》P127。
63 （朝鲜）尹愭《泮中杂咏》P154。
64 （明）董岳《朝鲜赋》。
65 （朝鲜）李肯翊《燃藜室记述·别集》卷七《成均馆》P645。
66 《太学志》(下编）卷七《仓廪·供给》P3-11。
67 （朝鲜）尹愭《泮中杂咏》P54。
68 （朝鲜）尹愭《泮中杂咏》P8。
69 （朝鲜）尹愭《泮中杂咏》P70。
70 （朝鲜）尹愭《泮中杂咏》P31。
71 （朝鲜）尹愭《泮中杂咏》P76。
72 （朝鲜）尹愭《泮中杂咏》P70。
73 （朝鲜）尹愭《泮中杂咏》P55。
74 （朝鲜）尹愭《泮中杂咏》P57。
75 （朝鲜）尹愭《泮中杂咏》P58-65。
76 （朝鲜）尹愭《泮中杂咏》P70。
77 （朝鲜）尹愭《泮中杂咏》P17。
78 （朝鲜）尹愭《泮中杂咏》P42。
79 《太学志》(上编）卷六《章甫·食堂》P450-454。
80 《太学志》(上编）卷六《教化·幸学》P508。
81 （朝鲜）尹愭《泮中杂咏》P39-40。
82 （朝鲜）尹愭《泮中杂咏》P181。
83 （明）冯琦原编、陈邦瞻增辑《宋史纪事本末》卷二十五《史嵩之起复》。
84 《太学志》(上编）卷六《章甫·空馆》P478-486。
85 《太学志》(上编）卷四《礼乐·王世子酌献入学》P306-307。
86 （朝鲜）尹愭《泮中杂咏》P169。
87 （朝鲜）尹愭《泮中杂咏》P173。
88 （朝鲜）尹愭《泮中杂咏》P174。
89 （朝鲜）尹愭《泮中杂咏》P176。
90 （朝鲜）尹愭《泮中杂咏》P177。
91 （朝鲜）尹愭《泮中杂咏》P160。
92 （朝鲜）尹愭《泮中杂咏》P161。
93 （朝鲜）尹愭《泮中杂咏》P162。
94 关于“释奠大典”详情，参阅《（한국의 중요무형문화재 17）석전대제（释奠大祭）》。
95 孔祥林《朝鲜的孔子庙：儒家思想深远影响的象征》,《孔子研究》1992年第1期P113。
96 《太学志》(上编）卷三《礼乐·乐器图说》P169。
97 《太学志》(上编）卷四《礼乐·释典视学》P228-276。
98 （朝鲜）尹愭《泮中杂咏》P80-120。
99 据《太学志》(上编）卷三《礼乐·释奠视学》P264：英祖十六年（1740年）“命以享官厅为斋室。”之前情形，不详。
100 （朝鲜）尹愭《泮中杂咏》P123。
101 《太学志》(上编）卷三《礼乐·释奠视学》P228-274。
102 《太学志》(上编）卷三《礼乐·释奠视学》P262。
103 《太学志》(上编）卷三《礼乐·释奠视学》P264。
104 《太学志》(上编）卷三《礼乐·释奠视学》P264。
105 （朝鲜）李肯翊《燃藜室记述·别集》卷三《祀典典故·文庙》P593。
106 （韩）韩东洙、崔志荣《从朝鲜时代的宫中仪礼看遮日的功能和特性——以19世纪以后宫中宴享为中心》,《故宫博物院院刊》2005年第5期P114-120。

南京
江阴
嘉定
苏州
上海

卷二

I

2006.03
2006.05
2006.08

2007.02
2007.05

2007.12

2010.05

2012.08

2014.08

苏州

2006.03.09-03.10
2006.05.01
2012.08.16-08.17

对于生长于南京的我来说，平生知道的第一座文庙当然是秦淮河畔的夫子庙，第二座就是苏州文庙了，说起来也是渊源颇深。

1995 年进大学，建筑系是一年后转系上的，起初是在强化班，同窗唐春华是个极聪明的人，苏州中学毕业的，常和我说起在文庙玩耍的趣事，二十年过去了，他已定居大洋彼岸，2011 年去旧金山，他要从郊区开车来看我，可他的孩子恰好生病，我就劝他别折腾了，不过电话里郑重地告诉了他："你的中学，我可是常去转转的。"巧的是当天正是"黑色星期五"。当年强化班还曾组织过一次苏州春游，没有去中学，是呆在苏州大学里，其校训"养天地正气，法古今完人"至今不忘。

进了建筑系之后，总要行些路看些房子的。1998 年夏天，和同窗严志、许念飞、朱渊走了趟苏州。那几日大雨瓢泼，苏州的园子在我的印象中全是模糊的朦胧，苏州文庙的墙是摸了下，但是没进去。打着伞在山塘街画速写，河边屋子里的老式收音机传来咿咿呀呀的评弹声音，听不懂但是好听，就着雨声更有意味。**晚上就宿在严志家的老宅子，在石路一带，时常停电，点着蜡烛看四水归堂，四个年轻小伙子畅聊不羁，人生快事。**稍待雨停，便提着雪碧瓶子出门打冰镇乌梅汤喝，时有三轮车夫骑着空车前来搭讪，原是拉人去做"地下工作"的，那时年轻，众皆懵懂，还与车夫攀谈，得知真相后就轰一声作鸟兽散。那附近有座石板桥，名曰"渡僧桥"，好出世的感觉。

研究生一年级的暑假，同门孟平带的建筑测绘竟然就是苏州文庙大成殿，跑去看了看，当时还不知道自己后来会和文庙打交道，还颇为分析了下屋脊：这样的高度才能与大成殿的尺度匹配，如果实砌，就会挡风容易坏，而用瓦叠起来的通透做法就有效地解决了这个问题。

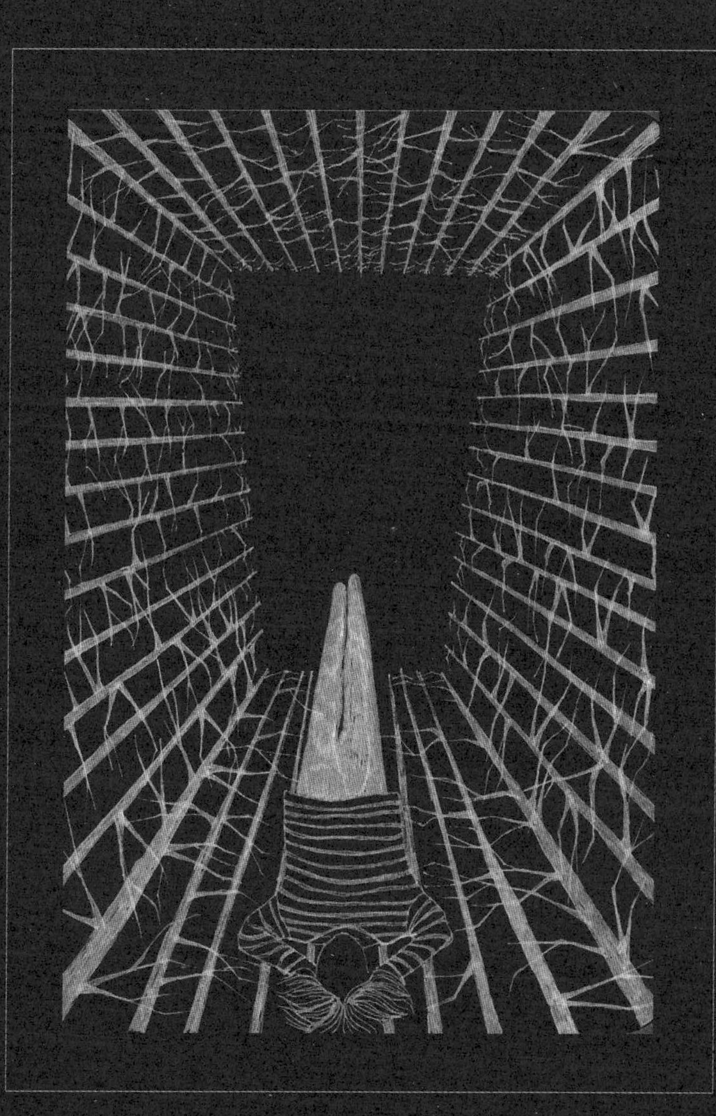

有了文庙意识再来此地，则是自韩国回来之后的事了。也是凑巧，朱光亚先生在苏州博物馆里设计了一座宋式的屋子，名曰“宋画斋”，贝聿铭先生要听方案汇报，大伙趋之若鹜，计有俞海洋、杨慧、都荧、夏丽君、丁颢、刘浩等，一股脑都去了，看看朱先生怎么讲房子，看看贝先生怎么评房子。大师就是大师，温文尔雅，名不虚传，根本不拽什么拗口的词，听着舒服。

去过苏州博物馆的人肯定会对那片白墙前仿米芾山水的石景过目不忘，施工的过程若是亲临，就会明了这真是“画”出来的。忠王府的白墙是画布，前面堆了好多石头，起重机的抓臂就是画笔，在坐在藤椅上的贝先生的指挥下，将石头摆来摆去，这不是画画是什么，不过可能也只有贝先生有这种“画画”的顶级待遇。再就是贝氏事务所的安全帽，有消防帽的霸气，上书中文的“贝”，真想搞一顶走。因为贝先生要求宋画斋尽量以古法施工，朱先生特别推荐了浸淫木构营建数十年的沈忠人、沈华父子，经此机会，我与沈氏父子亦相识相交至今。

该时苏州文庙已经修整过了，原来封闭的外围被打通，伸出去挺远的序列，说实话不喜欢。就像南京的鸡鸣寺，杜顺宝先生的设计绝对是空山寂路的样板，静静地守着鸡笼山快三十年，后来据说主持要广迎信众，就关了原来需上个台阶转点小弯的山门，打开了一个一览无余的空间，一下就失了那个韵味。

但进了苏州文庙的门，在长长的方形的七星池边站一会儿，看看爬了青苔的砖地上被雨打落的叶苞，斯文圣境穿越千年的气息，也就慢慢弥散开了。

北宋庆历四年（1044 年）范仲淹发起“庆历兴学”[1]，此十年前的景祐二年（1035 年），范公在家乡苏州创建平江府学，该学亦可视为北宋第一次大规模兴学的前奏，又聘大儒胡瑗为教授，因治学有方，一时名闻天下，成各地州县学效仿之楷模。

春秋时期的苏州乃是吴国都城。周敬王六年（前 514 年）吴王阖闾即位，委伍子胥营国都。兴造之前，阖闾叔父季札曾北上中原，至鲁城请观周乐，对开化吴地风气应有所影响。[2] 但直至隋时，朝廷仍惮虑于吴人的桀骜不驯，吴地风俗“人性并躁劲，风气果决，包藏祸害，视死如归，战而贵诈，此则其旧风也”；迨隋平陈之后，“其俗颇变，尚淳质，好俭约，丧纪婚姻，率渐于礼。其俗之敝者，稍愈于古焉”[3]。

顾颉刚先生云：“唐以前吴中尚武，唐以后则日趋懦弱。”[4] 唐天宝间（742–756 年）苏州刺史李栖筠“增学庐，表宿儒河南褚冲、吴何员等，超拜学官为之师，身执经问义，远迩趋慕，至徒数百人。”[5] 在州治之南，“始，姑苏郡城之东南有夫子庙，所处隘陋”。创建时间及具体所在均不详，说法不一：“卢熊《志》：案《祥符图经》有至圣文宣王庙，在子城西南，未言有学。考之唐史，刺史李栖筠始增学庐，则前此盖有之，未详的在何地。朱长文云吴郡未有学，盖不审也。”[6]

北宋景祐元年（1034 年）范仲淹遭贬，回乡任职，传闻范公购入南园东南一隅，拟择址建宅。宋时苏州私家园林的兴建多追求隐逸的生活情趣，景趣质野，地处子城西南隅的南园即为个中翘楚，为五代吴越国广陵王钱元璙及其子指挥使钱文奉所创，前后经营达三十年，极园林之胜，有“胜甲吴中”之称。[7] 初建规模极大，其范围大致是：东至今人民路，西至今东大街，南至今新市路，北至今书院巷。面积达 150 至 200 亩，约相当于今拙政园三倍左右。[8]

“南园之兴，自广陵王元璙帅中吴，好治林圃。于是，酾流以为沼，积土以为山，岛屿峰峦，出于巧思。求致异木，名品甚多，比及积岁，皆为合抱。亭宇台榭，值景而造……钱氏去国，此园不毁。”园内厅堂亭榭极多，有“所谓三阁八亭二台”[9]，遍植奇花异草，树木蓊郁，清流崇阜，水石柳堤，竹林成径，桃夭有蹊，风景绝佳。“及文正公（范仲淹）以天章阁待制守是邦，欲迁之高显。相地之胜，莫如南园……乃割其巽隅以建学。广殿在左，公堂在右，前有泮池，旁有斋室。”当为左庙右学制，“是时学者才逾二十人，或言其太广”，范公远见卓识：“吾恐异日以为小也。”[10]

果不其然，平江府学虽历经劫难，但屡获涅槃，相沿至今，规模之宏，与玄妙观、北寺并为苏州三大古建筑群，如明科举优胜者、苏州人吴宽、申时行、王鏊皆有赞誉：吴氏言“规模益壮，天下之言学者莫过之”；申氏言“吴故以文字称翘楚，而学宫亦巨丽甲海内”；王氏言“苏学于天下第一”[11]。

此外，景祐二年（1035 年）范仲淹亦奏建吴县学，“初在县治东南”，南宋绍定元年（1228 年）“以地窄移建，在宾兴坊（今苏州西大街一带）贡闱右、馆驿左……背城东向。”明宣德七年（1432 年）因地卑隘、易水患，且近军营喧嚣，移址升平桥东。[12]“贡闱”即贡院，创建于南宋乾道四年（1168 年）。[13] 景定三年（1262 年）又建长洲县学，“因广化寺基为之”。[14] 即南宋时的苏州已是一城三文庙，且各有专址。

元至正间（1341-1368 年）“即长洲驿舍建孔庙，甚隘”。明嘉靖二十八年（1549 年）“以福宁万寿寺（今苏州干将路一带）崇敞，且僭侈”，改为学。[15] 至清雍正二年（1724 年）再拆长洲县置元和县，长洲治城东北隅，元和治城西南隅，与吴县共附，至是，达一城四文庙。

嘉定

2006.03.11-03.12

同窗又是同宿舍的朱健大婚，地点在嘉定，一众舍友必须捧场，一个都不能少，计：许念飞、范诚、顾频捷、田新臣、王健、刘文军、朱克宇。婚礼甚是热闹，大伙也是敞怀大喝，痛叙别离。明日天阴，空气清新，可不能辜负了嘉定好地方，更何况这里有“吴中第一”之称的“规制崇宏，甲于他邑”的嘉定孔庙，再就是法华塔、秋霞圃，都是耐看的好东西。

嘉定孔庙创建于南宋嘉定十二年（1219 年），明正德元年（1506 年）巡按饶樘改筑文庙前的应奎山，因“嘉邑赀货甲吴郡，惟人才恒不逮他邑，自嘉定（1208-1224 年）中，学随县设，留光寺适抗前方，莫能撤去，故有宋及元，人才闲出。天顺间筑山障之，人才为之一盛，阅今五十余年，山日减卑，科目又因之一盛一衰。今年春，仲进贤饶公持节至邑，曰‘山，学之案也，迫甚非宜，迁南四十寻，则学宫高显，寺几退隐委伏，此明彼障，吾道兴焉’。”将山南移并疏浚河道，把山增大加高，山前叠石，“山之名与棂星对峙，由是乾象坤势，山高水深，灵化潜融，科目之盛，孰不曰自此山欤？”

至万历十六年（1588 年），知县熊密在应奎山北凿挖汇龙潭，且东之杨树浜、南北之横沥河、西之野奴泾及新渠各水皆回合于此，水深而清，虽旱不涸，向为放生鱼类之所，俗称“学潭”。“嘉靖初（1522 年 -）术士妄言神宫在前凌压文庙，增筑土山障之，自土山既作而解额寝缩矣。夫嘉固土重之邑也，益以水克。”[16] 文庙山丘和汇龙潭周围建筑和环境虽是风水理论的产物，但营造的景观的确不俗。

查到网上“杨柳有叶”的博客录了一篇周承忠先生作于 1953 或 1954 年的《嘉定文庙概况》，文辞老道，用语精炼，甚是喜爱。且民国之后的文庙使用，记录详备，恭录如下，以作见证：

改作公园：“从前庙门常闭，只有每年春秋二祭及送新秀才入学时，可以入览，亦仅开左边之小门。自一九二七年夏间，设民众教育馆于洒扫公所内，辟文庙全部为奎山公园，以前临南大街之育才坊为正门，所有大成殿、棂星门、泮池三桥、明伦堂、尊经阁、当湖书院悉数开放，任人游览。当春秋佳日，或就胜境拍照，或在中流荡舟，常络绎不绝。”

龙舟之戏：“旧时城中及西门，共有龙船七只。在城中心者为百子龙，其色红；在东门者为老青龙、为小青龙，在南门者为白龙、为绿龙，在西门者为黄龙；在北门者为乌龙，其色黑。每届端阳前一日，开始在学潭中会集，接连竞赛七天，每天轮流为首，前后抽定，依此而行，锣鼓声喧，八桨齐下，迅捷如飞。所装旗伞，分地段由各家认办，借以绣花缎制成，各龙各色，鲜艳异常；夜间则以薄纱为之，置灯火于其中。远近各处来观者，盈千累万，无不兴高采烈，水陆交通为之拥挤。沿河地方，临时开设之饮食店尤多，家家客满。江湖卖技之流及苏州之登船数十只，纷纷赶集，平日极为清静之地，一年一度，变为热闹之场所，耗人力财力，总计不知凡几，殊觉无谓之至。近四十余年来，不复举行，亦节省浪费之一端。”

又改粮仓：“今文庙内部已改为粮仓之正用，亦不复开放矣。”

我的续貂是：“粮仓已迁多时，又复开放矣，改作科举博物馆，垂教于世。”

若是要寻个与嘉定“学潭”端阳赛龙舟盛况比肩者，则非南京夫子庙莫属了。明清时候，即有美誉：秦淮灯船之盛，天下所无。“两岸河房，雕栏画槛，绮窗丝障，十里珠帘……薄暮须臾，灯船毕集，火龙蜿蜒，光耀天地，扬槌击鼓，蹋顿波心。”自聚宝门水关至通济门水关，喧阗达旦；桃叶渡口，争渡者喧声不绝。相伴之市肆，亦精洁殊常，非寻常百姓妄敢消费，“香囊云舄，名酒佳茶，饧糖小菜，箫管瑟琴，并皆上品。外间人买者，不惜贵价，女郎赠遗，都无俗物。”[17]

清末以后，因于夫子庙前广场及泮池水面宽广，更是担当了众多民俗活动的场所，其著名者有二：端午赛龙船、灯市。兹记之，聊为轶趣：

赛龙船者大致有三帮，“曰河帮，秦淮船户敛资为之；曰江帮，外江船户之入城者；曰木棉帮，上新河之木商所集者。午日，各帮咸集于夫子庙前之泮池，以其地河身最广，足资水嬉也……是日，倾城往观，桥岸均满。”[18]

南京“俗以正月八日、十三日、十五日为灯节”，太平天国乱前，“凡庵庙皆上灯”。同治（1862–1874 年）、光绪（1875–1908 年）间，“惟天青街之白衣庵最盛。评事街之江西会馆、门东之天喜长生祠、堂子街之财帛司亦然。”[19] 灯节之中以龙灯最为耀目，“上新河徽州木商灯会最盛，称徽州灯。四月初旬，赛都天会亦出斯灯。追光绪中年，湘军灯会翘然特出。及丁未年（1907 年）仅有水西门木商灯会一枝矣。”[20] 灯节之盛，灯市的形成顺理成章，夫子庙前广场其地甚大，逐渐成为南京灯市规模最大者。“新年灯市，旧聚于评事街，迤北至笪桥，近年则夫子庙为多。”[21]

江阴

2006.08.08

两位兄长毛聿川、丁颢要去江阴找个搞木头生意的，问我有没有兴趣。当然，那里可是有个大大的文庙，北宋初就在了，（宋）范仲淹还写过《景祐重建文宣王庙记》。等事情谈完，先去了中山公园，是民国时候就着以前的江苏学政衙署改的。事不凑巧，逛完公园就临时有事离开了，文庙终未去成。

不过总有些东西可以想想的，比如民国时候将老建筑旧址改成市民公园，并纪念中山先生，是个很普遍的做法，就像孔子、四公、十哲、七十子及先儒，“盖天下通祀也”。[22] 文庙里面祭祀先（乡）贤则仅止于地方，与当地接近，更为诸生熟识。

但两者又存有密不可分的联系：被列入文庙从祀班序者，先须具备被尊为先（乡）贤的荣耀，如宋代九儒自逝后至被列从祀的时段内，在其生前讲学之所，或仕任之地，或过往之途，或影响所及，皆普遍地被当地先（乡）贤祠供奉，如三先生（周敦颐、程颐、程颢）之祠迟至南宋开禧间（1205-1207年）就已“遍天下”[23]，更有如新城县学设四先生祠（濂溪、明道、伊川、晦庵），乃因“汉唐经生犹登祀列，四公挺出，道接洙泗，而不班焉，可乎？为之祠以次群祀，示当升而未升也”[24] 这般的预言。

皇帝下诏从祀近代九儒其实是对其影响广大这一现实的承认，地方上亦随之纷纷改作，如安庆府学“以侍讲朱文公先生所定新仪悉厘正之，郡之先贤与周、程三先生，旧祠学门外，至是迁之以亚从祀。”[25]

入元，仁宗重申此诏，则加速了程朱理学对北方社会的渗透，许衡的从祀，即为代表。从凡人到先贤再入从祀，表明在儒学的膜拜世界中依然为世人架设了等级的阶梯，文庙对时人亡灵的接纳，实乃现实社会法则的演绎。而这种演绎的受众首先就是接受儒学教育的人群，虽然儒化的方式及载体皆繁多，如民间书院、书塾等，但最能代表官方权威的则非文庙莫属。

城市中先（乡）贤祠向文庙合拢的态势或文庙自身的纷建行为，实际出于文庙空间磁场的吸引，此处为城市中儒学的最高精神代表，有所有读书人梦想进入的孔庙殿堂，所谓祠“不于庠序，非所以风励学者”[26]。祠置于文庙以外的城市空间中，懵懂的下层百姓虽可仰感其名，被泽其贤，但绝不会看到官方刻意设置却又隐含不见的“等级的阶梯”，如此，政治意图的理解和体现就大打折扣了。

文庙中的先（乡）贤祠不仅与大成殿庭院拉开距离，且祭祀规格亦有异。一者等级有别；二者文庙除了祭祀，平时严闭，儒生日常活动皆集中于学，祠设学中，可使“学者游是学，拜是祠，庶几想像诸贤之为人，以无负国家之倚赖”[27]，起见贤思齐之功。如元时兴国县学“旧有二程祠，伯子、叔子立侍，仿先师位改侍坐焉”[28]，一方面是模仿文庙的尊崇，另一方面也是让儒生时时熏染到不得轻易入其内的大成殿陈设的庄严。同样，人物地位的抬升，虽会带来使用空间的属性替换，如安庆府“郡之先贤与周、程三先生，旧祠学门外”，南宋嘉定六年（1213 年）“迁之以亚从祀”[29]，但空置的祠室迅速地会有新鲜血液的补充，如此，又兼具了榜样的时效性。

再就是据江阴文庙的官网记录显示，其自创建历元、明、清及民初共有 50 多次扩修，引发的问题是文庙的修建工程组织是怎样的，可以从三个方面来看：

其一，修建倡导者。主要包括地方首长及幕僚人员，特别是郡守（知州、知府、知军事或知监）和县令，所谓“其在天子之都，统于丞相，御史大夫佐之；其在方伯连帅之所治，司宪莅之；其在郡县者，主以守之；

分宪行部者，虽而察之。”[30] 如我在检阅始建于宋以前庙（学）实例的同时，亦关注了宋及以后对其整修或迁址的工程倡导者，皆为地方首长或副职，是为一证；且《学记》撰者亦大多持同样论点。

不过，地方官吏忽视兴学者亦有之，原因约有：地方财用不足，无力负担；地方庶务繁忙，无暇顾及[31]；或与当地风俗相关，如宋时丹州“其俗尚武，不知学文，常以武人守之，益不以学为事，虽庆历之诏，亦不能奉行”，延至仁宗嘉祐二年（1057 年）“始谋兴学”。[32]

其二，修建经费来源。唐以前学校一直没有固定经费，南唐虽曾置庐山国学学田，但只是零星举动，未成定制。宋自真宗乾兴元年（1022 年）起，对中央和地方官学除直接划拨经费外，还一再颁赐学田。[33] 翌年（1023 年）仁宗即位，故政府为学校提供较为固定的经费成为一种制度，主要还是在仁宗朝得以具体实行。除学田外，学校收入尚有印书一途，所有经费支出包括学生廪食、学舍修葺，教师俸给可能也包括在内。

但文庙的兴建或修建所需较重，倘完全依靠日常学校收入，势必窘迫，需借由多种渠道，周愚文先生概为四：民间捐资；官方斥资，部分为撙节之余，部分为上级官府补助；州县令（吏）捐己俸；官民合资。州学以官方斥资修建为多，县学则是民间捐资和官方斥资两者为重，与州学略有不同。[34] 文庙之建，本为斯文之事，地方官吏再横征暴敛，恐还不至于在孔夫子的事情上动脑筋，史料中亦多“不敛于民”[35]“不费于官，不病于民”[36] 之类的赞语，民间捐资亦为自愿，为振本乡文风使然，历朝历代皆类此。

其三，修建原因。周愚文先生择为六[37]：帝王下诏兴学，于是地方奉命设学或修学；原有学舍隘陋，不足容众；有学舍地势卑下，常困于或圮于水；原学舍年久失修；原学舍焚于兵灾或盗祸；原地方未设学，或虽设立但规制未备。周氏并将各州县学案例按上述六点归类，发现第一、四点为主要原因。其实，该六点乃历朝历代皆具之状况，不绝于宋元之际的诸多《学记》。

州县文庙之修建原因，实无需如此条分缕析，归根结底皆为出于办学之虑，选址爽垲、基地容敞，本为文庙之必需；且修建原因往往并不惟某点为重或诸般原因混杂，若将之定性定量，反削弱其丰富性和多重性。如徐州萧县"宣圣庙犹在西北无人之地，众不乐居，虽存犹废……郡邑之学多居文明之方，盖以利学者进取，向于高显之义。于邑东择爽垲之地以徙学，其规有堂有檐，有东西序，斋房庖厨亦各有次。"[38] 即包括了三个营建动因：有庙无学，继而即庙建学；偏在一隅而荒不容众，择址重建；原在城市西北，非文明之方，择邑东爽垲之地以徙之。

南京

2007.02.24
2007.12.09
2010.05.02
2014.08.19

我的母亲是南京人，初中时候就去长江以北插队了，后来认识了我的父亲并安了家，一直没有再回南京。婚事曾遭到娘家的极力反对，只有舅舅、舅妈作为代表参加了朴素的婚礼。我出生的那个夏天，是许久难遇的高温，外婆禁不住爱女心切，跑来照顾。许是母亲心里对家乡的眷念太重，我刚满月就被大姨半抱半夹着上了如蜗牛爬行般的开往南京的长途汽车。

儿时的玩伴是表哥和表妹，还有待字闺中的小姨，虽然已经是个车间的支书了，少女的天真却一点没少。那些日子里，夫子庙每年上灯的时候都是要去的，有印象的只有电动游戏和录像厅，还有南京的第一家肯德基；外婆家在汉中门柏果树一带，离朝天宫很近，棂星门前垂带石上由于孩子们长年累月当滑梯使，已镌下可爱的臀印，当然，这里面也有我的功劳。不远处的安乐园可是很著名的清真馆子，玩累了会去吃碗牛肉馄饨。而城东的市政府和武庙，对生活在城西的我们来说，是绝对的大院所在，只要有机会去这里的玄武湖玩，都跟过节似的兴高采烈。**除此之外，记忆里就只剩下已经生长得仿佛漫出来的雪松。谁会想到，从我的大学开始，人生就定格在这儿了：明南京国子监旧地。**

以上的三处地方，以下用了九段篇幅来讲述，不仅是因为南京在古代城市文庙发展史上太过重要而又往往被忽视的地位，更是与脚下这片朝夕相处的土地有关。

| 一 |

由于统治集团内部争夺政权的长期斗争及民族矛盾的激化，西晋王朝经历了半个世纪的风雨飘摇之后，终在怀帝永嘉五年（311 年）匈奴族刘聪率军攻入洛阳后，被迫南渡，偏安江左，与五胡十六国南北分治。司马氏政权都于建康（今南京），是为东晋。至 420 年，东晋灭亡，中国历

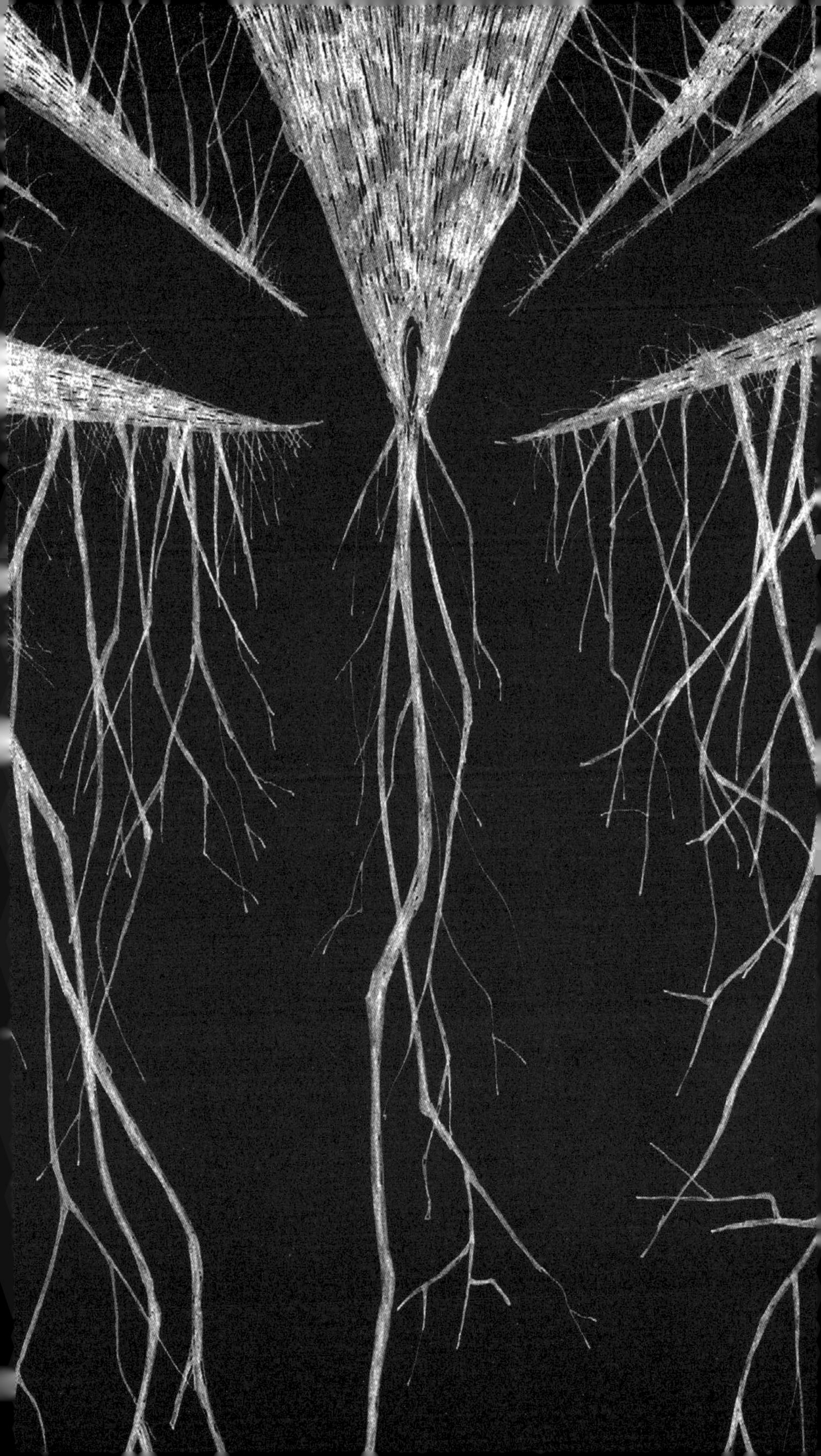

史进入一个南北政权对峙时期，史称南北朝，共历时一百七十年，“自晋室分崩，中原丧乱，五胡交争，经籍道尽。”[39]北方战乱不断，而南方相对安定，大环境使然，文化教育兴盛于建康的秦淮河畔、冶城山下。

首先需要说明：此阶段的国子学、太学概念较为模糊，尤其南朝，时有混淆；且史界对南朝是否有太学一直诉讼不清[40]，亦为论述文庙所在地点之大障碍。我无意陷入二学有无之争，故文中所涉皆以正史文献本来面目为准。

陈寅恪先生论建康史，概括为三个阶段："一为东晋，二为宋、齐、梁，三为陈。东晋为北来士族与江东士族协力所建，宋、齐、梁由北来中层阶级的楚子与南北士族共同维持，陈则为北来下等阶级（经‘土断’后亦列为南人）与南方土著掌握政权的朝代。”[41]虽南方以汉民族为统治基础，传统儒家文化却未独尊，老庄玄学和佛教甚嚣尘上。读书人承魏晋玄学之余绪，或绝经世之志而兴厌世之思，或斥儒道佛无益于天下而耽于酒色，或痛骂仁义礼法之不足用而寄托于老庄之虚无，玄学盛行，清谈成风。

南朝诸代大多享国短暂，往往是第一代皇帝之后，国家稳定即坏于内乱，统治者虽也提倡儒学，终难形成强大声势。[42]诸帝中，除个别有意识地扶持过儒学外，大多信仰佛道。后人论南朝儒学曰："南朝经学本不如北，兼以上之人（六朝诸帝）不以此为重，故习业益少，统计数朝，惟萧齐之初，及梁武四十余年间，儒学稍盛。”[43]

北方虽迭经少数民族统治、战乱相寻，但儒学（主要指传统经学）却较南方为盛[44]，北魏自孝文帝太和后（499年－），“盛修文教，搢绅硕学，济济盈朝，缝掖巨儒，往往杰出，其雅诰奥义，宋及齐、梁不能尚也。南北所治，章句好尚，互有不同。大抵南人约简，得其英华，北学深芜，穷其枝叶。”[45]北方不似南方与释道结合、求异创新，而是趋于重蹈汉末的学术传统，以接受、应用并宣传儒家经典为主要任务。

虽南北双方在民族身份、地理环境及历史背景等方面均有不同，但尊孔之举一直忽明忽暗地存在和发展着，儒家文化的影响和南北双方的交流一直没有中断，“北方戎马，不能屏视月之儒；南国浮图，不能改经天之义。”[46]其源于圣哲孔子的思想魅力，也显示了汉族儒家文化的巨大包容力。

综观建康，最大意义在于“太元”本为东晋帝王的年号，但在中国古代庙学发展史上却是里程碑式的时间象征，国学开始出现“夫子堂”，都城的中央庙学并立，其意义影响深远；不仅如此，由孔子后裔奉祀的宣圣庙亦建成，孔姓“家庙”的都城化，明示了尊孔的抬升及异地立庙的官方化，虽后世再无此例，但类似于衍圣公的进京班朝或祭于都城孔庙，其实皆为此现象的衍生。

秦淮河两岸的中央官学建设屡有变迁，且在使用中屡有断续，一直伴随着建康都的兴亡，其他如鸡笼山下儒学馆、冶城附近总明观、西州城中西邸、宫城之西士林馆等，以及其他私宅所置学馆在兴学育人方面亦有过特殊贡献。[47]祭孔场所设于国学，为国家释奠所在；又单立之，为孔氏后裔奉祀。只是天子或太子行礼是仅行于国学，抑或偶而为之于具孔氏家庙性质的宣圣庙？实难断定。

| 二 |

以下，记：东晋之国学夫子堂与宣圣庙。

建康一地，学校之设始于东汉初，光武帝建武六年（30 年）李忠迁丹阳太守，“以丹阳越俗不好学，嫁娶礼仪，衰于中国，乃为起学校，习礼容，春秋乡饮，选用明经，郡中向慕之。”[48]学官之有，则始于东吴初[49]，黄武八年（229 年）孙权迁都建业，翌年（230 年）“诏立国学，置都讲、祭酒”[50]，惜位置不详；景帝永安元年（258）又诏“置五经博士一人，助教三人”。[51]

及至东晋，“肇基江左，崇明学校，修建庠序，公卿子弟，并入国学……兴复儒肆，佥与后生。”[52]元帝建武元年（317 年）有立太学之举[53]，时太学择于何地，不详。大兴二年（319 年）“太子并亲释奠，以太牢祠孔子，以颜回配”。是时东晋“草创，未有高车，可乘安车也”，太子着“皂纱袍，绛缘中衣，绛袴袜，黑舄，其临轩，亦衮冕也。”[54] 明帝太宁三年（325 年）又诏给“奉圣亭侯孔亭四时祠孔子祭直，如泰始故事。”[55] 唐长孺、田余庆等先生分析东晋建国之初即立太学，及相关制度的制定和礼仪的执行，乃为针对此时儒学教育衰微的应时之举。[56]

成帝平苏峻、祖约之乱后，国子祭酒袁环、太常冯怀有感于“儒林之教渐颓，庠序之礼有网，国学索然，坟籍莫启，有心之徒抱志无由”，于咸康三年（337 年）上疏奏立国学，“帝有感焉。由是议立国学，征集生徒”[57]，诏“立太学”于秦淮水南。[58] 有学者认为此处实指国子学[59]，我以为：此时仍承袭西晋旧制，国子学、太学共处一地的可能性更大，故以国学统称之。

但当时社会风气乃“尚庄、老，莫肯用心儒训”，穆帝永和八年（352 年）因“殷浩西征，以军兴罢遣，由此遂废”国学。升平元年（357 年）可能又在建康中堂设学，否则不会有帝“亲释奠于中堂”[60] 及孝武帝（373-396 年）时“有司议依升平元年（357 年）于中堂权立行太学”[61] 的记载。

淝水之战后，政局相对稳定，迎来了东晋中央官学建设的高潮。孝武帝（373-396 年）重置国学，原有位置（秦淮河南）虽符合《礼记・王制》“太学在郊”之说，但毕竟较为偏远，多有不便[62]，“以太学在水南悬远”[63] 于中堂立太学。中堂（又名仪贤堂、听讼堂）乃“吴时造”[64]，位于都城南垣正门宣阳门内御街之西，其前后建有一批中央机构。[65]“于时无复国子生，”有司建议“须复二学生百二十人。太学生取见人六十，国子生权铨大臣子孙六十人”。[66] 宁康三年（375 年）孝武帝“释奠于中堂，祠孔子，以颜回配”[67]，可见其时祭孔，颜回配享已为定制；且国子学、太学并置一处，殆无疑义，“江左无两学，孝武帝置国学，并入于今地也”[68]。

太元十年（385 年）尚书令谢石“以学校陵迟，上疏请兴复国学于太庙之南”，在“御街东，东逼淮水，当时人呼为国子学。西有夫子堂，画夫子及十弟子像，西又有皇太子堂，南有诸生中省，门外有祭酒省、二博士省，旧置博士二人”[69]，“选公卿二千石子弟为生，增造庙屋一百五十五间。”[70] 高明士先生认为：此为孔庙建筑走出曲阜的标志，自此以后，“庙学制”

即告产生。[71]国学与夫子堂的庙学排布为右庙左学，可能是晋人遵殷制，以西为上；都城官学之有祭孔专庙，盖自此始，虽然仅为一堂而已。[72]

此外，太元十年（385年）还有两件与兴学、文庙有关的事情发生：

其一，“班下州郡，普修乡校”，但实施情况似不尽人意。

其二，李辽“奉表，路经阙里，过觐孔庙，庭宇倾顿，轨式颓弛，万世宗匠，忽焉沦废；仰瞻俯慨，不觉涕流。既达京辇，表求兴复圣祀，修建讲学”。十四年(389年)曲阜孔庙得到修缮,“敕下兖州鲁郡,准旧营饰”。尚书令谢石令李辽“所须列上，又出家布，薄助兴立”。镇北将军司马恬（谯王）又令其“版行北鲁县令,赐许供遣”。后由于二位大臣先后“薨徂，成规不遂”。李氏再请“可重符兖州刺史,遂成旧庙,蠲复数户,以供扫洒。并赐给《六经》，讲立庠序，延请宿学，广集后进，使油然入道，发剖琢之功”[73]，但并未受到重视。

太元十一年（386年）孝武帝又诏封“孔靖之为奉圣亭侯，奉宣尼祀，立宣尼庙在故丹阳郡城前隔路东南”[74]，即旧国学地，比拟曲阜孔庙，具孔氏家庙性质，与国学“夫子堂”有别，标志着孔氏后裔奉祭孔子的都城化。

| 三 |

以下，记：南朝之国学与祭孔的兴废。

刘宋肇始，永初三年(422年)武帝即诏:“古之建国，教学为先，弘风训世，莫尚于此;发蒙启滞，咸必由之。故爰自盛王，迄于近代，莫不敦崇学艺，修建庠序。自昔多故，戎马在郊，旌旗卷舒，日不暇给。遂令学校荒废，讲诵蔑闻，军旅日陈，俎豆藏器，训诱之风，将坠于地……今王略远届，华域载清，仰风之士，日月以冀。便宜博延胄子，陶奖童蒙，选备儒官，弘振国学。”[75]惜“未就而崩”[76]。

文帝元嘉间（424-453 年）较为安定的社会环境带来了国家财富的积聚，在迎来第一次城市建设高峰的同时，开始了“元嘉兴学”。元嘉十三年（436 年）“以尚之为（丹阳）尹，立宅南郭外，置玄学，聚生徒。”[77] 十五年（438 年）立儒学于都城之北鸡笼山下（今南京北极阁附近），延请著名儒士雷次宗主持[78]，齐开国皇帝萧道成也曾求学于此，从雷氏“治《礼》及《左氏春秋》”。[79] 十六年（439 年）又立玄学、史学、文学三科，“丹阳尹何尚之立玄学，著作郎何承天立史学，司徒参军谢元（玄）立文学，各集门徒，多就业者。时上好儒雅，朝臣家俭素之风，乡闾耻轻薄之行，江左风俗，于斯为美。”[80] 多学科并立的做法，大大促进了文化的发达。[81]

不过，多学并立在一定程度上也影响了以讲授、弘扬儒学为专职的国学建设。虽元嘉十九年（442 年）在曲阜和建康均有崇孔之举，如：诏“鲁郡上民孔景等五户居近孔子墓侧，蠲其课役，供给洒扫，并种松柏六百株”；诏建康“复孔子庙（即东晋秦淮水南的宣圣庙）”[82]，二十年（443 年）又“复立国子学”。但二十七年（450 年）魏军犯建康，“减百官俸禄三分之一……淮南太守诸葛阐求减俸禄同内百官，于是县丞尉并同减矣”，国之受难，国学亦无法独专其美，同年即罢。[83] 文帝复学时间还有一说：事在元嘉十九年（442 年）正月，十二月太祖又诏“胄子始集，学业方兴。”[84] 吕思勉先生推测：“盖师生集于十九年（442 年）末，礼成于其翌年（443 年）也。”[85]

孝武帝（454-464 年）时，建康迎来第二次建设高峰，孝建元年（454 年）虽诏为孔子“开建庙制，同诸侯之礼，详择爽垲，厚给祭秩”[86]，其后不果，只是在大明二年（458 年）“起明堂于国学南丙巳之地……以孔迈为奉圣侯”[87]；五年（461 年）又诏“来岁可修葺庠序，族延国胄。”[88] 明帝泰始六年（470 年）“以国学废”之由，“置总明观，玄、儒、文、史四科，科置学士各十人，典观吏二人。”[89] 这次变革较大，不仅新设总明观（又称东观），而且改变了过去学校以讲授儒学为主的传统，将玄学、文学、史学等也列为研习科目。明帝其实是继承文帝的做法，“置总明观祭酒以总之”而已。[90] 总明观延续时间不长，其确切地点，早期史乘中并未说明，后人推论是在今南京朝天宫一带，可备一说。[91]

入齐后，仍然保持了刘宋时期鼓励多种学术并存的做法，其代表为国子祭酒王俭在自宅中“开学士馆，以总明（观）四部书充之”[92]，即王氏将原总明观中收藏图书置于自宅，供玄、文、史等各学科学子研习使用。后，司徒竟陵王萧子良又“集学士于西邸”[93]，官、私学并兴。高帝建元四年（482 年）曾置国子生 200 人，与东晋太元间（376-396 年）规模不相上下[94]，然当年帝即崩，再因“国讳废学”。[95]其后，国学与祭孔祀典一直未予兴复。

至武帝永明三年（485 年）正式下诏“复立国学……置生二百人”，且有祭孔规格之争。[96]七年（489 年）武帝又诏：“前王敬仰，崇修寝庙，岁月亟流，鞠为茂草。今学敩兴立，实禀洪规，抚事怀人，弥增钦属。可改筑宗祊，务在爽垲。量给祭秩，礼同诸侯。奉圣之爵，以时绍继。”[97]可见，故有庙建荒废已久，遂迁宣圣庙于秦淮水北（今南京夫子庙一带），以旧地为浮屠，名“孔子寺”，且后世一直将该地呼为“孔子巷”。[98]

永泰元年（499 年）东昏侯即位，欲依永明旧制——因帝崩废学，遭臣工强烈反对[99]，且有祀典之议：“顷岁以来，祀典陵替，俎豆寂寥，牲奠莫举……可式循旧典，详复祭秩，使牢饩备礼，钦飨兼申。”[100]惜去时三年（502 年），齐为梁代，学竟不立。萧齐一代，国学三废三立，“国学时或开置，而劝课未博，建之不能十年，盖取文具而已。”[101]

宋、齐兴学，不拘旧制，鼓励并支持多种学术并存，为中国教育史上当值褒扬之处。虽有祭孔规格的争论和厘定，儒学既不得专宠，“国学时复开置”[102]，文庙也不会有大的兴举，但前代封赏孔子后裔的传统倒是一直延续。两朝都城有关文庙大事件，或仅只一件：齐武帝移文庙于秦淮水北。后世此地，庙、学虽兴废无常，但薪火不绝，南京秦淮河畔夫子庙至今为世人乐道。

建康进入萧梁统治时代，梁武帝主政近五十年，政局较为稳定，城市繁荣。

其本人“文思钦明，能事毕究，少而笃学，洞达儒玄。虽万机多务，犹卷不辍手，燃烛侧光，常至戊夜”[103]，并多次申明教育之重要性，竭力打造国学及孔庙。

天监四年（505 年）武帝诏“置《五经》博士各一人，广开馆宇，招纳后进”，由于采用“其射策通明者即除为吏”的选仕政策，“期年之间，怀经负笈者云会。”[104] 并据齐孔子庙旧地（秦淮水北）“立孔子庙”。[105] 五年（506 年）帝亲释奠于先圣先师，并增祀曾点、曾参、子路等。[106] 七年诏曰：“建国君民，立教为首。不学将落，嘉植靡由……今声训所渐，戎夏同风，宜大启庠敩，博延胄子。”九年（510 年）帝又“车驾幸国子学，亲临讲肆，赐国子祭酒以下帛各有差”，并诏“皇太子及王侯之子，年在从师者，可令入学”；年底，再“舆驾幸国子学，策试胄子，赐训授之司各有差”。[107] 大同七年（541 年）武帝于宫城西“立士林馆，延集学者”。

至此，六朝建康的国家教育事业发展至顶峰，文化昌明，“于是四方郡国，趋学向风，云集于京师矣。”[108]（唐）姚思廉概括为：“开五馆，建国学，总以《五经》教授，经各置助教云……（武帝）或纡銮驾，临幸庠序，释奠先师，躬亲试胄，申之宴语，劳之束帛，济济焉斯盖一代之盛矣。”[109]

侯景之乱后，士林馆等教育建筑破败不堪，梁武帝所开创的南朝教育高峰逐渐衰微，仅国学尚存。梁末，敬帝太平二年（557 年）还曾诏“搜举鲁国之族，以为奉圣后；并缮庙堂，供备祀典，四时荐秩，一皆遵旧。”同年，梁即被陈灭，秦淮水北的孔庙是否得到修缮，令人生疑。

入陈后，文帝天嘉元年（560 年）在嘉德殿学士沈不害的建议下，重兴国学，稍置学官，渐重儒学。[110] 陈末，虽社会动荡，仍不忘尊儒之道，如：后主至德三年（585 年）诏“外可详之礼典，改筑旧庙，蕙房桂栋，咸使惟新，芳繁洁潦，以时飨奠”；同年底，皇太子“出太学，讲《孝经》……释奠于先师，礼毕，设金石之乐，会宴王公卿士。”[111] 但陈之国学教育并无多大成效，“世祖以降，稍置学官，虽博延生徒，成业盖寡。”[112] 后仅四年（589 年），隋平陈，天下定，六朝风流自此画上句号。

| 四 |

南京作为北宋大府、南宋陪都，是当时的经济、文化重地，南宋时更成为政治中心区域。虽自六朝建康始，已为文化重镇，儒学盛事不绝于书，然，自隋文帝开皇九年（598 年）平陈，荡平建康城邑宫阙，仅换雷塘数亩田，六朝胜迹强半湮没。后虽有南唐文化之兴，且有国子监之设，终究是强弩之末。

至北宋太宗雍熙（984-987 年）中，方于冶城故基立文宣王庙。仁宗天圣七年（1029 年）张士逊奏徙浮桥东北；景祐元年（1034 年）陈执中又徙于府治之东南（即今夫子庙地）。

南宋高宗偏安，局于临安，惟南京为重镇，置建康府。自建炎四年（1130 年）金人焚掠以来，至恭宗德祐元年（1275 年）元兵陷建康时为止，百余年间，未尝被兵。"故商业繁盛，民殷物阜，都市建设，蒸蒸日上。尤以马光祖知建康府时代，最为发达，可谓金陵近古之黄金时代也。"[113] 文庙建设亦借此东风，再焕光华。

高宗绍兴九年（1139 年）毁于金人兵火的建康府学得以重建，因旧址，面秦淮。孝宗乾道四年（1168 年）史正志以蔡宽夫宅创立贡院。淳熙三年（1176 年）重修府学，规制完备，"为屋百二十有五间，南向以面秦淮，增斥讲肄，列置斋庐，高明爽塏，固有加于前，不侈不陋，下及庖圊，罔不毕具。"[114] 为前庙后学，除祭孔和教学设施房舍外，供给生活的厨房、仓库等一应俱全，庙西有射圃以行射礼和日常武娱。宁宗庆元元年（1195 年）建府学御书阁议道堂，奉高宗御书石经；嘉定八年（1215 年）于漕司创漕司贡院，当青溪西，后屡修葺之；理宗淳祐元年（1241 年）"建明道书院在学宫西北"[115]。除府学外，尚有建康府下辖江宁、上元两县学，皆置文庙，分别在各县衙北面和西面。[116]

"总之赵宋一代，金陵虽非国都，然地方文化，至为发达，观于学校贡院增建可知。"[117]

元初，东南政治中心迁徙不定，南京、扬州、杭州，俱曾为之。及至文宗天历二年（1329 年）改建康路为集庆路，比京畿例，方尘埃落定。因南宋建康府学旧址，置集庆路学。惠宗至正二十五年（1365 年）朱元璋攻占南京，旋即以之为国子学，后迁往鸡鸣山麓新址，以是处为应天府学。

入清，虽南京仍为东南重镇，文风亦炽，惜难达明初鼎盛。江宁府学被迁至城北明国子监旧址，改武庙为文庙，改彝伦堂为明伦堂，设四斋（志道、据德、依仁、游艺），门坊殿庑，悉仍明旧；以夫子庙地为江宁、上元二县学。咸丰三年（1853 年）太平军自江宁镇板桥攻陷南京，踞大报恩寺塔俯瞰城中，且施以炮火。金陵既陷，遂更名"天京"。此役"实为金陵大劫，十三年之战乱，使东南文物，尽付劫灰"。及湘军入城，则又作巷战，太平军纵火焚城。虽金陵克复，已满目疮痍。

"宋、元、明以来金陵精华，散亡殆尽。此历代都会，所谓六朝佳丽之地，人文荟萃之处，所以呈今日荒凉寥廓之景象也。"[118] 南京文庙悉改为"宰夫衙"，圣贤之地沦为屠宰场所，实为辱文之大悲。[119] 太平军之破坏，除侯景之乱及隋文帝荡平六代宫阙以外，南京城建史上，莫与伦比。

乱后，得到了部分恢复。清末恢复武庙，"庙制以城北十庙之末，规模最为壮丽，俗称武夫子庙，与府学文庙相配，总督以下，皆致祭于此。"[120] 民国时为考试院，"实已无所谓武庙矣"[121]。

纵观南京建城史，历代文庙遗存至今者凡三处：一在玄武湖南，今成贤街一带，即明南雍（国子监）;一背倚冶城山，俗呼朝天宫;一傍于秦淮河北岸，俗呼夫子庙。三处均有遗构，或重建、或修葺，且规模俱宏敞，兹分述之。

| 五 |

以下，记：南雍开一代新风。

元惠宗至正二十五年（1365 年）朱元璋攻占南京，旋即以元集庆路学为国子学。

集庆路学终究是地方级学校，升格为国家级后，“学者日众，斋舍卑隘，不足以居”。朱元璋要求工部：“增筑学舍必高明轩敞，俾讲习有所，游息有地；庶材达成德者可望焉。”

明初基于对治国人材的渴求，国子学不断扩大招生，虽在洪武元年（1368年）三月、二年（1369年）三月、六年（1373年）二月，三度增筑国子学斋舍[122]，仍不敷足用，遂有迁建国子学之议，终在十四年（1381年）迁国子学于鸡鸣山下，作为全国最高学府，将重教兴学推向更高峰；同年，文庙落成，朱元璋亲临释奠，又至太学讲经。十五年（1382年）又将国子学改为国子监。

“孔子之道，垂宪万世，帝王之兴，首建太学。盖学所以扶天理，淑人心也，皇极由之而建，大化由之而运，世道由之而清。风化本原，国家政务，未有舍此而先者。”[123] 此举已将学校教育的社会功能提到了同国家命运息息相关的高度。及至成祖朱棣迁都北京，为避免与北京国子监混淆，南京国子监于英宗正统六年（1441年）始称“南雍”[124]。

明南京国子监（南雍）作为明初朱元璋兴学的中央代表，在城市选址、建筑布局、空间构成等方面可谓诸多创新，堪称中国古代社会晚期建筑群营造的楷模。后人屡有褒述，择录两则，以示赞誉：

朱偰：“规模至为宏大，其占地之广，造屋之多，东汉学以隆，盖未或能先也。”明清北京国子监、明中都（今安徽凤阳）国子监规制，“悉由南雍而来，以南雍规模最大，制度最完备，历朝历代儒学之设，莫有比肩者。”[125]

柳诒征：南京一地，“孙吴以来已有国学，至隋，夷为郡县，黉序颓弛。而朱明之国子监，尤极养士之盛。”十四、五世纪时，“吾国辟雍造士之规模，远过于巴黎、伦敦诸学校也。明代学制，故在《明史·选举志》中，两京太学亦均有专志，然北雍实仿南监。成、弘以降，偏重科举，教泽陵迟衰微矣。其源则自虞、夏、商、周成均、东序西寥、瞽宗、明堂，汉、魏、吴、晋、南北朝、隋、唐、两宋太学演蜕而来……为东亚文教宗主。”[126]

明南雍其地，世代备受尊崇，视为风水佳处。其北为玄武湖，与国子监间隔两山：东北为龙舟之山（即覆舟山），承钟山龙蟠之势，六朝时俱有亭榭，号“乐游苑”；西北为钦天之山，延石城虎踞之势，旧名鸡笼山，“周回十余里，高三十丈，状如鸡笼，因名。”三国时属吴国后苑之地，早在西晋永康元年（300 年）就曾在此倚山造室，始创道场。东晋以后，此处被辟为廷尉署，至梁普通八年（527 年）武帝建同泰寺，忝列“南朝四百八十寺”首刹，后几代兴废，明时改称鸡鸣山。

东晋永昌元年（322 年）元帝葬建平陵，太宁三年（325 年）明帝葬武平陵，咸康八年（342 年）成帝葬兴平陵，兴宁三年（365 年）哀帝葬安平陵，四陵并在鸡笼山南，皆不起坟。[127]“两山相去二百余步，其阳乃宋元嘉（424-453 年）中龙见之地也。”南宋端平三年（1236 年）于覆舟山龙光寺侧，“凡将上之战死于虏者，悉收骸骨而葬之。相传监庙基址，旧为积尸之所谓之万人坑，每天阴雨湿，行人多为鬼眩，有至死者。”洪武初（1368 年 -）移梁代宝志[128]塔于鸡鸣山，因建鸡鸣寺，“设醮以度，而鬼又夜飞砖击瓦，僧人怖恐”。朱元璋以为：“此非孔子大圣无以镇之。”传闻国子监迁于此后，“鬼遂不复为祟”[129]。

按元末集庆路的城市布局，旧城区域以大市街为界，街南为市区，街北为杨吴、南唐宫城和北城外的六朝宫城旧址。因旧市区历代延续，街道纵横，房屋密集，若建宫城，则工程浩大，需拆迁者众。而六朝、南唐等宫城故址，虽平阔空旷，但朱元璋甚为忌讳诸朝“国祚不永”。

于是明初南京的建设打破常规，填旧城之东燕雀湖建皇城，既保留了旧城，又与旧城区和军事区密切联系，也避免了与六朝、南唐发生纠葛。[130]而国子监的建造位置在城市地理中轴的北端，亦有异于以往基于礼制和风水考虑，国学多立于都城东南部的惯例。且远离南京城南市井繁华地，在考虑到幽静环境对于国子学生求学攻读之必需外，亦体现了明初南京城市土地利用方面将行政区、商业及居住区、文教区等分而治之的规划意图。

南京城市及国子监选址的新格局，当为基于原有城市条件，综合多方面考虑后的权衡结果。位于监西的十庙[131]，其建设原因恐怕亦有部分震慑前朝及所谓镇鬼之虑。

国子监北玄武湖经由铜井闸导水入城，自监东过。钦天山之西有落星涧，“汇而溢则折而南为曲渠，潆洄监前，合青溪以入于珍珠河。”珍珠河前乃南唐宫阙，宋因之为行宫，其地“形胜环合，而考极相方，监适当其中”。佛家盛事，彰显玄武湖畔，与国子监巍然学风，相映相随。遥想当年，鸡笼山背湖临城，满山浓荫绿树，翠色浮空，山青水秀；山下尊儒、山上敬佛，加之监西十庙之盛，荣况空前。

按古制：“帝入东学，上亲而贵仁；帝入南学，上齿而贵信；帝入西学，上贤而贵德；帝入北学，上贵而尊爵；帝入太学，承师而问道。”故，所谓太学者，“中学也，言太学居中，四学环之，盖帝制也。”早在周镐京，去丰水不远，即有辟雍之设，“圆如璧，雍以水，内如覆，外如偃，盘天子养老出师受俘大射之所也。其东序为东胶，夏后氏之学也，凡学羽干者就焉；西序为瞽宗，以祀先师殷人之学也，凡学礼乐者就焉。皆并建一丘之上，而辟雍居中，统以其象。言之外则虞庠在其北，所谓天子之小学，凡学书者就焉，或谓在四郊。”

明初虽尝有“并立五学之议，然罢而不用，制不沿古”。朱元璋放弃辟雍四门学之制，另创新制，无辟雍、无泮池，以山川形势，承人工造化，开一代形制之新风。

以国子监规模之巨，建造之速度惊人，超乎想象。洪武十四年（1381 年）“四月乙未，诏改建国学于鸡鸣山之阳，上亲往视，乃定制度，令工部尚书陈恭选材鸠工，金吾前卫指挥谭格督之”；十五年（1382 年）“正月甲午，作先师孔子庙，三月丙辰，改国子学为国子监。是年五月国子监落成”。诏建至落成未有二年，范围广至“东至小教场，西至英灵坊，北至鸡鸣山，南至珍珠桥，左为覆舟山，右为钦天山。”[132] 建造过程中，朱元璋多次亲临施工现场，“自经始以来，架数临视。至是落成，遣官祭先师孔子”[133]，关注度可见一斑。原秦淮河畔国子学则为应天府学，并将上元、江宁二县学并入。

永乐（1403-1424 年）时，成祖朱棣虽迁都北京，南京国子监仍是“俊造云翕，外夷鼎来，市廛渐集，闳阊日开，乃增仓圈妻子以食，乃拓号舍疾病以息，鼓箧至者，视旅如归，延袤十里，灯火相辉，规制之备，人文之盛，自有成均未之尝闻也。”至英宗正统六年（1441 年）“既定鼎北京，论建百务，留都为后”，南京国子监始称南雍，而此时的南雍则“以故责饰漫漶结构剥侈，修理不及，颓圮随之。”且土著多侵占国子监用地，士民混杂，有碍观瞻。代宗景泰初（1450 年 - ）“经工庀材，越二载告竣”[134]，并对侵占用房登记造册，酌情收回或予以转租。世宗嘉靖间（1522-1566 年）又大兴土木，重修南雍。[135]

至此，南雍的主要建设告一段落。但此时的国子生在学人数已锐减[136]，南雍空有辉煌躯壳，却无人喝彩，其衰颓之势成必然之趋。“堂宇损坏”情形至为严重，即使兴工修葺，不久亦坏，国子监官员屡屡上疏报告校舍颓坏、牌坊倾颓之情状。甚至“师儒之官”，在明初均有宿舍在校园中，而至明后期则宿舍倾坏，只能“僦民舍而居”。南雍用地的民宅侵占情形愈演愈烈，严重到无法拆迁之境地，官方唯有承认现实，向侵占校地的“刁民”收租，使侵占校地的事实合法化。[137]

南雍的总体格局为：“左庙右学，亭庑厅厢，肄业有所，会馔有堂，以至廪库、泡湢，靡不毕备。”

庙之中轴依次为棂星门、大成门、大成殿，构成两进院落。第一进院落中有神厨、神库、井亭、宰牲亭等建筑，大成门左、右各连以厢房，东厢房内有石刻孔子及四配像；第二进为廊庑式院落，大成殿三间，左、右各连以斜廊，前有露台高约 3 米，两庑各三十一间。占地南北约 180 米，东西约 80 米，略小于元大都国子监孔庙。洪武三十年（1397 年）又重新改作，将大成殿及大成门增为五间，东、西庑增为各三十八间等。[138] 庙后为监生号舍（称内号），以文、行、忠、信、规、矩、准、绳、法、度、智、仁、勇别之。嘉靖九年（1530 年）诏全国文庙立启圣殿，于是在号舍之北，又建启圣祠单独一庭院，祀孔子之父叔梁纥。

学的主要部分有正堂一座和支堂六座，由南至北沿中轴线排列，正堂名彝伦，面阔十五间，中间部分为帝驻跸会讲之所，两端作考课（后称博士厅）及斋宿之用。彝伦堂“有门二十，独与府部诸司异。中空御正位，次间列祭酒司业公座以累经”。规制甚严，中门为帝王出入，左为上。堂前庭院数石晷，甚巨，“帝命晨昏教胄子寸阴自惜”。场地开阔，兼作祭祀时师生朝拜场所。[139] 支堂分别名为率性、修道、诚心、正义、崇志、广业，均为十五开间的通长条状建筑。堂与堂之间的两端各设厢房三间，呈长方形院落。各堂正中五间设师座，两旁是国子监生肄业处。国子监实行自学式的升堂之制，监生由南至北依六支堂逐步升入最高的广业堂。六堂之后，有嘉靖七年（1528 年）建敬一亭及光哲堂、王子书房等，“以居日本、高丽、琉球、暹罗国学生。”[140] 围绕学区一圈为廊房，主要有用作行政办公的典簿厅、绳愆厅及一些公共用房，例如食堂、仓库、酱醋房等。

围绕国子监建造数量最多的是诸生斋舍，成排连接，每排冠以一字作号，故又称号舍。初建时分为内、外两部分，除上文提及文庙后内号房，成贤街两侧及国子监外围为外号房。此类建筑规格均不高，并随监生人数变化，时有废弃及扩建。呈连排通长的行列式布局，与传统住宅四合院形制相异。国子监初创，主要教官（祭酒、司业、典簿等）多居于监内的仪门和彝伦堂间院落，后因起居不便及不易扩展，正德间（1506−1521 年）开始改建于监外成贤街两侧，多为合院式，按职位尊卑，住宅大小和院落多寡亦有区别。此外，供生活之需的晒场、酱醋房、仓库、菜圃、磨坊等一应俱全，俨然一小型城市。

国子监前西南处筑有射圃，但明初以后，取士多恃科举，习射备受冷落，射圃亦日渐荒废。及至嘉靖改制，恢宏习射又提上日程，嘉靖三十三年（1554 年）司业王材于外西号外“得隙地，治而为圃，题其门曰‘观德门’”[141]，施行情况仍不尽如人意。

此外，南雍植栽亦颇具特色。监内旧多植柳，“岁久根干甚巨，枝柯覆檐，春絮秋叶不胜扫除，其填积于瓦陇间者，霖雨以浥之，冰雪以凝之，瓦皆胶沍解裂，春暖融释，沁漏椽桁，皆朽，又不胜其修葺矣”，且“无坚真之操，非良材也。”宣德六年（1431 年）尽数伐去，易之以松柏。气氛之营造非一日之功，树种的选择也体现了国子监导学向上的良苦用心。庙、学依各自功能不同，植树亦有异。

文庙用柏，“循其旧柳之所行列而植之，森然如青衿、童丁习乐舞于殿庭之间，秩然而有叙也，俨然如端人雅士听讲说于两庑之下，拱立而不乱也。”栽柏不过二十年，即“根干壮硕，枝柯交互，高可三丈余……殿庑肃穆，庭除洁清，无飞絮落叶之挠杂，而有四时苍翠之雅，缙绅衿佩之士入其门、历其陛，目观于俯仰之间，虽非执玉棒帛而其心莫不肃然知敬，如亲观圣容于几席之上也。夫殿宇为神棲之所，殿宇洁清，则神灵妥宁歆格，祀享然，则斯柏之栽其有益于事神之功，亦大矣。非徒以为观美也。”

太学则用松，“高者余三十尺，柯叶茂密，郁然苍翠，烟雾之朝，风月之夕，群鸟翔集，孤鹤长鸣，俨有林壑幽趣。盖忘其在于桥门之内也……夫柳非可珍之木，以松易之，松宜君子之所……古之人若渊明之于菊，子猷之于竹，濂溪之于莲，和靖之于梅，兹四者皆清品也，四君子亦雅士也，以雅士而嗜清品得其宜矣。”[142]

解析南雍的空间构成：虽然无论从位置、建筑高度来比较，庙都比学为尊、为高[143]，但实际的空间构成却是以学为中心展开。中轴线是空间规划的主要依据，建筑群得以分区定位，建筑分布得以均匀整齐，建筑主次尊卑得以排定体现，南雍亦不例外。其主轴起于南成贤街坊，街两侧是嘉靖三十一年（1552 年）补种的槐、榆、冬青、椿、杨等树三百余株，北上抵国子监坊，再北即学之所在。虽然庙学空间均以轴线方式纵深展开，且庙居学左之尊位，却是偏于一侧；而学经由成贤街轴线及街上二坊的空间元素强调，赫然处于整个南雍建筑群的扛鼎位置。

继而再观之《南雍志》所载配置图，庙前栅栏赫然在目，拒人于千里之外的肃杀和幽深不言而喻，文庙作为国子监“精神空间”中心地位似乎更加崇高，但作为建筑群统领和控制的空间地位却一朝丧失。由是目之，明初南京国子监的庙学构成中，学的地位已冉冉升起，逾越文庙之上。庙学地位的荣替也侧面地反映了与元代统治者重庙轻学相反，明帝王更多地倾向于重学轻庙，尤以嘉靖帝大改制为甚。

庙学前东西向道路及东、西成贤街坊所限定的东西空间，和成贤街的南北空间呈“T”字形相交，成为整个南雍最重要的外部空间，并与监东河流及其上桥梁共同限定了祭祀、教学和生活等不同使用功能的空间分区。该“T”字形空间除了担负主要的交通和空间划分角色外，也肩负了宣示校规权威的场所重任。[144] 国子监基本上是一个封闭的空间组织，学生不得随意出监，监内生活自给自足，“T”字形空间则像是一个背景场地，把所有的监内组群联系起来，是唯一具有街道——广场特征的开放空间，为南雍的城市性程度提供了线索。明初帝视学，国子监师生皆在成贤街东迎送[145]，可见该空间的礼仪性质。

| 六 |

以下，记：冶城山下朝天宫。

冶城山在水西门内，相传春秋末年吴王夫差曾在此设立冶炼作坊、炼制兵器，其名因之。一说为“吴时鼓铸之所”[146]，“以为孙权所筑；或仍夫差之旧，未可知也。”[147] 东晋初移冶城于石头城东，以其地为王导西园。至苏峻之乱，卞壶巷战至死，二子亦从难，葬于其西，墓碑题曰“晋尚书令假节领军将军赠侍中骠骑军成阳卞忠贞公墓”，孝武帝太元十五年（390 年）建冶城寺于此。晋末，桓玄篡位入建康，“废寺为别苑，广起楼谢，飞阁复道，延属宫城。”[148] 刘宋时为总明观，征学士充之。杨吴时为紫极宫，有钟阜轩。及至北宋太宗雍熙（984-987 年）中，于冶城故基立文宣王庙。冶山乃“青溪以西阳基”，选其址立文庙，实为上佳之地，“北宋人固早有卓见矣。”[149] 惜时日无多，仁宗天圣七年（1029 年）张士逊奏徙浮桥东北。景佑（1034-1038年）中,陈执中又徙府治之东南（即今夫子庙）。

文宣王庙既徙，原址改为天庆观，赐额为“祥符宫”。元时为元妙观，又升为永寿宫。明时为朝天宫，乃朝廷举行盛典前练习朝廷礼仪、官僚子弟袭封及文武官员学习朝见天子之所。冶山一地，祠庙兴废，多为道教所用。“名山诸胜，僧占居多；惟雨花台吕祖阁、朝天宫飞霞阁二处，高踞峰巅，万家烟火，一览而尽，最为胜境。羽士主之。”清嘉庆间（1796-1820年）鸡笼山麓“府学大成殿灾时，有建议者请迁冶城，改朝天宫为府学，而移道家神像于府学”[150]，未果。太平天国乱后，同治四年（1865年）两江总督李鸿章命知府涂宗瀛改卜府学，建于朝天宫遗址（即宋文宣王庙地），是为江宁府学。儒学盛事重归旧地，是为轮回。

江宁府学庙学布局为右庙左学。[151]“背冶城,面运渎,高明爽垲,形胜独美”,建筑用材“采海外之大木,陶琉璃筒瓦于景德镇”[152],可观当朝之重视程度。建成后，据之绘制的《江宁府儒学图》题记言：“计用白金十二万两。规模宏敞，甲于东南。”[153]周边有桥二：道济桥“本名崇道桥，以其在仓巷西，亦名仓巷桥;同治（1862-1874年）中建府学，改今名。”文津桥“在府学西，亦同治建。”[154]

文庙周为宫墙，临街东、西分别为“德参天地”“道冠古今”坊。内为泮池，作半圆形，有涵洞二，南通孙吴开凿之运渎，故历旱不涸，池内终年碧水清波。其北为棂星门，门内东为文吏斋、司神库；西为武官斋、司牲亭。神厨前特凿一井，近南为左、右持敬门，其北为大成门。其东、西有门较狭，曰“金声”“玉振”。其内长廊四周，有东、西配殿。其北为石阶，周以石阑，中三层，东西二层，因山为殿，故循级而上达大成殿，殿黄屋兽吻，重檐七楹，外为露台，石阑环匝。殿旧悬多匾。[155]又北为崇圣殿，殿广七楹，石阑二层，殿后山椒有亭。

庙东为学，有门有塾。庭之东、西有堂，其北南向正堂即明伦堂。后为尊经阁，高二层，广五楹。堂廊四合，庭东、西各有门。东门外有苑，甚宏敞，有明立巨碑一方。民国时，尊经阁一带改建为故宫博物院古物库，旧建筑尽拆毁无余。

庙学之间，有门，拾级而上，甬道深广。有西门（即东持敬门）、东门（达明伦堂）、训道署，署之东达教授署。甬道又北，东上山坡，为名宦乡贤及各先贤总祠。其后山巅有飞霞阁（宋钟阜轩），阁外之西有御碑亭（乾隆诗），旁罗花竹。亭西北有飞云阁，位山之最高处。

“综观朝天宫府学，崇闳庄丽，为南都巨构。”民国时朝天宫旧地命运多舛，朱偰先生考之感云：“近十年来，或驻宪兵（朝天宫），或作军医（明伦堂），或竟遭拆毁（尊经阁），零落失修，蹂躏殆尽。一代辛苦经营，良非易易，奈当道不思保存，专事驻兵，无怪古迹之日趋荒废也！”[156]

| 七 |

以下，记：秦淮河畔夫子庙。

这一组规模宏大的古建筑群始建于北宋仁宗景祐元年（1034 年），历经沧桑，几番兴废。元代为集庆路学，明初为国子学，后择地另建国子监，以是为应天府学，并将上元、江宁二县学并入。其后毁于成祖永乐六年（1408 年），宣宗宣德七年（1432 年）重建大成殿，宪宗成化七年（1471 年）再毁，成化（1465–1487 年）中再建。清代将府学迁至城北明南雍旧址，以其地为江宁、上元两县学，后毁于太平天国乱。同治八年（1869 年）重建，于 1937 年遭侵华日军焚烧而严重损毁，现为 1980 年代重建。

夫子庙位秦淮河北。秦淮甚古，“旧传秦始皇时，望气者言金陵有天子气，东游以厌当之，凿方山，断垄为渎入江，故曰秦淮。”[157] 状如玉带，与南京古城唇齿相依。及至晚清，秦淮东西十里水系相连，楼堂馆所珍珠并串，是为极盛。

“玉带水必四面围绕，今江宁城中，正合此格。秦淮水由东水关入城，出西水关为正河。其由斗门桥至笪桥为运渎。由笪桥至淮清桥为清溪。皆与秦淮合，四面潆洄，形如玉带。故周围数十里间，闾阁万千，商贾云集，最为繁盛。而衙署、公所，如布政司、督粮道、盐巡道、江宁府、江宁县以及文庙、贡院、考棚皆在其中，关系匪浅。常筹疏浚，官民实两有裨益。”[158]

夫子庙学布局为前庙后学，与东侧的贡院组成三大建筑群。[159]

庙以秦淮为泮池。观之中国文庙，借城市河道为泮池者较为稀见，此为一例。明孝宗弘治间（1488–1505 年）置石堤以障水；武宗正德九年（1514 年）缭以石槛；神宗万历三年（1575 年）浚月池，以石甃岸，易学前户部地为屏墙，即今照壁，全长 110 米，气势磅礴，为全国照壁之最。

池西有桥曰“文德”，取“文章道德第一”之意，建造缘由乃因泮池水西流不息，文气外泄，造桥蓄之。[160]“跨泮池而立，立木桥。万历（1573–1620 年）中圮，里人钱宏业易以石，或云提学陈子贞易焉。兵燹桥毁。清同治五年（1866 年）易以木，九年（1870 年）重修。桥下有祠，祀陈提学，后为酒肆，曰‘芥子河亭’。”[161] 后又复陈祀，今无。值阴历十一月十五满月夜，桥左右各映半月，是为“秦淮分月”奇观。

池北有石阑，阑北有“天下文枢”坊，建于明万历十四年（1586），毁于太平天国战火，清同治（1862–1874 年）中重修，以坊木太薄，邑人易以柏木，而仿旧式重书之，此坊至民国 18 年（1929 年）尚存，后易为水泥坊，恶俗不堪。坊北通衢，街东、西旧有“道冠古今”“德配天地”两坊，民国后拆除。西侧有六角亭曰“聚星”，又西有方亭曰“思乐”[162]，清末为“买茶者所居”。[163]

庙前棂星门建于明宪宗成化十六年（1480 年），石质。棂星门内院东西有持敬门，乃入庙之途。又北大成门，左右有三碑。门为五间，两侧耳房，供执事人等休息用，中为三门，门内东设鼓、西置磬，每逢朔望朝圣和春秋祭典，府县官员由大成门（中门）进，仕子执事人等分走旁门。大成门内两庑，其北正中大成殿，有燎垆瘗坎，以备仪之用。

夫子庙两侧东、西市场，原为学宫前甬道。东甬道乃学宫正门，门前有坊，上书“泮宫”。坊东为明、清两朝状元、榜眼、探花题名牌坊。坊西为会元、解元题名牌坊，坊背为武科题名牌坊。东、西甬道旁，原各有三祠两署。

庙北一街之隔为学，先为明德堂，乃故彝伦堂，太平天国乱后重建，堂五楹，有东、西房。旧时秀才每月逢朔望至此聆训导宣讲。堂前院颇广，围以木栏，近南为门，坊曰“东南第一学”，今废。栏内左右，为“志道”“据德”“依仁”“游艺”四斋，斋只一楹。堂后为尊经阁，建于明嘉靖间（1522-1566 年），阁上下各五楹，清嘉庆十年（1805 年）阁毁于火，太平天国乱后新造，是否为旧址，不可知。设尊经书院，楼上藏书，楼下讲学。[164] 阁后为青云楼、崇圣祠等。再后有苑，有土山曰“卫山”，上有敬一亭，杂莳梅竹。

余下记夫子庙一带著名二楼，一记青云楼，再记魁星阁：

青云楼：建自明万历十四年（1586 年），清雍正十二年（1734 年）重修。“上祀文昌帝君，朔望始开，平时扃闭。后为训导假借，楼上下皆为栖宿之所，非直学宫重地，火患堪虞；且邻近贡院，登高瞭望，更属未便。道光十六年（1836 年）洒扫会绅士将学廨添造屋宇数楹，较前宽展；另开署门，以通出入。而楼遂隔而为二，诚两得之举也。”[165] 毁于太平天国战乱，“今难确指其地点。”[166]

魁星阁：建自清乾隆四十年（1775 年），乃为祈祉文运建筑常设之举，“是后科甲日盛。形家所谓巽方文峰特秀也。闻屋椽窗闼，初用朱色；因附近民居，屡遭火患，遂易以黑；其顶原取自宝塔仓风磨铜，督工者不慎，为奸人易去，风雨剥蚀，其光黯然。”道光七年（1827 年）“易之以宝蓝琉璃，下狭上广，形如朝顶。其座数层凑合而成，通高一丈有奇，乃何雨人尚书汝霖监督工部琉璃厂时，捐造于京师者。晴昼仰视，晶光射目，洵巨观也。”后因“屡被水患，阁身向河边欹侧，瓦顶本凹，又为积水冻裂，其势甚危”，道光十七年（1837 年）“重修，将阁身垡过六尺有余，末层五方墙通身拆砌，浇以糯浆，顶之裂缝，用油灰补平，庶免渗漏，于阁旁沿河处添造廊屋，为朔望洒扫会憩息之所。外门一道，平时扃闭，以免滋扰。”[167] 民国时尚存，“六角三层，耸临河上”，惜“为歌女麕集处”[168]。

| 八 |

以下，记：贡院居各省之冠。

贡院乃举行科举考试的建筑，唐时分乡试、省试两级，宋以后礼部举行国家级考试，同时有府、州、乡试等。南宋建康贡院创建于孝宗乾道四年（1168 年），乃建康府、县学试所。中部一区有大门、中门、工字殿形式的正厅、衡鉴堂等，左右两侧在中门与正厅之间的院落两旁皆为考生试场，前部及后部为官吏办公及吏舍。考生试场后世称号房，每座号房采用天井院形式，若干组天井院连成一片。大门和中门东侧设有封弥所，为考试结束后封卷之地。建康府贡院不过一百余间房屋，而该时的临安礼部贡院在中门和正厅之间即设有一千余间试场，可想场面之宏大。[169]

淳祐元年（1241 年）理宗为使“大院无卷冗之患，小院无额窄之弊”，命“淮西州郡附建康试”，规模才略有扩大。“时淮南诸州郡岁有兵祸，仕子不得以时赴乡试，且漕司分差试官，路梗不可径达。”[170] 可见建康贡院之狭促。若遇考生增多，还需借用僧寺。至明永乐初（1403 年－）扩其规模。清承明制，一如其旧，道光间（1821－1850 年）曾重新修建。咸丰间（1851－1861 年）文庙、学宫俱遭兵火，贡院却独能幸存，同治间（1862－1874 年）又重扩建，范围更大，居全国各省之冠，又称江南贡院。

江南贡院东起今南京姚家巷，南至贡院东街和贡院街，西至贡院西街，与夫子庙隔街相望，北至今建康路，呈正方之形，内有号舍（俗称考棚）20644 间，一人一间。正门位今永和园及秦淮剧场之间，门外街之东、西各有木牌坊一座，即东、西辕门，及东、西石狮一对、两座石牌坊，轴线上有门三道，为“贡院”“开天文运”及“龙门”。龙门后依次立明远楼、至公堂及戒慎堂。

明远楼建自明永乐间（1403-1424 年），清道光间（1821-1850 年）重建。平面正方，三层木结构。底层四面为墙，各开有圆拱门，四檐柱自底层直通至楼顶，梁柱交织，四面皆窗。登临四顾，贡院一目了然。楼之立乃为考试期间考官及执事官员警戒、发号施令所用。

至公堂后有门，门后有飞虹桥。桥之南属外帘，飞虹桥是内、外帘的分界线。最后为衡鉴堂，主考官阅卷、评定名次之所。考期间内、外帘分隔极为严格，不得擅自出入。

整个贡院四周围以高墙，墙外为街道，街道另侧为店铺民居。自光绪三十一年（1905 年）废科举，贡院即闲置无用。民国时拆除贡院，开辟市场，只保留了明远楼、飞虹桥和明远楼东、西少数号舍及明、清碑刻数枚。[171]

| 九 |

以下，记：夫子庙与市合一。

早在六朝时代，南京秦淮河畔就已繁华初具，当时的秦淮河充当了对外贸易的主要航道，河中舟船穿梭，一派繁荣，乌衣巷、朱雀街、桃叶渡等均为当时名门望族聚居处。

上溯至东吴，在充分利用建邺城内诸多天然湖泊河流的同时，分别在城南、城东、城北开辟了运渎、青溪、潮沟等一些新的水道，并使之相互连接，北通玄武湖，南注秦淮河，疏通与完善了建邺城内的水网系统，形成秦淮贯于南，青溪流于东，玄武湖卫于北的格局。

东晋建康由于移民的大量迁入，城市人口激增。建康城由于地形原因，整个城市呈不规则平面，仅是宫城部分方正规划，而城南的坊市则带有明显的自发情况，这也就造就了昔时秦淮河两岸居民密集、街陌相连、行市热闹的景象，南朝时的“淮水之北，有大市百余，小市十余”，设有谷市、盐市、牛马市等大小市，居民生活十分方便。秦淮河畔以商业、生活性混合的街巷为主要构成的自然肌理，与规划严整的宫城形成鲜明的对比。[172]

南京夫子庙一地为学始于东晋，此时尚无科举制度，官吏选拔多从世家大族中推荐而来。至北宋，因东晋旧学宫建夫子庙与学宫。宋时科举制度已较为完备，南京乃重镇，当设考场，然只为一应试小院。有元一代，虽大力推行儒化，惜不足百年，即为朱明取代。故，明以前的仕子不成规模，除日常的居民生活所需的商业活动外，尚未形成所谓的“考市”[173]。

朱元璋定鼎南京，深感儒化和选拔人才之重要，建朝之始即着手科举一事。洪武三年（1370 年）“特设科举……非科举毋得与官。”[174] 科举分乡试、会试、殿试三阶段，明初三试集于南京一地。永乐迁都北京后，南京为留都，仍负乡试和会试之责。清科举沿袭明制，南京江南贡院则为苏、皖二省[175] 乡试之地，东起姚家巷，北至奇望街，西隔贡院西街，与夫子庙相邻，仅考生号社就两万四百多。

因应考人数众多，府、县学又另设考棚（即预试场）。下江考棚乃江苏考场，位镇淮桥东北，东起信府河，西至中华路；上江考棚乃安徽考场，清前期在朝天宫黄埔巷，同治四年（1865 年）迁往三条营，南起新民坊，北至剪子巷，十二年（1873 年）移往中正街。江宁县学考场在今门东边营，上元县学考场在鸡鸣山麓，明中叶及清均有扩建。

每至大比之年，“应试者辄两万人，文物蔚然，为廿三行省冠。”[176] 亦有“江南合两省为一，与试者多至万六、七”[177] 一说。

应试仕子多会待发榜后方散去，时间之长，人数之多，带动了相关行业的迅猛发展，如旅店、会馆和满足衣食住行、文玩器物的行业等。“东牌楼沿秦淮东岸，北抵学宫贡院，南达下江考棚，大比之年，商贾云集”，出售书籍和各地文玩物产，如“歙之笔墨、宣之纸，歙之砚，宜兴之竹刻陶器，金陵之刻磁，乃至常之梳篦，苏之糖食，扬之香粉，可以归贻细君者，鲜弗备。”[178] 贡院前的贡院街和西侧状元境是这些商品买卖最为集中的地方，私营书坊“比屋而居，有二十余家，大半皆江右人，虽通行坊本，然琳琅满架，亦殊可观。”[179]

明时有圣谕“凡举子赴京应试，沿途关卡免验放行”，应试举子便利用此机会贩卖，以赚度日之资，南北货物交换场所即在泮宫前（今夫子庙前广场），此风一直延续至清末。清同治间（1862–1874）举人汪士铎曾立碑申请禁止在孔庙前设摊经营[180]，可见货物交换及贩卖之风颇具规模。

交换之繁盛也吸引了民间商贩及卖艺杂耍者，嘉庆间（1796–1820 年）“有卖戏法者为北省人，设场于泮宫前”，贡院前“有卖雀戏者，蓄鸠数头，设高桌，旁列五色纸棋。”[181] 日久形成的商业态势愈演愈烈，即使非大比之年，在淮清桥以西的贡院西街、状元境等地，仍然商业兴隆。大量外来人口的涌入，也促进旅店客栈的发达，仅夫子庙状元境百米长的巷内，鼎盛时就有旅店 25 家之多。[182]

众多考生流连秦淮、情系金陵，还有一重要原因：秦淮妓家。自古文士多风流，夫子庙一带墨客骈聚、考生云集，乃为南京娱乐业之重要参与及带动者。“乡试之年，人士云集，妓家酒宴亦忙，厨中光火，竟夜不息。”明代的教坊就在贡院附近的长坂桥，与因夫子庙而起的文人荟萃相结合，而文人豪客之放浪形骸，亦骇人听闻。金陵四十八景中有“长桥选妓”，说的就是逗留于此的文士风流。

秦淮女闾，实导源于明之教坊与官妓。[183] 明初设教坊司，“立富乐院于乾道桥，复移于武定桥等处……又有十四楼以处官妓。”[184] 富乐院在武定桥东南，对岸即夫子庙与儒学所在，“旧院在钞库街南，与贡院隔河相对。”[185] 成祖永乐间（1403–1424 年）妓家逐渐增多，前抵武定门，后达库钞街。至明中期，位于长坂桥的教坊司旧院则日益兴盛。武宗正德十四年（1519年）南巡，“以乐工臧贤辈自随，遍选声妓，金陵有徐髯仙者……上最爱幸。”正德南巡引发奢靡享乐之风的盛行，使商贸与游乐成为明后期南京的主要特点，妓院亦随之更趋繁荣。至神宗万历十年（1582年）“房屋盛丽，连街街弄，几无隙地。”[186]

入清，明旧院皆废，代之而起的是那桥附近的“珠市”，后东迁至姚家巷、东官头、金陵闸、丁官营、武定桥、东钓鱼巷等处，都在长坂桥旧址左右。[187]光绪（1875-1908年）中叶以后，“秦淮妓家，大抵聚处，且皆羼集于淮清桥下之钓鱼巷，至御河房而止”。秦淮妓家有两大特点：一为“尤有明代教坊遗风，微嫌官气重耳”[188]；二是与贡院文人、科考仕子相互依存，“士大夫宴集，皆在秦淮画舫或妓家河房中”。正所谓“户户皆花，家家是玉，冶游遂无虚日。”[189]

按常理推论，文庙、贡院乃宣扬文教之重镇，而妓院则是民间风月、寻春冶游之所，两者情调迥异，实应势同水火。但表面的分庭抗礼和暗地里的幽香相通，又的确颇具中国特色，渊源久远，似乎古代城市建设中，缺少了这样一道人文风景，就显示不出亮丽的繁华。[190]南京旧院的发展不是单纯的女肆，而是与流连夫子庙的仕子游客，居住秦淮河的世胄宦族联系在一起的。旧院兴盛和仕子社集、豪客千金交融一体，构成十里秦淮的独特风貌。

清时南京置江宁府，经济在一度衰落后，迅速走向复苏，并达至鼎盛阶段，徽商在南京也数此时最为活跃，“或托业于荆越，或贸迁乎吴越，或散处于蜀山易水之间，而荟萃于金陵者，尤为夥焉。”[191]会馆等组织设施的创建则是其经营活跃的明显标志，徽商在江宁所建会馆之多，其他任何商帮不敢望其项背，计20余处，占会馆总数的40%弱[192]，其中又有半数以上位于城市东南部，即明清时期的科考之地。

徽商历有“儒贾”之名，以经商为名，行儒化之事，对本乡仕子考取功名，不遗余力，如仅作为仕子乡试住宿之所的歙县试馆就耗银12300余两。一方面是由于中国传统的地域观念，更重要的是仕子一旦金榜题名，得以入仕，家族、乡党便是其思恩惠报的首要对象。商业与科举达到互补共进的和谐，商人投资会馆与本乡子弟的入仕都会把商业精神带入会馆的创办发展过程中。徽商会馆选择城市南部科考之地或附近建立会馆，可以更好地服务于前来考试的本乡子弟。同时，徽商于此地的聚居，亦造就了秦淮河东段民居建筑多呈徽派建筑风景，马头墙比比皆是，与西段民居的江南固有民居特色迥然有异。

夫子庙一带的商业发展以满足考生需要起始，不断扩大规模、丰富种类，发展壮大。至清末，就已经完全脱离了对科举仕子的依赖。光绪三十一年（1905 年）“科举罢，贡院废，物盛而衰……别存号舍若干间，以明前代市场之遗迹，余则辟市肆，利群商。”[193] 以“考市”发展起来的贡院一带正式成为商业聚集地。

民国以后废科举，兴学堂，学宫遂衰落，祠、署分别改为学校、教育局、图书馆等，学宫甬道也成为摊贩市场，东、西市场的名称便自斯时始，并延续至今，殊为不易。

上海

2007.05.05-05.06

前述江阴之行未得窥文庙真容，引为憾事。同行的两位兄长毛聿川、丁颢又约我往上海，转转旧建筑改造的案例，并且保证一定陪我去看文庙，再信一回。

据（元）屠性《文昌祠记》（至正七年）上海“始为镇时，东有文昌祠，镇既升县，遂改为学宫，而祠其神于东庑，其来久矣。至正五年（1345年）十月，县尹刘侯□事殿谒学庙，见庑下祠，顾谓教谕章服曰：‘此非祠神之所也。神教人忠孝，其功为大，而科名之籍，神实司之。我圣朝既锡辅元开化文昌司禄宏仁之号，学又神之故祠，祠之于学固宜，终不若专祠，于人心为安，于理为当。’服感侯言，退而谋诸好事者，得邑士章伯颜，慨然以为己任，乃除地学宫之北为屋四楹，像设正中，列仪卫左右，与凡器具之用。”[194]

现在的上海文庙外面颇为热闹，主要业态是书市。好比南京夫子庙，世人印象多为秦淮河水的桨声灯影，文人妓家的风流绝唱，此地以夫子庙为发源形成的“庙市合一”，规模之大、时间之长，并由此带来商业、娱乐、聚居等多重城市构成元素的演变和互融，在中国古代城市及文庙发展史上是甚为罕见的。夫子庙市发展如斯，恐为先学所未料，不过，若称秦淮河畔的夫子庙市乃为庙、市相依的孤例[195]，则有商榷之处。上海文庙其实也可算作一处，所以，试着推论商业依附文庙的几种可能。

早在西汉，位在长安南郊的太学即有“槐市”一说。“太学中列槐数百行，诸生朔望会市，各持其土物及经书买卖、议论。”[196]槐市的出现有其特定的城市和时代背景：长安自身的居民聚居和相应的生活市场在城市北部，太学则在南部的礼制区，氛围迥异，自不会常设市场；但限于南北距离，生活不便，且游于太学者甚众，遂逢每月初一、十五，自发集市交易本郡土特产、书籍、乐器等，既可补度日之资，又增学术及情感交流。槐

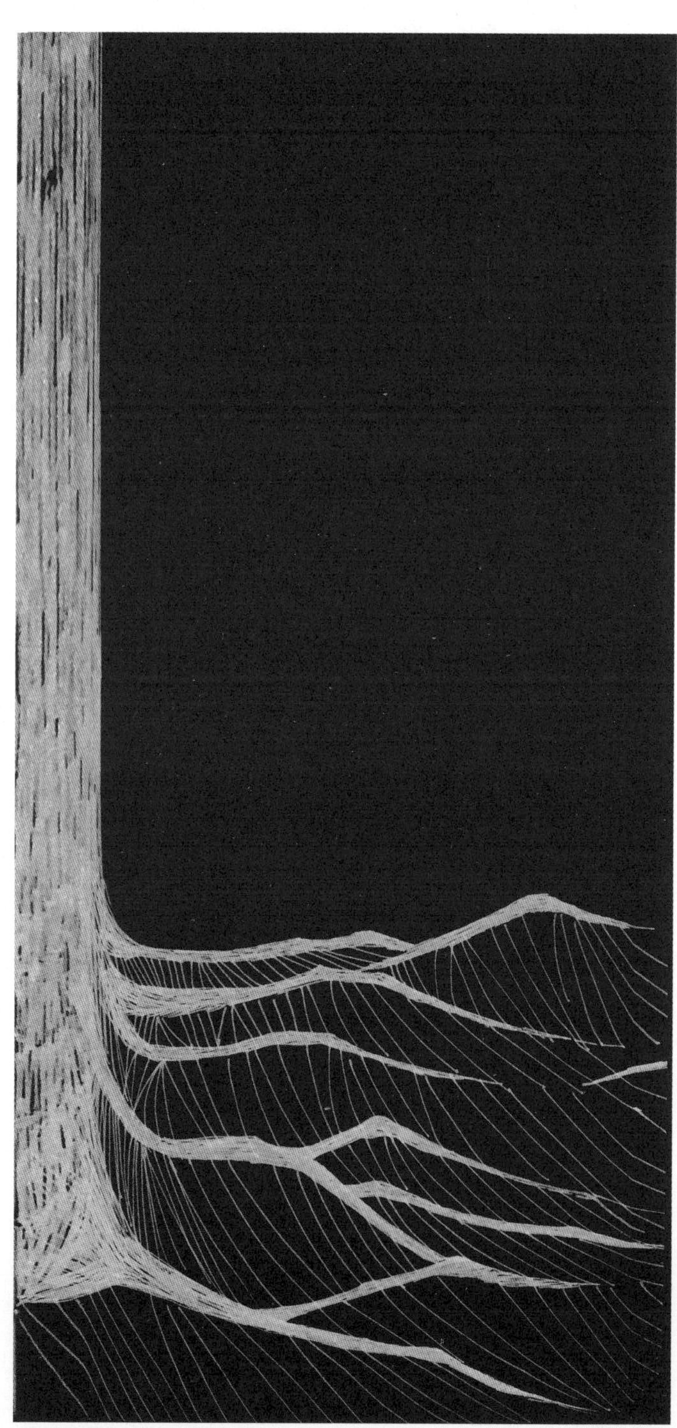

市无围墙、房屋，即为临时集市之明证。时间跨度上，西汉距离春秋战国并不遥远，太学尚存百家争鸣之“稷下”遗风，又未有文庙之立，与后世文庙的肃静特质还是存在差异的，偶尔的集市亦无伤大雅。

随着后世庙学制的建立与完善，“槐市”已幻化成为一种代称，历史的回响恐仅限于槐树成了文庙之中的常见树种。亦即前文述及的，喧嚣混淆的城市环境乃为文庙选址所避讳。然而，某些城市的文庙附近仍是逐渐出现了商业活动，“学前街”亦成其市场之代名词。或有如下几种可能：

其一，庙学为大量学生聚集和生活的场所，出于日常所需存在着一定的购买力，以就近原则考量，相关的社会服务出现是符合商业经济运作规律的，今日大学校园周边密集的“学生经济”即为典型表现。但我仅查到明地方庙学附近市场 3 例（婺源、鲁山、桃源），并不足以构成立论的基础，就古代地方城市（尤其县级及以下）而言，囿于城市规模，出现城市副中心或多重城市干道的可能性皆不大；而文庙以其在城市构成中的地位和影响，大多选址于主要街道；如此，市场和文庙发生交集的几率还是颇大的，找到的 3 例皆为县城，或为一证。亦即，小型城市的用地限制或为市场出现在文庙周边的重要动因。

其二，庙学的日常经费来源除学田外，有的地方政府亦会酌情拨部分房廊屋产归其所有，以坐收租房之利。如北宋靖康间（1126-1127 年），建康府学岁入 1824 贯，其中一成即为学田之外的房廊 71 间及酒坊 3 处的创收[197]，类似情况在不少地方都不同程度地存在着。神宗即位初（1068 年 -）右正言孙觉即有关于州县学经济状况的概论：“朝廷自庆历以来（1041 年 -），诏天下立学，郡县往往有学舍、官田、房廊之利。”已将房廊与学田并称为两大经济来源。又据徽宗御制《辟雍记》，大观二年（1108 年）诸路统计上报的州县学房廊总数已达 9.1 万余楹，足以说明房租收入所占比重之大。[198] 当然，房产可以位于城市中的任何地方，但若政府所拨或庙学自建的房产选址在附近，其周边的商业活动则应运而生了，如南宋嘉定三年（1210 年）庆元府学自建房屋 23 间用于出租，市场效应迅速蔓延，以致文庙边界模糊不清，唯恐“地久浸失疆界”，不得不在宝庆二年（1226 年）“计其丈石，埋石以识之”[199]，前后不过二十年。

其三，早在五代，雕版印刷技术就已盛行[200]，“时（后唐长兴三年即 932 年）宰相冯道以诸经舛谬，与同列李愚委学官等取西京郑覃所刊石经雕为印板，流布天下，后进赖之。”[201] 宋时更加普及，并得到大发展，刻书几成高盈利行业，如国子监刻书除“以备朝廷宣索赐予之用”，还“出鬻而收其直以上于官”。[202] 地方官学亦广开刻书之门，尤其在北宋中期以后，印刷业的官方垄断松动，私刻、坊刻及各地官刻业迅速发展，部分发达地区凭借雄厚知识和人才储备，更成为重要的印刷生产销售部门。[203] 此后，地方刻书现象几为常态，只是各朝或各地情状强弱不一罢了。依此推论，至少“书市”业态的出现及依附于庙学也是可能的，今日某些城市据其建筑遗存开办书市及其他相关文化产业，或可视作传统的延续和发扬。

毕竟，文庙的肃静特质为首要，与市场共处并未在古代城市发展史中形成主流；若对商业依附于文庙的现象作城市理论层面的注解，或以陈薇师一语拨尽迷雾：“有什么比经济更能主宰人的生活状态及城市运转和兴衰状况呢？政治制度固然重要，但相对于经济活动而言，通常它对于地方城市的生存和发展的作用则降为次要。”[204]

注释

1 《宋史》卷一百五十五《志第一百八·选举一·科目上》、卷三百一十四《列传第七十三·范仲淹》

2 曲英杰《孔庙史话》P134。

3 《隋书》卷三十一《志第二十六·地理下》。

4 唐以前的苏州风俗概况，可参阅（宋）范成大《吴郡志》卷二《风俗》P8；卢群《文庙：郡学甲天下》P3-8。

5 《新唐书》卷一百四十六《列传第七十一·二李》

6 王謇《宋平江城坊考》P47。

7 （清）徐崧、张大纯《百城烟水》卷一《苏州府》P5。

8 王劲《苏州古典园林理水与古城水系》P64。

9 （宋）朱长文《吴郡图经续记·南园》P15-16。

10 （宋）朱长文《苏州学记》，引自（宋）范成大《吴郡志》卷四《学校》P30。

11 参见卢群《文庙：郡学甲天下》P2。

12 （清）徐崧、张大纯《百城烟水》卷二《吴县》P143-144。

13 （宋）范成大《吴郡志》卷四《学校》P37。

14 《全宋文》（347）P273-274潜说友《长洲县改立学门记》。

15 （清）徐崧、张大纯《百城烟水》卷三《长洲县》P179。

16 参阅张亚祥《江南文庙》P68、135-144。

17 （清）徐怀《板桥杂记》卷上《雅游》。

18 （民国）夏仁虎《岁华忆语》《龙船》。

19 （民国）潘宗鼎《金陵岁时记》《灯节》。

20 （民国）潘宗鼎《金陵岁时记》《龙灯》。

21 （民国）夏仁虎《岁华忆语》《灯市》。

22 《全元文》（18）P574-583熊禾《三山郡泮五贤祀记》。

23 《全宋文》（310）P259-261魏了翁《成都府学三先生祠堂记》。

24 《全宋文》（301）P36-38于柔《新城县增置学粮记》（嘉熙元年）。

25 《全宋文》（288）P382-383黄榦《安庆府新建庙学记》（嘉定六年）。

26 （宋）杨万里《韶州州学两公祠堂记》（淳熙八年），《全宋文》（239）P293-294。

27 《全元文》（56）P69-70徐观《厘正乡贤祠记》（至正十六年）。

28 《全元文》（47）P110-112陈谟《兴国重修孔子庙碑》。

29 《全宋文》（288）P382-383黄干《安庆府新建庙学记》（嘉定六年）。

30 《全元文》（27）P108-112虞集《兴学颂》。

31 详见周愚文《宋代的州县学》P84-90。

32 《全宋文》（74）P338-339沈遘《丹州新学记》（嘉祐二年）。

33 樊克政《学校史话》P71。

34 周愚文《宋代的州县学》P108-110。

35 《全辽金文》P3140-3141元好问《令旨重修真定庙学记》。

36 《全元文》（9）P91-92李谦《新建两庑记》。

37 详见周愚文《宋代的州县学》P75-84。

38 《全宋文》（120）P294-295晁端中《萧县儒学记》（绍圣五年）。

39 《隋书》卷七十五《列传第四十·儒林》。

40 方家争论观点可参阅高惠斌《南朝中央官学探微》，《殷都学刊》2006年第4期P39-43。

41 万绳楠《陈寅恪魏晋南北朝讲演录》P129。

42 陈朝晖《梁武帝与南朝的儒学》，《孔子研究》1994年第1期P53-54。

43 （清）赵翼《廿二史札记》，引自马玉山《浅论北朝儒学》，《北朝研究》第四辑P113。

44 马玉山《浅论北朝儒学》，《北朝研究》第四辑P113。

45 《隋书》卷七十五《列传第四十·儒林》。

46 （清）孔广森《戴氏遗书》序，引自马玉山《浅论北朝儒学》，《北朝研究》第四辑P121。

47 贺云翱《六朝瓦当与六朝都城》P170。

48 《后汉书》卷五十一《李陈庞陈桥列传第四十一》。

49 （民国）朱偰《金陵古迹图考》P206考为永安元年（258年），有误。

50 （唐）许嵩《建康实录》卷二。

51 （唐）许嵩《建康实录》卷三。
52 《宋书》卷十四《志第四・礼一》。
53 《晋书》卷六《帝纪第六・元帝》。
54 《晋书》卷二十五《志第十五・舆服》。
55 《晋书》卷七《帝纪第七・成帝》。
56 详见盖金伟《汉唐官学学礼研究》P39。
57 《宋书》卷十四《志第四・礼一》。
58 《晋书》卷七《帝纪第七・成帝》。
59 参阅高明士《东亚教育圈形成史论》P47–48。
60 《晋书》卷八《帝纪第八・穆帝》。
61 《晋书》卷二十一《志第十一・礼下》。
62 贺云翱《六朝瓦当与六朝都城》P166。
63 《晋书》卷二十一《志第十一・礼下》。
64 （唐）许嵩《建康实录》卷十九。
65 贺云翱《六朝瓦当与六朝都城》P167。
66 《晋书》卷二十一《志第十一・礼下》。
67 《晋书》卷九《帝纪第九・孝武帝》。
68 （梁）顾野王《舆地志》孝武帝太元十年（385年）立国子学注，引自李丽莉《两晋南朝的国子学》P4。
69 （唐）许嵩《建康实录》卷九。
70 《宋书》卷十四《志第四・礼一》。
71 高明士《东亚教育圈形成史论》P52。
72 据《晋书》卷二十七《志第十七・五行上》：安帝义熙九年（413年）"国子圣堂坏。……圣堂，礼乐之本，无故自坏，业祚将坠之象。"其中，圣堂即夫子堂。
73 《宋书》卷十四《志第四・礼一》。
74 （唐）许嵩《建康实录》卷九。
75 《宋书》卷三《本纪第三・武帝下》。
76 《宋书》卷十四《志第四・礼一》。
77 《宋书》卷六十六《列传第二十六・何尚之》。
78 《宋书》卷九十三《列传第五十三・隐逸》。
79 《南齐书》卷一《本纪第一・高帝上》。
80 （唐）许嵩《建康实录》卷十二。
81 贺云翱《六朝瓦当与六朝都城》P168。
82 《至正金陵新志》卷四（下）《疆域志二・街巷》，《宋元方志丛刊》（6）P5515。
83 （唐）许嵩《建康实录》卷十二。
84 《宋书》卷五《本纪第五・文帝》。
85 吕思勉《两晋南北朝史》，引自李丽莉《两晋南朝的国子学》P5。
86 《宋书》卷六《本纪第六・孝武帝》。
87 《南史》卷二《宋本纪中第二・孝武帝》。
88 《宋书》卷六《本纪第六・孝武帝》。
89 《南齐书》卷十六《志第八・百官》。
90 （宋）司马光《资治通鉴》卷一百三十二《宋纪十四》。
91 贺云翱《六朝瓦当与六朝都城》P169。
92 《南史》卷二十二《列传第十二・王昙首（孙俭）》。
93 《梁书》卷十九《列传第十三・宗夬》。
94 贺云翱《六朝瓦当与六朝都城》P169。
95 《南齐书》卷十六《志第八・百官》。
96 《南齐书》卷九《志第一・礼上》。
97 《南齐书》卷三《本纪第三・武帝》。
98 参阅（唐）许嵩《建康实录》卷九注，《至正金陵新志》卷四（下）《疆域志二・街巷》，《宋元方志丛刊》（6）P5515。
99 《南齐书》卷九《志第一・礼上》。
100 《南齐书》卷六《本纪第六・明帝》。
101 《南史》卷七十一《列传第六十一・儒林》。
102 《陈书》卷三十三《列传第二十七・儒林》。
103 《梁书》卷三《本纪第三・武帝下》。
104 （宋）司马光《资治通鉴》卷一百四十六《梁纪二》。
105 《梁书》卷二《本纪第二・武帝中》。
106 曲英杰《历代京都及地方孔庙考述》，《孔子研究》1996年第3期P119。
107 《梁书》卷二《本纪第二・武帝中》。
108 《梁书》卷三《本纪第三・武帝下》。
109 《陈书》卷三十三《列传第二十七・儒林》。
110 《陈书》卷四《本纪第四・废帝》、卷五《本纪第五・宣帝》、卷三十六《列传第三十・始兴王叔陵、新安王伯固》、卷三十四《列传第二十八・文学》。
111 《陈书》卷六《本纪第六・后主》。

112 《陈书》卷三十三《列传第二十七·儒林》。

113 （民国）朱偰《金陵古迹图考》P170。

114 《景定建康志》卷二十八,《宋元方志丛刊》其二，P1799引叶梦得《府学记》。

115 《景定建康志》卷二十八,《宋元方志丛刊》其二，P1798-1803。

116 《景定建康志》卷三十,《宋元方志丛刊》其二，P1832-1835。

117 （民国）朱偰《金陵古迹图考》P171。

118 （民国）朱偰《金陵古迹图考》P198。

119 参阅吴竟《简论太平天国后期的崇教排儒》,《苏州大学学报》1993年第3期P116-119。

120 （清）甘熙《白下琐言》卷三。

121 （民国）朱偰《金陵古迹图考》P211。

122 （明）焦竑《京学志》，引自徐泓《明南京国子监的校园规划》,《第七届明史国际学术讨论会论文集》P563。

123 《明经世文编》卷五《大明敕建太学碑》。

124 （明）黄佐《南雍志》卷八《规制考下》。

125 （民国）朱偰《金陵古迹图考》P208。

126 （民国）柳诒征《〈南雍志〉影印后记》，见《南雍志》卷二十四《列传六》末。

127 散见《景定建康志》。

128 宝志和尚，南北朝萧梁时代著名僧人。

129 （明）黄佐《南雍志》卷七《规制考上》。

130 潘谷西《中国建筑史·元、明建筑》P23。

131 参阅《明史》卷五十《志第二十六·礼四·南京神庙、功臣庙、京师九庙》；胡凡《儒教与明初宫廷祭祀礼制》,《齐鲁学刊》1999年第6期P48。

132 以上有关南雍选址的文献引用，详见（明）黄佐《南雍志》卷七《规制考上》。

133 《明太祖实录》卷一四五。

134 （明）黄佐《南雍志》卷七《规制考上》。

135 据徐泓《明南京国子监的校园规划》,《第七届明史国际学术讨论会论文集》P567，推测其原因可能是：嘉靖帝得到南京官员如张璁、霍韬等人的支持，议大礼，压制企图贬低皇权的杨廷和一派北京旧官僚，并借此更定祀典，主导制礼作乐之权柄，以彰显君王至上。

136 明初，国子生数常在数千人，甚至多至万人。明中期，人数骤减，弘治年间（1488-1505年）减至1400余人，而在校读书的仅400余人至537人之间。尤其嘉靖十年（1531年），准许纳银生员年二十四岁以下者，本监定限放回依亲，在监学生更为减少，嘉靖十四年（1535年）甚至减至270人。

137 详见（明）黄佐《南雍志》卷七《规制考上》；徐泓《明南京国子监的校园规划》,《第七届明史国际学术讨论会论文集》P567。

138 曲英杰《孔庙史话》P96。

139 （明）黄佐《南雍志》卷七《规制考上》。

140 （民国）朱偰《金陵古迹图考》P208。

141 （明）黄佐《南雍志》卷八《规制考下》。

142 国子监生活用房、植栽等的配置及文献引用详见（明）黄佐《南雍志》卷七《规制考上》、卷八《规制考下》、潘谷西《中国古代建筑史·元、明建筑》P405-406。

143 据徐泓《明南京国子监的校园规划》,《第七届明史国际学术讨论会论文集》P569：其一，庙在学左，而明代尚左，以左为尊。其二，洪武三十年（1397年）将大成殿从三间两掖、台高一丈二尺九寸、阔十丈一尺六寸，改建成六楹、高四丈三尺余、深四丈七尺，墀宽二十丈、深三十七丈的宏壮建筑，比太学彝伦堂（高度为三丈三尺四寸）高了一丈左右，可以说是国子监中最高的建筑。

144 如洪武二十七年（1394年）监生赵麟诽谤师长，被枭首于监前空间的长竿子上。

145 （明）黄佐《南雍志》卷十一《礼仪考上》。

146 （南朝宋）刘义庆《世说新语》卷上之上《德行第一·王右军与谢太傅共登冶城》注引《扬州记》“冶城，吴时鼓铸之所，吴平犹不废。”

147 （民国）朱偰《金陵古迹图考》P74。

148 （民国）朱偰《金陵古迹图考》P19。

149 （清）甘熙《白下琐言》卷三。

150 （清）甘熙《白下琐言》卷二。

151 江宁府学（朝天宫）建筑配置参阅（民国）朱偰《金陵古迹图考》P208-209。

152 （民国）朱偰《金陵古迹图考》P208。

153 （民国）朱偰《金陵古迹图考》附图“江宁府儒学图”。

154 （民国）夏仁虎《秦淮志》卷三《津桥志》。

155 计有：康熙二十三年（1684年）“万世师表”额，雍正三年（1725年）“生民未有”额，乾隆三年（1738年）“与天地参”额，嘉庆四年（1799年）“圣集大成”额，道光三年（1823年）“圣协时中”额，道光三十年（1850年）“德齐帱载”额，咸丰十一年（1861年）“圣神天纵”额。

156 （民国）朱偰《金陵古迹图考》P209。

157 《洪武京城图志》《山川·秦淮》。

158 （清）甘熙《白下琐言》卷八。

159 夫子庙建筑配置参阅（民国）朱偰《金陵古迹图考》P209-210。

160 杨新华、卢海鸣《南京明清建筑》P174。

161 （民国）夏仁虎《秦淮志》卷三《津桥志》。

162 （元）李孝光有记文，见（民国）夏仁虎《秦淮志》卷四《名迹志》。思乐亭现位于夫子庙西市场，1980年代移建。

163 （清）甘熙《白下琐言》卷四。

164 （民国）夏仁虎《秦淮志》卷四《名迹志》。

165 （清）甘熙《白下琐言》卷七。

166 （民国）朱偰《金陵古迹图考》P211。

167 （清）甘熙《白下琐言》卷七。

168 （民国）朱偰《金陵古迹图考》P211。

169 参阅郭黛姮《中国古代建筑史·宋、辽、金、西夏建筑》P584-587;《景定建康志》卷二十八,《宋元方志丛刊》其二，P1802。

170 《宋史》卷一百五十六《志第一百九·选举二》。

171 参阅（民国）朱偰《金陵古迹图考》P210。

172 参阅刘溪《城市商业中心公共空间结构形态演变特征研究——以南京老城区商业中心公共空间为例》P24-26。

173 汤晔铮《明清南京城南建设史》P60。

174 《明史》卷七十《志第四十六·选举二》。

175 清初，江苏、安徽统为江南省，康熙时分苏、皖二省。

176 （清）汪士铎《金陵贡院遗迹碑》，现存南京贡院明远楼外墙。

177 （清）黄钧宰《金壶七墨》。

178 （民国）夏仁虎《秦淮志》卷八《坊市志·考市》。

179 （清）甘熙《白下琐言》卷二。

180 汤晔铮《明清南京城南建设史》P61。

181 （清）甘熙《白下琐言》卷六。

182 汤晔铮《明清南京城南建设史》P64。

183 （民国）夏仁虎《秦淮志》卷十《女闾志》。

184 （清）甘熙《白下琐言》卷六、卷七。

185 （清）珠泉居士《续板桥杂记》卷上《雅游》。

186 （明）顾起元《客座赘语》卷七。

187 汤晔铮《明清南京城南建设史》P65。

188 （民国）夏仁虎《秦淮志》卷十《女闾志》。

189 （清）珠泉居士《续板桥杂记》卷下《轶事》。

190 楚人《贡院学宫对河房》,《书屋》2002年第10期P22-23。

191 （民国）任治沅《金陵旌德会馆志》。

192 沈旸《明清南京的会馆与南京城》,《建筑师》2007年8月P75。

193 （清）汪士铎《金陵贡院遗迹碑》。

194 《全元文》（55）P124-125。

195 张晓旭《中国孔庙研究专辑》,《南方文物》2002年4月P25。

196 《明一统志》卷三十二《陕西布政司·古迹》。

197 详见《景定建康志》卷二十八《儒学志一》。

198 （明）黄淮、杨士奇《历代名臣奏议》卷一百六十六《上神宗论取士之弊宜有更改》,（宋）章如愚《群书考索》后集卷二十八；皆引自郑雪《宋朝建康府学研究》P25。

199 《延祐四明志》卷十三《学校》,《宋元方志丛刊》（6）P6308。

200 盛险峰《五代官学考论》,《东北师大学报》2004年第1期P65。

201 （宋）王钦若《册府元龟》六百八《学校部·刊校》。

202 《宋史》卷一百六十五《志第一百一十八·职官五》。

203 参阅郑雪《宋朝建康府学研究》P25-26。

204 陈薇《解读地方城市》,《建筑师》2001年12月P47。

哈尔滨

长春

吉林

铁岭

沈阳

辽阳

兴城

卷三

2004.09

2007.07
2007.12

2009.03

2012.01

2013.07
2013.10

2014.08

1 沈阳

2004.09.23-09.26
2007.07.04-07.05
2013.10.13-10.14

因工作缘故，对沈阳实在是太过熟悉，与文庙相关的有三次尤其值得记录：

其一，2004年平生第一次到东北，是跟着吾师陈薇为故宫及方城地块城市设计作调研，关于城市印象最深的是陈薇师说的“疏朗”两个字，同行的还有朱渊、张剑葳、王劲。

其二，2007年夏天开始的文庙考察，此为起点，与学妹黄欢同行，起初的几天是和她一起调查明代辽东镇防御体系之卫所城市。

其三，2013年到文庙小学参观陈伯超先生主持修缮的成果，即文庙旧地。

盛京本辽、金沈州治，元为沈州路，明为沈阳卫，洪武二十一年（1388年）指挥闵忠重筑，为十字街、四城门格局。努尔哈赤“龙飞兴京……天命十年（1625年）迁沈阳，天聪五年（1631年）因旧城曾拓其制……改旧门为八……八门正对，方隅截然，内尺七十余处水不外泄而无横决之忧，真王气之所聚也。”其子皇太极即位后，于崇德元年（1636年）改国号清，正式称帝，并扩筑沈阳城，营建宫殿，改称盛京。“城邑既定，遂创天坛、太庙，建宫殿，置内阁六部督察院理藩院等衙门，尊文庙修学官，设阅武场，而京阙之规模大备。”[1] 世祖顺治元年（1644年）定都北京，以此“龙兴之地”为留都。

自明开始，盛京城经历了以中心庙为中心的四门、十字大街“田”字形城——以皇宫大政殿为中心的八门、“井”字形城——八门八关、“回”字形城的一系列过程。加之城外四个方位皆有喇嘛塔，清《陪京杂述》有“城内中心庙为太极，钟鼓楼象两仪，四塔象四象，八门象八卦，郭圆象天，城方象地，角楼敌楼各三层共十二象四季，城门瓮城各三层象二十四气”的说法。

而通过实地调研，切身感受是这可能和喇嘛教的“曼陀罗”图形有着莫大关联。清崇喇嘛教，帝都北京和避暑行宫承德皆受教义影响，只是没有盛京这么明显。这样一种精神层面上的关联不仅昭示着盛京在历史上的特殊地位，更使之有了与其他城市相比得天独厚的城市性格和深沉的文化积淀。同时，八旗的分布也耐人寻味，盛京城里正红旗和镶红旗在东，正白旗和镶白旗在西，而在北京城里则是对调的位置，这可能与不同旗主的地位升降有关。**吾师陈薇并据之作了盛京、北京的比较研究，揭示和提炼了清王朝“圣都”与“俗都”之间的城市概念传承和演变，借之可豁然于不同历史时期，满人在都城建设上的文化倾向，即民族固有性格在城市空间体验上的表征。**

“明时沈阳中卫学，在卫治西北隅，正统元年（1436 年）重建。”皇太极展拓盛京时，已有意识地兴建文庙，天聪三年（1629 年）改建于城东南隅，“初建圣殿三楹，戟门三楹，棂星门一座”，并委派大学士范文程致祭。康熙间（1662-1722 年）加以修缮，乾隆间（1736-1795 年）又将皇宫制作的礼器运送至此，用为行释奠礼奏乐，且乾隆、嘉庆帝均先后巡幸是处，并题诗赞颂。

据《钦定盛京通志》卷四十三《学校一・奉天府儒学》，奉天府学的修建概况为:康熙五年（1666 年）增修学宫，并建启圣祠。十九年（1680 年）府尹梁拱辰重修圣殿。二十一年(1682 年)府尹高尔位增建东西庑各三楹。二十五年（1686 年）圣祖御制《至圣先师孔子赞》颁布天下，勒石学宫。二十八年（1689 年）颁御书“万世师表”匾额，奉悬大成殿，各州县同。二十九年（1690 年）立下马牌于学宫外。三十二年（1693 年）工部请修启圣祠，增建明伦堂三楹，东西斋房各三楹，大门、仪门并东西角门各一座，乐器库房、书房、西房各二楹，并设守卫步兵十名。四十九年(1710 年）府尹廖腾煃率属及绅士等捐资，增修圣殿为五楹，并增大成门一座，

启圣门一座，照壁一座，义路、礼门各一座，缭垣二百丈，后又增建名宦、乡贤祠各一楹。

另，奉天府官学尚有：左翼官学一所、在城内东南隅，右翼官学一所、在金银库西，俱康熙二十年（1681 年）建；宗室学一所，觉罗学一所，共二十二间，俱在天佑门外，乾隆二年（1737 年）建；沈阳书院在学宫右，乾隆七年（1742 年）府尹霍备率属置买地基，建讲堂五楹、东厢五楹、西厢五楹、群房十一楹。[2]

清之教育体制，基本承袭明制，国子监仍为最高学府，基于其特有的八旗制度，亦独具少数民族色彩。皇太极于盛京城内建文庙的同年八月，就正式下令开科取士，择优选拔出 200 名汉人生员，解除其奴隶身份，以备国家录用，两年后又颁布著名的"劝学令"，命八旗贵族子弟凡年龄达 15 岁者，皆须入学读书，随后不久即兴办了八旗官学，并根据需要对努尔哈赤时期创制的满文进行了改革。

自入关定鼎北京后，清廷为八旗子弟特别设立了隶属于国子监的八旗官学，因国子监"僻在城东北隅，满员子弟就学不便，议于满洲八固山地方各立书院，以国学六堂教官分教之，以时赴监考课。"[3] 并为宗室贵族专设了宗学、觉罗学，为内务府上三旗专设景山官学、咸安宫官学，为驻防于北京城外的八旗外三营分别设置健锐营、圆明园和外火器营官学[4]，但八旗官学并未见有文庙的设置。就其分布看，亦不完全受制于八旗的驻防范围，且乾隆以后（1795 年 – ）旗人居住限制逐渐松弛，满城之设，渐归湮灭。

民国初，沈阳文庙即已荒颓，1918 年沈阳县公署的一份档案可为验证："文庙之大成殿之脊及东西两面宫墙年年剥落，均有损坏之处，而庙内殿上蔓草丛生，几无隙地，是皆岁修无款以致有些……"随后，西院的学宫又长期被县教育会劝农所占用，已毫无儒学氛围。新中国成立后的 1954 年，文庙被拆，平整成小学的操场，学宫也成了民宅。历史的回响只剩了"文庙里"这个地名，和操场上孩子们戏耍的欢呼声。

兴城

2007.07.06

2007.12.22

2012.01.11

2013.07.10

还记得那是2003年，师兄何易为关于牌坊的硕士论文外出考察归来，和我兴奋地谈起兴城的祖大寿、祖大乐两座牌坊。那时候，东北的兴城对我来说只是个遥远而陌生的地方，四年过去了，终于踏上了这片土地。

古城基本保留了明代卫城的格局，但早就没了金戈铁马的喧嚣。历史有时候就像个黑洞，不是没有光，而是光被死死抓住：努尔哈赤真的是死于宁远炮击？是宁远大捷还是觉华岛大辱？袁崇焕给魏忠贤修生祠到底什么感受？吴三桂仅仅是冲冠一怒为红颜？**……历史就是这么难以捉摸，当一切随风，只留下地平线上厚重的城墙和低矮的连绵囤顶，那丛立的烟囱口飘出的袅袅的炊烟，尽是关外江湖的落寞与静守。**

始建于明宣德五年（1430年）的兴城文庙安详静默在古城的东南隅，苍松荫翳，古柏参天，其东南面城墙上则是默默守护文运的八面八角“关外第一魁星楼”。在城里转了半天，依依不舍，临走时回望城墙，嘀咕了一句：“我会再来的。”未料到一语成谶，大雪纷飞的年末就又站在了城墙根下，此后历经国保的保护规划、城墙的修缮、历史城区的修详……至今还与这座古城息息相关。来得多了，就会有感情，有了感情就会努力地想明白很多事，这城墙就很值得说道。

2011年国家文物局启动《中国世界文化遗产预备名单》更新工作。“中国明清城墙”项目纳入了南京、西安、荆州、襄阳、兴城和台州6座城墙，分别代表了明清时期的都城、二级王都、府城和卫所等不同等级城市的城墙；2012年，又增补了2座：寿县、凤阳。明清两代曾建造过大约4000座以上带有城墙的城市，但迄今完好保存下来的不超过10座，申报清单中的这8座明清城墙成为历史的最终代表和见证，完整地构建了由南方至北方，从都城到县城，长达300多年的时间范围内的不同城市级别、不同地域范围却具有内在关联性的中国城市制度体系，证明了

中国古代城市宏观架构与功能体系的差异性与互补性。

兴城古城乃是明长城防御体系之辽东镇的重要一环——宁远卫，也是目前保存最为完整的明代卫城，古城外围建筑施工时曾经挖掘出城墙的部分基址。众所周知，城墙是中国古代城池建设必不可少的要素之一，也是等级秩序的重要标志，如果证实兴城古城历史上确曾存在过内外双重城墙（现仅城墙一道），这在东北地区乃至整个中国同等规模的明清城市中都是不多见的，在目前已知的明代卫所城市中更是孤例。

当地的文物工作者认为，自古城诞生之初就拥有内外两道城墙，即明宣德三年（1428 年）宁远卫建城之时（“原建说”），但可疑处甚多：在明代修纂的《辽东志》与《全辽志》中并无外城墙之记载，其首次出现是在清代的诸般史料中，且修建时间也说法不一，有趣的是记录语句大体相同，只不过在顺序上有颠倒，导致歧义。基于对这些史料的甄别分析，外城墙乃是明末增修（“增建说”）的说法较为可信。

具体的史料考证就不展开了，就说说历史背景。作为一座以军事防御为目的修建的城市，其形制与军事运作密不可分，尤其是城池防御的重要构成之一——城墙，因此，循之可以明晰兴城古城外城墙的具体产生时间及其原因，也由此更加印证“增建说”之观点。

“土木堡之变”（1449 年）后，明军明显处于守势，更为依赖长城防御系统，宁远卫即诞生于此时段中的宣德三年（1428 年）。总的来说，北元蒙古的威胁贯穿整个明代，主要集中于大同、榆林、宣府及黄河河套地区，明廷疲于应对西北部边患，位于“九边极东之地”的辽东镇特别是宁远卫一带并没有形成特殊的防御点。且以今天掌握的资料来看，宁远卫城的两道城墙，在明代“九边重镇”的所有卫所城市中是绝无仅有的，而初建时期的宁远卫城，无论是规模还是战略地位，显然只是大批量修筑城池中的普通一员，当然也不需要如此重要的双重城墙形制来支撑。

明廷在辽东地区用“以夷制夷”之法，以女真制蒙古，女真内部则分立部落首领，各自为营，互不隶属，削弱各部落力量，直接隶属于大明。至明晚期，蒙古势力大不如前，相反，女真崛起进而成为主要的北方敌虏，防御的重心也转移到了辽东。万历四十五年（1617 年）努尔哈赤以“七大恨”告天，发兵攻明，开原、抚顺、沈阳、辽阳、广宁等接连失陷，山海关成为阻挡后金进军的关门，宁远卫则是山海关外的最后防线，其战略地位之关键不言而喻。

而此时的宁远卫城已凋敝日久，起因于隆庆二年（1568 年）的大地震，与此同时，明廷的主要精力被蒙古侵扰所牵扯，无暇修复非主要防线上的震后城市。随着明末东北战事升级，明廷边境策略又日趋保守，辽东守军退守山海关，以八里铺为前哨，宁远一带被蒙古人暂时占领，宁远卫城更加破落。天启三年（1623 年）时任辽东经略孙承宗命袁崇焕亲抚喀喇沁诸部，收复自八里铺至宁远 200 里，孙承宗又从袁崇焕议，决守宁远。先是命祖大寿重筑宁远卫城，而“大寿度中朝不能远守，筑仅十一，且疏薄不中程”。袁崇焕上任后制定新规重筑城墙，仅一年，工迄城竣，又配备火炮“以铳护城”。曾经是“灰尽煨残，白骨暴露”的宁远卫城焕然一新，成为“内以保障关门，外以捍御强虏”，“商旅辐辏，流移骈集”的关外重镇[5]，关（山海关）宁（宁远）防线构筑完成。袁崇焕又建议将防线向北推进 200 里，经松山、锦州至大凌河，即关（山海关）宁（宁远）锦（锦州）防线，负山阻海，地险而要。

天启六年（1626 年）努尔哈赤率军攻宁远。（朝鲜）李星龄亲历此役，所著《春坡堂日月录》载：“是夜，贼入外城，盖崇焕预空外城，以为诱入之地矣。”该时宁远卫城筑有外城墙确定无疑。此外，《清实录·满洲实录》中还录有一幅“太祖率兵攻宁远”，图中城墙上有角楼。今日兴城城墙东南角的魁星楼，始建于建城之初，后屡毁屡建，当时战事吃紧，袁崇焕断不会轻易拆除防御用的角楼来建魁星楼的，图中所绘当是努尔哈赤攻打外城的情景，外城墙上的角楼亦与前述诸般史料记载相符。

综上，外城墙的修筑时间，可定为始于天启三年（1623 年）袁崇焕重修宁远卫城，最迟天启五年（1625 年）完工（《明史·袁崇焕传》载：

一年“工讫城竣”，但未说明是否内外城墙），天启六年（1626 年）初已迎战努尔哈赤来犯。宁远卫城的双重城墙形制，并非表面上简单的“逾制”行为，而是取决于当时所处的独一无二的战略军事地位。在山海关危在旦夕，京师唇亡齿寒之时，外城墙的修筑实为防御之必需。

清灭明后，宁远城的军事地位急剧下降，由卫城改为地方州城。由于城市性质的转变和人口规模的减少，出于军事防御需要修建的外城墙逐渐荒废，而内城墙出于城市管制需要，仍旧得到了保留和维修。至民国，宁远州改为兴城县，城市规模仍局限于内城，外城尽属郊野，人烟稀少。从《民国兴城县志》“兴城县街市图”上可以看出，外城墙已基本无存，仅剩局部的墙芯夯土依稀可辨。此外，清末至民国的东河水患也对兴城外城墙造成了很大破坏。

兴城古城见证了后金崛起和政权更迭的壮阔历史，是“宁远大捷”和“宁锦大捷”的发生地，更是明末清军入关时唯一一处没有攻破的城池，究其原因，虽有谋略和火器占优，但由两重城墙和护城河构成的城池防御体系功不可没。且中国古代城墙一直是冷兵器时代的重要军事防御保障，而宁远卫城恰逢明末火器之始兴，是中国古代火器和城墙防御有效结合的最早和最为重要的实战案例之一，充分体现了古人的军事智慧。真实性和完整性是世界遗产保护的两个重要原则，兴城城墙作为《中国世界文化遗产预备名单》中“中国明清城墙”的重要组成部分，保存完整的内城墙无疑是其遗产价值的一个重要表现，但缺失和忽视的外城墙如能得到重视和保护，必将使兴城城墙的遗产价值更为出色，更能真实和完整地展现其作为保存最好的一处中国明代军事卫城所具有的独特价值。

辽阳

2010.07.09-07.10

辽阳可以看的东西还是挺多的，辽的白塔，明的清风寺，清的东京陵，民国的彭公馆……此地从公元前3世纪至17世纪，一直作为中国东北地区的政治、军事、文化中心。

史载"周武王释箕子囚，去之朝鲜，因以封之。作八条之教，尚礼义，富农桑，外户不闭，人不为盗。传四十余世。"公元前284年，燕国大将秦开挥军北上，至前280年，败箕氏朝鲜，抵鸭绿江边，遂修长城，"置上谷、渔阳、右北平、辽西、辽东郡以拒胡。"[6] 辽东郡治所襄平即今辽阳老城，是为辽阳地区行政建置之始，汉唐以来皆谓之辽东城，入辽后为五京之一。

916年，契丹族首领耶律阿保机（太祖）自立为帝，国号"契丹"，太宗耶律德光大同元年（947年）改国号辽（后曾重称契丹）。太宗天显十三年（938年）因后晋石敬瑭献契丹燕云十六州，遣使奉表上尊号，乃依汉制，登开皇殿，辟承天门受礼，改元会同，将皇城更名上京，府曰临潢。同年，升幽州（今北京）为南京幽都府[圣宗开泰元年（1012年）改名析津府]，原南京[太祖天显三年（928年）升东平郡为之]改为东京辽阳府（今辽宁辽阳）。中京大定府则建置于圣宗统和二十五年（1007年），兴宗重熙十三年（1044年）升云州为西京大同府（今山西大同）。至此，辽五京始成。五京之设，时有先后，均受唐、五代、北宋中原都城格局的影响，亦为契丹仰慕汉文化的一种体现。

太祖开国初，曾有关于儒、释、道地位的专门讨论。神册元年（916年）太祖问侍臣："受命之君，当事天敬神。有大功德者，朕欲祀之，何先？"皆以佛对。太祖曰："佛非中国教。"皇太子倍曰："孔子大圣，万世所尊先。"太祖大悦，诏建孔子庙，命皇太子春秋释奠。[7] 三年（918年）"以迭剌部之众代遥辇氏，起临潢，建皇都（今内蒙古昭乌达盟巴林左旗林东县）"[8]，同年建"孔子庙、佛寺、道观"[9]，三者的先后关系还是十分明确的。

此地“本汉辽东郡西安平之地。新莽曰北安平。太祖取天梯、蒙国、别鲁等三山之势于苇甸，射金龊箭以识之，谓之龙眉宫”。太祖天赞元年（922年）率部“南攻燕、蓟，以所俘人户散居潢水之北，县临潢水，故以名”，为后世辽皇都名“临潢府”之原委。同时说明该城汉人来由，包括其他民族及地区的人员，亦为辽征战俘获而来，“有绫锦诸工作、宦者、翰林、伎术、教坊、角觝、儒、僧尼、道士，中国人并、汾、幽、蓟为多。”太宗天显十三年（938年）因后晋石敬瑭献契丹燕云十六州，遣使奉表上尊号，乃依汉制，登开皇殿，辟承天门受礼，改元会同，将皇城“更名上京，府曰临潢。”[10]

上京分南北，城北为皇城，皇宫、官署均建于此，城南则“别作一城，以实汉人，名曰汉城”[11]，乃社会下层人士所居。国子监及孔庙位皇城西南隅，与上京建设同时，工程进展迅速，一年即成。四年（919年）太祖亲“谒孔子庙”，且“命皇后、皇太子分谒寺观”[12]，尊孔可见一斑。皇城主要大街为正南街，街南“临潢府，其侧临潢县。县西南崇孝寺，承天皇后建。寺西长泰县，又西天长观。西南国子监，监北孔子庙，庙东节义寺。”[13]

现已考古发掘出遗址，“一横一竖的两个长方形台基，及有一方形的台基所组成的‘下’字形建筑。其北45米又有一长方形庭院，东西106米，南北60米。”这两处建筑遗址与史载国子监方位同；“国子监北略偏东60多米处，有一凹字形的缺口向南的建筑台基，东西72米，南北8米，从其所在方位和附近其他建筑关系看，应是孔庙的遗址。”[14]与文献载“监北孔子庙”略有出入。以发掘情况推测，国子监、孔子庙遗址面积不亚于辽上京著名的天雄寺。[15]二者自成院落，庙、学格局趋向独立，且表之于建筑形态。金灭辽后，于天会十五年（1137年）徙刘豫（原为宋臣，后降金，被封为大齐皇帝）至辽上京，让其于旧夫子庙内居住，可知经不断修缮，二百年间孔庙一直保存完好。[16]

尽管上京城中可见到学习中原城市建构的影子，如皇城中有一定的功能分区、正南街为官署区等，但该城毕竟是一座带有浓厚契丹民族习俗的都城[17]，如宫城中“屋门皆东向，如车帐之法”[18]，建筑东向，设有毡卢，都是最直接的反映。上京孔庙在国子监北，与汉人都城国子监学、庙并列不同，不知是否乃因入乡随俗，在建筑布局、朝向及内部陈设等方面有少数民族建筑特征的注入？

上京为皇都，国子监职官设置亦最完备，为朝官系统。临潢府又设上京学，为京官系统。“余四京随宜设官，为制不一”，分称东京学、西京学、中京学、南京学，与上京学合称“五京学”[19]。六年（1060 年）又置中京国子监，“命以时祭先圣先师。”[20] 所设官职与上京国子监相同，形成完整的辽官学体系和祭孔规章。

而东京辽阳仅知设了“五京学”之一，其他信息无考。

入金，太宗天会十年（1132 年）“改南京路平州军帅司为东南路都统司之时，尝治于此，以镇高丽”[21]，相延辽东京城，庙、学亦如之；元时为辽阳路，置行省；明代为“九边重镇”之首的辽东镇辽东都司所在，称辽阳镇城。元辽阳路学及文庙位于明辽东都司治所后，后毁于战火。

明洪武十四年（1381 年）以“统诸卫顾，惟武功修而文教部可以缓也”[22]，异地新建都司学（位今辽阳文圣区东大街）。十五年（1382 年）建成，时文庙大殿仅三间，嘉靖四十三年（1564 年）大修。类似于明清其他北方防御城市，城市东南角城墙亦建魁星楼，与文庙呼应。

清时文庙格局为三进院落：第一进，前为照壁，左右两块满汉文下马石碑，照壁面对牌坊式棂星门，两侧围墙，东西角设腋门；第二进，前为泮池，池上设桥，过桥为五楹戟门，中间过廊，东忠孝祠，西节烈祠，内奉文人名师；第三进，大成殿五间，重檐歇山，飞檐起脊。殿后起土山，建崇圣祠。此外尚有香亭、经阁、碑楼，清帝题匾数方。

辽阳文庙毁于“文革”，现已改建为文庙广场，实为市民游园，中间立了孔圣作揖像，留了个念想，搞不明白为什么人们这么喜欢塑像，孔圣模样这世上谁人知道？倒是城里展览文庙旧影的彭公馆那闪着光辉的瓷片在灰色的天空下是个亮点。

铁岭

2007.07.10-07.11

2009.03.17

2014.08.24

估计全国人民都知道铁岭是个“大城市”,是个“旅旅游”的好去处,这不,铁岭博物馆门厅里硕大的柱子上一左一右的“二宝”就是明证，挂的是赵本山和潘长江的巨幅照片,现在不知道还在不在了。馆里收了一些碑刻，有“开原文庙碑记”，还不是铁岭的，文庙也早就找不到了。与博物馆一街之隔的是银冈书院，又名“周恩来少年读书旧址纪念馆”，是东北地区唯一保存完好的清代书院，迄今已有 350 多年历史；也是周恩来总理一生中进入的第一所现代学校，他在此实现了从出生地淮安接受传统私塾教育再向现代学校教育的转变。银冈书院现存有东（银园）、中（书院主体）、西（周恩来少年读书纪念馆）三路院落。

本以为以铁岭之“著名”，以后难得再来了，不料两年后竟接手了银冈书院的保护规划，进展顺利，也为再五年后其由省保升为国保奠定了基础，而新的一轮保护规划也随之开始了。

在当今的中国城市中，存在着这样一类为数可观的文物建筑：“由于时光流逝而获得文化意义的在过去比较不重要的作品。”[23] 亦即，在既往的传统城市中，它们是较为普通的建筑，但随着现代城市建设大潮对传统建筑的大规模摧毁，留存下来的便因其具有过去时代的历史文化信息而成为文物建筑，为表述便，我将这一类且法定保护级别尚未成为全国重点文物保护单位的文物建筑称之为“一般性”文物建筑。

在城市持续、快速发展的大环境下，城市遗产保护与城市发展认识之间不可避免的偏差，导致大量处于城市高密度、快速发展区域的文物建筑的生存与发展面临着“前所未有的重视和前所未有的冲击”[24]。而较之那些通常意义上的重点文物建筑（主要指保护级别或在传统城市中的重要程度），大量的“一般性”文物建筑所受到的保护力度和重视程度明显不够，在保护工作不完备和城市发展大冲击的双重压力下，生存与发展的前景不容乐观。文物建筑内部历史空间结构的不完整，外部城市环境氛围的不协调，不仅给保护工作的开展带来难题，也阻碍了这一类文物建筑社会价值的发挥。在确保“一般性”文物建筑本体安全性的前提下，如何突破城市发展的重重压力，充分发挥社会效益，将其自身所蕴含的历史文化信息传递给公众，是保护工作中需要重点解决的问题之一。

随着文物建筑保护理念的不断深入，保护工作的内容已经从对文物建筑物质实体的“保护”与“修复”,扩展到对本体及其环境背景的整体性保护，进而发展到关注物质实体及历史文化内涵的展示[25]，即文物建筑社会价值的实现，可以说文物建筑的展示利用越来越受到保护工作者的重视。

银冈书院就是上述相对独立地生存在高密度、快速发展城市区域中的“一般性”文物建筑的典型代表，而这类文物建筑展示工作的基础条件更为薄弱，不仅自身可供发掘的信息资源常常受损，生存环境也在城市高度和密度的迅速扩展下日益恶劣，包括:生存空间被蚕食;布局与单体受损;环境氛围的缺失；观察视廊的破坏。

文物建筑的展示，主要是通过自身（包括不可移动和可移动）所携带的历史文化信息的传播，以及保护工作者通过研究整理得出的宣传资料（包括展板、书籍和音像制品等）的介绍来进行的。所以，只有保证文物建筑的真实与完整，所提供的信息才有意义。对于处于城市高密度区域中的“一般性”文物建筑，其所面临的问题主要体现在：布局结构的不完整性和构成要素的非原真性。

银冈书院由清湖广道御史郝浴创建于顺治十五年（1658 年），此后至今的历史沿革主要经历了四个阶段。[26]绘制这些阶段性的书院平面并与现状进行对比，现存的书院布局结构存在多处缺失:书院西北角的凹入地块，原是书院本体的一部分，目前被住宅楼侵占，并且越过了现有保护范围的地界；东路中部原有瓦房八间，中路轴线上的主要建筑致知格物之堂（现名郝公祠）两侧有耳房，皆已不存；郝公祠北侧原有五间房，曾先后作为校舍和饭堂，现址则赫然立着一座玻璃温室……如此诸般，均破坏了文物建筑应当展示的真实和完整。

此外，还有一个被忽略的重要的历史价值必须提及，即：银冈书院是清代流人促进东北地区文化教育事业发展的重要实物资料，是流人文化的典型建筑代表。清代辽宁有大量流人，其中有许多是受过儒学教育的文人、官员，他们带来了中原地区的先进文化，且多数以讲学教书为生，在东北地区产生了重要的影响，书院的创办者郝浴即为贬谪至铁岭的朝廷大员，如何展示流人文化，亦符合书院的特点。西路展示目前以纪念周恩来少年读书为主题，但展示内容偏少；清末民国初，一大批革命志士曾在银冈书院受到良好的启蒙教育，而书院一直也没有对该内容进行展示。

中路轴线上最重要的建筑——聚英堂（原书院讲堂）的内部梁架为桁架结构，不符合中国古代木构建筑的结构特点，显然是在后期的修缮过程中改造而成，原真性遭到破坏，且易误导参观者。东路的银园，现代设计倾向严重，水池、绿化等过于规整，建筑过于官式化，与书院整体的民居风格不协调。文献记载银冈书院原来依托而建的土丘“银冈”位于书院北侧，但具体位置尚不清晰[27]，有待考古发掘。

文物建筑的周边城市环境部分，是参观者由现代城市氛围进入文物建筑内部的转换空间，并在此获得对文物建筑的最初印象。这一部分空间应当具有较好的可达性与引导性；同时，应在城市设计的层面尽可能地塑造可以传达文物建筑性格的空间特性。相对而言，银冈书院的道路可达性和周边小环境氛围营造的调控策略较为容易，而对于其周边大范围的文物保护缓冲地带（或称之为生存环境）的城市环境调控则更为复杂，需要在合理全面的分析基础上作出，建议如下：

其一，利于操作的缓冲区域：调控文物建筑周边的城市环境，普遍采用的做法是在文物建筑外围设立“保护范围”和“建设控制地带”（特殊情况下还会加设“风貌协调区”）。在以往的文物建筑保护中，建设控制地带的划定通常是以保护区中心为圆点或保护范围为内边界，一定距离为半径向外扩展；就文物建筑周边的城市建筑而言，则相应地遵照内外几重高度递进、力度退晕的控制方法。[28] 显然，这样的控制无法有效应对不同形态的文物建筑和周边千差万别的城市条件，而且会常常出现一个街区或一幢建筑被划分成边角余斜的情形，给具体操作带来莫大的障碍。同时，笼统的控制要求更是无法避免或调和文物建筑保护与城市建设之间的矛盾。

其二，梯度变化的高度控制：为避免观察视廊的干扰和不切实际的城市建设容量限制，对银冈书院周边四个方向分别作视线分析，根据分析结果作出不同的建筑高度控制要求；同时，由于划定的建设控制地带占地面积较大，四个方向上的建筑高度控制还采用了梯度变化的方式，分别选取三个参考点（保护范围边界、保护范围与建设控制地带的中点、建设控制地带边界）进行观察和分析。

其三，分批次的渐进式调控：银冈书院周边建筑的空间逼迫感强烈（最近一栋住宅楼距书院北侧围墙仅 3 米距离），且这些建筑大多建造年代较晚、建筑质量较好，从城市发展的角度来看，不可能在短时间内将这么多的建筑拆除或改建以实现与书院体量、风貌的协调。首先以参观者能够到达的书院内最靠近四面边界的位置为视线的起始点，向其对面的围墙或建筑望去，视线通过围墙和建筑的上边线所涉及的外部与书院建筑在体量、风格方面不协调的城市建筑即为改造整治对象。再关注于银冈书院的边界，东侧是具游客服务性质的街道，南侧则是进入书院的入口街道，西侧和北侧亦为重要界面，皆是参观者感受书院历史文化氛围的体验场所，对感官可以触碰到的建筑立面、街道空间氛围等应作出相应调控。在此基础上，根据周边建筑不符合银冈书院展示要求的严重程度，进行分批次、渐进式的调控。

哈尔滨

2007.07.14-07.15

结束了卫所城市的调研，一个人的旅途，从总是让人有冰雪奇缘念想的北国哈尔滨开始。这是一座年轻的城市，一座风情的城市，那常在媒体中闪亮登场的中央大街必是要去的。太阳当空照下的景观十足有趣，两旁的人行道挤满了人，施工用心的弹石路面却只有我一个风尘仆仆的影子。是因为我不惧烈日？非也。稍微留心一下脚下，岁月不饶路，已拱起很多，厚厚的方块石也不是密密连接了，凹凸不平实在不适合穿着细腿高跟鞋的美女们行走，全挤在窄窄的店面前的小道上，护花使者们当然得陪着打着洋伞也凑了过去。我仿佛在看场群戏，而在布景似的阴影下的人们则向路中央的我投来异样的眼光，恐不是观望独角戏的心态那么简单。

没想到日头下得倒快，走到中央大道尽头的松花江时，江面上已是点点碎金。难道是夏季水位低？竟是如此浅浅的松花江，“我的家在东北松花江上”，歌里唱的是美丽的悲壮，入眼的却是欢愉的枯萎。滩上东一簇西一簇的风筝摊点，多少的家庭坐在泥泞的水里，感受着或许遥远海岸的生活？

哈尔滨文庙离江边远了，在俗称建筑院校“老八校”之一的哈工大校园里，始建于民国 15 年（1926 年），三年后建成，花了 73 万余银币，建成后举行过几次祭孔活动，真的很想知道在科举制戛然而止的民国盖这么个大大房子的真实目的是什么？

辛亥革命推翻帝制，绝大多数老百姓肯定一时半会转不过弯来，不就是换了个皇上嘛？既然这样，那就还用老一套的合法性表现来表现共和政府的合法性。国家政治体制改变容易，社会价值观和信仰却是积重难返。赖德霖先生就指出，特别是这民初乱世里，选择执行成本低、能够争取到较多势力（如前清舆论名流、孔教会枢机康有为等）的支持、可以形塑其统治合法性的各种传统仪式，通过祭天、祀孔等一系列国家祭祀行为，将共和国的法治与中国传统的“礼治”结合（亦或是回到“礼治”的道路上去），便显得顺理成章。

1916 年元旦，袁世凯“顺从民意”登上了帝位，在此之前就进行了一系列的“礼治”活动，尊孔即为一件大事，如下：

1912 年 3 月 10 日，袁氏就任国民政府临时大总统。7 月，全国临时教育会议因尊孔问题发生激烈争论，蔡元培提出“学校不应拜孔子案”，未获通过，但据蔡元培等力争后达成妥协，方案不颁行，但在学校管理规程内删去拜孔条文。9 月 13 日，教育部公布以每年 10 月 7 日为孔子诞辰纪念日，全国各学校届时举行纪念会。9 月 20 日，颁《整饬伦常令》，下令“尊崇伦常”，提倡“礼教”，原因乃“中华立国，以孝悌忠信礼义廉耻为人道之大经。政体虽更，民彝无改”“唯愿全国人民恪守礼法，共济时难……本大总统痛时局之阽危，怵纪纲之废弛，每念今日大患，尚不在国势，而在人心。苟人心有向善之机，即国本有底安之理。”

1913 年 6 月 22 日，颁《尊崇孔圣令》，敕令“祀孔子典礼，折中至当，详细规定。”

1914 年 2 月 7 日，颁《规复祭孔令》，称“京师文庙应由大总统主祭，各地方文庙应由长官主祭。”9 月 25 日，国务卿徐世昌代发《大总统发布亲临祀孔典礼令》，称“九月二十八日为旧历秋仲上丁，本大总统谨率百官，举行祀孔典礼。”9 月 28 日，袁世凯着十二章大礼服，于国子监孔庙祭孔。康有为亦撰文《请饬全国祀孔仍行跪拜礼》：“中国民不拜天，又不拜孔子，留此膝何为？”又撰《以孔教为国教配天议》：“中国人不敬天亦不敬教主，不知其留此膝以傲慢何为也？”

袁世凯登基当年即宣布取消帝制，又郁愤而亡。十年后，哈尔滨文庙开始动工了。

清末以前，孔庙祭祀在多数时间内皆属国家祀典的中祀级别。以中祀的规定，正殿最多面阔七间，可用重檐歇山顶，绿色琉璃瓦，斗栱可用七踩，彩画可用旋子点金。光绪三十二年（1906 年）祭孔升为大祀，则大成殿可以“九楹、三阶、五陛”，即面阔九间，三层台基，前、东、西出五道石阶，并可进深五间，重檐庑殿黄琉璃瓦顶，斗栱九踩，金龙和玺彩画。除北京国子监外，地方上大多未及改造，变动主要集中在大成殿、大成门改换黄琉璃瓦。说白了，光绪只是将康熙、雍正、乾隆三朝逐步抬升的祭祀规格更加建筑化了。

有清一代，崇儒尊孔，备受优礼，且皇帝亲往国子监次数愈益频繁，文庙仪注基沿明旧，又有提升。如雍正四年（1726 年）帝亲临释奠，“行礼二跪六拜，奠帛献爵，改立为跪，仍读祝文，不饮酒受胙。”以前，无春秋丁祭帝亲临行礼之例,此后为定制;十一年（1733 年）定皇帝亲祭仪，于香案前三上香。礼仪规格又较明代大为提高；乾隆三年（1738 年）帝亲临释奠,三上香,行二跪六拜礼。上香奠献毕,三拜;亚献、终献皆三拜。而后，释奠用三献礼为定制。[29]

此外，康熙四十三年（1705 年）御制《平定朔漠告成太学文》，刻石立于都城北京国子监孔庙门内西侧，乃仿效古时于学宫“告克”之例，并为后继者仿效。

国子监孔庙规格，亦不断升级。此乃清王朝宣教礼化，歌功颂德的重要场所之一，而建筑及布局部分改观最大之时，恐要数乾隆、光绪两朝。乾隆四十八年(1783 年)于太学彝伦堂前营建辟雍,又御制《三老五更说》,以为所谓养三老五更于辟雍乃穿凿之论。辟雍建成后，既不养老，也不行礼观射、祭孔子于此，帝偶往是处亲临讲论而已。可见并非完全效行古法，只是取其名义形制而已。[30]

民国时候的中国大陆，最晚兴建的哈尔滨文庙成了光绪增制的“集大成者”。如：大成门五间庑殿，前出廊，后出厦的三通大门，黄琉璃瓦，共18根金柱，室内外同样是元明时代的旋子大点金彩画，藻井棚为金线长条圆龙大点金，大门前后均有九级踏步，分三路，中路铺嵌有云龙石，上下均雕二龙戏珠、宝珠火焰、云水波涛。再如：大成殿重檐庑殿。面阔九开间，前出廊，12根檐柱，室内东、西、后共有檐柱22根，金柱42根。殿为清代和玺彩绘，顶部由4种颜色的琉璃瓦件组成，殿正面和东西两侧有五通道路，正面设有三路九级踏步石，中间铺嵌有汉白玉石雕刻的“五龙戏珠”的丹陛。

惟大成殿台基不为三阶，其余皆力求符合“大祀”规格，少帅张学良还特地写了个题记，这般的建筑“逾矩”是真的想孱弱地弘扬文化，还是骨子里个人纪念碑的野心？看历史怎么说吧……不过，必须注意到的是，真正的传统并未予以体现，“庙学合一”只盖了个庙。

吉林

2007.07.15-07.16

夏日的吉林清清爽爽，索性一早起床沿着吉林大街一路向南，道宽楼不密，较为疏朗。直抵松花江畔，感觉水质比哈尔滨好，撩人心魄的雾凇是看不到了，除非六月飞霜，太平盛世怎么可能？吉林在清初称吉林乌拉，满语为沿江，意近江边之意，吉林乃是由此简化音转而来，又名船厂。站在江边的江城广场上，坦荡荡的江面平静如晒布，确是应了这满语的名字。江南岸一望便是新城模式,夺人眼球的正是张伶伶先生的著名的“大门”建筑。

吉林文庙和天主教堂一东一西，后者挺拔秀丽，青砖砌筑。惜为时尚早，文庙尚未开门，遂绕场一周。有老城区的味道，庙南胡同冠以“文庙”名，庙北叫做天胜胡同，是个菜市场，热热闹闹，真是个墙里秋千空，墙外路人匆。无论圣俗，没啥不好，那就坐下吃个果子（煎饼），喝个酸辣汤。

逮至文庙开门，见着开门大爷慈眉善目，心里喜欢，上前问声早，一下竟聊了半个多小时。大爷姓张，已近古稀之年，乃衡水武邑人氏，两年前老伴驾鹤西去，便随三儿子落户于此，找了个看文庙的差事，虽然周边充斥了诸如算命、周易的谋生小店，但每年除了考试季节或是行成人礼时人头攒动外，平时门口罗雀，倒也落得个晚年清净。

吉林文庙的重要意义在于这是大清一统下的补足之作。明代地方文庙空前兴盛，据统计，至万历（1573-1620年）时，全国的府州县级文庙总数已达到1435所，覆盖率高达94%。明末时，已高达府级145座、州级179座、县级1111座，其他如卫所、都司、运司等文庙68座，合计1503座。《明史·选举志》称：“庠声序音，重规叠矩，无间于下邑荒徼，山陬海崖。此明代学校之盛，唐、宋以来所不及也。”

由于明时的地方庙学制度已十分完备，且绝大多数地方行政单位已建立，清统治者继承了这种制度，《清史稿》记："府、州、县、卫儒学，明制具备，清因之。"清初，各地主要是对明之遗存进行修复与完善，大部分在原址进行修补或重建，另有一小部分进行了迁建。经过修缮之后，到康熙（1662-1722年）中期为止，大多数已得以恢复。此时的统治基础已基本稳固，诸项建设得以陆续推行，清政府对文庙的兴修亦采取了多项推动和鼓励措施，特别是东北地区的文庙设置得到了完备。迄至清末，全国已遍布1560余座。

不过，眼前的吉林文庙可不是最初的那座。清乾隆元年（1736年）乾隆皇帝钦命修建永吉州（即吉林）文庙，址在城内东南隅（即今市实验小学院内，原魁星楼所在），七年（1742年）方落成。光绪三十二年（1906年）升祭孔为国家大祀，翌年，吉林改设行省，巡抚朱家宝和提学使吴鲁认为文庙简陋，不足崇礼，特聘江苏训导管尚莹去关内考察各地文庙，并定于现址拓建新庙。

按通常的说法，本地不出状元的话就不能将照壁辟为大门。新庙落成，绵延千年的科举制却已落幕，也就绝了可以开门的机会，进出只有东西辕门了。如今的照壁上却是有门的，正对着后面的棂星门、泮池及状元桥，恐是后来所开，为吉林文庙博物馆的大门，未得求证，只是为何仍旧铁将军把门呢？

长春

2007.07.16

据说长春文庙是仿照吉林文庙来的。一者，新中国成立后长春才成为吉林省会，此前特别是民国前一直唯吉林马首是瞻，建设方面以之为参照亦在情理之中。二者，其于清同治十一年（1872 年）由士绅朱琛捐资兴建，位于当时老城内二道街，时间晚于吉林文庙，也就有了参照样本的可能。后在光绪二十一年（1894 年）和 1924 年由长春知府杨同桂、长春县知事赵鹏第主持进行过两次大规模维修和扩建。1949 年后被学校占用，因年久失修，损坏殆尽，至 2002 年由长春市人民政府出资进行了恢复重建。

这一重建不知出于什么考虑，在中轴线的两旁有了其他文庙不曾出现的建筑，即西路的孔子家庙和东路的孟庙，虽然与古制不合，但增加纪念和尊崇的意思总是不宜抹煞的。有人或许要问，二者的方位摆放是不是有问题，孟子怎能处在比孔子地位高的东面？其实，在脱离了帝制传统的今天，讨论这个问题没有现实意义，倒是可以聊聊尊崇对象的摆位问题。

汉武帝时董仲舒提出“罢黜百家，独尊儒术”，祭奠采用的是“圣师周孔”制。曹魏延汉制，但释奠“以颜渊配”，改为“圣师孔颜”制，可能是汉承周道、崇奉周公，而曹魏改用殷制之故［明帝景初元年（237 年）定历］，且南北朝悉如之。需要注意的是，虽魏晋南北朝时期，孔、颜在祭祀中的地位已经确立，但尊称不定，尤其在南北朝，甚至多称孔子为先师，“圣孔师颜”尊称的法制确定，则要延至唐太宗贞观之后（649 年 -）。

唐高祖武德二年（619 年）令“国子学立周公、孔子庙，四时致祭，仍博求其后”[31]（即立周公庙，孔子配享）；七年（624 年）亲释奠，“以周公为先圣，孔子配。”周公为先圣，于庙内居中，面向朝南；以孔子为先师，配享于西侧，面向朝东。九年（625 年）又“封孔子之后为褒圣侯”。其后，随着太宗李世民的登极，开创了有唐一代尊儒敬孔的历史新观。

作为一代英主，李世民深知李唐王朝真正应该依赖的精神支柱只能是儒学，其多次强调："朕今所好者，惟在尧、舜之道，周、孔之教。以为如鸟有翼，如鱼依水，失之必死，不可暂无耳。"[32]贞观二年（628年）左仆射房玄龄、博士硃子奢谏言："周公、尼父俱圣人，然释奠于学，以夫子也。（隋）大业以前，皆孔丘为先圣，颜回为先师。"遂"诏停周公为先圣，始立孔子庙堂于国学，稽式旧典，以仲尼为先圣，颜子为先师，两边俎豆干戚之容，始备于兹矣。"但孔子于庙内居向不改，置颜渊于孔位东北。二十一年（647年）又诏"以左丘明等二十二人皆以配享，位次于颜渊之东"[33]，包括"配享"和"从祀"两部分。

此诏意义重大，虽早在东汉光和元年（178年）已有宫城鸿都门学共祀孔子与群弟子于一堂的先例，以孔子为代表的儒贤群祭初露端倪，但仅为一时之制，唐从祀制的确定，构建了一个庞大且可以不断生长的文化权威信仰体系。"二十二贤"包括今文经学、古文经学以及南北各家的代表，而孔门弟子中的所谓"十哲""七十子"绝大多数不在这一体系之内，正如黄进兴先生敏锐地发现：将《五经正义》的注疏名家囊括无遗，可谓是极迅捷的同步反应。[34]以汉魏经学大师从祀，乃唐时创举。李世民的一系列举动表明且规定了：尊孔为国家祭祀要任，首度逾越周公之上，以群贤配享。

但高宗永徽（650-655年）中，"复以周公为先圣，孔子为先师，颜回、左丘明以降皆从祀。"显庆二年（657年）帝从太尉长孙无忌等言，"以周公配武王，而孔子为先圣。"[35]其后的则天时代虽然尚法，采取了有别于前任帝王的诸般治国策略，但孔儒尊崇似未受影响。

玄宗上位后，整治国故。开元八年（720年）从司业李元瓘之请，改颜渊等十哲为坐像；又以曾参大孝，德冠同列，特为塑像，坐于十哲之次；

图画七十子及二十二贤于庙壁之上。二十年（732 年）修成《大唐开元礼》，诸礼仪大备，其中“皇太子释奠于孔宣父”对释奠仪式加以详细规定，庙仍维持旧制，孔像坐西朝东。二十七年（739 年）追封孔子为文宣王，追赠颜渊为兖公，闵子骞以下九人为侯，曾参以下七十子为伯。两京国子监及天下州县“夫子始皆南向，以颜渊配”[36]，十哲列侍，以为定式。

可能是因了省会的身份，长春文庙的今日使用也比吉林的显得更加恢宏。特别是最末端建起的两层仿古文昌阁，一层为现代化报告厅，开展国学大讲堂等文化活动，二层设展厅及藏书阁。农历大年初一还会举行仿古新春祈福典礼，还有发放寓意蒸蒸日上的吉祥馒头和国学书籍《弟子规》等活动。

可惜我来的时候非节非庆，偌大的文庙里就我一个随意地游走，见不到那摩肩接踵的盛况。临出门前，一只黑鸟倏然掠过，和塑了金身的孔圣构成奇怪的画面，随着鸟儿消逝的方向看去，空空的前庭里孔圣作揖的方向赫然堵着厚厚的板式高层，一种卑微的感觉极不合时宜地在我的心底一点点地渗透出来。

出得门来，一街之隔弯弯的一条河，河边原有座关帝庙，后被强拆盖了堵着孔圣的高楼，据说屋毁又人亡，遭了报应的人们慌不迭地也给关二爷塑了金身，还配了个比例失控的赤兔马，但是，二爷背负的沉重救赎，你可怜又无力的身躯载得动吗？

注释

1 《钦定盛京通志》卷十八《京城·盛京城创建》。

2 《钦定盛京通志》卷四十四《学校二·奉天府官学》。

3 《钦定国子监志》卷六十七《艺文志一·奏议》。

4 京旗官学设置原因和概况，参阅：郑岩《清前期京旗官学研究》，中央民族大学硕士学位论文2007；都鹏《清代国子监制度研究》，南开大学博士学位论文2004；赵艳敏《对京师八旗官学的研究》，首都师范大学硕士学位论文2006。以下为清北京京旗官学概况，据《钦定国子监志》卷九《学志一·学制图说》，郑岩《清前期京旗官学研究》P4-11整理。

5 （清）张廷玉等. 明史[M]. 北京：中华书局，1974：卷二百五十九·列传第一百四十七·袁崇焕

6 《史记》卷一百十《匈奴列传第五十》。

7 《辽史》卷七十二《列传第二·宗室》。

8 《辽史》卷三十七《志第七·地理志一》。

9 《辽史》卷一《本纪第一·太祖上》。

10 《辽史》卷三十七《志第七·地理志一》。

11 《旧五代史》卷一百三十七《外国列传一》。

12 《辽史》卷二《本纪第二·太祖下》。

13 《辽史》卷三十七《志第七·地理志一》。

14 张郁《辽上京城址勘查报告》，巴林左旗网www.blzqnews.com《辽文化研究》。

15 王晴《辽上京遗址及其出土文物记述》，《文物通讯》1978年第8期，引自孟广耀《儒家文化——辽皇朝之魂》P17。

16 据《建炎以来系年要录》卷一百一十七，引自范寿琨《论金代孔庙的建置及其作用》，《社会科学辑刊》1993年第2期P91："金人徙刘豫于上京，给旧夫子庙居住，后封曹王，豫废年六十五。"

17 郭黛姮《中国古代建筑史·宋、辽、金、西夏建筑》P61。

18 《旧五代史》卷一百三十七《外国列传一》。

19 《辽史》卷四十八《志第十七下·百官志四》。

20 《辽史》卷二十一《本纪第二十一·道宗一》。

21 《金史》卷二十四《志第五·地理上》。

22 《辽东志》卷二《建置·学校》。

23 第二届历史古迹建筑师及技师国际会议《国际古迹保护与修复宪章（威尼斯宪章）》第一项，意大利威尼斯1964。

24 单霁翔《城市文化遗产及其环境的保护》，ICIMOS第十五届大会主题报告2005.10.17。转引自朱光亚、杨丽霞《浅析城市化进程中的建筑文物建筑保护》，《建筑与文化》2006年6月P16。

25 参阅郭璇《文化遗产展示的理念与方法初探》，《建筑学报》2009年第9期P69。

26 详见李奉佐等《银冈书院》P199-209。

27 李奉佐等《银冈书院》P200。

28 潘谷西、陈薇《历史文化名城中的史迹保护：以南京明故宫遗址保护规划为例》，《建筑创作》2006年第9期P74。

29 《清史稿》卷八十四《志第五十九·礼三·至圣先师孔子》。

30 曲英杰《孔庙史话》P106。

31 《旧唐书》卷一《本纪第一·高祖》。

32 （唐）吴兢《贞观政要》卷六《慎所好第二十一》。

33 《新唐书》卷十五《志第五·礼乐志五》。

34 黄进兴《圣贤与圣徒》P59。

35 《新唐书》卷十五《志第五·礼乐五》。

36 《新唐书》卷十五《志第五·礼乐五》。

承德
密云
蓟县
山海关
通州
北京
天津

卷四

2006.07

2007.07

2011.06

山海关

2007.07.18

2011.06.24-06.25

“天下第一关”的大名，估计无人不识无人不晓。第一次来到关前源于2006年吾师陈薇率队参与国家文物局“十一五”文物普查的河北抚宁段长城敌楼测绘。景区内也的确游人如织，而古城里则到处拆迁，意在“造城”，不禁发思古之幽情，终日在野长城上颤颤巍巍工作时，还惦记着古城的未来命运。

一年后的夏日傍晚，我再次进入城圈，即将“崭新”面世的古城在没有灯光的暮色里诡异得很。再四年后，和师叔小棣趁着浓浓的夜色进城，灯都没有，宿的旅舍里潮气很重，取暖充饥的是包快要过期的方便面。所谓断代史不断，通史不通，史家多半是第二流文学家，第三流思想家。史事和史迹的境况也差不多，就像这座见证了历历荣辱的著名关城，也曾是雄关漫道真如铁，而今迈步无从越，已经被现代的人们自以为是的无知和无良绝杀了。相较于四百年前的清骑入关，孰重？孰痛？

寻得文庙，仅余大成殿，挂了个图书馆的牌子。场地的大门是两根方形砖柱子限定的，其上竟是用水泥塑成的标语，年代的烙印很明显但字的确是极为漂亮的：“教育与生产劳动相结合，教育为无产阶级政治服务。”木板拼成的简陋门上的牌子写着“施工重地，谢绝参观”，真不知道将要被重建成多么规模宏敞的样子。哎，实在没什么可说的，还是念叨下不远处的野长城。

根据已故去的罗哲文先生的概括，中国的长城保护自中华人民共和国成立以后经过了五次高潮，分别是：1952年国家文物局对长城维修的重视，1979年国务院对长城保护的重新重视，1984年“爱我中华，修我长城”活动的开展，1987年长城被列入世界文化遗产名录，和2006年《长城保护条例》的颁布实施。截止目前，长城的家底逐渐被摸清，伴随着线性遗产和文化廊道概念的引入，长城的研究和保护也进入了一个新的阶段。

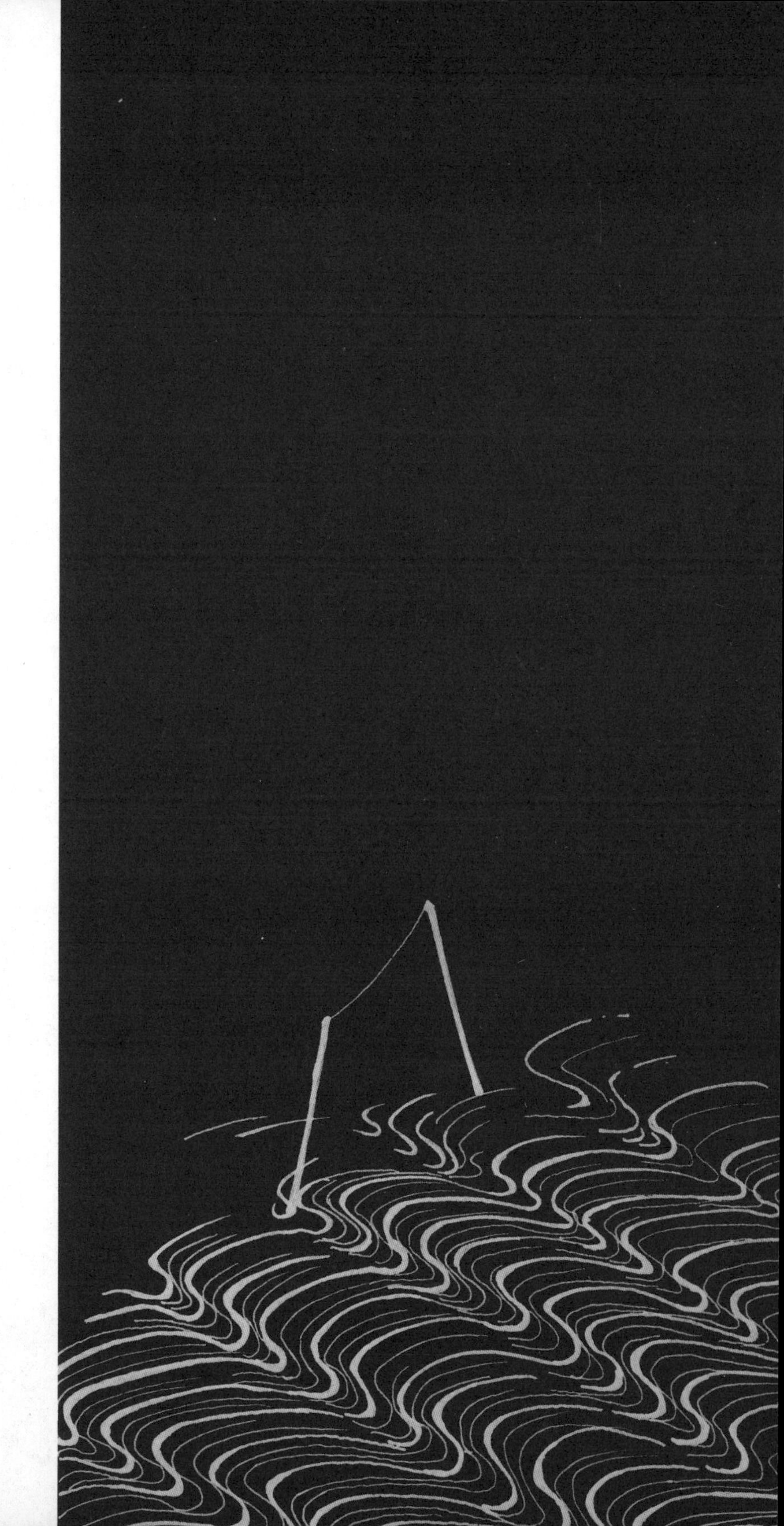

但是，综观目前所取得的成就，研究领域多数集中在长城的建置情况和长城周边的环境方面，于长城的建造虽有局部测绘和记录，但缺乏对其建造技术和特征做进一步的总结和分析；长城保护领域则或着重于长城的宏观保护工作，或着重于长城的现代修缮技术，这些方面于长城保护而言至关重要，但未能重视对长城建造方面的认识，致使长城的形象被简单化和脸谱化，探讨的内容趋于大流而无法深入，修缮措施偏于现代而脱离历史，使各段长城在建造方面的地域独特性渐渐埋没，长城的“建造信息”在真实性和完整性方面没能得到完全展现。

这里提出的“建造信息”，包含了时间和空间两个方面的特征，它是历史的，也是地域的，是文化遗产自身价值的一部分，反映了文化遗产在历史、科学，乃至艺术上的成就。建造信息在构成文化遗产自身价值的同时，也是其真实性和完整性的一个重要组成部分，失去了这些，对文化遗产的价值判断就会发生差错，其真实性和完整性也会有严重缺失。诚如《曲阜宣言》（2005）指出的：“文物古建筑的保护不仅要保护文物本身，还要保护传统材料和传统技术。离开了传统材料、传统工艺、传统做法这些最基本的东西，就谈不上文物保护。”

总之，“建造信息”一词并非空穴来风，它早已为文化遗产领域所提及，并引起了一定重视，但在具体的保护领域，尤其是长城保护领域，目前对建造信息的重视尚未落到实处，主要体现在两个方面：

其一，认为文物自身的建造技术太过陈旧和烦琐，远远落后于现代施工技术，因此，在文物修缮中多采用新材料和新技术来代替传统技术。尽管现代修缮技术的日渐成熟保证了这种修缮方式的科学性和有效性，但文物却不可避免的成为一个徒有原状外表的现代产物，自身的内部特质丧失殆尽。对此，国际古迹遗址理事会《建筑遗产分析、保护和结构修复原则》（2003）特意强调：“特别是仅为维持外观而去除内部构件并不符合保护标准。”

其二，没有对文物的建造特征认识清楚，对一些特殊做法不重视或完全忽略，导致这些做法被现代修缮做法破坏或遮盖，这种做法其实是对文物的另一种破坏。

长城保护中之所以出现建造信息的缺失，究其根源，是因为长城研究领域对建造方面的不重视和不深入，反映到长城保护中，就造成了对长城的价值判断、修缮措施和展示方式趋于照搬、雷同和简单化，长城的地域独特性并未突出出来，而目前普遍存在的对长城旨在恢复外观的修缮导向和措施也直接导致修缮后的长城越发丧失了其原本的建造信息。

事实上，当对长城进行深入调查时，就会发现长城的材料、结构和构造是长城独特价值的一个重要组成部分，也是长城丰富性的重要体现。经由对其建造特征的深入分析和建造技术的总结，将之还原为一种具体的因时因地因人的建造，并及于建造信息保护策略和方法的探讨，才是当下亟待开展的工作。

天津

2007.07.18–07.19

清之津门举人杨一崑《天津论》开篇即赞："天津卫，好地方，繁华热闹胜两江。"打小就爱听相声，所以，2004 年为了关于会馆的硕士论文第一次到这儿拜码头，既紧张又兴奋。

此地"当九河津要，路通七省舟车……江淮赋税由此达，燕赵渔盐由此给。当河海之冲，为畿辅之门户。"[1] 这就是天津位置选择的基本条件。没有这些条件——特别是河、海漕运，明代是没有条件在此建城的，永乐二年（1404 年）"命工部尚书黄福，平江伯陈瑄、都指挥佥事凌云、指挥同知黄纲，筑城浚池，民有赛淮安城之说，都指挥陈逵在镇，用砖包砌，递年始完。"[2] 其位置在三岔河口西南。在这之前，天津本为"海滨荒地"，原名直沽。

由于"元都于燕，去江南极远，百司遮府之繁，卫士编氓之众，无不仰给于江南。"江南漕粮北运，不论从内河，或者由海上漕运粮米，都要直抵直沽，然后转运张家湾、通州，再送大都。元初运河尚未南北打通，河运不比海运便利。"运浙西粮，涉江入淮，达于黄河，逆水至中滦旱站，搬至淇门，入御河接运，以达京师。后用总管姚焕义，开济州泗河，自淮入泗，自泗入大清河，由利津河口入海。因河口壅沙，又从东阿旱站运至临清，入御河，并开胶莱河，通直沽之海运……河运劳费不资，而无成效。"[3] 因此元代运粮改河运为海运。直沽作为海运终点，也因此繁华起来。

明初，山东会通河未通，漕运仍仰仗海运，终点仍为天津。永乐十三年（1415 年）海陆二运皆罢，漕运为运河代替。但山东至天津间仍有海运，并于天顺元年（1457 年），"由水套新开二沽开浚新河一道，计四十里，通接潮水，以便海运。"[4] 入清以后，政府对漕运愈发重视，天津在河运方面的经济职能随之加强，虽然道光六年（1826 年）又开始"试行海运"，但天津以南的部分河道和天津以北至通州的河道，始终是通航的，来往漕船不断。

明清两代的天津，主要经济职能包括漕运的转输基地、盐业中心、粮食商业中心、北方商业中心等方面，其实后两者均是因漕运而起，天津因其发达的海河水系所带来的水运便利，想不兴盛都难了。

天津城在海河东岸，东西长，南北短，呈长方形，但实际上在城外东北沿河地区分布着近半数城市居民，"清朝中叶，天津全部居民 20 万人左右，城里占 10 万多，东门外与北门外沿河地区占 8、9 万。"[5] 同时，由于由运河和海上来津的众多船只大多集中在三汊河口，为交通方便，明万历十六年（1538 年）又在这一区域设置了众多渡口："真武庙渡，在城东北隅。北马头渡，在城北河下。晏公庙渡，在河北。冠家口渡，在城东南十里余。宝船渡口，在城东南五里余。西沽渡，在城北三里。大直沽渡，在城东南十里。"[6] 海河联系海上交通，南北运河联系南北水路交通，这是天津城市形成和发展的基本条件。所以，清道光以前（-1821 年）[7]（此后开埠）的天津城市范围应当包括三汊河口及其上下的沿河两岸以及城内。

就陆路交通而言，城内为南北主干道和东西主干道交汇，以鼓楼为中心，呈十字交叉的干道出四门，向四面延伸。东门大道过浮桥，直联东门外商业区，北门大道迳与北门外商业区相联，渡过南运河与京津驿道衔接。对外交通亦十分发达，至北京、济南、保定、遵化、临榆及塘沽港口均有干道。[8]

庞大的水陆交通体系，为天津商业的繁荣提供了有力保证。明弘治以前（-1488 年）天津城厢有五集，到弘治六年（1493 年）又添五集一市，共十集一市。"宝泉集在鼓楼，仁厚集在东门内，货泉集在南门内，富有集在西门内，大道集在北门内，通济集在东门外，丰乐集在北门外，恒足集在北门外，永丰集在张官屯，官前集、安西市在西门外。”[9]这些集和市是当时的城市商业集中场所，一直延续到清末和民国初，几乎都演变成了较大的商业中心。[10]概括起来，天津城市商业的总体布局是由3个主要基层商业网所构成。[11]东城外及北城外2个综合商业区，内城亦为1个，而南城外和西城外商市，因未形成规模，只能依附于内城。

其中繁华尤以三岔河口为最。元代实行海运，海船到三岔口要换成平底船，驶往通州、京城。漕船频频经过的三岔口形成居民聚落。漕运耗费甚大，为维持运输，漕船搭运商货，回程的漕船也不空返，将北方特产载往南方。南来北往的漕粮和客货船只，在三岔口装卸各种货物，运往京师及其他地方。（元）张翥诗曰：“晓日三岔口，连樯集万艘。”且船员都要到此处的天后宫焚香许愿、祈求平安，客观上也带动了这里的繁华。

许是太爱接地气的地方了，天津城的诸多古迹名胜中，我还是最乐意在天妃宫里看烟熏火燎，听家长里短。而十年之后再踏故地，天妃宫周边已是满满的现代商业街了，虽然房子设计得还行，那份浓醇的百姓家底却感觉淡了很多。

再就是十年前在鼓楼周边拆空的泥地上幻想着只存在于方志地图中老城肌理的绝望，十年后也被填上了形式各异的小单体，有商业有别墅，价格奇贵。一次偶然的机会，了解到是都市实践URBANUS做了整体的规划思路，再安排给多个著名的建筑师分地块完成建筑设计。规划文本里特别提到消失的老城肌理的当代再造问题，我毫不怀疑都市实践的职业操守和对传统的尊重，只是皮之不存，毛将焉附？这当然不是设计师的错，无米之炊，神仙也没辙。

花开两朵，各表一枝。还是回到文庙上来。至少，天津的文庙可作为建筑史层面问题探讨的典型案例。

文庙的庙学布局方式几许？首先当明确参照标准，孔祥林先生对此已作必要的廓清，即“学校的主体是明伦堂，应该以明伦堂和文庙的位置关系来确定庙学的布局形式。”如此，则布局形式主要为三种：前庙后学，左庙右学，右庙左学。

又，地方文庙主要由各级行政建制如府、州、县设置，州、县单置者均为一庙一学；而若以县附郭（县衙署建于府城之内）则各有不同。或府、县分立，或府、县合立、共用文庙，或府学单立、县学共用文庙等。

天津为府、县学并立，府学在东、县学在西，二座文庙在中间，但庙各有专属，即府学左庙右学、县学右庙左学。进入方式也随之而变，二庙大门并置，但共用“德配天地”和“道冠古今”牌坊；辕门一面曰“礼门”一面曰“义路”，一共三座，乃因二庙一墙之隔，中间可以共用一座。

礼制的约束也得以体现，由于地方文庙包括府、州、县三级，相应的规模和标准亦有别，府级文庙通常比州级、县级规模大，建筑标准高。天津府学文庙与天津县文庙东西并置，府文庙居左为上，大成殿面阔七间、覆黄琉璃瓦，而县文庙大成殿面阔五间、覆青瓦。

有意思的是，现今为创收设置的崇圣敬香卡，亦分贵宾和一般之别，等级的体现真是“淋漓尽致”。

蓟县

2007.07.19

蓟县最著名者非辽之独乐寺观音阁莫属，相较而言，位于老城西北隅的规模不大的文庙则是游人罕至了，竟然还关着门，喊了门，候了会儿，来了人。启门的是位俊俏的小姑娘，高考刚结束。估计是太久没见着生人了，门票只收了我半价，还有文字介绍。又热情推荐我喝砚水湖的圣水，原价 1 元，给我免费，却之不恭。

北京国子监孔庙殿庭的水井是元代立庙时所挖，以为行释奠礼时盥洗、宰牲取水之用，后世将该井附会为圣水井，传说饮此井水可使思如泉涌，笔生三花，清乾隆帝更赐名为“砚水湖”。不知这蓟县文庙的“砚水湖”是拜乾隆帝所赐呢，还是因为仰慕了一下北京城的最高学府。时过境迁，给我水喝的女孩应该早就毕业了吧，你现在还好吗？

百度百科的“蓟县文庙”条载蓟县文庙始建于隋，缘由有三：其一，隋朝曾下诏“令州县立庙”，蓟县是当时三十六郡之一的渔阳郡，自然应有此设；其二，开科取士制度自隋唐开始，蓟县作为北方重镇，文人显达多得益于儒学；其三，儒学文化是中国文化的主流，其思想居于统治地位，因此，修文庙也被视为培风脉、纪地灵、壮人文、正风俗的义举，蓟县作为北方重镇，自然要“衙署齐备，庙堂俱全”，兴建文庙，亦属必然。

其实不然！虽然（唐）韩愈《处州孔子庙碑》曰：“郡邑皆有孔子庙”，但应该加个大大的问号。

进入隋统一时代，广土众民的大一统国家政权的运作，更加仰赖地方的稳定和协调，地方庙学得到长足发展。文帝开皇三年（620 年）遣使“巡省风俗……欲使生人从化，以德代刑，求草莱之善，旌闾里之行”，并诏“天下劝学行礼”[12]。自是，“天下州县皆置博士习礼焉。”[13] 炀帝大业元年（605 年）又诏令天下：“君民建国，教学为先，移风易俗，必自兹始……

将欲尊师重道，用阐厥繇，讲信修睦，敦奖名教。”[14] 在中央倡导下，地方庙学的建立开始普遍，（唐）魏征赞隋之兴儒立学盛况曰：“自正朔不一，将三百年，师说纷纶，无所取正。高祖膺期纂历，平一寰宇，顿天网以掩之，贲旌帛以礼之，设好爵以縻之，于是四海九州强学待问之士靡不毕集焉。天子乃整万乘，率百僚，遵问道之仪，观释奠之礼……超擢奇隽，厚赏诸儒，京邑达乎四方，皆启黉校。齐、鲁、赵、魏，学者尤多。负笈追师，不远千里，讲诵之声，道路不绝。中州儒雅之感，自汉魏以来，一时而已。”[15]

入唐，高祖登基当年，即武德元年（618 年）便诏令“京畿及天下诸县令之职，皆掌导扬风化，抚字黎氓”[16]，“每岁季冬之月，行乡饮酒之礼，六十已上坐堂上，五十已下立侍于堂下，使人知尊卑长幼之节……博士掌以经术教授诸生。二分之月，释奠于先圣、先师。”[17] 大唐开国之初，即明示了地方官员职责之要在于导民向上，并体现在地方庙学及礼仪的厘定上。及至太宗贞观四年（630 年）诏“州、县学皆作孔子庙”，更加凸显了普及地方庙学的官方意旨。原则上百姓不得任立文庙，且祀礼位列国家大典，亦反映了其政治权威性。

今存有关唐代地方志方面的文献，已极为稀少，若欲建立完整而清晰的唐地方庙学发展框架，似困难重重。幸有学界贤长（如高明士、盖金伟等先生）钩沉耙梳，尽可能罗列了唐地方庙学的可见文献，为该历史时段的数据分析提供了前提条件，惜主要着重于制度及官员政绩等方面。为便于分析，我将所得资料重组，并添加若干前贤未录者，按创建的可知至迟时间排序，以明晰大致的大唐版图内的呈现阶段，也仅检得 142 例（都城、曲阜未列入），而其中始建于唐以前的仅 19 例（指始建于唐以前、仍为唐沿用者）。

需特别指明的是：此 142 例并非庙学皆备，尽管有学者言：“部分实例文献中只载孔子（文宣王）庙，从唐庙学制的规定来看，除曲阜孔庙外，唐以后在文献上所见有关创立文庙事，似皆可视为庙学制的一部分，即虽只见孔子（文宣王）庙一所，仍可相信此庙是立于学校之内。”[18]但自太宗诏令地方学校皆设文庙始，具体实施仍需相当的过程。初时地方上状况参差不齐，或庙学并立、或有庙无学、或有学无庙，高宗总章三年（670年）的一份诏书所述甚明：“诸州县孔子庙堂及学馆有破坏并先来未造者，遂使生徒无肄业之所，先师阙奠祭之仪，久致飘露，深非敬本。宜令所司速事营造。”[19]

（唐）韩愈也表达了如是担忧：“郡邑皆有孔子庙，或不能修事；虽设博士弟子，或役于有司，名存实亡，失其所业。”[20]而此时已是宪宗元和年间（806-820年）的事了。庙学并立的普遍当在唐之中后期，尤以玄宗开元二十七年（739年）追谥孔子为文宣王、其后代改封嗣文宣王为分水岭。

以上所论说明，绝不能将官方政令的颁布和实际实施的效果直接对应，任何事情都不是一蹴而就的。不过，虽然不能确证蓟县文庙始创于隋，但庙里确是遗存下来一通金代的《重修宣圣庙碑记》，记了些金代的事：天会间（1123-1135年）知州高遽重建大成殿三间和东西庑；正隆元年（1156年）渔阳知县史享吉作了修缮。那么，至迟到金代，蓟县文庙已经有了。

承德

2007.07.19-07.20

我 20 岁阴历生日当天恰是香港回归的 1997 年 7 月 1 日，就找了个由头，此生第一次独自出了远门，来到了伟大祖国的首都北京，开开眼界。待了一个星期，最深刻的回忆是在天安门广场听大伙倒数香港回归，啃了两根黄瓜作为生日大餐。最后一站定的是承德，但终究没有去成，一来囊中告急，二来在北京的数日已看尽繁华，逝者如斯的感觉已充斥心间。怕，怕幽悠的避暑山庄也已被嘈杂湮没，空中尽是浮躁的流动，没了以为的空灵旷远，便做了罢。心存着奢望，留下一点未被破坏的美好，也作黄粱美梦的依据。回来后写了点矫情的文字，取了个题目“有个地方叫承德”，抄录如下，致我已经逝去的青春：

“对于承德并不陌生，电影电视中清宫戏的场景总喜欢在这里拍上几段，原因大概有二：首先避暑山庄没有遭了圆明园的厄运，为大清朝，也为后世子孙留下一笔不小的物质兼精神财富；再次就是出于商业考虑的，景色佳处自然能给影视增色不少。印象最深的是《一代妖后》里，少女慈禧在山庄唱歌，甜润脆亮的嗓音掠过湖面，穿过树林，直钻进咸丰皇帝的耳朵，将他的魂魄勾了去。影片中随着慈禧的歌声，不断变换着画面，可餐秀色不胜枚举。观影的时候年纪还小，只觉得承德是个好地方，山水美丽，气候宜人，并且有了卷上铺盖卷去学皇帝老儿避暑的奢望。人都一样，向往惬意，只可惜龙种就这么一个，舒服也就被霸占了。不过后来有了革命，阶级问题得到了解决，人皆可往之一游，清帝地下作何感想，不得而知了。

大了之后，于中国历史有了更多了解，忧患意识也逐渐挤走了满脑子的舒心快意，当然还是电影给了最直观的印象。每每八百里军骑快报，每每朝廷与洋人冲突，总是见银幕上一长袍马褂奴才，疾步穿过长廊、小径，最终到了皇上妃子欢聚的露台、水榭。每到之处，无不是砖墙之斑驳，古木之参天，归鸟之惊飞，气氛之凝重。所谓情动于中而形于言，于是我的心里开始有了怨言，穿越了几百年的重量压得我心头烦躁，对承德有了抵触，养了帝王将相的慵懒腐朽，败了中华民族的锦绣前程。私下想将来若是有机会游得承德，必定是躲不了暑气的，心头的火，区区凉风怕是驱不走了。

再以后读了建筑，知道承德避暑山庄其实是个辉煌的园林，皇上们集了匠人的才思，百姓的钱财，能展现建筑精华的法子在这都有了。明了了这一层，不禁责难起此前的孤陋和轻率，天命谓之性，率性谓之道，我这个道却左得厉害。山水有情而山水无罪，寄情于山水本不是件坏事，症结在于恣情放纵于山水才会误事。思想有了转变，一下子对承德平添出许多好感，于是常常也梦里出现自己待在寂静的山庄里感时溅泪，见月思人，听风辨音，优哉游哉。”

十年前的那次北京之旅弃了去承德的打算，害怕想象的美好被游人如织的热闹一棒子打碎，给自己一个宁静的天空，让承德在心里存着隽永的韵味。

十年后的这次是从蓟县直接奔了承德。出了蓟县，一路环山，风景虽是一般，贵在天然淳朴，习习凉风中酣然入睡。路遇青松岭，被一股恶臭熏醒，山腰处一谷地竟被填成了一座白色垃圾山，蚊蝇肆虐。以后睡意全无，日落西山时分抵兴隆小镇，背靠雾灵山，夜登绿皮车，单调而枯燥的车轮与铁轨咬合的声音，使我不禁想起初中背的一篇英文课文。大意是一男孩每天要坐火车往返，一天突然和列车员大叫铁轨坏了，起初没人相信，后在其坚持下，停车检查，果不其然一处铁轨偏离了原来的位置。众人皆奇，这孩子何以得知？其解释云每天都听惯了火车的声音，有着固定的频率节奏，今天的声音变了，那么肯定是出问题了。

一路行来，最难熬的是漫漫旅途无人对话的孤寂，和每到一处为下一站的交通工具的寻觅和打尖场所的纠结。在这空旷无人的车厢里，我竟然无聊到回顾一个只记得描述火车声音“click，click，click……”其他完全没有英文记忆的课文了，苦中作的也是个极为无趣的乐，哑然失笑。

不知不觉中，颠簸达承德。清晨伴着鸟鸣醒来，奔热河文庙所在的承德八中而去。

乾隆帝《热河文庙碑记》载 :“丙申夏，驻跸热河避暑山庄，曹秀先以礼部尚书扈从，几暇召见，谈及时政。秀先云 : 臣春卿也，在职言职，以为此处宜兴学校，以造就士。朕曰:愈哉，亦其时矣。于是乎有设学之旨，于是乎有加额之恩。学校既设，则文庙亟宜建。乃命相地伐栈，卜吉鸠工……”约三年始成，时在乾隆四十四年（1779 年），乾隆帝亲往释奠。

文庙规模宏大，且位置紧要，东邻常王府，西接热河道台衙门。遵乾隆御旨，文庙所有龛案陈设及神牌位次均照太学成式制造安设，祭器及一切供器依太学例，特颁内务府所藏周时法物周文王鼎等 10 件给热河文庙，并配以祭器和特磬、编钟等大量乐器。并由太常寺选派熟谙音律礼仪者教习文舞生 36 人，乐生 53 人，执事生 28 人，在每年春秋季仲月（二、八月的上丁日）举行的隆重盛大的祭孔典礼时使用。

我抵达的时候，眼前支离破败的景象可是与历史上大为不符的，校园内寂寥空旷，不是因为暑期，而是搬迁，据说是要重建热河文庙了。那时那地，还不知道会是个什么辉煌的景象，今日上网搜索，的确已经竣工了，图片上看确实也壮观。可惜的是，我还是没有去避暑山庄转一转，近日可期？远时可待？无果，用原来大成殿内的一副对联结束吧 :“有开必先冠古今而垂教化，无思不服合内外以振文章。”

密云

2007.07.20

密云的入城处有块“休闲之都”的大牌子，虽有点言过其实，小小的县城倒也干净整洁。密云文庙在鼓楼西大街上，仅剩了一座大成殿，多年来一直被光华鞋厂占用，2001 年县政府通过多次置换，将鞋厂迁往城外，拆除了大成殿东、西、南三面的厂房建筑，建了密云图书馆，大成殿也理所当然地成了彰显县里文化的标志性建筑。

大成殿周围空荡荡的，两个孩子正往殿门的缝里观望，这大门深锁的劲，是让你进呢？还是让你怕呢？整饬过的广场上攒了一些石刻，雕工却欠得很。据悉中国摄影家协会会员段启达先生拍摄的密云县文庙大成殿照片，曾作为台湾地区为纪念孔子印制的邮政明信片主图之一，正式在海内外开始发行。此套明信片一共八枚，设计者为台湾嘉友电子股份有限公司董事长孔令鑫先生，乃孔门后裔的敬祖和弘扬之举。

据《北京百科全书：密云卷》载，密云文庙始建于唐显庆四年（659 年），后毁于兵燹，元至元二十八年（1291 年）重建。显庆时代的当政者是高宗皇帝李治，就是武则天那位早逝的先生。

考察唐版图内地方庙学的时空分布，建设活动以高祖（在位 9 年，始建 11 处）、太宗（在位 14 年，始建 14 处）、玄宗（在位 45 年，始建 17 处）三朝最盛，尤以唐初二帝时期保持了最高的建设频率。唐时科举，除乡贡、制举之外，尚有学校一途，“进士不由两监者，深以为耻。”[21] 高祖、太宗重学兴儒，官学建设量较大亦属合理。至高宗（在位 34 年，始建 6 处）时，建设量及频率则明显下滑，特别是武则天临朝后，重科举而轻学校之势愈益严重。因国子、太学生员皆为五品以上官员子弟，武后为排斥、打击士族官僚势力，提拔庶族地主子弟为官，尤重进士科取仕，借以奖拔寒族，学校因之冷落，以至“政教渐衰，薄于儒术，尤重文吏……二十年间，学校顿时隳废矣。”[22]

后，玄宗为改变此状，曾于天宝十一年（753 年）罢乡贡，规定举人必由国子学和郡县学。但终因科举之势已成，两年后（755 年）又恢复乡贡。学校与乡贡的隆替，使唐初至玄宗（712-756 年）门资入仕仍为朝官主要来源之一的情状得到大幅改观，科举选官制度门槛的降低，虽使广大寒门子弟看到了改变命运的曙光，却强烈地冲击了从中央到地方的官学系统发展。不过，德宗贞元以前（-785 年）“两监之外，亦颇重郡府学生，然其时亦由乡里所升，直补监生而已。”故，玄宗之后至宪宗间（806-820 年）仍保持着一定规模的发展，频率亦较为平缓。尔后，天下欲从科举入仕的读书人则“率以学校为鄙事”[23]，建设量剧减，仅见武宗（在位 6 年，始建 4 处）时异军突起，惜在位甚短，于事无补。

各地区的建设活动亦呈现出时段性的差异。综合而言，各朝建设活动以江南东道、江南西道最为频繁，剑南道、河东道次之，其他各道再次之。从地域分布上看，已知的始建于唐的地方庙学主要集中在今天的河北、山东、陕西、四川、江苏、浙江、安徽、江西、湖南、湖北、广西等地，无疑与这些地方的地理位置、经济发展水平、文化传承等影响密不可分。

再结合始建于唐以前、仍为唐沿用的实例综合分析，整个大唐版图中形成了最主要的三个密集区：其一，以都城长安、洛阳及曲阜为中心辐射范围，且以洛阳周围密度最高。其二，剑南道（今四川一带）。其三，江南东道（今江苏、浙江、安徽一带）辖内则无论是数量、密集度均高居榜首，新兴的文化教育中心及辐射圈已然形成。

而三区之间又皆有点状分布，以拓扑的视角考量，这些点状分布恰恰构成了三个密集区之间的线性联系，亦说明高度密集区的向外辐射态势。其中，第一区即往幽州方向的华北地区蔓延，该处（今河北一带）为唐时东北边城的政治、军事、经济重镇，密云即处其间。

通州

2007.07.20

到通州的时候已是金乌西坠，落日余晖下很容易就找到了在大运河转弯处高高矗立的俗称“通州塔”的燃灯佛舍利塔，乾隆帝曾谓之“郡城塔景落波尖”，此塔后来还被美国建筑师墨菲作为参照物，设计出北大未名湖畔冠之以“博雅”之名的水塔。

塔下即所谓三教庙，文庙奉孔子，佑胜寺奉燃灯古佛，紫清宫奉太上老君，释道儒三家各安其所。通州文庙始建于元大德二年（1298 年），比北京国子监孔庙还早四年，是北京地区现存最古老的文庙。与密云文庙类似，三者的始建或重建都在元大一统尘埃落定之后。

蒙古国于 1206 年建号，至 1260 年世祖忽必烈即位，半个世纪间其实并无地方庙学之始建，无疑与可汗们东征西战，及对儒学的一知半解和忽视程度有关，只是出现了零星的修建活动。据胡务先生《元代庙学——无法割舍的儒学教育链》统计，五十四年间，重修仅 9 处。其特点在于一些军事首脑的直接参与，且倡导者均为汉人，修建活动也仅局于汉地，今河北、山东一带。

地方庙学的大规模修复和创建，从世祖（1271-1294 年）朝才谈得上开始。蒙古人盘踞的华北地区，地广人众，且自唐宋以来，儒学根基愈发牢固，解决统治中的漠南汉地问题最为关键。此时，以忽必烈为核心的蒙古上层建筑已开始正视、尊重并逐步接受儒家文化。庙学的创建居有元一代之冠，重建数量亦居二。南方的江浙一带，在宋时地方庙学已趋于饱和，兴建活动罕见。世祖朝的主要建设集中在以中书省为代表的广大北方地区。河南江北行省包括今天河南、安徽大半及湖北的长江以北地区，宋、金、蒙长期对峙区域，元的统一使该区得到长年战乱之后的喘息，地方庙学的兴建从宋、金时的偶尔为之，变得初具规模，使中华版图内南北各自为政的两大庙学兴建区不再孤立。四川一带自汉时文化兴盛，庙学兴建亦频繁，但与吐蕃（今西藏）、大理（今云南）交界的土司辖区，则一直较为落后。元的南征，使该地区纳入中央政府直接管辖之下，儒学教育和庙学发展进入崭新阶段，将覆盖范围又向西南纵深蔓延。

成宗（1295-1307 年）朝始建、重建的地方庙学数量均处元代第三，但二者的频率却高居榜首，体现了元初对迅速汉化和构筑统治文化体系的迫切。建设活动地区大致与前朝相当，值得关注的是全宁路学（今内蒙古赤峰县境内）的创建，由皇姑鲁国大长公主与驸马济宁王完成，无论是创建人身份还是所在地点，都是蒙古汉化的一个重要标志。

武宗（1308-1311 年）即位初，即至大元年（1308 年），加封孔子为"大成至圣文宣王"，继唐玄宗之"文宣王"、宋真宗之"至圣文宣王"，又将尊崇推向再高峰。此事由一个蒙古首领实现，对蒙、汉意义深远。不过，仅是流于形式，地方庙学的建设活动并未因之高奏凯歌，而是相对低迷。

仁宗（1312-1320 年）皇庆二年（1312 年）恢复久废之科考，在一定程度上刺激了庙学的兴建，并规定对出资兴建的私人实行褒奖。但并没有带来修建数目的激增，可见，科举制并不是主导庙学兴盛的最关键因素。

亦即，元地方庙学始建活动的顶峰在成宗朝已告结束，而这里提到的大都（北京）、通州、密云的三处皆是顶峰期的产物。不过，虽然有元一代，地方庙学始建的绝对数量并不多，但空前的大统一，却是普及的难得契机，尤其在长期战乱和政权不断更替的华北、中原地带，中书省建设数量的遥遥领先不仅说明了长年战乱之后得到了喘息，且显示出大都（今北京）作为政治中心的巨大影响力，如在今内蒙古自治区所残存的应昌路、集宁路、净州路、亦集乃路等城址中均发现有庙学遗址及相关文物。

通州文庙同样没有逃过"文革"的拆改，还被花丝镶嵌厂占用，面目全非。时至今日，厂已迁走，取而代之的是重建一新的文庙建筑群。这里面的旧物仅大成殿五间，残碑两块，埋于地下的泮桥三座也被玻璃罩住，体现了一些有意思的遗产保护理念，施工过程中偶然发现的明万历年间

（1573–1620 年）的神木静静地躺在墙角下，遥遥地想念着紫禁城里撑着太和殿的兄弟们。

必须写一笔的是，永久镌刻进我脑海里的那条貌似忠厚的狗狗。由于文庙建设还没结束，并未对外开放，我是从边门进去的，但礼数要周到，连喊数声："有人吗？"无人应答。**可以进了吧，刚一抬脚，一个黑影以迅雷不及掩耳之势倏忽半空，我不禁失声大叫："我命休矣！"电光火石间，那黑影竟硬生生地直坠而下。**我定睛凝神，原是看门狗被铁链紧拽使然，应了老话，好狗不叫，整个过程悄然无息，寂静得可怕。我再次确认了下安全系数，安抚了一下自己，才蹑手蹑脚地进了院子，身后传来被压抑和束缚的怒吼，我的后脑勺还是不断地渗出汗珠。

从此，怕狗的病根算是落下了，下次有类似情况我一定高喊——"有狗吗？"可是，它听得懂吗？

北京

2006.07.25-07.26

2007.07.20-07.21

北京国子监是重中之重，没写博士论文前就特地来过了，还拜访了同窗并成伉俪的黄昕珮、李琳，展望了即将开始写作的苦楚。再来的时候，已经真正地踏上了这条不归路。从通州坐地铁就可以到北京城了，出地铁口的地方正是在韩国交流时的学友朱平平的工作地方，呼之并站在路边一叙别离。晚上见了两位老同学鞠德东、曾晓明，相谈甚欢，住宿也解决了，第二天又有师弟张剑葳请吃涮羊肉，意气风发。

| 一 |

以下，记：辽南京学和金中都国子监。

辽南京沿于古时蓟城、唐幽州，在今北京西南部，城周 36 里，城内西南部为子城，太宗置南京学（又称南京太学）[24]，有可能是相延唐时幽州学[25]，大致在今白纸坊一带，位城东南隅，圣宗统和十三年（995 年）“以南京太学生员浸多，特赐水硙庄一区”[26]。1005 年，辽宋议和，即“澶渊之盟”，南京的地位日益重要，该地区的各种社会因素促进了辽朝社会的全面封建化，其重要性在辽末日益明显。

1115 年，女真族完颜部首领阿骨打建国称帝（金太祖），国号“大金”，定都于会宁府（今黑龙江阿城南），初只建有“皇帝寨”。太祖保大二年（1122 年）金人攻占辽南京，熙宗天眷元年（1138 年）改完颜阿骨打建立的国都为上京会宁府，改辽上京为北京。金“袭辽制，建五京”，当始于太祖、太宗，完成于熙宗“天眷新制”。其后，海陵王戮熙宗、夺帝位，并于贞元元年（1153 年）迁都辽燕京（即辽南京，圣宗开泰元年，1012 年，更名）海陵王“以燕乃列国之名，不当为京师号，遂改为中都”[27]，称中都大兴府。海陵王乃篡权上位，对金之皇都必心存惶恐，故有废上京会宁府之举，于正隆二年（1157 年）下令将上京宫殿、宗庙、诸大族宅第及储庆寺，一并削平基址而加以耕种[28]，去上京之号；并更汴京（今河南开封）为南京，以辽中京大定府为北京。致使金之行政区划变动较大，已非“袭辽制”。至世宗大定十三年（1173 年）虽恢复上京，但金中都的中心国都地位已然确定。至此，金达六京，行政区划成为“立中都，建五京”。

除上京外，其他多系宋、辽京城的延续，虽历战争严重破坏，其经济、文化、交通还是较容易在原有基础上加以恢复，中央庙学亦多相延前旧，亦即金的都城文庙至少有 6 处。

金初建都会宁，规模粗略，“国初无城郭，散呼曰皇帝寨、国相寨、太子庄。”[29] 天会十三年（1135 年）熙宗即位，始建皇城，后又扩筑北城。史载熙宗“尽失女真故态”“宛然如汉户少年”[30]，汉化之深可见。天眷元年（1138 年）在营筑皇城（南城）的同时，“兴制度礼乐，立孔子庙于上京”[31]，位于上京南城内、皇城外东南角（今黑龙江阿什河乡南村五组居民区一带）。[32] 此庙可能是迄今发现的中国古代社会地理位置最北的文庙，姑且不与“孔子西行不到秦”时相比，较之辽上京临潢府文庙，将文庙的覆盖区域向东北拓展了 1000 多里。[33] 三年（1140 年）又优渥圣裔，“以孔子四十九代孙璠袭封衍圣公。”[34] 其时，距北宋亡国（1127 年）仅十年，距收国元年（1115 年）阿骨打称帝、立金，天辅三年（1119 年）完颜希彦创制女真大字也只不过二十余年，可见儒家文化传播之快、效力之大。[35] 海陵王天德二年（1150 年）“初定袭封衍圣公俸格”；三年（1151 年）又在上京“初置国子监”[36]。

金中都国子监相延于辽，太宗天会五年（1127 年）完颜宗尧进驻辽燕京，戎马未息，首建太学，修国子监。后，又将北宋东京学宫的九经石刻移置于此，明代在白纸坊还可见到。[37] 熙宗皇统元年（1141 年）亲祭孔庙，北面再拜，顾儒臣曰：“为善不可不勉，孔子虽无位，以其道可尊，使万世高仰如此。”[38] 因祭拜而感奋明志，发愤读《尚书》《论语》及五代、辽诸史书，夜以继日。[39] 二年（1142 年）“敕行台拨钱一万四千贯”修孔庙圣殿；四年（1144 年）又命“行省降钱一万四千五百贯，发南京入作司见材”，九年（1149 年）竣工。[40]

太学校舍原在城内，章宗承安四年（1199 年）下诏在城南扩建。“总为屋七十有五区。西序置古今文籍，秘书省新所赐书。东序置三代鼎彝俎豆、敦盘尊罍及春秋释奠合用祭器。于是行礼于辟雍，祀先师孔子，召郡国学生通一经以上者居之。公卿以下子孙并入学受业。”章宗且“每季临观，课其优劣，学徒甚盛。”[41] 此举可能是仿照北宋徽宗崇宁元年（1102 年）在东京城外建太学外舍“辟雍”，并有文庙之设。

泰和六年（1206 年）又诏建“昭烈武成王庙于阙庭之右，丽泽门内，其制一遵唐旧”[42]，文、武庙东西相向，制类唐、宋都城。上溯至辽，无武成王庙之祭，金人似较重视武庙祀典，至以本朝武臣多人配享太公[43]，惟皇统元年（1141 年）熙宗已亲诣文宣王庙祭奠，而迟迄章宗朝方建武成王庙，上层建筑视阈中的文、武高下立现。虽朝代迭替无常，中都国子监却见证了历代帝王的释奠膜拜。对于汉人，抑或对于接受汉文化影响的契丹、女真，文庙都不是可有可无的虚设。

| 二 |

以下，记：元之和林城与上都的孔庙。

蒙古人原臣于金，铁木真（元太祖）于金章宗泰和六年（1206 年）在斡难河（今蒙古鄂嫩河）之源即帝位，称成吉思汗。不久即与金断绝属臣关系，并开始了不断的西征和南征。南下蒙古大军先灭西夏，再联合南宋灭金。金宣宗贞祐二年（1214 年）成吉思汗亲率蒙古军兵临金中都城下，金室不战而降[44]，南迁汴京，次年（1215 年）蒙古人踞占中都。

金臣耶律楚材以熟知儒家经典、精通天文律历之学著称，被成吉思汗召至身边，以备顾问，并随成吉思汗及其子窝阔台（太宗）南征北战，常说以儒家之道。[45] 太宗五年（1233 年）蒙古军占金南京（今河南开封），耶律楚材即“遣人入城，求孔子后，得五十一代孙元措，奏袭封衍圣公，付以林庙地。命收太常礼乐生，及召名儒梁陟、王万庆、赵著等，使直释九经，进讲东宫。又率大臣子孙，执经解义，俾知圣人之道。置编修所于燕京、经籍所于平阳，由是文治兴焉。”

年底，太宗返和林城（今蒙古后杭爱省厄尔得尼召北），“敕修孔子庙及浑天仪”。七年（1235 年）命筑和林城以为国都。八年（1236 年）“复修孔子庙及司天台”[46]。两次所修孔庙当为一处，在和林城（后为岭北行省治所）内，其城址今犹残存于地面，南北约 2 公里，东西约 1 公里。宫城在西南隅，周长约 1 公里，形制布局一如汉城。[47] 太宗采纳耶律楚材的建议：“制器者必用良工，守成者必用儒臣。儒臣之事业，非积数十年，殆未易成也。”乃命宣德州宣课使刘中“随郡考试，以经义、词赋、论分为三科，儒人被俘为奴者，亦令就试，其主匿弗遣者死。得士凡四千三十人，免为奴者四分之一。”后又“至一衡量，给符印，立钞法，定均输，布递传，明驿券”等，使得“庶政略备，民稍苏息焉”[48]。

宪宗五年（1255 年）金时桓州成为忽必烈的营幕驻守地和军事重镇，六年（1256 年）忽必烈命刘秉忠在桓州东、滦水北，营筑开平府城，经三年而成。位今内蒙古正蓝旗东北 20 公里的闪电河（即滦河）北岸，南距金中都约 250 公里。[49] 中统元年（1260 年）忽必烈在此继承兄长蒙哥（宪宗）汗位，四年（1263 年）开平府城号“上都”，次年（1264 年）又将原金中都定为“中都”[50]，两都制度正式确立。此后历任元帝每年夏季都往上都消暑治事，乃为元代之真正陪都。[51]

世祖忽必烈汉化意识极强，崇儒的势头有增无减，尤重招纳博学多才的儒士，又以刘秉忠、许衡为翘楚。二人均曾上疏详论治国之道，尤重儒术，忽必烈深以为是，对元统治政策及孔庙建设影响深远。中统二年（1261 年）诏“宣圣庙及管内书院，有司岁时致祭，月朔释奠，禁诸官员使臣军马，毋得侵扰亵渎，违者加罪”，并命“开平守臣释奠于宣圣庙”[52]。三年（1262 年）“修宣圣庙成”[53]。至元四年（1267 年）又“敕修曲阜宣圣庙”。可能因上都孔庙修建仓促，规制不整，为加强礼制，又命留守臣颜蒙古岱于“上都重建孔子庙”，位皇城东南隅。八年（1271 年）“立国子学”于新建孔庙西侧。[54]

上都城址今犹残存，平面呈正方形，边长约 2200 米；城内东南部为皇城；皇城内北中部为宫城。皇城东南隅有一围墙院落，东西约 100 米，南北约 150 米，即孔庙遗址。其内残存前、后两处基址，似为大成门及大成殿。院落西北部又有一处较小院落，当是国子学遗址。[55] 此后，上都孔庙在仁宗皇庆二年（1313 年）又由留守臣贺胜增修廊庑、斋厅、墙垣等。

文宗至顺二年（1331 年）“敕上都孔子庙碑”[56]，惠宗至元二年（1336 年）又“敕赐上都孔子庙碑，载累朝尊崇之意”[57]。时有大学士许有壬撰《上都孔子庙碑》曰：“世祖既城开平，寻升上都，文治益修。至元六年（1269 年）命留守臣颜蒙古反作孔子庙都城东南。仁宗皇庆二年（1313 年）命留守臣贺胜重葺旧殿，增廊庑斋厅庚庖湢闳，垣墉西偏为堂庐，以待国子分学，田坐云州者六十顷五十九亩，兴州又十四顷，以教以养，作人之盛蔚乎！首善之地矣。”

顺帝至正元年（1341 年）又在宫城之内建宫学，“以教世戚、勋臣之子孙，建学舍内苑，以严中外之别。”每年元帝至上都，师生亦同往，“皆入侍帷幄，出备警跸。”[58] 此宫学可能在大安阁（上都宫城最主要建筑，忽必烈至元三年（1266 年）迁建宋东京熙春阁使然[59]）之西[60]，是否有孔庙之设，则难以考定。

| 三 |

以下，记：元大都国子监易址与营建。

忽必烈于中统二年（1261 年）下诏修复金中都；至元元年（1264 年）以之为中都，作为陪都。因上都开平地理位置偏北，对用兵南方和控制全国不利，在解决了与其弟阿里不哥争夺帝位的战争（1260-1264 年）后，决定迁都。四年（1267 年）忽必烈命刘秉忠在金中都旧城东北新建都城。八年（1271 年）取《周易》“大哉乾元”之义，定国号“大元”。九年（1272 年）改中都为大都，并迁都于此。

在参考历史先例方面，大都城的营建与其说是以儒家经典《周礼·考工记》为蓝本，不如说是汲取了宋东京和金中都的布局形态及建设经验，大都城市规模与宋东京相近，而宫城偏于城南和都城东、南、西各设三门则较接近金中都模式；至二十二年（1285 年）大致完成了骨架工程建设；至三十一年（1294 年）完成旧中都城区居民的迁移，实现了城市重心的真正转移，此后的城市建设则为充实和增添的工作了。[61]

大都孔庙原设于南城，即金中都旧城。成吉思汗十年（1215 年）蒙古军陷城，“时都城庙学，既毁于兵”，宣抚使王檝[62]“取旧枢密院地复创立之”[63]。建庙时间为“中都破之第八年也”[64]，即成吉思汗十七年（1222 年），其址在金章宗养鱼池南面的金枢密院旧地。[65]王氏此举意欲重振儒风，以图在中原逐步恢复荡然无存的纲常秩序，并于太宗元年（1229 年）“春秋率诸生行释菜礼，仍取旧岐阳石鼓[66]列庑下”[67]。燕京儒士倍感兴奋，争相祝贺:“可谓吾道有光矣！”[68]而庙内保留古刻、石经及金朝策士碑等，在“典刑古制”[69]的同时，明示了复兴孔庙的意向。

太宗五年（1233 年）窝阔台借宣圣庙办国子学，却没有崇儒尊孔的意思，且倚重全真教道士管理国子学，“权就燕京文庙，以道士兼教汉儿文字。”[70]其本质上就是一所语言学校，任务为培养翻译人才。[71]王建军先生一语道破此中缘由：“按汉人办学的观念，设学宣圣庙，既可与中原庙学结合的传统做法结合，又能起到收拾人心的作用。”[72]

随后，儒、道双方就宣圣庙、国子学的管理和产权展开了大争夺，直至宪宗四年（1254 年）忽必烈判归儒士方告一段落，燕京儒界备受鼓舞。其间，宣圣庙还在宪宗二年（1252 年）和三年（1253 年）得到了忽必烈的修缮。[73]此后直至至元八年（1271 年），忽必烈据大蒙古国时期燕京国子学正式创立元国子学。仅五年后，即至元十三年（1276 年），又将国子学改为大都路学，于内设提举学校所。[74]

就国子监而言，元代较为特殊，由过去的一监领多学转为三监并立的模式，即蒙古国子监、国子监、回回国子监，体现了民族文化多元性的特征。早在忽必烈都于上都时，就于至元六年（1269 年）“立诸路蒙古字学”[75]；八年（1271 年）“诏天下兴起国字（蒙古）学”；九年（1272 年）和礼霍孙奏曰：“蒙古字设国子学，而汉官子弟未有学者，及官府文移犹有畏吾字。”为统治纯粹，故又诏“自今凡诏令并以蒙古字行，仍遣百官子弟入学。”[76]迁大都后，于十四年（1277 年）至二十九年（1292 年）间逐步完善了设于蒙古翰林院下的蒙古国子监组织机构。[77]二十六年（1289 年）又设回回国子学[78]，仁宗延祐元年（1314 年）立回回国子监。[79]

而儒学重地国子学虽前期已设，但国子监则是忽必烈迫于崇尚儒学的汉族、蒙古、色目等官僚诸多压力[80]，在蒙古国子监设立整整十年后方得以设置，至元二十四年（1287 年）“设国子监，立国学监官：祭酒一员，司业二员，监丞一员，学官博士二员，助教四员，生员百二十人，蒙古、汉人各半，官给纸札、饮食，仍隶集贤院。”[81]并在新建的大都城中划出国子学用地，“既迁都北城，立国子学于国城之东，乃以南城国子学为大都路学。”[82]

集贤院拟定国子学职官设置、招生规模、生员饮膳等事宜，并对建筑平面布局进行规划：“学舍，比及标拨官地兴盖以来，拟拨官房一所安置，创建房舍讲堂五间，东西学官厅二座，各三间。斋房三十间，东西各十五间。厨房六间，分左右。仓库房五间，门楼一间。”并议定按庙学之制创建孔庙一所，“先立学校，后盖文庙，大都拨地与国学一同兴盖。”[83]但由于此时朝中桑哥主政，色目势力增强，虽工程始于二十五年（1288 年），却中途停顿，至成宗大德十年（1306 年）国子学仍寄寓在南城大都路学官舍当中。[84]

成宗即位伊始，至元三十一年（1294 年）即诏“中外崇奉孔子”[85]。并重申了世祖中统、至元之际关于崇儒兴学的各项政策，而不是元中后期的冷淡儒学，为成宗（1295-1307 年）、武宗（1308-1311 年）朝推进儒兴确立了一个较高的起点，其成果凸显于大都国子监孔庙的营建和孔子的封爵。[86]

国子监新址孔庙的建造，原是出于蒙古人哈剌哈孙之请。大德二年（1298年）哈氏升为中书左丞相，上书认为京师不设孔庙及国子学，于礼制不合，请建之。[87] 成宗对此议极为重视，六年(1301年)诏令建孔庙[88]，七年(1303年）又"给大都文宣王庙洒扫户五"。十年（1306年）正月"营国子学于文宣王庙西偏"，八月"京师文宣王庙成，行释奠礼，牲用太牢，乐用登歌，制法服三袭。命翰林院定乐名、乐章。"[89] 与先期规划中"先立学校，后盖文庙"不同，成宗的具体实施则是先建庙，而有关国子监校舍营建的决定则是一纸空文，并未拨出专款予以落实，该工程延至武宗至大二年（1309年）方告竣[90]，从一个侧面也反映了崇孔重于兴学的政治风向。

大都城经数十年发展，城中部及南部已为民居等用地占满，而孔庙及国子学占地较多，并需考虑到进一步扩建，故新址选在城北部偏东较为空闲之地。此时，曲阜孔庙已重修完毕，大都孔庙在规模形制等方面当有所借鉴，位置在今北京安定门内国子监街路北，与明清时期的用地范围大致相同。庙"度地顷之半"，按一顷百亩计，占地为50亩，国子学"地逊于庙者十之二"，为40亩，庙学基址规模共90亩。[91]

国子监及孔庙新址既成，原南城大都路学（亦称大兴府学）得以名至实归，其孔庙在泰定帝三年（1326年）得以重修，时人马祖常撰《大兴府学孔子庙碑》记言，原庙貌祠位皆不如制，经重修后，两庑扩为五十二间，置放从祀诸贤像一百五人。[92] 可见，原王檝所建孔庙规模较小，此次乃为依大都北城新建孔庙规制重修。

另，世祖至元四年（1267年）设大都左、右警巡院，分领坊市民事[93]；成宗大德九年（1305年）增置大都南城警巡院。[94] 惠帝至正元年（1341年），大都路"都达噜噶齐喀喇公伯嘉努请作左、右、南三警巡院，大兴、宛平二县孔子庙，并建学舍"，中书省从之，"各以室庐之，在官者为之；又言学设教谕而无廪食，非所以尊敬师道"，亦从之。[95]

| 四 |

以下，记：元大都国子监之建筑规模。

对大都国子监有深入研究者，以王建军《元代国子监研究》、曲英杰《孔庙史话》[96]、姜东成《元大都孔庙、国子学的建筑模式与基址规模探析》[97]等为个中翘楚，前者着重制度演变，后二者涉及具体的建筑布局及规模，且姜氏更基于元大都城市平格网研究的层面，对大都国子监的孔庙、国子学建筑模式与基址规模进行了深入的探讨和复原[98]，据之可描画大都国子监之庙学壮观：

孔庙前临街巷；外有棂星门（今称先师门），今北京国子监孔庙仍为元构，为门屋形制，斗栱硕大疏朗，建筑平面为分心槽制，三间歇山；内有大成门，五间。两门之间为一东西狭长庭院，院东西各有斋庐。入大成门，又一庭院，近正方，视野空旷，北端即大成殿，七间重檐庑殿，等级之高，“巍然为天下之极”[99]，并接有东西耳房。相较同一时期的曲阜孔庙，该庙主要是取其大成门至大成殿之间规制（御赞殿及杏坛未建），且与大成殿规模约等。

曲、姜二文有不同见解处在于东、西庑建制：姜氏据（元）吴澄《贾侯修庙学颂》载“两庑自北而南七十步”，按每间 1.75 步（2.76 米）计，东西廊庑各四十间，若每间供奉一位先儒，两庑恰可容纳孔门七十二子从祀神主。但姜氏忽略了该时从祀者为 104 人，且仁宗皇庆间（1312–1313 年）又增祀许衡，文宗至顺间（1330–1331 年）再增祀董仲舒，计 106 人。曲氏据（元）马祖常《重修大兴府学孔子庙碑》记大都路学孔庙两庑扩为五十二间，且该庙乃据国子监孔庙规制重修，认为国子监孔庙当为两庑各二十七间制。我以曲氏为是，即每间 2 人计。

学在庙西，自南门至今北京孔庙彝伦堂之间为元初建时规模。其自成一套两进院落，正门临街巷，内为太学门，呈扁长前院，作为进入教学空间的过渡和缓冲。学门内庭院广大，居中为学官居所及讲堂，东西两侧各有夹室、博士堂、室、库，东、西两库之前为东西相对的教学、习业所在六馆，六馆以南有与入口结合而建的门塾。学内树种多样，绿化层次丰富，环境幽雅安静，有诗为证：“（博士东厅）北窗桂影对晴空，帘幙虚明爽气通，绿树正宜留永日，黄埃莫遣涨飘风。”[100]

生活区的平面格局不详，但史籍见载“诸生食有廪，居有次”，供休息、就餐、洗浴用的舍、庖、湢、溷、库等建筑当完备有加；但教员的生活境况却狼狈不堪，“独师员十数多僦民舍以居，”乃因“儒官禄薄，京师地贵，所僦舍率陋隘。蚤作入馆，戴冠束衣，授业终日不得休，还舍昏惫，意气抑郁弗舒，故多不乐居是官者”，极有碍于教学效果。大德间（1297–1307年）有司议“以建学余力筑屋以舍师儒”，度居贤坊北隙地，未果。

迟至元统元年（1334年）方由集贤直学士兼国子祭酒孛术鲁因感念“古者教有业，退有居，非苟焉也”再提日程，翌年（1335年）“乃益撙集，凡得中统楮泉二万余缗。筮吉日，筹工度费，除地坊北画为四区。区各立屋五间，中三间为居室，傍两间为肃官具饔之所，庭荣室疏，爽闿宏邃。宅之门以东西门之，衖以南北衖，北距通衢立大门，衖南羡壤可艺蔬，东浚井，西置屋，居隶者，使掌大门之管。以赢赀治旧宅二区之在坊中者，其西圮甚，因正两柱，植坏壁，易败桷腐茭，补以新瓦，而墍涂之，旁起屋如北坊之制。东宅西偏作室象舟，可居琴书，东南作见宾之室，曰‘宾庵’。先是，宅南仆舍侵门除，狭不容骑。乃徙其舍于宅之北，仍作新舍二间，以庇隶仆之无栖者。于是前辟后阖，中树卉木，窈如蔚如也”。不仅“凡数处营缮，所费不出公帑，而基构覆缔，无不完好。”[101] 同时，该营缮纪录亦可视作教员居处空间的代表性案例。

仁宗朝（1312–1320年）文治日隆，国子监获得良好的发展机遇，相关制度也进一步完善。至大四年（1311年）定“国子生额为三百人，仍增陪堂生二十人，通一经者，以次补伴读，著为定式”，并整饬国子监。皇庆元年（1312年）“徙大都路学所置周宣王石鼓于国子监”[102]，在大成门内，左右各置5块，相沿至今，为北京孔庙传世之宝。二年（1313年）始实行科举考试，中选进士需择日至孔庙行释菜礼，并刻石题名于国子监。

清代曾在今大成殿后启圣祠土中发现元进士题名碑三通，很可能元即立碑于此，元时孔庙后围墙也当在此附近。[103]

延祐元年（1314年），即立回回国子监当年，“敕中书省定议孔子五十三代孙当袭封衍圣公者以名闻。”[104] 六年（1319年）“改释奠于中丁。”[105] 此间，国子监的最大盛事乃为崇文阁的落成，延祐四年（1317年）始建，以庋藏监学经书，六年（1319年）告成[106]，“雄伟壮丽，烨然增监学之辉。”[107] 阁在今北京国子监彝伦堂址，“阁四阿，檐三重”，宽广高大，与今曲阜孔庙明建奎文阁（高23.35米、南北长17.62米、东西长30.10米）规模形制大致相当。元时曲阜孔庙奎文阁为三层五间歇山顶，大都国子监崇文阁在规格上已明显超过。如此突兀高起的楼阁，在当时的大都城内是不多见的。[108]

| 五 |

以下，记：明北京之孔庙及相关事件。

明初，改元大都为北平府，作为燕王朱棣的封邑。元国子监时已荒废，改为北平府学。朱棣决定迁都前，于永乐四年（1406年）下诏重建北京城，在原皇宫以东修筑宫城，将外城南垣南移，北垣内缩，恰将北平府学围在城内，九年（1411年）孔庙得以重建。[109] 时，成祖谓工部臣曰：“太学于国体甚重者，盖成就贤才立地，视他官府，须坚致宏丽有加，尔尚书侍郎，亦频往督视。”[110] 十九年（1421年）正式迁都北京，改北平府学为国子监，仁宗洪熙元年（1425年）改称行部国子监，英宗正统六年（1441年）正式更名为国子监。

在英宗正统六年（1441年）更名国子监前后，略依南京国子监（南雍）之制对其加以改建。先是太学因元之陋，时有吏部主事李贤上言：“建都北京，佛寺时复修建，太学日就废弛，何以示法天下？请以佛寺之费，修举太学。”九年（1444年）新修太学成。此后，宣德（1426–1435年）、嘉靖（1522–1566年）、万历（1573–1620年）三朝都曾修缮国子监。

此外，在翰林院、詹事府及顺天府学，亦建文庙。[111]顺天府学“在城东北、国学之南，洪武（1368-1398 年）中以元国学为北平府学，永乐定鼎仍为国学，改报恩寺为顺天府学。初有僧游湘潭募造报恩寺，尚未安像。明师下燕，戒士卒毋得入孔圣庙，僧仓皇借宣圣木主置殿中，后不敢去，遂以为学”。陆续建有明伦堂、斋舍、尊经阁、敬一亭及孔庙等，为右庙左学。其大成殿面阔三间，两庑各五间，前有大成门及棂星门，自成一座两进院落，北京城内及附郭大兴、宛平二县所属官民子弟凡不能入国子监学习者，皆可入该学，不另设县学，清沿此制。“其地元之柴市也……东有祠，西有馆曰教忠，再西有坊曰育贤。”[112]乃南宋文天祥义尽之所，东祠即文丞相祠，洪武九年（1376 年）始建。[113]

其他与崇孔、孔庙相关之事件尚有：

其一，旧时“衍圣公事朝，旧皆馆于民间”，仁宗即位（1425年，仅在位一年），孔参缙入贺，仁宗谓侍臣曰：“四夷朝贡之使至京，皆有公馆，先圣子孙乃需宿民家，何以称崇儒重道之意。”乃赐分宅，在东安门外。[114]英宗天顺元年（1457 年）因“闻其赐第隘，以大第易之。凡南城赏花、西苑较射，皆与焉。”[115]

其二，代宗景泰（1450-1456 年）中，御史程璥“请于东长安街改创国子监”[116]，理由为“国子监为天下学校之首，偏在京城东北隅，乞敕工部……改创基图，革胡元之旧址，增辉丹垩，立当代之新规”。时议者“以水旱相仍，役非其时，遂不果行，深得可惜也。”[117]可能是出于国子监位在宫城东北，于古制不符之虑；或仿明中都之制，但未得允准。至武宗正德八年（1513年）国子助教李继再次上言：“宫殿将成，惟太学尚仍元旧，且土木有像不称，亦非古制；请择地改建。”旧事重提，帝以“朝廷自有措置”回之[118]，终未改作。

其三，明初，礼部曾“请如前代故事，设武学，仍建武成庙”，朱元璋谓“是歧文武为二矣，但以太公从祀帝王庙，而废武成庙，并武学不设”。惠帝建文四年（1402 年）“始建京卫武学，及教授等官”。代宗景泰三年（1452

年）又废，天顺二年（1458 年）复设。宪宗成化四年（1468 年）国子监丞阎禹锡言："古者学必有庙，乞将武学余楹改为庙，使知礼先勇后之义。"上许之，然太公不得祀犹故。[119] 世宗嘉靖初（1522 年 –）修举旷典，无不明备，"至诏修太医院、三皇庙，仍厘正祀典……殿曰景惠，门曰咸济，牲用太牢，器用笾豆，簠簋，以仲春仲冬上甲日，遣大臣行礼，著为令，盖几与文宣庙并峙"，而武成王庙，直至嘉靖十五年（1536 年），兵部议"以武学太窄，请拓其制，改建于大兴隆寺故址，上命令礼、工二部共议，皆言宜仿唐制……每年夏秋致祭，至仲冬，请车驾幸学之讲武殿大阅。"[120] 于是文、武两庙并医王凡三大祀，鼎立京师。

| 六 |

以下，记：明清北京国子监格局变动。

有关北京国子监的志书，计：明有《皇明太学志》《国子监通志》，清有《乾隆国子监志》（《四库全书》收之）、《道光国子监志》、光绪据道光版补刻重印本《国子监志》[121]，且已有详细点校本《钦定国子监志》问世。其中《庙志》《学志》《辟雍志》等部分，图文并茂，据之可详窥明、清国子监建筑规模与布局，故仅论其格局之变动。

明初，元国子监之崇文阁已毁，因其旧址建彝伦堂，仍为七间，堂前为露台，东南立日晷一座，与南雍类同，凭此知早暮。[122] 台南连接长四十三丈（140 余米）的甬道，直至太学门，元时学之中央的一排教育管理用房无存。阁北设后堂及东、西讲堂，阁东设率性、诚心、崇志三堂，西设修道、正义、广业三堂，以为教室。太学门外东侧围墙开持敬门，以出入孔庙。南为集贤门，临成贤街，左、右各置国子监牌坊，再左、右设衢街坊，题曰成贤街。

监西亦建射圃，元时对汉人关防甚严，对习射之事讳莫如深，大都国子监未置射圃，终元一代射礼完全废弛，明初着意恢复古礼，颁诏规定全国学校均仿效北宋规制"设空阙地一所以为射圃"，"诏国子生及郡县学生皆习射”，并在射圃中建观德亭（或称观德堂、射亭、观射亭），洪武二十五年（1392 年）又命“（南京）国子监辟射圃，赐诸生弓矢”，北京国子监射圃创建确切时间，史籍无载，推测在明初。[123]

学生斋舍则分别建于监北、西及孔庙以东[124]等地，共 700 余间，在学师生最多时达万余人，亦多外国留学生，如交趾号房即为越南学生所居。后，嘉靖帝御制《敬一箴》，以告诫天下儒士，并将之及宋儒范浚《心箴》、程颐《视听言动四箴》等刻碑，立于国子监及府州县学。嘉靖七年（1528 年）于彝伦堂后建敬一亭，原斋明所及格、致、诚、正号房旧地；九年（1530 年）又建启圣祠于大成殿后，迤西则为土地祠（创建时间不详），三者皆自成院落。[125]

据姜东成先生参照《乾隆京城全图》的比较研究，明国子监用地相较元时的变动为[126]：其一，孔庙大成殿沿用元旧基，但东西廊庑向内收进，庙东西垣间距较元时减少约 25 米，殿前广场面积相应减少。其二，太学前院空间扩大，监西又辟空地作射圃。敬一亭的位置在元用地范围以外，太学之北垣已向外拓展，敬一门恰在元时北垣一线上，基址规模亦受元大都城市平格网的控制。

另，姜氏认为国子监基址变动所传达的政治意味在于：“明专治政治强化，皇权之高涨达到前所未有的高度，不容另存足与治权抗衡的道统象征，孔庙自然首当其冲……永乐朝新建孔庙时，将东西廊庑向内收进，缩减大成殿前广场的面积，实际上以此降杀作为道统象征的孔庙地位。嘉靖朝……在孔庙建筑群中轴线末端新建启圣祠祭祀孔子之父，突显孔子为人子、人臣的角色，从而弱化孔子万世之师的地位。同时在彝伦堂北新建敬一亭组群……与孔庙对峙，意在重建道统象征，从而否定儒士构建的道统。”可备一说。

清时，将原在大成殿两掖的祭器库、乐器库移至大成门两侧，东、西列，北向。[127]此外，国子监最大的格局变动有：

其一，辟南学。

雍正九年(1731年)祭酒孙嘉淦疏奏:“直省拔贡必须在监居住者三百余人，六堂难于栖止，查国子监门外方家胡同官房一所，旧有三百余间，今只存一百四十二间，与国子监相去数武，恳恩赏给国子监衙门。臣等于每年公费银两内动支修葺，令拔贡及助教等就近肄业。”诏从之。[128]分公所、六堂，计一百九十间。因在署南，亦称“南学”，悬额曰“钦赐学舍”[129]，以衙署称北学。南学遂成为监生平日生活、学习的主要场所，而原有国子监六堂则逐渐以考试和集中训导为主。[130]乾隆六十六（1795年）又将御定《十三经》石刻190余枚置于六堂，以便师生观览，北学的衙署性质更为突出和强化。

国子监原本“门径自西而东，由集贤左门进署”，自赐给南学后，“于前门照壁之左，开便门以入南学，尚未通车舆也。乾隆二十三年（1758年）重修国子监，乃于照壁左右立栅栏门，以通车舆，又于集贤门左右墙间各立栅栏门。自是从东直达署内，不必由集贤左门进。”[131]

其二，建辟雍。

乾隆三十三年（1768年）朝廷上下就开始了是否增建辟雍的讨论，御史曹学闵揣度圣意，上《请增建太学辟雍疏》，负责国子监事务的观保等人又上《议曹学闵请建璧池奏》，不仅指出引水是个十分棘手的问题，且对上古辟雍建置作了较为合理的解释：“毛苌《诗传》曰：‘水旋丘如璧，曰辟雍，以节观者。’郑元《诗笺》曰：‘筑土壅水之外圆如璧，四方来观者均也。’据毛之说，则因自然之丘而引水环注；据郑之说，则因自然之水而外束以圆堤。为说已自不同，然总为行礼之时，虑观者拥沓而设，与明伦设教之意本不相关。盖古者太学在郊，故孔颖达《正义》云：‘辟雍内有馆舍，外无墙院。’《后汉书》称：‘圜桥门而观听者，盖亿万计。’是由外无墙院，故得圜桥门而观之也。今太学在都城之内，立庙以奉至圣，分舍以馆诸生，堂宇深严，较之引水以遏人行，更为周密，何必执泥古法，疏凿无用之沟渠？”此事遂罢，但十五年后，即四十八年（1783年），乾隆帝旧事重提，于彝伦堂前营建辟雍，私心在于希冀在其登基五十周年之际，成为千百年来临雍讲学第一人，并由之生发了“临雍视学”[132]。

建设开始，问题症结仍在于水从何来？当初提出多种方案，如引安定门外护城河水，绕殿一周再回流护城河，然仅拆迁民房一项即工程量甚巨，后定为凿井汲水、筑暗沟注池：太学门外东、西，东侧率性堂、西侧修道堂后檐外，各打一井，计四口。经由四道进水暗沟注水，另筑两道出水暗沟出集贤门，门外砌出水大沟一道，通监东雍和宫大街的官沟，整个排水系统始成。[133]

辟雍殿内原设计有四根钻金柱，乾隆下旨“著交总理工部、户部尚书和珅另定作法，估核钱粮。”坊间传闻众臣工不明究里，唯和珅猜透乃因帝忌讲学之时，前临四柱，大煞风景，可发一哂。后改用“抹角架海梁做法”，四柱得以顺利取消，辟雍殿“规模更为宏敞周密”；且节银4400余两（每柱价银约1100两），而国子监一年经费仅6000两。辟雍前又建琉璃牌坊，完全仿照北海大西天琉璃牌楼的样式和尺寸，南题额“圜桥教泽”，北题额“学海节观”[134]。

据《诏建辟雍工程估计钱粮数目奏》，整个工程物料工价银预算高达113498两7钱9分7厘，动用了工部、户部及国库。仅铺地用2尺金砖，就达2587块，而工部仅贮500余块，旋即行文江苏巡抚加紧烧造；木料方面，贤良祠官木场存贮尺寸不够，又行文热河副都统加速采办。[135]加之修葺国子监其他厅堂，如孔庙燎庐逼近碑亭，改之等[136]，总造价当不下20万两白银，相当于国子监30多年经费[137]，已非瞠目可以形容。

辟雍及相关建筑落成后，学之空旷景观为之大改观，加之坊前新建左鼓亭、右钟亭，自太学门至彝伦堂空间序列一唱三叹。辟雍建成前后，帝视学路线亦有别：

其前，顺治、康熙、雍正三帝俱曾亲临彝伦堂讲书，康熙还亲题“彝伦堂”匾额，凡遇帝视学，释奠礼毕，圣驾出大成门，入大次更衣，再出至门外乘舆，由国子监中门入，御彝伦堂，行讲学礼。

其后，则开大成殿西掖中间为穿堂，旁启后墙门，及绳愆厅后墙门，释奠礼毕，圣驾由此诣彝伦堂东次间暖阁，更衣用膳。“诸生肄业太学，恭遇圣驾临雍，得以瞻觐天颜，其他皆不与。”[138]听讲之际，俱在圜桥之南，东、西各十班，达三、四千之众，溢至牌楼之南，皆排列有序，蔚为壮观。[139]

原彝伦堂露台下槐、柏林立，为建辟雍，须伐。办理工程处奏准："基内应去大小树五十一株，材堪取料者，用于工师，其余青枝嫩者，移植太学门外，左右柏树各七株，雍和宫（在国子监西）小柏九株，小槐十三株。”[140]伐树须经乾隆帝批准，亦折射对古树保护之重视程度。其实，早自元国子监第一任祭酒许衡始，便对国子监绿化颇为关注，相传庙内柏树（触奸柏）、学内槐树（复苏槐）即为许氏手植，“柏庭翠荫”忝为太学十景之一。元时未置日晷计时，以树影充任，每日“候日影到堂后梨树散学”。入明，杂植松、桂、槐、柏百余株，但不似南雍庙（植柏）、学（植松）植栽分野那么明确。清时树木更多达 292 株，孔庙基本为柏，当与庙庭肃穆之气氛的营造有关，学之部分则以柏、槐为重，间以桑、榆、椿等[141]；且植栽的负责部门各有专属：太常寺责文庙，太学则归工部。

至是，今日所见之北京国子监格局始成。国子监南东西向成贤街虽不似明南雍广阔，但线性感更为强烈，且经两座街坊、两处栅栏、两座监坊、两座下马碑之限定与强调，成贤街实已成为国子监之城市延伸。而皇帝往是处，百官及监生皆于街中跪迎，使这条狭长街道兼备了礼仪性、城市性、交通性等多重复杂功能的叠加。庙与学之大门皆为八字墙，且对面各立照壁（庙前照壁亦为八字墙），两处大门前开放空间中的拢合趋势，又成就了成贤街线性行进中的空间高潮部分。

国子监庙学分立，各自轴线明显，且皆有过渡空间，以作各自后勤使用。孔庙北端虽建筑分布较为分散，但左御书楼、右土地祠，实际上仍是强调了庙之中轴。南学部分乃因旧官房使然，建筑布局自成院落，虽以公所为中心，但实际布局较为灵活，不似北学、孔庙的礼仪特征明显。

| 七 |

以下，记：皇帝祭孔场所及出行路线。

明世宗嘉靖九年（1530 年）就已共祭伏羲、神农、黄帝、尧、舜、汤、文、武、周公、孔子十一位，其中九圣南向，左先圣周公、右先师孔子，东、西向。每岁春秋开讲前一日，皇帝服皮弁拜跪，行释奠礼，其地点在紫禁城文华殿东室；十六年（1537 年）移祀于永明殿后行礼如初，其后遣官代祭。穆宗隆庆初（1567 年 –）仍于文华殿东室行礼。[142] 天子之学，所习二帝、三皇、文、武之道，道统以伏羲为宗，孔子只是尧舜禹汤文武周公之骥尾。

清顺治元年（1644 年）定都北京，世祖本人及皇太子就极为注重系统学习儒家经典，十四年（1657 年）更于紫禁城内设经筵以听讲授，并祭先师孔子于弘德殿。[143] 康熙二十四年（1685 年）又于文华殿东建传心殿，奉祀伏羲、神农、轩辕、尧、舜、禹、汤、文王、武王，以周公、孔子配享。初，帝往经筵听讲前，遣大学士祭告；后改为帝亲自祭告，行二跪六拜礼，皇太子春秋会讲，亦先祭告。[144] 雍正以后相沿此礼，乾隆于临政之初，亲祭传心殿；六十年归政，再临传心殿亲祭。[145]

而北京除顺天府学外，其他八旗官学未见孔庙设置的记载，清帝的都城祭孔活动主要集中在紫禁城和国子监。紫禁城内的祭孔更近似于皇帝日常行止的一部分，而出宫行礼于国子监孔庙，则更多地体征为政治诉求，城市空间的行进和动作，恰是宣扬教化的最直接有效的途径。据翻检，明清两代的出宫、还宫路线约为：

明："驾从东长安门出，卤簿、大乐以次前导，乐设而不作。"国子监行礼毕后，"驾出太学门，学官、诸生伺驾至跪，叩头，退……百官常服先诣午门外伺候，驾还，卤簿、大乐，止于午门外。上御奉天门，鸣鞭，百官常服行庆驾礼。”[146]

清顺治：“是日早，和硕亲王以下，公等以上，穿朝服于午门内齐集……其不赴祀王等以下文武各官俱穿朝服，在午门外齐集。”帝“出时午门鸣钟，斋戒王等以下公等以上在内金水桥两旁排立，候过随行，去在午门外齐集，众皆跪，候驾过。皇上至文庙东成贤街，国子监满、汉祭酒、司业率诸监生等于成贤街左边跪。”毕后，“皇上升辇，出国子监门，来时作乐。在成贤街大路排立的祭酒、司业、学官、诸监生跪候驾过。其不赴陪祭各官仍在午门外跪候驾过。诸王、贝勒等随至，候皇上还宫，众皆退。”[147]

清乾隆：“午门鸣钟鼓，王以下文武各官于东华门外，分翼排立，候驾过跪送。法驾卤簿前导，驾出东华门，至成贤街。”[148]

综上，明帝往国子监行礼，乃经金水河畔的东长安门出，回宫亦然；清初相延明制，乾隆帝则往返改由东华门，可能与其对传心殿的颇多关注有关。

路线的改变明确在乾隆五十年（1785 年）奏定的《临雍仪注》，即辟雍建成后二年。可见辟雍的出现，且不论其折射的乾隆个人意旨或是隐含的政治内涵，单就建筑层面言，也非仅止于国子监格局的变化，更引发了祭孔过程中的诸多空间变化，城市如出宫路线，国子监内部则如皇帝从行礼至视学的行进路线。至于进入成贤街的街口，因百官、国子监教官、学生候驾于街东（如临雍）、街西（如视学）皆见记载[149]，随时而动的可能性较大；又或许因“临雍”“视学”的规格不同，而导致候驾的地点变换；一时难作定论。

注释

1 《畿辅通志》卷十五,《形胜疆域·天津府》。
2 《康熙新校天津卫志》卷一。
3 《元史》卷九十三,《志第四十三·食货一·海运》。
4 《康熙新校天津卫志》卷一。
5 王绣舜、张高峰《天津早期商业中心掠影》，见天津政协编《天津文史资料选辑》(16) P61。
6 《康熙新校天津卫志》卷一。
7 道光二十年(1840年)后，天津逐渐沦为半殖民地半封建城市，其殖民性对城市格局产生了很大的影响，不属本书论述范围。
8 贺业钜《中国古代城市规划史》P660。
9 《康熙新校天津卫志》卷一。
10 傅崇兰《中国运河城市发展史》P255。
11 贺业钜《中国古代城市规划史》P661。
12 《隋书》卷一《帝纪第一·高祖上》。
13 《隋书》卷四十七《列传第十二·韦世康》。
14 《隋书》卷三《帝纪第三·炀帝上》。
15 《隋书》卷七十五《列传第四十·儒林》。
16 《旧唐书》卷四十四《志第二十四·职官三》，卷一百八十九上《列传第一百三十九·儒学上》。
17 (唐)张九龄、李林甫《唐六典》卷三十《三府督护州县官吏》。
18 高明士《东亚教育圈形成史论》P87。
19 《旧唐书》卷五《本纪第五·高宗下》。
20 (唐)韩愈《韩愈集》卷三十一《碑志八·处州孔子庙碑》。
21 (五代)王定保《唐摭言》卷一《两监》。
22 《旧唐书》卷一百八十九上《列传第一百三十九·儒学上》。
23 (五代)王定保《唐摭言》卷一《乡贡》。
24 《辽史》卷四十八《志第十七下·百官志四》。
25 曲英杰《孔庙史话》P86。
26 《辽史》卷十三《本纪第十三·圣宗四》。
27 《金史》卷二十四《志第五·地理上》。
28 杨宽《中国古代都城制度史》P442。
29 (宋)宇文懋昭《大金国志》卷三十三。
30 (宋)宇文懋昭《大金国志》卷十二。
31 《金史》卷一百五《列传第四十三·孔璠传》。
32 白玉奇《大金国第一都》P243。
33 张敏杰《金代孔庙的修建及其在民族融合中的作用》,《北方论丛》1998年第6期P76。
34 《金史》卷四《本纪第四·熙宗》。
35 曲英杰《孔庙史话》P86。
36 《金史》卷五《本纪第五·海陵》。
37 《齐公山馆诗集》卷三《宋二体石经残碑歌序》，引自(清)宋继郊《东京志略》P337。
38 《金史》卷三十五《志第十六·礼六·宣圣庙》。
39 《金史》卷四《本纪第四·熙宗》。
40 张敏杰《金代孔庙的修建及其在民族融合中的作用》,《北方论丛》1998年第6期P75。
41 (宋)宇文懋昭《大金国志》卷。
42 《金史》卷三十五《志第十六·礼六·武成王庙》。

43 黄进兴《圣贤与圣徒》P221。

44 《元史》卷一百五十《列传第三十七·石抹明安》。

45 曲英杰《孔庙史话》P88。

46 《元史》卷二《本纪第二·太宗》。

47 曲英杰《孔庙史话》P89。

48 《元史》卷一百四十六《列传第三十三·耶律楚材》。

49 潘谷西《中国建筑史·元、明建筑》P21。

50 《元史》卷五《本纪第五·世祖二》。

51 陈高华、史卫民《元上都》P29。

52 《元史》卷四《本纪第四·世祖一》。

53 《元史》卷五《本纪第五·世祖二》。

54 《元史》卷六《本纪第六·世祖三》。

55 贾洲杰《元上都调查报告》,《文物》1977年第5期P67。

56 《元史》卷三十五《本纪第三十五·文宗四》。

57 《元史》卷三十九《本纪第三十九·顺帝二》。

58 《至正集》卷四十四(元)许有壬《上都孔子庙碑》,引自《元上都研究资料选编》P24。

59 陈高华、史卫民《元上都》P100-101。

60 陈高华、史卫民《元上都》P109。

61 元大都城市建设的三个阶段详见潘谷西《中国建筑史·元、明建筑》P17。

62 王檝乃汉人,曾为金将,兵败被俘,凛然不惧,深得成吉思汗赏识,委以重任,后领省中都。

63 《元史》卷一百五十三《列传第四十·王檝》。

64 《析津志辑佚》P199。

65 王建军《元代国子监研究》P23。

66 石鼓为周代遗物,亦称猎碣,计10枚,各呈圆鼓状,上以大篆刻四言诗,述游猎之事。原埋地下,唐代发现于今陕西宝鸡三畤原,后被郑余庆移置于凤翔孔庙内,北宋末年归于汴京,金人破汴后又迁至中都。

67 《元史》卷一百五十三《列传第四十·王檝》。

68 (元)耶律楚材《湛然居士集》卷三《释奠》。

69 《析津志辑佚》P197。

70 《析津志辑佚》P199。

71 王建军《元代国子监研究》P31。

72 王建军《元代国子监研究》P26。

73 王建军《元代国子监研究》P34-38。

74 《元史》卷八十一《志第三十一·选举一》。

75 《元史》卷六《本纪第六·世祖三》。

76 《元史》卷七《本纪第七·世祖四》。

77 《元史》卷八十七《志第三十七·百官三》。

78 《元史》卷十五《本纪第十五·世祖十二》。

79 《元史》卷二十五《本纪第二十五·仁宗二》。

80 详见王建军《元代国子监研究》P94-112。

81 《元史》卷十四《本纪第十四·世祖十一》。

82 《元史》卷八十一《志第三十一·选举一》。

83 《庙学典礼》卷二《左丞叶李奏立太学设提举司及路教迁转格例儒户免差》。

84 详见王建军《元代国子监研究》P112-115。

85 《元史》卷十八《本纪第十八·成宗一》。

86 王建军《元代国子监研究》P118。

87 《元史》卷一百三十六《列传第二十三·哈剌哈孙》。

88 《元史》卷二十《本纪第二十·成宗三》。

89 《元史》卷二十一《本纪第二十一·成宗四》。

90 王建军《元代国子监研究》P120。

91 (元)程钜夫《雪楼集》卷六《大元国学先圣庙碑》。

92 《全元文》(32)P462-463马祖常《大兴府学孔子庙碑》。

93 《元史》卷五十八《志第十·地理一》:初设警巡院三，至元四年(1338年)省其一，止设左右二院，分领坊市民事。

94 《元史》卷九十《志第四十·百官六》。

95 (明)危素《说学斋稿》卷一《兴学颂》。

96 曲英杰《孔庙史话》P92-95。

97 姜东成《元大都孔庙、国子学的建筑模式与基址规模探析》,《故宫博物院院刊》2007年第2期P10-27。

98 关于大都孔庙、国子学建筑平面布置的记录，主要有《元文类》卷十八(元)吴澄《贾侯修庙学颂》与(元)程钜夫《雪楼集》卷六《大元国学先圣庙碑》，姜氏研究主要据此。此外，尚有:(元)吴澄《吴文正集》卷五十《崇文阁碑》，(清)孙承泽《春明梦余录》卷五十四《国子监》。

99 《元文类》卷十八(元)吴澄《贾侯修庙学颂》。

100 《燕石集》卷九《青监东厅口号》，王建军《元代国子监研究》P121，姜东成《元大都孔庙、国子学的建筑模式与基址规模探析》,《故宫博物院院刊》2007年第2期P18皆引。

101 《全元文》(37)P315-317陈旅《国子监营缮官舍记》。

102 《元史》卷二十四《本纪第二十四·仁宗一》。

103 《孔庙史话》P93。

104 《元史》卷二十五《本纪第二十五·仁宗二》。

105 《元史》卷二十六《本纪第二十六·仁宗三》。

106 《元史》卷二十四《本纪第二十四·仁宗一》。

107 (元)吴澄《吴文正集》卷五十《崇文阁碑》。

108 曲英杰《孔庙史话》P94。

109 《钦定国子监志》卷二《庙志二·建修》。

110 (明)余继登《典故纪闻》卷七P131。

111 曲英杰《孔庙史话》P104。

112 (清)孙承泽《春明梦余录》卷五十五《府学》。

113 (明)刘侗、于奕正《帝京景物略》卷一《城北内外》P19。

114 (明)余继登《典故纪闻》卷八P141。

115 《明史》卷二百八十四《列传第一百七十二·儒林三》。

116 《钦定国子监志》卷十《学志二・建修》引《明史・成祖纪》、《明史・英宗前纪》、《国史唯疑》。

117 （明）余继登《典故纪闻》卷十二P222。

118 （明）沈德府《万历野获编》卷十四《礼部・孔庙废塑像》P361。

119 历代武庙祀典之升降及深层原因，详见黄进兴《圣贤与圣徒》P205-233《武庙的崛起与衰微（7-14世纪）：一个政治文化的考察》。

120 （明）沈德符《万历野获编》补遗卷三《兵部・武庙》P866-867。

121 《钦定国子监志》前言。

122 《钦定国子监志》卷八十一《志余一・纪事》。

123 姜东成《元大都孔庙、国子学的建筑模式与基址规模探析》，《故宫博物院院刊》2007年第2期P24。

124 参阅（明）余继登《典故纪闻》卷十P179。

125 参阅（清）孙承泽《春明梦余录》卷五十四《国子监》，曲英杰《孔庙史话》P97-104。

126 详见姜东成《元大都孔庙、国子学的建筑模式与基址规模探析》，《故宫博物院院刊》2007年第2期P23-27。

127 《钦定国子监志》卷一《庙制一・庙制图说》。

128 《钦定国子监志》卷十《学志二・建修》。

129 《钦定国子监志》卷九《学志一・学制图说》。

130 参阅（清）陈康祺《朗潜纪闻初笔、二笔、三笔》之《初笔》卷九P204-205。

131 《钦定国子监志》卷八十二《志余二・缀闻》。

132 《钦定国子监志》卷六十八《艺文志二・奏议》。

133 辟雍排水系统简介据郭亚南、韩丽《北京国子监》P18-19整理。

134 《钦定国子监志》卷二十二《辟雍志四・建置》。

135 《钦定国子监志》卷六十八《艺文志二・奏议》。

136 《钦定国子监志》卷二《庙制二・建修》。

137 郭亚南、韩丽《北京国子监》P20。

138 《钦定国子监志》卷八十一《志余一・纪事》。

139 《钦定国子监志》卷十九《辟雍志》。

140 《钦定国子监志》卷八十一《志余一・纪事》。

141 《钦定国子监志》卷八十二《志余二・缀闻》。

142 《明史》卷五十《志第二十六・礼四・圣师》。

143 《清史稿》卷五《本纪五・世祖本纪二》。

144 《清史稿》卷七《本纪七・圣祖本纪二》。

145 《清史稿》卷十五《本纪十五・高宗本纪六》。

146 徐振贵、孔祥林《孔尚任新阙里志校注》P208-209。

147 徐振贵、孔祥林《孔尚任新阙里志校注》P213-215。

148 《钦定国子监志》卷二十四《辟雍志六・临雍》。

149 《钦定国子监志》卷二十三《辟雍志五・视学》、卷二十四《辟雍志六・临雍》。

涿州
沧州
行唐
深泽
平山
新乐
定州
阜城
正定
庆云
栾城
乐陵
邢台

卷五

2007.07

涿州

2007.07.21-07.22

出京城一路迷糊，醒时已至涿州，瞥见一路口有鼓楼大街的牌坊，直觉告诉到地方了，赶紧提前下车，见武庙口胡同和文昌祠路，一拐即府学，现称涿州学宫。始建较早，（唐）韦稔《涿州新置文宣王庙碑》明白表述了前因后果：

“天下郡县，悉有文宣王庙，而范阳郡无者何？范阳本幽州之属……大历初，诏剖幽之范阳、归义、固安为州，因涿郡之地，题为涿，第为上，以范阳为治所，县遂为州治矣。然此为邑者，率以多故，未遑建置，春秋释奠，盖伺州之巳事，假笾豆寄升降于故阶。迨今幽州卢龙节度观察等使工部尚书御史大夫彭城刘公，建中初假道州县操长是邑，睹兹遗阙，喟然叹息，顾其僚曰：‘学，所以知君臣父子之义者，昔在三代，皆乡里有教，两汉以降，罔不述用三德，矧今朝廷颁宗祀之诏，郡县毕置清庙，溥崇明祠，今州廷大张，县署悉陈，而至圣先师，时享无所，岂导人重道之意乎？彼刘昆创祭器为礼，范宁养生徒兴化，皆所以达万类而朝宗至礼也。吾宰三百里，作人父母，必权舆斯庙，以为人纪。’乃视县前近里之爽垲，心规其制，口划其地，度广狭之量，平庐舍之区，发其居人，直以官俸，给以瓦木丹铁之费，匠人作徒之要，又以家财散之。人不知役，庙倏云构，圣贤之像备，馈尊之器具，庭除肃然，黎元翕如，皆不待施而悦，不待教而变。”[1]

辽圣宗统和二十八年（1010 年）出于城市发展需要，对涿州原有孔庙进行移建，“旧庙在城南东北隅，是年刺史高公移置南城东南隅。”[2]“尊孔崇儒”是辽皇朝的基本国策，尚处契丹时期就多方搜罗北宋印本书籍，孟广耀先生更将儒家文化称为“辽皇朝之魂”。

太宗天显十三年（938 年）后晋石敬瑭献契丹燕云十六州，八年后，即会同九年（946 年），契丹灭后晋，“取晋图书、礼器而北，然后制度渐以修举。”[3] 此事对契丹族影响重大：生活在燕云200万左右的汉族人口，世代从事以农业为主的社会生产，儒家思想根深蒂固；被划入辽后，致使契丹政权的民族成分、经济结构等发生骤然变化。[4] 太宗决定在燕云地区“乃用唐制，复设南面三省、六部、台、院、寺、监、诸卫、东宫之官。诚有志帝王之盛制，亦以招徕中国之人也。”[5] 实行南、北院双轨制是辽之创举，适应被占区生产方式和社会文化等状况，而不是依赖暴力强使被占区的先进生产关系倒退，此法并为其后的金、元、清沿用，使这些由少数民族建立的政权得以巩固，社会得以向前发展。[6]

“兼制中国，官分南北，以国制治契丹，以汉制待汉人。国制简朴，汉制则沿名之风固存也。辽国官职，分北、南院，北面治宫帐、部族、属国之政，南面治汉人州县、租赋、军马之事。因俗而治，得其宜矣”。以开放的姿态，待纷杂的多民族事务，在当时尤显可贵，“事简职专，此辽所以兴也。”[7] 但封建化的南面制和奴隶制的北院互有影响和争斗，如穆宗（960–969年）时就曾采取使社会倒退的反动措施，使辽社会面临崩溃。[8]

辽在“尊孔崇儒”的同时，亦极力推行佛、道教育，三者实为并重。重视文治的同时，也极注重骑射教育，尤其是“因俗而治”的基本国策，实际上阻碍了契丹族的儒化进程，与宋之“重文轻武”、金之“崇儒抑佛”相比，带有浓厚的契丹族特色。辽仿照中原教育制度，从中央到地方普遍设置了教育管理机构和学校，建立起一套较为完整的官学教育体系，最突出者当推“五京学”之设。

辽踞北方间，圣宗、道宗二朝的建设最为突出。圣宗统和十二年（994年）诏“诸部所俘宋人有官吏儒生抱器能者……俱以名闻”[9]，既安置宋儒，以为辽需，并大大地提高了本朝儒学水平。十三年（995年）又“诏归化等处守臣修山泽祠宇，先哲庙貌，以时祀之”，于是“诸州孔子庙……

俱为一新”[10]。道宗清宁五年（1059 年）、六年（1060 年）形成以五京学为统领、完整的辽官学体系和祭孔规章，清宁后（1064 年－）又诏“诸州各建孔子庙”[11]。地方庙学发展至顶峰，惜时已末世。

高福顺先生的研究，提供了辽地方庙学的大致面貌。[12] 虽各道覆盖情况不一，县学资料又较为缺乏，但从府、州学的分布区域看，环绕五京周围的态势十分明显，五京学的辐射不容轻忽[13]；又主要集聚在环渤海湾和北宋、辽边界，两朝之文化交流和汉地深厚的儒学底蕴，都是地方庙学普及的重要影响因素。可能因战乱或史料缺损，我检出的金地方实例中，辽为金延续者仅 5 例。

不过，《辽史》中仅见学设庙一例：大公鼎任良乡县令时“省徭役，务农桑，建孔子庙学，部民服化。”其实有辽一代，孔庙虽没有佛寺数量繁多，但京道州县例有，只是资料匮乏，难以分辨具体的庙学规制。陈述先生辑校的《全辽文》中仅见地方文献二则，其一，即涿州，其二是三河县学，信息较多[14]：

“正殿前厦三间，若干槅子，门四扇。东廊房两间，户牖六事。门屋一座，束阶砌全，梁有牌，牌有颂。”知，文庙重门叠户，祭祀空间广大。殿内孔子神位，图画为之，呈王者装束。

“及示宣圣的容，《三礼图》为准，绘丹雘龙衮，玄冕黻黼，珠旒交映，金碧已至，粹容圆备，垂拱向明，位以当宁。左右具侍立，前列十哲，簪绂精饰，壁图七十二贤。”似无两庑建筑，孔门弟子仍聚一殿。

“前坤兑隅，特建土地堂，贤圣一门九事，门屋一座。”即土地祠、先贤祠俱在西侧。

该庙规模宏大，“院西广至城关，两庙墙共七十堵。”且装修考究，百姓以为风景，“新众目之观瞻，增一邑之壮丽。”

建设费用为公出，“度所用经费，计钱三十万。”公家之外，县令刘瑶“先输己俸，后疏有道心者，及诸科前名等，扣得消使之数。”黄震云先生析之曰：以每亩地五贯多计算，三十万值好几百亩良田价格，但比之佛寺，文庙尚算节省，如萧观音为其母酬功德施钱一次就十三万。[15]

辽代南北开疆五千里，东西四千里，共二百余州，州下设县数量三五或更多不等[16]，辽之庙学制度悉仿中原，一县庙学如三河，都城、州、道孔庙当不逊，全辽文庙之盛可推。

入金后涿州文庙又有变化，（金）黄久约《涿州重修文宣王庙碑》载：“旧图七十二从祀弟子及前代名儒之像于殿壁十哲塑像之后，则改绘于两庑。”宋以前的文庙，孔门众人尚局于祭殿（即宋以后的大成殿），十哲塑像及图于壁的七十子画像环绕孔位，呈拱宸之势。自唐以后，圣门诸弟子配享庙者，惟颜子备食殿上；南宋度宗咸淳三年（1267 年）“以曾子封郕国公，子思封沂国公，复配于颜之下、孟之上，皆西向”，自后江南诸路文庙皆行之；而宋、金对峙，度宗之诏必不行于北，“北之学配享惟颜、孟，袭（北宋）神宗之故典也。”[17]元初“循金旧，京师与河北诸路府学皆左颜右孟，与夫子并居南面”，虽大定天下，但孔庙“以南北异礼”，后“依宋制升曾子、子思为四配，并列夫子之左，而虚其右隅，以避古者神位之方”。[18]

宋、元之际地方文庙大量增建两庑，但因地方行政级别不同，亦会影响同类型建筑规模的差异，如北宋熙宁八年（1075 年）禠亭镇孔庙因“垣宇崩坏”重修，“塑十哲，其余诸子及后大儒，皆图之于壁。”[19]镇级文庙规模当不至于宏，不置两庑亦可理解。

其实，现在的涿州学宫早没了引发上述思考的凭据，全赖于翻检他人学术研究和石刻史料而来，行万里路还得读万卷书。想得累了，寻个旅馆住下，远远的是清真寺的光塔，一人一屋三床，清静而苦涩，幸好有驴肉火烧，盘腿啃了两个，昏昏睡去。夜凉如水，一只壁虎在我的肚子上取暖，黏黏的甚是难受，辗转难眠，听狗叫猫闹到东方亮出鱼肚白……

沧州

2007.07.22

此地古有“远恶郡州”之谓，明有“小梁山”之号，清末“镖不喊沧州”已为南北镖行同遵之常规。

文庙与清风楼以南运河为界，东西分立，不远即清真北大寺，再有女寺、南寺、北寺。跟看门大爷磨破了嘴皮，方允进入，又遇二狗呵斥，腿肚打颤，觉得还是巨大的“沧州铁狮子”和狡黠的沧州人纪晓岚来得可爱。更为不爽的是：涿州往沧州，经高碑店、白沟、雄县、任丘、河间，横亘其间的“美丽”白洋淀，蚊蝇滋生，又遇堵车，无人疏通，足足站在地里吃了两个小时的尘土。这样的自然环境，换作当年的雁翎队，还能驾小长工舟出入芦苇荡，辗转茫茫大淀，谱写抗日救国的壮歌吗？

文庙后院里居然还有十二生肖的塑像，丑陋而诡异。前院的泮池泮桥也是比例失调，池子是方形的，却是明清时候不多见的。我做了一个工作，尽可能地检录出宋代地方文庙中的所谓“泮池”形象，汇总后至少可以发现四个现象：

其一，北宋约略同于唐时道州文宣王庙借自然水系的“水环以流，有泮宫之制”[20]，即视基址概况而定，或就原有水系，或引水为之，形态较为自由，非特以某形状规之，水上常设桥以通达内外；及至南宋，仍多类此。

其二，若凿池，则多为平江、泉州府学一类的方形，并主要集中在江浙一带；而《景定建康志》中的建康府学半璧池却较为少见；且入元后，虽泮池的人工开凿渐多，如汴梁路学“凿池其南，势如半璧，沧汴注之，拟鲁頖水”[21]；或是建昌路学“戟门之外，凿泮池如半月，跨以石梁”[22]；但仍以方形为主。

其三，泮池位置不定，庙、学两部分例有，或皆备；若在学，则大多居于讲堂之前，如平江府（苏州）学，至今仍保持旧制，在明伦堂前，池上跨桥曰“七星”，大成门外半圆形泮池则为近日改造环境添建。

其四，常设亭榭于泮池（包括自然水系和人工开凿）中或旁，供儒生游憩或美化景观，多以“采芹”“舞雩”“思乐”等与鲁国或孔子行止相关的典故记闻或地名呼之；或取励志，所谓“斯亭也，作成人材之地，非止于娱宾友、馆上官而已耳”[23]，如庆元府奉化县学池亭名曰“参前”，盖“人之为学，所学何事？亦惟言必有物，行必有常，而忠信笃敬为本……为此亭，盖欲其优游涵泳，乐其所以学，然虚闲之地，虚则易放，闲则易怠，因摘二字以警。”[24]

毋庸置疑，泮池的普及和形制的规范当在明代，清袭明制，自不待言。（明）王圻、王恩义《三才图会》录有辟雍、泮宫图示，注释亦与《说文解字》无实质性区别。张亚祥先生指出：“此书对泮池平面的规范化起到了一定的作用。明代中期以后，地方官学孔庙在棂星门内外建泮池已成规制，泮池的形状为半圆形或近似半圆形，那些早期设矩形泮池的孔庙纷纷修改。例如泉州府文庙泮池原为方形，至明万历四十年（1612 年）‘改泮池为圆，如古泮宫之制’。”[25]

明时类似泉州改作泮池的案例较多，如：弘治间（1488-1505 年）苏州吴县学的庙与学皆有半圆形泮池，至嘉靖间（1522-1566 年）则仅余庙前一处；邵武府龙溪县学的半圆形泮池设于学前，另在庙学之前共拥一方形水池，后取消在学者，而将方池按半圆形标准改作，规模盛于旧时，而庙学南的外号舍却出现了半月形的“方塘”，可能是充填原有水塘以扩建号舍，将余下水面改作。

庆云

2007.07.22

事前查过资料，要去的庆云其实是河北盐山县东南部的一个镇子，东临渤海，北依京津，南依漳卫新河，与山东的庆云县相望。在车站买票的时候特地强调了一下，可下车时还是身在了山东的地界，原来并没有去镇上的车子。为赶时间，咬牙打车往回赶，所幸司机忠厚老实，未漫天要价，主动要求打表，还好两个庆云之间的距离不远，只是到了目的地司机就要离我而去，凑巧那附近还有个活。

庆云镇是个典型的四方老城，十字街也方便确认方位。明洪武六年（1373年）置庆云县，知县杨思义移县治于鬲津河（今漳卫新河）北岸庆云乡址，草创城垣。正统二年（1437年）知县王恭大加修葺，初具规模，“城凡四门，东西孔道皆有关旋，以南北二门地僻闭之。”成化二年（1466）知县张彪重筑，四城门东曰瞻岱、南曰观澜、西曰拱宸、北曰望海，南北二门仍闭。以后各代，或改四门，多有修葺。城东二里许，有一条土阜，盘踞鬲津河中流，蜿蜒数里，形如卧龙，四面环水，冈上树繁草盛，上空常被五彩祥云笼罩。《史记·天官书》云：“若烟非烟，若云非云，郁郁纷纷，萧索轮囷，是谓卿云。”所谓“卿云”，喜气也。取其意，且卿通庆，故取名庆云，《庆云县志》载其地“星次危分，嘘气成云，邑由斯而得庆。”

历史上的庆云县学就剩下了一座大成殿，在庆云中学里。中学在河坝子下面，远远望去一墙之隔有一硕大的破败屋顶，当是大成殿无疑，惜无门可进，遂翻墙而入，庆幸两件事：一无狗，二未被墙头玻璃扎破。院内杂草丛生，一片荒凉，大成殿仿似风雨飘摇中的一桅危帆，只有琅琅读书声给这破败不堪的学宫平添了几分生气。

文庙也是建于明洪武六年（1373年），与置县同时，完全契合了明初立国的施政纲领。元至正二十七年（1367年）明太祖朱元璋定都南京，同年即教诲臣下:“治天下当先其重且急者,而后及其轻且缓者。今天下初定,所急者衣食，所重者教化。衣食给而民生遂，教化行而习俗美，足衣食者在于劝农桑，明教化者在于兴学校。学校兴则君子务德，农桑兴则小人务本。如是为治，则不劳而政举矣。”[26] 朱元璋最为重视两件事，一为农业生产，二为学校教育，其本人亦身体力行，以作群臣表率，“重师儒官……宿群儒于阙下，随其长而用之”。日常还延请儒士“更直午门，为武臣讲经、史”，并告诫臣工：“汝等以孔子所定经书为教，慎勿杂苏秦、张仪纵横之言。”[27]

表之于都城及地方庙学建设，相得益彰。十年不到，即制定了从中央到地方直至乡村的各级各类学校建设规章，其后又屡有重大举措。太祖以后的继统诸君皆兴学崇儒有加，延至世宗嘉靖九年（1530 年），则成为文庙大改制的基点，有破有立，并在一定程度上改变了文庙的格局空间。

明《南雍志》中记录的庙学行礼计达 12 项之多，且古今有别。今礼 9 项:视学仪、释奠仪、启圣公仪、释菜仪、谒庙仪、岁晏祭五祀诸神仪、新官上任仪、袭封衍圣公谒庙仪、射仪；其中，部分为新增，部分又与古制有别。古礼 3 项：养老仪、齿胄仪、合射仪，主要据《大唐开元礼》厘定，亦证之明帝意欲重振古礼的良苦用心。比照唐、明庙学礼仪，除项目的增设外，并无实质上的变化，只是在具体操作过程中有微调。或是行礼步骤增多，以示尊崇，如洪武十四年（1381 年）南京国子监文庙落成，朱元璋亲临释奠，将行礼，“令诸儒议礼。议礼者曰:孔子虽圣人，臣也，礼宜一奠而再拜。朕以为孔子明道德以教后世，岂可以职位论哉？”[28] 朱元璋未纳臣谏，改为至孔位前再拜，然后献酒，复再拜。四配、十哲及两庑从祀者则各由分献官致祭；成祖永乐四年（1406 年）亦亲临南京国子监释奠，仍行四拜礼；可见，较宋帝行再拜礼又前进了一步。[29]

仿着明太祖，我也恭恭敬敬地拜了院子里的孔子，隔着大成殿的门又拜了屋子里的孔子，虽然二者都看上去那么落魄，真是个古来圣贤皆寂寞，能留其名者又有谁呢？**出去的方式还是翻墙，一口气冲上坝子，坝上风光虽也常见，但奔波一天还是奢侈地站了一会，吹吹凉风，倏然，像在吉林文庙一样，也是一只黑鸟自林中往夕阳飞去，极目望去，我的下一站又在哪里呢？**

炊烟已经在坝子的那头袅袅升起了，收拾心情，到公路上拦车去……

乐陵

2007.07.22-07.23

一路下来，只要城市不大，没地图也基本可以判断文庙之所在，出乐陵车站一路往南，不费多少时间即达目的地。乐陵文庙始建于明洪武二年（1369 年），现仅存大成殿、两庑和崇圣祠，正在大修，估计也是要恢复原来的格局，又是一处规模不小的建筑群。虽然是个县级文庙，大成殿的屋顶却是最高级的庑殿，较为少见。我查了约近 390 座现存文庙的资料，仅有 7 例大成殿是庑殿顶的，其中三开间的 3 座，五开间的 3 座，九开间的 1 座。

唐时法律文书即定为四类：律（正刑定罪）、令（设范立制）、格（禁违止邪）、式（轨物程事），并影响后世，如宋《营造法式》即为"式"的代表。据之，有学者通过明地方志记载中"一遵颁降成式"用词的多次出现，判断："明初对建筑群的范本规定亦包括儒学，但具体规定未见记载。"[30] 其实，"颁降成式"确有其事，为洪武二年（1369 年）十月二十五日颁布的《学校格式》[31]，但皆集中在学制、俸禄、考核等方面，除"学内设空阙地一所以为射圃"一则，对于文庙布局及建筑规模等只字未提，且设置射圃也只是为振兴古礼使然。观于其他各朝，同样如是，除戟门列戟数有规定外，尚未发现其他有关文庙建筑形制的明确记载。中国古代有一整套的礼仪制度，涉及方方面面，借助该角度的切入，或可探寻一二。

孔祥林先生对文庙建筑作了高度概括："由于各地文庙修建年代不一，地方工匠水平高低不同，地方建筑做法不同，囿于地形、财力等方面的限制，中国文庙建筑呈现丰富多彩的样式。仅大成殿开间就有五间、七间、九间的不同，瓦有琉璃瓦、布瓦的不同，瓦色有黄色、绿色、灰色的不同，屋顶形式有庑殿顶、歇山顶、悬山顶、硬山顶的不同，屋面有重檐、单檐的不同，斗栱有一斗二升、三踩、五踩、七踩、九踩的不同，彩画有单色、彩色不同，彩色又有雅五墨、旋子、旋子点金、金龙和玺的不同，建筑风格有北方和南方的不同，等等。"[32]

仅就开间及屋顶形式看：明地方文庙的大成殿以五间居多，大成门或启圣祠偏重三间，三间的讲堂数量亦多于五间；现存的文庙建筑中，大多为清构遗存，五间重檐歇山和五间歇山在整体上呈现绝对优势。亦即，明清以后地方文庙的建筑等级颇高是为明显，相较于明，清时又在缓慢地升级。

从规模角度来看，明以前的地方文庙的数据相当稀少，宋元之际我仅检得 24 例，以元大都国子监的建筑数据（大成殿：长 41.60 米 / 宽 24.00 米 / 高 21.76 米，崇文阁：长 30.30 米 / 宽 30.30 米 / 高 20.25 米）作为参照，除宋时的尊经阁外，地方文庙在占地面积、建筑规模等方面，与之相比约相差 1 至 2 个数量级，至少说明文庙规制仍是受控于城市建制等级的。

亲身经历了这么多文庙的施工现场，只有乐陵的这处工地是没有围挡的，完全裸露在城市的生活里。夜晚是欢快的，地上画的定位白粉线成就了孩子们跳格子的天真，路边的麻辣烫放着二人转，密布着露天卡拉 ok 的喧嚣。不知怎么，路过白洋淀的郁结总是挥散不去，不禁想起小时候写过的作文：梁实秋先生说，记得当时年纪小，你爱唱歌我爱笑……于我而言，那个生活过的不知名的小镇，最惬意的是看水边的青纱帐，像一架温柔的天平，任性地称量着夏日亲切的晚风。

阜城

2007.07.23

接下来的行程真是行路难，行路难，多歧路，今安在……难于上青天，拟定了个很复杂的路线：乐陵－德州－阜城－深泽－定州－新乐－行唐－正定－栾城－邢台。

第一站阜城。自古就是通衢要冲，明初还辟有“御道”，是连接南北两京的交通干线。文庙始建于明洪武间（1368－1398 年），据《雍正阜城县志》载，时有棂星门，“德配天地”坊和“道贯古今”坊。棂星门内一座状元桥，过桥即是大成殿。殿后明伦堂，堂后銮驾库。大成殿以东是县学，以西由南向北是忠义祠、节孝祠、县教谕官署等，即布局方式是右庙左学。

目前有关文庙布局的研究大多涉及现象分析，极少论其演变。庙学布局方式是否有制？不同方式之间是否有时代和地方的规律及特色可循？

我虽检得始建于宋以前的地方庙（学）142 例，但仅知 5 例布局方式，皆为左庙右学，与唐长安国子监类同。宋时，则前庙后学的数量明显居多；同时期的辽、金，可知布局者仅检得 15 例，其中：前庙后学 13 例、左庙右学 1 例、右庙左学 1 例，与宋略同。再征诸以《天一阁藏明代方志选刊》及《续编》为基础的数据统计，前庙后学仍居榜首，左学右庙略高于右庙左学。可能是囿于史料记载的缺乏或数据整理的繁琐，目前尚未见有关于庙学布局方式的必要统计，上述所得虽不代表全貌，但至少可窥三种布局方式采用的大致概率，即前庙后学、左庙右学、右庙左学按降序排列，且前者遥遥领先。

历代都城的庙学布局并未见之明确规定，在无制可循的情况下，地方上参照中央是可信的，即“仿京校取正焉”[33]。如南宋建宁府学“右庙左学，前殿后阁，京邑制也”[34]，即为模仿临安太学的右庙左学。且在南方地区有一定的受众，如广东地区最早立庙在北宋仁宗朝（1023－1063 年），但大发展却在南宋，并以右庙左学居多。

亦有改作案例，如东莞县学“庙旧瞻之在前”，嘉定五年（1212 年）“更置于学之西。”[35] 但同样是南宋的案例，临安府新城县学在嘉熙元年（1237 年）得到改造后，“前殿后学，地别而庙尊，礼也。”[36] 不仅说明了地方上对于以建筑空间方位表现尊卑的理解各有不同，亦反证庙学布局并无定规，如元时袁州分宜县学为右庙左学，乃“用阴阳家言，面乙之位”，风水术士的所谓堪舆亦会影响庙学布局。[37]

除临安太学外，东晋建康国学亦为右庙左学，不过尚处于庙学制产生的萌芽阶段，不足以形成巨大的影响力，倒是左庙右学的布局方式多为历代都城所用。尤其元明以后，南京、北京国子监皆为左庙右学，可能是出于“左祖右社”礼制的考虑。教化本原，一正于上，天朝如是，四方岂有不风闻而动之理？如明清两代，皆见地方重修庙学时改前庙后学为左庙右学的案例，但仅能说明乃以都城为参照，不代表“左庙右学”的所谓定制。

概而论之，庙学布局其实并无定制，或参照都城，或因地之宜，或基于地方对尊卑表达方式的不同理解。清人对此已具真知：“其规制，各府州县大略皆同，或庙学有左右、前后不同者，则各因地便耳。”[38]

但有一点必须明确，即文庙作为儒学象征的崇高地位不容置疑，作为一地的精神领袖和教化代表，在庙学组合空间中的统领地位是至高无上的。因此，无论庙学布局方式如何变化，文庙建设的空间原则都遵循：“文庙之建列在通衢，岂不焕然昭烁？”[39] 庙貌务必“森然伟观”，以使“过而望者，虽远而数十百里，咸知所敬仰。”[40]

此外，布局方式还是有一定的地域特点的，如阜城文庙的右庙左学方式在河北的文庙中就是不多见的。而且，也是河北现存文庙中最荒凉落寞的一座，就剩了大成殿一座，解放初期还曾经作为县政府的小礼堂使用至 1970 年代，此后一直废弃破败，现在属于计生委家属院的一部分。大成殿真可写就一篇当代的陋室铭，其内有流浪汉居处，其外则是菜地数畦，有碑两通，字已湮没不清，只有不远处红砖砌筑的县委礼堂还默默地讲述着那个年代的不清不楚的往事。时隔多年，网上资料显示其已得到妥善修缮。

既然无甚可看，赶路要紧。惜无车往深泽，改道衡水。阜城与武邑交界的公路桥乃豆腐渣工程一处，遇雨损毁，限制行车，立了个允许通行的框框，宽 3 米、高 1.9 米，公共汽车当然是过不了的，只能下车步行过桥，看来桥坏不是一天两天的事了，汽车公司早有准备，桥对岸已经有辆车等着了。望望桥下，一片干涸，旱情堪忧！

到了衡水，无车往深泽，遂登上往唐县的车。一路上茫茫青纱帐，雨后闷热，吊诡的是，居然还路遇乡人设卡收钱，这是在抗战时候的敌占区吗？好的不学，尽往邪路上走。

定州

2007.07.23–07.24

自衡水往唐县，中途下到定州，入住京九旅馆，服务员甚为热心，免费提供 2 元的地图，纸质虽差却印刷了民间庙会的种类和时间。夜深准备就寝，突有人敲门，难道……打开门，还是那位热心的服务员："对不起啊，老板不让我送你地图。""啊？哦！"我赶紧掏出5元，"不用找了。谢谢啊！"

明日早起，直往清真寺，清宁干净，几个孩子轻轻地读着碑文。出至南城门，修过，居然有三重门，人声鼎沸有古时城厢意味。至料敌塔（开元寺塔），北宋时因定州地处宋辽交界边陲，此塔"扼贼冲，为国门户"，登之可瞭望契丹，以料敌情。罗哲文先生给了"中华第一塔"的美誉，现在却被奇怪的修缮粉刷给抹杀了，想起一儿时谜语："麻屋子，红帐子，里头住着白胖子。"

接下来去了贡院。刚修完，无人无狗，畅快一游。自明以降，定州隶属真定府，前后领曲阳、新乐、无极、深泽等县。每逢岁科文武两考，所居定州区域之考生，俱到真定府应试。因交通不便，往来甚难，故有定州牧王大年于清乾隆三年（1738 年）创建定州贡院，道光十二年（1822 年）州牧王仲槐劝捐于民，展拓场地、重修、增建，形成了规模宏大的考场。原建筑布局为中轴式东西对称的建筑形式，规模宏大、气势雄伟，占地面积达两万多平方米。坐北朝南依次为影壁、大门、二门、魁阁号舍、大堂、二堂、后楼等主要建筑，东侧武场区原有演武厅文昌宫、后宫等建筑，每座建筑自成院落，院落间按使用需求建有一些附属建筑，大门外还建有兵房，执事仪仗房等以壮观瞻，整个建筑布局有张有弛，富于变化。现存仅中轴线上的影壁、大门、魁阁号舍、大堂、后楼等。

（清）刘禺生对清时的贡院布局描述为："头门前大牌楼书'辟门吁俊'，左牌楼书'明经取士'，右牌楼书'为国求贤'。贡院头门曰龙门，大堂曰至公堂。达大堂甬道中，建高楼，曰明远楼。大堂最后进曰衡鉴堂，主考与同考官居之。堂前墙门垂帘，奉调阅卷者曰内帘，不阅卷而在考场中执事者曰外帘。阅卷官及其随从人员不得出帘外，执事官员人等不得入帘内。故同考官公馆门首，大书'调帘回避'。帘以内，内监试主；帘以外，外监试主之，关防至为严密。"[41] 比对《景定建康志》之南京贡院，除一些构筑物，如牌坊等的增加之外，宋至清的贡院建制并无实质性差别，亦证千余年来，试场运作的空间变化不大。

贡院在城东，文庙在城西，保存完整。更难得的是，左庙右学规制仍在，且学为冀中职业学院占用，倒也实至名归。

祀魁星者多以楼、阁表意，盖"作楼以魁名，以崇科目也，何也？繇唐宋以科目拔擢天下士，其名在举首者率曰魁，大廷亲策曰廷魁，省闱奏名曰省魁，由三学选曰舍魁，由列郡荐曰乡魁，其他大小科异等、六经异议各有魁，惟廷试及第为天下魁……以其在人为魁名，在天为魁象，故特书魁星楼者，昭其名也。"[42] 而文昌祠祭的建筑表现形式更为多样，阁、庙、宫、祠等，不一而足。定州文庙的魁星阁乃是这一象征机制的极好案例，只是墙上粉笔写就的"男""女"是暗示了魁星还有性别之分吗？亮点在于庙内的水龙头，真的是名副其实的"水龙头"。

再就是文庙的棂星门写作"灵"值得说道说道。

（清）刘敏崧《灵星门考》曰："郡邑学校之门榜曰'棂星'相沿已久，未有述其命名之由者，遍检字学之书及星家之书，棂字与星字绝不连属。案《明史稿·礼仪志》志四云：洪武十五年（1382 年）新建太学成，前大成门，又前为灵星门；三十年（1397 年）以国学孔子庙隘，命工部改作其制，皆帝所规画，大成门六楹，灵星门三。据此则明初本作灵字，其后转而为棂，乃形声相似之误耳。然而其字之当作灵星，犹显而易明其义之取诸灵星则隐而难晓，尝以古书言灵星者逐一考之，然后知：门名灵星，原设于社稷坛，而非设于学校，此典制之所当厘正者也。"[43] 那么，"棂星"为何物？与"灵星"关联如何？棂星门形制之渊源几何？

灵星实与社稷相关。早在汉高祖八年（前 199 年）因“周兴而邑立后稷之祠，至今血食天下”，而制诏御史令“天下立灵星祠，常以岁时祠以牛。”[44] 建于北宋景德三年（1006 年）的山西万荣县汾阴后土庙，前列棂星门，即乃名至实归。仁宗天圣六年（1028 年）修建都城东京的南郊坛，“始筑外壝，周以短垣，置灵星门。”[45] 可能是郊坛设灵星门的最早文字记录。“棂”，通“櫺”，《说文解字》曰：“楯间子也。”又具“长木”意；“楯”即指“栏杆之横木”[46]。如是，“棂”为物指，与灵星不相及。

但（宋）庄绰《鸡肋编》录“《营造法式》载名物之异……乌头门其名有三：曰乌头大门，曰表，曰阀阅，今呼为棂星门”[47]，仍作“棂”。《营造法式》刊行于徽宗崇宁二年（1103 年），庄氏历北宋神宗、哲宗、徽宗、钦宗及南宋高宗五代，与李诫乃同时代人，二人皆作“棂”。

有学者认为皆为“灵”之误，且“显然是出自李诫之手。按北宋李诫官至将作监，在专业技艺上是宋代的建筑大师，竟会有此疏，怢不自知，谬传千古直令后人费解，始予存疑。”[48] 此论与（元）鲜瑨一致：鲜氏惑于“庙学三门之制，《礼经》无明文”，曾“尝逾巴蜀，浮荆襄、汉沔，适梁、宋、郑、卫，历赵、代、晋、蒲、秦、陕之学，周咨弗能得”；元贞初（1295 年 -?）其人“职教成都，视绵州学，瓦砾中得宋故石碑《修学门记》，磨灭殆半，而门制可考。云古《营造法式》，以上天帝座前三星曰灵星，王者之居象之，故以名门。先圣为万世绝尊，古今通祀，衮冕南面，用王者礼乐，庙门之制悉如之。世所谓棂星及凌霄者，承误也”；棂星门建成后，特“书其义于石，以昭示永久，得无惑。”[49] 其根据仍为《营造法式》，却是“灵”。

然，经检索，仅《全宋文》收录的《学记》中，文庙“棂星门”（亦有凌霄门一说）的出现即达 20 处，且撰者皆不同，总不至于集体失误。虽“灵星”与“棂星”风马牛不相及，但可能宋时“棂星门”与“灵星门”已互通，义同字异矣，且至迟《营造法式》刊行之时，“棂星门”的指称实已较为普及（乃泛指，非单指孔庙）。甚而迟至满清，“灵星门”与“棂星门”的混杂使用仍是见诸各类文献。

深泽

2007.07.24

实在搞不明白，河北的车子为什么总是挑那黄土飞扬、凹凸不平的路径，上下颠簸中真怕车子翻了，自定州到深泽，一路风尘，又加深了这个困惑。庆幸的是深泽文庙给人的感觉不错，在一安静的小巷里，大门深锁，敲门许久一老太吱呀启门，我竟想起金代墓葬里常见的妇人半启门，实在是大不敬。

庙是修过的，但仅余大成殿，倒也利索，后院有一葡萄架，架下一老头就着午后的慵懒昏昏欲睡。大成殿五间歇山，特别处在于殿脊图案阳面为龙、阴面为凤，山花图案东面为龙、西面为凤，后墙正中亦有双龙圆形图案。据《咸丰深泽县志》载，原有左右辕门各一间，名宦祠、乡贤祠各三间在戟门外，由于规模不具，现在的大门偏在院子的一边，会误导来者对文庙出入方式的理解。

既然庙学可概括为三种原型，那么建筑空间的进入方式就变得甚为清晰了。左庙右学与右庙左学自不待言，“庙学异门”[50]，临于正南，庙学之间经由偏门相连。前庙后学则稍微复杂，需“庙前翼张”门，“门有巷以达于黉后”[51]，不外三种：门在庙东；门在庙西；庙东西皆有门，但儒学主入口只占其一，另一功能不定，作为其他祠祀区（如乡贤、名宦、节孝等祠）、或教授住宅、或学生号舍等入口，并皆有偏门作为空间转换节点，可便利达于以明伦堂为首的教学区。

在我检出的 88 幅明地方庙学布局图中，前庙后学计 55 例，有东西两门者计 7 例、占 13%，仅一门且在西者 13 例、占 24%，可见学门设于庙东的概率之高。推想庙居中、居前，位置已为首要，学屈居于后，尊崇的体现就只能倚赖于儒学门的设置方位了，自然以左（东）为上。

庙门自当正对殿堂，无须赘言。所谓“棂星门直夫子殿，礼也”，文庙设门尤其注重轴线的对称，如南宋嘉熙元年(1237 年)新城县学将“旧改而西”的棂星门“为三门而还之”[52]。

学门则略有出入：前庙后学的格局导致学门必不可能正对讲堂，通常是在庙学之间的狭长空间端部设有东西向仪门，作为自儒学门始的路线终点，并转换为进入讲学区空间的起点，讲堂正前设门则不定。庙学平行并置的布局中，学门之后偶有类似北方四合院第一进院落的转折空间，但较为少见。

庙学出入口混杂的现象在庙学制已渐至完备的宋元时期依然存在，如宋时嘉兴府学因“庙、学混并”，导致“出入学宫者，咸取路庙门，憧杂弗肃。”[53] 但基本得到匡正并及至消失。如:龙兴府学“别为新门,出泮池左,以通往来”[54]；梓州盐亭县学“补（学）仪门之缺以谨其出入”[55]；处州缙云县学“先是，士必繇庙门入于学，乃稍东为学门，以别于庙礼也”[56]；三者皆为元时改作的案例。

因于文庙地位之显赫及时人赋予其身的众多象征，其出入口的空间设置方式亦生出诸般变幻。如：不置正门，据说是没有出过状元的地方不能开正门，而以照壁为之，壁两侧或东西庙墙辟门或建坊，作为出入口；即使设立正门，因非一般人等可随意经由，仍设旁门以供出入。该现象至迟在元时已出现，如慈利州学，“丞相用礼官议，旌其门曰‘乐善向道’之门。有司作门于所居，署之如其文。庙南有东西出，各树门其端，亦以‘乐善向道’分题之。”[57]

门乃建筑院落组成中空间转换的必备元素，尤其古代更赋予其诸多象征喻义，文庙亦不例外；更有将其比之宫殿“三朝五门”[58]，如元人所作《学记》即有如是说法:“应门居中，皋门居外，大小异制，壮伟闳耀，过者起敬。”[59]

谓“灵星门实用皋应之制，宜高亢而不宜卑陋。抡材庀工，重作三门六扉，以壮礼容。”[60]总之,文庙“大屋如垂云”,设门须“高门深静”[61],各自有别，“限嚣尘以严启闭，由是重门辟焉。”[62]

这里没重门,出来也方便。又去了北极台,供玄武大帝,现在成了烈士陵园，建筑挺像晋祠之吕公祠，层层叠叠，尺度不大却仿似琼楼玉宇。再出，路遇一车往行唐，经停新乐，赶紧拦车。司机亲自下车接待，如此热情?正纳闷中，我被迅速地推上车，原来是警察查超载，而车上人满为患，我只得抱着重重的行囊单腿直立。行出不久,只听“嘭”的一声,爆胎了，又下车帮忙换胎。

我的勤快换来了一个座位——车门旁的地上……

新乐

2007.07.24

好不容易熬到目的地，打一小三轮，把蜷缩的双腿伸开。新乐文庙是明初的产物，现今余了大成殿和崇圣祠，在承安镇的职业学校内。镇子在石家庄东南 40 公里处，有承安铺站。

文庙的遗留建筑若是落在学校里，通常会成为礼堂或校史陈列或图书馆，校方也愿意让孩子们耳濡目染儒家的文化传承象征。旧时庙学也有祠贤的传统，也是种教育，特别是朱明王朝，不仅继承并将之制度化，如（清）毛奇龄曰："惟明制，建学自成均以下遍及州县，较前代之建置无常格者最为周悉，于是哲配递降，由廊庑以外特设名宦、乡贤二祠于宫门左右。"（清）宋荦曰："前明之制，凡郡邑乡贤名宦，各附祀于学宫，守令岁以春秋二仲率官属行礼，（礼）典纂重矣。"[63] 事在洪武二年（1369 年），朱元璋下诏文庙附祭乡贤名宦。[64]

不过，乡贤、名宦二祠是经过洪武（1368–1398 年）至弘治（1488–1505 年）的长时间推广才逐步普遍化，赵克生先生对此作了精要的厘清[65]：明初，天下学校建先贤祠，左祀贤牧，右祀乡贤，春秋仲月附祭孔庙后；先贤祠后更名为名宦祠和乡贤祠；弘治间（1488–1505 年）再次推广，令郡县"各建乡贤祠，以祀邑之先贤有行义者"，令郡邑"各建名宦乡贤祠以为世劝"，虽未全面付诸实施，但为正德（1506–1521 年）、嘉靖（1522–1566 年）以后地方官员兴建二祠提供了依据。

就建筑空间表现而言，正德（1506–1521 年）、嘉靖（1522–1566 年）前后有显著不同。赵氏亦有论，且与我检出的明地方庙学中祠室的分布状况甚为契合，仍援引之[66]：其前，多承旧制，采用"同堂合祀"的方式，通常将一祠划为左右二室，左祀名宦，右祀乡贤，名宦、乡贤各以时代先后序列；其后，"二祠分祀"成为主要形式，由合到分，各地时间亦不一，但趋势极为明显。

分祀制下，二祠分布位置多变，无特定规律可循。常制是文庙之戟门（大成门）“左（东）名宦，右（西）为乡贤”；或在文庙之侧分立；或附于启圣祠，前后不定，通常仍是左宦右贤；或在儒学之侧；或在儒学之后，前名宦、后乡贤分立……不一而足。

出现以上多样性的原因在于：文庙之建在先，而二祠附祀在后，建设的空隙之地的大小、位置皆有不同，建筑选址也就差异颇大。本拟将各种布局方式汇总，但实际困难重重，盖因随地置宜在处有之，更有如广平县学的名宦、乡贤二祠建于城隍庙侧的案例。

不过，可以提炼出有两点现象：其一，明时的二祠分立制带有浓厚的“官本位”色彩，名宦位在乡贤之东或之前的高出现率，即为明证。其二，文庙的新建、重建，或在已有条件允许的情况下，二祠向“庙”空间的移动趋势是极为明显的；较之前代对“学”的青睐，该现象可能暗示了明以后文庙祭祀及象征意义的加重。二祠分立的空间意义体现在东西并列，对文庙主轴线的拱宸；而尊卑等级则表之于文庙殿庭之前的位置选择，或大成门两侧，或棂星、大成二门之间，或棂星门两侧，甚至殿庭高垣之外。

因是暑期，职业学校内极为安静，连鸟叫都没有，大成殿也庄重，墙上的字迹依稀可辨：“共产党万岁！”远远站开去，那花花绿绿的路灯插在硬邦邦的歇山屋顶前面，感觉甚是奇异。出铁门时，看门大爷问我：“孩子，你干啥呢，毕业了？”感情是把我当成这学校的毕业生了。我嗫嚅着，自己都不知道在说啥，递去一根烟，大爷接过凑到鼻子前很享受地闻着。我挥挥手告别，暮色中赶去行唐。

行唐

2007.07.24-07.25

入城即见行唐中学，遂又中途下车。该中学可是河北著名之学校，门前全是招生大学的讯息，许是名头太大，对来访者众多已是习见，没人拦我，如入无人之境。

也是仅余大成殿三间歇山，始建于明天启五年（1625 年），挂着“年久失修，请勿靠近”的警示牌子。窃以为在学校里最好有个文庙布局的说明，否则光是一栋孤零零的房子，学子们会不太明了或是误解建筑群存在的意义。

明儒朱之瑜（号舜水）于 1659 年（南明永历十三年、清顺治十六年、日本万治二年）亡命日本，初在长崎；后，水户藩主德川光国聘其移居江户（今东京），待以宾师之礼，舜水学说影响广大。其并允日人之请，绘图制型，传授中国工程设计、农艺知识等，汤岛“圣堂”即按其“学宫图说”建造而成，朱氏的叙事结构为：大成殿 – 尊经阁 – 两庑 – 戟门 – 大门 – 明伦堂 – 钟楼 – 鼓楼 – 中军厅 – 旗鼓厅 – 学舍 – 仪门 – 进贤楼 – 金鼓亭 – 射圃 – 监箭 – 报鼓 – 举旗掌号 – 馔房（实笾所、酒醴所、蒸饎所、鼎俎所、烹饪所、洁牲所）– 頖水 – 棂星门 – 牌位 – 孔庙总图 – 礼器图 – 启圣宫图 – 改定释奠仪注。[67]

很明显，庙学布局分别以大成殿和明伦堂为统领，亦即功能与空间两个层面的范围界定标准，尊经阁更以其象征孔子定六经的建筑性格获得了仅次于大成殿的空间话语权。以先论各部分重要建筑再及于次要建筑和空间转换节点（门）的表述方式观之，頖水与棂星门的逻辑顺序在孔庙之后，恰说明了此二者并非专属于“庙”或“学”，而是整个庙学系统的表征元素。舜水先生生活在明末清初，此时的中国庙学构成已趋于明显的程式化，“学宫图说”基本明示了这种内在结构。

明清以后的地方庙学建筑配置更为完备，主要分为府、州、县三个等级，相应的规模和标准也依次有所区别；布局图亦繁多，一般为三进院或五进院，平面规整，以纵轴线为主，横轴线为辅，建筑群体均衡对称，并可按环境地势的变化对建筑布局有所变更。地方庙学的空间布局除主体外，一般有前导和后部两部分：

庙的主殿为大成殿，个别名先师殿，是保留了明嘉靖九年（1530 年）所改的名称；殿两侧为东西两庑；前为大成门，有的名戟门，因宋政和元年（1111 年）庙门改立二十四戟而得名，个别仍保留明嘉靖时的旧名先师门。大成门两侧接建乡贤祠、名宦祠，或在大成门前单建，如同东西厢房；大成门前设泮池、棂星门，有的池在前，有的门在前，池上架桥，有的棂星门两侧建有旁门，题作金声、玉振等名称；再前设照壁，照壁题“万仞宫墙”，个别题为“数仞宫墙”。大成殿后一般设崇圣祠，崇圣祠为明嘉靖九年（1530 年）增设的启圣祠所改，属于添建，个别文庙因地形所限而建在他处。文庙中轴线上的建筑差别不大，有的还建有碑亭、礼乐亭等，或是忠义祠、节孝祠、忠孝祠、忠义孝悌祠、孝友祠、节烈祠等附祀建筑，神厨、神库等祭祀活动的准备用房，以及魁星亭、文昌阁等祈祝文运建筑。

学的部分，“其制则有堂以明伦，斋房以居士，斋夫以供役，学田以养廉，诗书以肄业，祭器以习礼，射圃以观行，月课黜陟以示劝惩，其所以养育而造就之者，靡不详且尽矣。”[68] 但不似“庙”部分布局的严格，有一定的灵活性，大多数有南北向轴线，布置儒学门、仪门、明伦堂（讲堂）、尊经阁等主要建筑。一般为明伦堂居中，前部左右设东西厢房，堂后设尊经阁（设于大成殿后亦较为普遍），堂前设儒学门和仪门（前庙后学布局时一般无仪门），地方官学只有具备这些建筑，方称得上制度完备。此外还建有斋舍、儒学署和教谕廨（教谕办公的地方，是学校学官）、教授厅（教师办公的地方）、敬一亭、洒扫公所（出现于清，负责卫生清洁的工作人员的办公房和器具室）、会馔堂、库房、射圃亭或观德亭等建筑。

更有甚者如清时大同县学，明伦堂后特建太乙阁一座，实质为道教象征建筑，忝列于学，不知何故。《道光大同县志・图考》不作全局之观，只图像该阁，注曰："《学宫图》亦各志皆然，第殿阶堂庑戟泮棂星，以及名宦乡贤，凡建学之地皆无异制，可不必图也……（太乙阁）此间所应有，而非他处所常有也。"[69] 在表述太乙阁特殊的同时，尤为重要的是指出了各地庙学建筑配置的大同小异。

看看天边还有余光，为了赶下一站，出门匆匆打车，有意思的是都为面包车，且有"公交"二字，城内任一处皆为 1 元车费。惜往平山的最后一班车已发出，无奈之下住进一唤作"牛仔王"的旅店，居然是行唐的大企业，有住宿有百货有餐饮。最令人满意的是有大大的平台晾衣服，而且服务员阿姨还答应夜露起的时候，帮我收衣服，心暖……

正定

2007.07.25

早起郁闷，衣服未干，数码伴侣也坏了，往平定的车很晚才发，决定改去正定。

梁思成先生《正定纪略》特别提到正定文庙的大成殿："文庙则洪武间建，而殿则绝非明构，殆就原有寺观改建者，而大殿乃原有之大殿也，以殿结构之简洁、斗栱权衡之硕大，可能为五代或宋初所建。"其实，文庙因旧有建筑为之，涉及城市中正在使用或废弃的多种建筑类型，如宋代因旧有建筑或拆其材为之的地方庙学，例举如下：

寺观，计宋城县学、平山县学、翼城县学、临安县学、钱塘县学、河源县学、雷州学、新昌县学、信阳军学、定州学、长洲县学、余杭县学、郴州、静江府学、梧州府学等 15 处；

驿站，计京山县学、句容县学、婺源县学、潼川府学等 4 处；

官舍，计蔡州学、并州学、万泉县学、陕州大都督府学、钦州学、褒城县学、广州府学等 7 处；

城隍庙，计余杭县学等 1 处；

仓库，计安仁县学、瑞昌县学等 2 处。

其共同特点在于原有建筑较为恢宏，基址较为广大，符合庙学多重功能（祭祀、教育、生活等）开展的条件，且以寺观为最，平遥文庙大成殿原来也是佛殿。

（宋）潜说友在提及平江府长洲县学"因广化寺基为之"时的一段感言，

代表了当时部分儒者的心声："然今之世，浮图之宇遍天下，而素王之宫，郡县仅其一焉，而扶植之不力，则是有愧于思乐之颂矣。"[70] 再如袁州万载县，"庆历间（1041–1048 年）诏州县立学，县始建夫子庙，距县治之东二百许步。崇宁（1102–1106 年）以舍法造士，乃立学于通济桥之东南，废庙基为官舍，俾监市征居之。乾道间（1165–1173 年）适有以异议者，自桥东南迁之古寺，至是三迁。"不仅是"庙学分离"的个案，且"浮屠之法，吾儒所不事，今寓其舍，可乎？相旧庙而改作，更徙监征之舍于他所。"[71] 虽寓庙为学，却心存芥蒂。

迟至明清时期的闾学，即"在一乡之中设馆教授乡党子弟之处所"，仍颇为盛行"借神庙之祠堂或寺庙之庵室宣讲圣道之事……邀请博学先生教育该地之初学幼童。"[72]

正定文庙大成殿因其建筑史层面的样本地位，是建筑历史专业研究生古建筑考察的保留节目，此地 2002 年我就来过，现今仍是一处静静的去处，只是多了中学的暑期补习班，琅琅书声倒也映衬了学宫的氛围，且将我的思绪拉到了九百年前。

金替辽的过程中，战争和建设文庙是政治生活中的两件大事，以战争实现武力控制和领土扩张，以文庙作为儒学宣传阵地实现文治，二者相得益彰，互为补充、互为表里，由此确立金在北中国牢固的统治地位。同其他少数民族政权一样，女真在武力征服的同时，逐步认识到文治的重要性，仍选择了自汉以来便形成的传统方法，即尊孔崇儒，以儒家思想治国，使国家实现秩序化。儒学在金代的重视程度极高，文庙也相应地大发展，并呈蓬勃之势。

《论语·八佾》有言："夷狄之有君，不如诸夏之亡也。"无疑是对女真族统治者的鄙夷和谩骂，极有碍于金统一大业的完成，及在宋统治区域确立威信和地位。[73] 因此，金人最初南下时，对文庙是极端敌视的，所到之处“庙宇与书籍俱为灰烬……悉为将兵毁折。”[74] 各地文庙大多没有逃脱兵燹之灾，而这种敌视恰是源于对孔子的敌视，孔哲圣城——曲阜也险遭洗城厄运。南宋高宗建炎二年（1128 年）金粘没喝（完颜宗翰）“陷袭庆府，兵至阙里，军士欲发孔子墓，粘没喝问通士高庆裔曰：‘孔子何人？’曰：‘古之大圣人。’粘没喝曰：‘大圣人墓安可发！’得军士发泗水侯及刑部侍郎宗翰墓者二十人，悉斩之。”[75] 不过，对曲阜庙城的焚扰，是一些尚处冥顽的金兵所为，而非战争指挥者本意，否则孔墓无法幸免。[76]

随着金兵南下的日益深入，面对礼乐粲然的中原文物制度，越来越意识到文治之重要。在同辽、宋长期接触中，尤其是出于文书往来的需要延揽了一些辽、宋儒士，受其影响逐步接受了孔儒思想，并深切感到儒家文化是治理如此幅员辽阔土地的最好方法，尤其是在北宋故地，儒家思想已深入人心，敌视孔儒则无另路可寻，开始对儒学和文庙表示关注，并确立了“尊孔崇儒”的国策。如果说止掘孔子茔只是出于一般意义上对圣人的景仰，那么阿骨打之子完颜宗尧的行为则明确表示出已开始了学习和借重儒学为金统治阶级服务的实践。太宗天会五年（1127 年）完颜宗尧进驻辽燕京，戎马未息，首建太学，修国子监。七年（1129 年）兵临曲阜，命曲阜知县“引诣圣庙，登杏坛，望殿火奠拜。”[77]

虽然以上列举金朝开国元戎的尊儒敬孔之事，仅是终金一代大规模修复、新建庙学的序曲，但孔儒的感召力、同化力抑或征服力在民族文化融合过程中的地位已充分显现。表之史实，金、宋对中原的争夺战事尚未结束时，金人对文庙的修复活动即已开始，如太宗天会八年（1130 年）修冀州（今河北冀县）学，十二年（1134 年）修大城县（今河北在城）学和彰德县（今河南安阳）学等。[78] 并且已不再简单修复前代遗存，开始有意识地独自建立庙学。

有金一朝，地方庙学的创建活动发端于太宗，经熙宗、海陵王时期的平稳发展，至世宗、章宗时达至高潮。金人的政治生活中，祭孔已不可或缺，如济阳县旧无孔子庙，“凡二仲月释奠，县官以著令不敢废，期至，借屋行礼，或僧坊，或驿舍，无有定处。”[79] 章宗泰和元年（1201年）以令颁告天下：“若无庙舍者，刺郡以上，官为创建，诸县许士庶自愿建立。”[80]

活动区域主要在金版图的南部地区，以中都（今北京）、西京（今山西大同）一线往南居多，集中在今山东、山西、河北、河南地区。据《金文最》所载地方庙学碑记文，其核心即为以平阳（今山西临汾）、真定（今河北正定）、东平（今山东东平）三府为支点形成的三角架构[81]，亦证此点。但在南宋、金两朝交界周围，建设较少，可能与该处为南宋、金、蒙长期对峙地区有关。

由是观之，正定历史上早就是个崇儒尊孔的核心地带了。

平山

2007.07.25

平山终究还是去了。毕竟该处文庙创建久远，在唐开元二十九年(741年)，正是“开元盛世”。

玄宗以前（-712年）的唐代地方庙学建设活动主要集中在华中地区（山南东道、山南西道、淮南道）的周围，呈环抱之势，且边地儒光在有之，与唐初太宗处理边疆少数民族地区问题上持孔子“有教无类”[82]的观点不无干系，其目的仍是为国家一统服务，如贞观十四年（640年）灭西陲高昌国（今新疆境内）后，即有官学之设。[83]程存洁先生综合前人研究及考古新发现，认为：“唐王朝建城礼制深刻地影响着西北边城的建制。从王朝祭礼的影响及子城制度的推行，表明西北边城的建制是追随唐王朝的建城礼制。”[84]依此推测，庙学的营建亦应属于边城建设中的重要一环。恐因边关战乱或自然条件恶化等诸多因素导致史料之严重缺乏，我就西北边陲仅检得4例。

至玄宗时，建设重点逐渐由都城（长安、洛阳）一带的文化重地向版图内其他区域纵深发展，趋向于版图的东南部，特别是江南二道。而唐时各道之中，以黔中道最为落后，我仅检得珍州1例，相对岭南道而言，黔中道处于内陆腹地，中唐以后随着经济重心的逐渐南移，长江下游、珠江流域后来者居上，逐渐上升为经济发达地区，交通不便的黔中地区文化和经济的滞后则是历史的必然。[85]

而且，民众求学藉以跻身科举的阵地虽逐渐转移（私学的兴盛即为明证[86]），但科举实质仍以儒学为本，故作为儒家先圣的孔子地位并未撼动，且随着科举的平民化，孔儒更是由门阀贵族把持的官学祭祀对象，逐渐转变为天下共崇的偶像。开元五年（717年）诏“诸州乡贡、明经、进士，见讫宜令引就国子监谒先师，学官为之开讲，质问其义。宜令所司优厚设食。”[87]经科举而入仕，必先谒文庙祀先师，客观上扩大了孔儒在更广范围内的受众。

（唐）韩愈《处州孔子庙碑》对自天子而达于地方的文庙崇拜作了精辟的总结："自天子至郡邑守长，通得祀而遍天下者，唯社稷与孔子为然。而社祭土，稷祭谷，句龙与弃，乃其佐享，非其专主，又其位所，不屋而坛；岂如孔子用王者事，巍然当座，以门人为配。自天子而下，北面跪祭；进退诚敬，礼如亲弟子者。句龙、弃以功，孔子以德，固自有次第哉！自古多有以功德得其位者，不得常祀；句龙、弃、孔子，皆不得位，而得常祀；然其祀事，皆不如孔子之盛。所谓生人以来，未有如孔子者。其贤过于尧舜远者，此其效欤！"[88]

该碑虽不记年月日，但载"朝散大夫国子祭酒赐紫金鱼袋韩愈撰"，韩氏为祭酒，在宪宗元和十五年（820 年）左右，故该碑所论可视为中唐期间情状：学校受到的轻视并未波及文庙，在艰难的科举考试选拔中，其作为广大士子和普通百姓寄托理想的场所，神圣地位日隆。此时的机遇无疑是一次壮丽的精神日出，"庙"的光环逐渐淹没了"学"的地位，诚如吕思勉先生所论："所谓府、州、县学，寻常人是不知道其为学校，只知其为孔子庙的……殊不知中国本无所谓孔子庙。孔子乃是学校里所祭的先圣或先师。"[89]

一种信仰的广泛树立和规范化，非一蹴而就，早在北魏平城时代，孔庙内的"妇女合杂"现象即为明证。虽然文庙崇拜渐及于广土众民，但在很大程度上仍然具有一定的盲目随意性。代宗大历九年（774 年）"七月久旱，京兆尹黎干历祷诸祠，未雨。又请祷文宣庙。"孔子实与求雨风马牛不相及，幸而代宗以"丘之祷久矣"[90]一言以蔽之。欲往孔庙求雨，恐为借孔子登临舞雩台而附会祈愿。

雩祭本为古时一种求雨的祭祀，今山东曲阜尚有周时鲁国的舞雩台遗址。[91]其时“沂水北对稷门……僖公更高大之，今犹不与诸门同，改名高门也。其遗基犹在，地八丈余矣。亦曰雩门……门南隔水有雩坛，坛高三丈，曾点所欲风舞处也。”[92]今曲阜南门外偏东，沂河北岸，“大豁”（稷门）以南，仍有一东西约120米，南北约115米，高近7米的土台，台上有明嘉靖四十五年（1566年）秩署东平州判官陈文信立“舞雩坛”石碑（此碑现移在曲阜孔庙奎文阁前西御碑亭内）。[93]《论语》载孔子与弟子言志，曾点曰：“莫春者，春服既成。冠者五、六人，童子六、七人，浴乎沂，风乎舞雩，咏而归。”孔子赞曰：“吾与点也！”[94]世人皆谓舞雩台乃为孔子及弟子在教学之暇登临游憩之所。唐帝都尚且有文庙求雨之荒诞史实，地方上更是多有目孔子为杂神，如：

求雨：“化成县令范阳卢沔……夏大旱，偶有事于文宣。公焚香至诚，雷出自庙，指观倏忽，霈然滂沱。自下车数月，有感辄应。”[95]

求子：“夫子吴兴沈氏，梦一人状甚伟，捧一婴儿曰：‘予为孔丘，以是与尔。’及期而生君，因名曰天授。”[96]

求富贵：“黔南军校姓謇者，不记其初名，性鲠直，贫而乐，所居邻宣父庙，家每食，必先荐之。如是累年。咸通二年（861年）蛮寇侵境，使阅兵，择将未获。謇忽梦一人，冠服若王者，谓曰：吾则仲尼也，媿君每倾必于吾，吾当助若，仍更名宗儒，自此富贵矣。”[97]

诸如此等“一神多专”“有神即拜”的现象，一来证之此时的孔儒信仰尚处在懵懂的初级阶段，孔子初始在民间很大程度上是被作为“杂神”看待；二来也说明政府的确在切实地推行文庙崇拜，甚而至于夸大孔子的力量，究其原因，恐为树立官方推崇的正统信仰铺垫社会基础。

中国民间信仰五花八门，具有广泛的社会基础，强制性地遏制“淫祀”滋生和蔓延，可能会在短期内有效，但难以从根本上杜绝，反而有可能使信仰群体聚合成一股反抗国家政府的政治力量，如汉时五斗米道、太平道的暴乱等。犹如大禹治水，对待民间淫祀与其堵，不如疏导，具体方法则是树立和推行一种具有官方性格的信仰形式，有助于政府有效地引导社会朝着可以或处在控制范围内的方向前行，这也正是孔子被推上圣坛，孔庙走出阙里，进入中央和地方官学，成为儒家礼乐文化象征的原因所在。[98]

地方官吏身体力行，推行教化的同时，逐步树立起孔圣之崇，地方上还出现了益州成都县“县学庙堂者，乡人之所建”的案例[99]，且镇设文庙亦现端倪[100]，可见孔儒所受之关注度。也正因此，中唐以后、尤其唐末五代的长期战乱，虽导致学校日渐衰微且多遭战火损毁，文庙却因日渐深入民心，特别是已成为众多普通读书人的崇拜对象而得以保留[101]，且文庙建设一直未曾停止。故,入宋后很多地方仅以“庙事孔子而无学”[102]。

今天的平山文庙则只有一个创建年代及大成殿前的奇观“藏桑古柏”，还可以和久远的大唐搭上关系，现在是文管所和博物馆所在，其东是第一粮库，墙上大大的标语是用来表示什么，还是用来吓人的？庙里实在无物可展，贵在格局较为完整，大成殿也颇为壮观。

不料又遇恶狗一只，狂吠不止。因为怕狗，匆匆离去，赶去石家庄。虫姐贾亭立热心，安排熟人带我去新购数码伴侣，又担心我一路奔波，手头紧缺，坚持垫付费用。感动之余，不再客套，念念不忘，必有回想。

栾城

2007.07.25

自石家庄去栾城仅 40 分钟车程，一出车站即瞥见一旅社，名曰“天上人间”。住吗？试试！一楼厅里四位美艳姑娘麻将正酣，像那啥。上楼看看，到处秽物。不过，三楼的平台吸引了我，行唐带走的湿衣服还在包里捂着呢，赶紧晾好，趁天色未晚，出门看栾城文庙去。“天上人间”门口的路叫做中心路，直觉文庙所在的县委就在这条路上。

一路向东，过三个路口，果然是县委所在，和门卫磨破嘴皮，在他的看守下拍了几张照片。其实就一座大成殿，已修过，殿前的“蟠龙丹陛踏步”被铁笼子罩着，有两株 600 年的古柏。之所以很容易找到文庙旧址，还是基于地方庙学无论新建抑或重建，或是另起新基，选址并非随意为之，有判断的基础。

成一农先生在研究“唐末至明中叶中国地方建制城市形态”时，注意到：“中国古代的城市地图大部分只是示意图，由于地图不同于摄影，其包含的内容是经过绘制人筛选的，也就是说它在一定程度上体现了当时人们的价值判断。因此古代城市地图上所绘制的内容，可以看成是当时人们心目中组成城市最重要的因素，与此相应这些要素在城市形态中也占据着较为重要的位置，它们的演变也直接关系到城市形态的变化。”[103] 而庙学恰是古代地图中出现率较高的城市组成要素，因之，其在城市中的选址及所发挥的城市构成作用，是不可回避的重要话题。成氏亦给予高度关注[104]，其研究基础为《天一阁藏明代方志选刊》及《续编》，共检出 512 例庙学选址，其中：北 25 例，东 166 例，东北 34 例，东南 126 例，南 44 例，西 72 例，西北 18 例，西南 27 例；有近 58% 分布于城市的东部或东南部。

仍以《天一阁藏明代方志选刊》及《续编》进行统计，我共检出 692 例，数据总量虽高，但整体态势与成氏所得相符，即以东最甚，次之为东南、西，再次乃处于一个数级的南、东北、北、西南，而西北最少。再将之按不同的省份归纳，地域的差异并未明显地波及庙学选址的趋同。但山西、陕西、广西三处数据稀缺：囿于精力，广西地区未作深究；陕西地区已有学者略作概论[105]；山西地区则借助清、民国地方志，作了区域性普查，落点在明末的静态选址，未及此前的迁移；最终结论，皆不出上述现象。

据《周易》“说卦”编，八卦之图有二：其一，乾坤居南北，离坎居东西，所谓乾坤纵而六子横，易之本也。其二，离坎居南北，震兑居东西，所谓震兑横而六卦纵，易之用也。（宋）邵雍认为文王作易，前者应天之时，后者应地之方，故阴阳风水家皆取后者为用。[106]

庙学选址的统计数据表明，位于东方或东南方并不是偶然的现象，较受控于后者，即所谓后天八卦的意识形态影响。如明时陕西韩城的祠庙布局即与阴阳五行中的礼象五形理论甚为吻合：“至圣先师孔子则庙于邑之震域，风云雷雨则坛于邑之巽域，社稷则坛于邑之乾域，邑历则坛于邑之坎域，城隍则庙于邑之艮域。”[107]

有一现象却令我疑窦丛生：无论是明地方志信息的统计，抑或山西的地域性普查，庙学选址西方的数据量皆居于前列，何为？一般认为西方庚辛金，具有清静、收杀的特性，社稷是五土五谷之神，属地神，是阴性，所以常设西方。古者，“先圣先师亦祀于社”[108]，如此渊源的影射是否存在？

但迁离西方的案例有，如：惠州海丰县“旧有庙学处之西偏”，北宋康定二年（1041 年）“徙祠舍于邑之东南隅”，乃遵“古之建学，必居公宫南之左，明堂亦学也，在国之阳”的古制[109]；抚州金谿县学“旧在南门外一里”，南宋绍兴间（1131–1162 年）“徙于社稷之南”，倒是紧邻社稷坛，但“背郭而势倾，宅幽而位左”，嘉定间（1208–1204 年）迁“中邑面阳之地"[110]。皆表明西方并非庙学的理想之地。再观之山西地区，择址西方（包括西南、西北）计37例，26例为辽金元时期创建，占70%[111]，难道是由于地域或民族之间方位概念的差异？

宋以降，风水阴阳说已大行其道，明时的庙学选址现象不出时代背景，而此前的状况如何？仍以统计为据：宋以前的庙学选址就已呈现出对城市东或东南方位的青睐；辽、金案例较少，59例（辽2例、金57例）中仅知城市选址者19例：西1例，北1例，东2例，东南11例，东北1例，西北1例，西南2例，东南显然居于要位；两宋时期虽检得262例营造信息，明确记载方位者却不多，但"文明之方"的用词颇为频繁。

"凡泮宫多居治廨之东南，其取文明之方乎？"[112]其义甚明，不仅解释了"文明之方"的所在，亦证之古时确有将无形的吏治系统以选址的方式，坚实地投影于城市的构成空间。此外，为增强教化之影响而在城市中心修庙学的案例亦见，如安徽桐城、河北高邑皆如是，四周围以高垣以隔市嚣，其建筑形象和地位已不输衙署。

宋以后往往将地方科举的兴盛与否归咎于庙学选址，为振兴"文运"，常"人谋龟筮"[113]、"考诸阴阳家者之说"[114]另择吉地。既然各处地形地貌不一，基于不同流派和个人色彩的风水蛊惑就更加"见仁见智"了。如宋时漳州儒生对"阴阳家者流，拘而多忌，每耻言之"，然"自有龟筮以来，则有相方面势之宜。盘庚迁都，周公营洛，皆其事也"，何以"独于漳学而疑之"？盖因"唐有周几本先生者，读书于州南天城山之高峰，其后收元和丙申年科第，所谓三十三人同得仙者。时君贤之，封天城山为名第山。然则漳之儒学，蝉联不绝，盖有端绪，夫以周先生破天荒为儒学唱。"[115]

概括而言，庙学择址的所谓风水考量是较为朴素的，不似诸如阳（阴）宅堪舆中的众多忌讳或讲究，回溯风水本源《周易》即明："万物出乎震，震，东方也。齐乎巽，巽，东南也。齐也者，言万物之絜齐也。离也者，明也。万物皆相见，南方之卦也。圣人南面而听天下，向明而治，盖取诸此也。"[116]亦可视为选址的理论注脚。

或征诸《礼记》，则“独记小学在公宫南之左，大学在郊，与今京师郡国建学之方无所乖戾。然则位必东南，理无疑矣。”[117] 小至县城，“亦国也，子男之制，其可忽哉？”[118] 对于尚未形成科学世界观的古代社会，将之定位在朝气蓬勃的日出之向，或是山环水绕的优雅之境，恰是古人真诚愿景的付诸方式。

从县委出来，折返回车站，有一大妈设摊卖肉夹馍，购馍并聊天：“大妈，这个天上人间好乱啊？”大妈狐疑地看着我：“最近严打，人少，不过他们家人头熟。”感情大妈以为我咨询是否安全呢，难道大妈是潜伏在此的前哨？

“天上人间”本是极美的意境，如（后唐）李煜《浪淘沙·怀旧》：“帘外雨潺潺，春意阑珊。罗衾不耐五更寒。梦里不知身是客，一晌贪欢。独自莫凭栏，无限江山。别时容易见时难。流水落花春去也，天上人间。” 再如（清）纳兰性德《减字木兰花·新月》：“晚妆欲罢，更把纤眉临镜画。准待分明，和雨和烟两不胜。莫教星替，守取团圆终必遂。此夜红楼，天上人间一样愁。”现如今人人都知道这四个字，源于几年前的北京一处被查禁的著名场所。为安全计，还是决定走人，旅社老板要收5元行李保管费，给你！

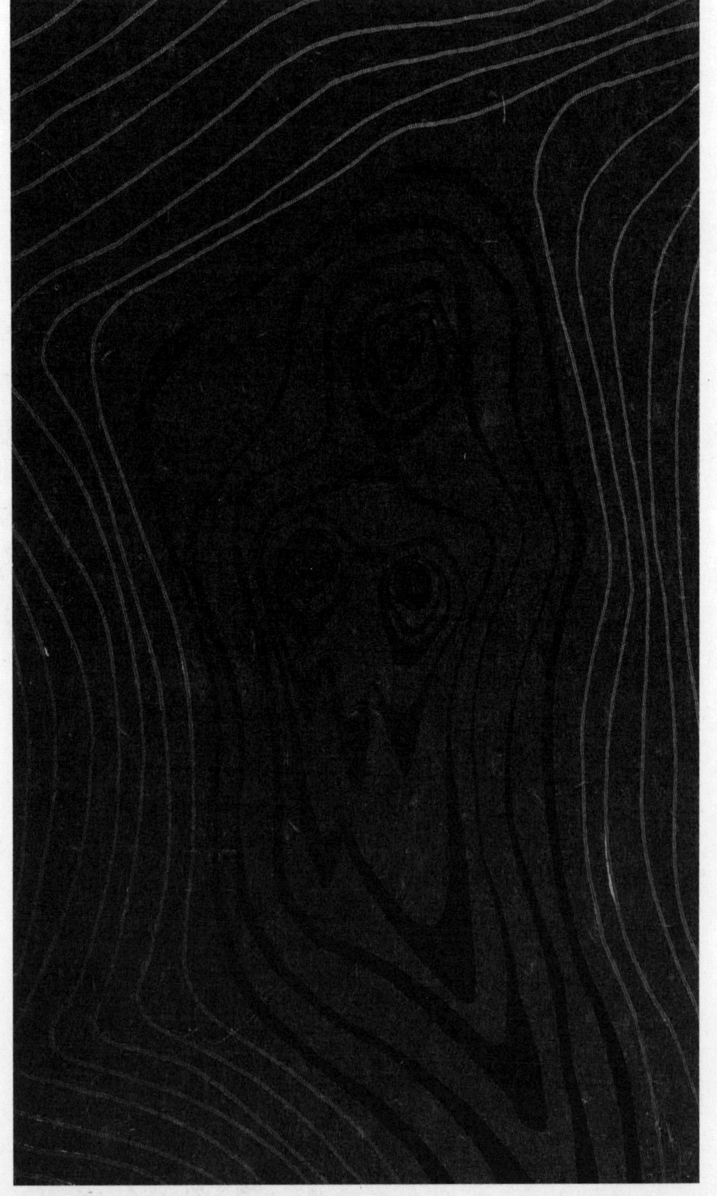

邢台

2007.07.25-07.26

自栾城回到石家庄，正好有车去邢台，上！只开了 20 分钟，就被赶下车，原来是换车，尽绕小路，在某个小镇又换了去邯郸的车，此后车又爆胎，又换车，居然就是从石家庄开出的那辆，额的个神啊！这轮回有意思吗？夜至，必须住“豪华”的邢台大酒店以慰劳顿，说句老实话：这片土地已深深地伤到了我。

邢台旧为顺德府，文庙建自唐。现仅余大成殿，被迁移到达活泉公园里异地保护。因了昨日的旅途辗转，早起不适，天仍是灰蒙蒙的，疲惫中来到城西北的达活泉公园，终于听到了鸟鸣，总算感觉空气好了点。元之大科学家郭守敬是邢台人，园内复制了一座观象台以彪炳，多少弥补了我没有实地嵩山观瞻的缺憾。大成殿在公园的西南，七间歇山，规模宏敞，已被划为民俗文化园。

早在 304-439 年，东晋政权偏安江南的同时，匈奴、羯、鲜卑、氐、羌等内迁少数民族的上层阶级与汉族官僚在北方建立过约 20 个割据政权，史称十六国时期。此间虽战乱不断，兴学教化不可能有突破性发展，但在汉人辅助下，某些割据政权在推行教化方面，并不亚于南方汉人世界。

邢台在当时也占据了一席之地，后赵石勒（羯族）曾在襄国立太学，又在四门附近设小学 10 余所，并置太学与小学博士。在中央分设经学、律学、史学祭酒。并曾亲临太学与小学，考查学生在经义方面的学习情况，成绩优秀者有赏。后又命郡国立学官，每郡置博士祭酒 2 人，弟子 150 人。石虎（石勒侄）继位后，命郡国立五经博士，并设置国子博士助教，城西还建有明堂、辟雍、灵台。

（元）赵维诚《重修儒学记》载至元十七年（1280 年）顺德府文庙大修，“创棂星门，一新临衢坊，坊书以□圣号，古石狮二，夹路蹲于隅，然后古之制作大備。”[119] 文庙大成门前空间构成的通常做法为：棂星门为正门，意指孔子施行教化、广育英才。棂星门前设照壁一道——“万仞宫墙”，喻示孔子之道高深莫测。棂星门与万仞宫墙之间道路的东、西两旁各立牌坊一座，棂星门内或外设一半圆形水池，称“泮池”。此部分空间的建筑物高度相对较低，感觉相对空旷，是进入文庙主体的准备性和标表空间。不过，在宋以前，文庙直接由庙门（戟门）进入，并无建筑空间上的前引和铺垫，前导空间的如此配置，是宋元之际逐渐形成的产物，迨至明清方得以普遍。

唐之中晚期，尤其安史之乱以后，地方城市中的坊市制已逐渐瓦解[120]，并波及坊门地位、功能和结构的改变。里坊制时期，坊门平行于城市街道，为进出之孔道，与坊墙共构实体界面，以区分城市的异质空间；坊巷制起始，虽坊墙消失，坊名及“分坊而治”的旧制则沿传。坊墙的取消，幻灭了城市不同区域的分割边界，坊门则立于街巷纵横相交处（城市街道和原里坊内十字街相交处），即不同属性城市空间的交叉处。为有效划分心理空间的领域感，区隔不同功能的城市职责，需藉由坊门加强块域各自的向心力。因之，坊门从分割城市空间的线性要素（边界），上升为独立存在、控制特定区域的节点要素。大环境使然，惠及城市各个角落，尤其表现在主要街道和重要建筑。

最早在文庙前建牌坊的并不是曲阜孔庙，而是地方文庙，其初始目的亦非标表孔圣，而是随着坊市制的瓦解，于外部空间设坊，以限定和增强儒学圣地的领域感。宋时即已不在少数，元以后更是全面铺开；以至于入明后，文庙前方的东西二坊已成为理所当然的必置构筑物。且坊名繁多，除具象征意义外，还注重东西二者的呼应关系，如：圣域、贤关；礼门、义路；金声、玉振；腾蛟、起凤；兴贤、育才；德侔（配）天地、道冠（贯）古今等。

牌坊形式主要分“冲天柱式”（立柱出头）和“非冲天柱式”（立柱不出头）两种，按材质分则有木、琉璃、石三类。木牌坊最为常见，南方文庙常用非冲天柱式，北方则多为冲天柱式，开间一至五间不等，以三间居多；

琉璃牌坊主要见之北方，多为三间四柱七楼；石牌坊则盛于南方。[121]

古代公共建筑之前常设照壁，起界定空间和屏障外围杂乱视觉景观的作用，并可根据建筑功能题写和装饰特定的内容。文庙照壁一般题写“万仞宫墙”或“宫墙万仞”，与东西牌坊共同形成和控制了文庙的领域空间，并增强了其标识性。此外，如陕西韩城文庙前建有琉璃五龙照壁一座，意在昭示孔子地位之高，为文庙增色。

“万仞宫墙”或“宫墙万仞”语出《论语》:“夫子之墙数仞,不得其门而入，不见宗庙之美，百官之富，得其门者或寡矣。”[122] 子贡以“宫墙数仞”比之孔子之道。后人为表敬仰，增改为“宫墙万仞”。明嘉靖十一年（1583年）山东巡抚胡瓒宗题“宫墙万仞”于曲阜孔庙仰圣门之上，后，清乾隆帝至曲阜朝圣，又将之更为御笔亲题的“万仞宫墙”，现曲阜城墙南门上方即镌“万仞宫墙”四个红色大字。或许是由于孔庙万仞宫墙的建造过于简单，文献史料中甚少记载，何时出现尚无定论，据张亚祥先生推测，大约出现在明中后期。[123]

出了公园，看看这座老城，邢台的城市格局尚有古风，原府衙前城楼亦宏朴，有趣的是城门上的“顺德府”匾额下面还挂着毛主席像，仿天安门吗？殊不知天安门挂像本来只是国庆和劳动节的临时安排，在“文革”期间才成了定式。

兜兜转转了一上午，折回旅舍，迷迷糊糊却难以入睡，有些倦了，想归了。不过牢骚归牢骚，路还是要走下去的，既然河北呆不动了，那就越太行入山西。

注释

1 《全唐文新编》(9)P5652-5652。
2 (辽)佚名《涿州移建孔庙碑阴记》,《全辽金文》P731。
3 《辽史》卷一百三《列传第三十三·文学上》。
4 孟广耀《儒家文化——辽皇朝之魂》P18。
5 《辽史》卷四十七《志第十七上·百官志三》。
6 于杰、于光度《金中都》P3。
7 《辽史》卷四十五《志第十五·百官志一》。
8 于杰、于光度《金中都》P3。
9 《辽史》卷十三《本纪第十三·圣宗四》。
10 (清)厉鹗《辽史拾遗》卷七《本纪第十·圣宗》。
11 (清)厉鹗《辽史拾遗》卷十《本纪第二十一·道宗》。
12 参阅高福顺《辽朝文教政策之影响》,《史学月刊》2007年第11期P126。
13 辽五京学对周边官学的影响，参阅杜成辉《辽代西京文化教育的发展》,《大同职业技术学院学报》2000年12月P21-23；高福顺《辽代上京地区官学教育发展探析》,《黑龙江民族丛刊》2007年第2期P87-96。
14 (辽)王鉴《三河县重修文宣王庙记》,《全辽金文》P611-613。
15 黄震云《辽代的宗教文化》(续),《民族研究》1996年第3期P61。
16 《辽史》卷三十七《志第七·地理志一》。
17 《全元文》(55)P9-11卢荫《内乡县学增置配享记》(后至元五年)。
18 《钦定国子监志》卷二十七《礼志三·释奠》。
19 《全宋文》(84)P172-173张安仁《襄垣县虒亭镇重修至圣文宣王庙堂记》(熙宁八年)。
20 《全唐文新编》(10)P6685-6686柳宗元《道州文宣王庙碑》。
21 《全元文》(9)P421-425姚燧《汴梁庙学记》(至元二十七年)。
22 《全元文》(15)P123-124吴澄《建昌路庙学记》。
23 《全元文》其五，P380-381胡祗遹《采芹亭记》。
24 《全宋文》(351)P93陈著《参前亭记》。
25 张亚祥《泮池考论》,《孔子研究》1998年第1期P122。
26 《明太祖实录》卷二十六。
27 《明史》卷二《本纪第二·太祖本记二》。
28 《明太祖实录》卷一四三。
29 (明)黄佐《南雍志》卷八《规制考下》。
30 详见白颖《明洪武朝建筑群规模等级制度体系浅析》,《建筑师》2007年12月P79-86。该文为清华大学王贵祥教授领衔的国家自然科学基金项目《合院建筑尺度与古代宅田制度关系以及对元大都及明清北京城市街坊空间影响研究》(项目批准号50378046)的子项目。
31 据(民国)张林《平山县志料集·学校格式碑》,《石刻史料新编》第三辑(24)。
32 孔祥林《中国和海外近邻文庙制度之比较》,《孔子研究》2006年第3期P50。
33 《全宋文》(316)P368-369吴泳《钱塘县学记》。
34 《全宋文》(304)P335-337王遂《建宁府重建府学记》。

35 《全宋文》(297)P72-73黄庠《重建大成殿记》(嘉定五年)。
36 《全宋文》(301)P36-38于柔《新城县增置学粮记》(嘉熙元年)。
37 《全元文》(26)P512-515虞集《袁州路分宜县学明伦堂记》。
38 《畿辅通志》卷二十八《学校》。
39 (清)赵映奎《文庙备考》序。
40 《全宋文》(193)P254-255黄中辅《重修义乌县学记》(乾道四年)。
41 (清)刘禺生《世载堂杂忆》P10。
42 《全宋文》(358)P147-148何梦桂《淳安县学魁星楼记》(大德三年)。
43 (清)刘敏崧《通义堂文集》卷七《灵星门考》。
44 《汉书》卷二十五上《郊祀志第五上》。
45 《宋史》卷九十九《志第五十二·礼二(吉礼二)·南郊》。
46 《说文解字注》六篇上《木部》。
47 (宋)庄绰《鸡肋编》卷下P102-103。
48 张亦文《〈营造法式注释〉卷上"乌头门与灵星门"误作同类门的献疑》,《古建园林技术》2004年第4期P19。另,参阅陆泓《云南建水县孔庙棂星门形制分析与探讨》,《古建园林技术》2004年第4期P21,持同样观点。
49 《全元文》(59)P615-616鲜瑨《庙学门记》。
50 《全宋文》(40)P40-41韩琦《并州新修庙学记》(至和元年)。
51 《全宋文》(123)P220-221刘跂《曹州重修学记》(元祐四年)。
52 《全宋文》(301)P36-38于柔《新城县增置学粮记》(嘉熙元年)。
53 《全宋文》(344)P313-314张镇《增建府学记》(开庆元年)。
54 《全元文》(27)P108-112虞集《兴学颂》。
55 《全元文》(52)P520-522冯元杰《盐亭县修学记》。
56 《全元文》(22)P325-326梁椅《缙云县儒学记》(至元二十六年)。
57 《全元文》(26)P459-461虞集《澧州路慈利州重修宣圣庙学记》。
58 (东汉)郑玄注《礼记·玉藻》曰:"天子诸侯皆三朝"。又注《礼记·明堂》曰:"天子五门,皋、库、雉、应、路"、"诸侯三门"。
59 《全元文》其二,P219-221段成己《河中府新修庙学碑》,P221-223段成己《猗氏县创建儒学碑》。
60 《全元文》(25)P289-291柳贯《新修平江路学记》(至顺四年)。
61 《全元文》(37)P315-317陈旅《国子监营缮官舍记》。
62 《全宋文》(13)P307-309孙仅《大宋永兴军新修玄圣文宣王庙大门记》(大中祥符二年)。
63 (清)毛奇龄《西河集》卷六十六《五贤崇祀乡贤祠记》,(清)宋荦《西陂类稿》卷二十九《与邵子昆学使论乡贤名宦从祀书》,皆引自赵克生《明代地方庙学中的乡贤祠与名宦祠》,《中国社会科学院研究生院学报》2005年第1期P118。

64 《四川通志》卷七十六《学校》。

65 详见赵克生《明代地方庙学中的乡贤祠与名宦祠》,《中国社会科学院研究生院学报》2005年第1期P118-123。

66 《嘉靖威县志》卷五《文事志》,(明)蒋冕《湘皋集》卷二十一《全州名宦乡贤祠碑》,引自:赵克生《明代地方庙学中的乡贤祠与名宦祠》,《中国社会科学院研究生院学报》2005年第1期P119。

67 (明)朱之瑜《朱氏舜水谈绮》卷之中。

68 《康熙五台县志》卷三《学宫志》,转引自霍红伟《清代地方官学的恢复与重建——以清代地方志为中心的考察》,《中国地方志》2007年第7期P55。

69 《道光大同县志》卷一《图考·学宫图》。

70 《全宋文》(347)P273-274潜说友《长洲县改立学门记》。

71 《全宋文》(220)P200-201杨愿《万载新学记》。

72 (日)中川忠英《清俗纪闻》卷五《闾学·孔子圣诞》P277。

73 于学斌、孙雪坤《金代孔庙的发展、成因及作用》,《北方论丛》2003年第4期P46。

74 (清)张金吾《金文最》卷六十五《碑·创建文庙学校碑》(张仁)P934。

75 徐振贵、孔祥林《孔尚任新阙里志校注》P66。

76 参阅(宋)庄绰《鸡肋编》卷中P76。

77 (元)孔元措《孔氏祖庭广记》卷三。

78 张敏杰《金代孔庙的修建及其在民族融合中的作用》,《北方论丛》1998年第6期P75。

79 《全辽金文》P2032-2034陈大举《济阳县创建先生庙碑》。

80 《全辽金文》P2118-2119庞云《肥乡县创建文宣王庙碑》。

81 据陶然《论金元之际庙学碑记文的文化内涵》,《浙江大学学报》2004年9月P112,涉及三地的庙学碑记文篇数为:平阳地区13篇,真定地区7篇,东平地区7篇,占《金文最》庙学碑记文总数60%以上。

82 《论语·卫灵公第十五》。

83 姚崇新《唐代西州的官学——唐代西州的教育(之一)》,《新疆师范大学学报》2004年3月P62。

84 程存洁《唐代城市史研究初篇》P209-213。

85 参阅王雪玲《两〈唐书〉所见流人的地域分布及其特征》,《中国历史地理论丛》2002年12月P83。

86 杨波《长安的春天——唐代科举与进士生活》P213-214。

87 (五代)王定保《唐摭言》卷一《谒先师》。

88 (唐)韩愈《韩愈集》卷三十一《碑志八·处州孔子庙碑》。

89 吕思勉《吕著中国通史》第五章《教育》,引自盖金伟《汉唐官学学礼》P132。

90 《旧唐书》卷十一《本纪第十一·代宗》。

91 杨宽《中国古代都城制度史》P51。

92 (北魏)郦道元《水经注》卷二十五《泗水、沂水、洙水》。

93　乐寿《舞雩台》,《孔子研究》1986年第2期P119。

94　《论语·先进第十一》。

95　《全唐文新编》(7)P4075-4076乔琳《巴州化成县新移文宣王庙颂并序》。

96　(唐)杜枚《樊川文集》卷六《唐故平卢军节度巡官陇西李府君墓志铭》,引自成一农《唐末至明中叶中国地方建制城市形态研究》P69注28。

97　《太平广记》卷三百一十二《謇宗儒》,引自成一农《唐末至明中叶中国地方建制城市形态研究》P69注29。

98　盖金伟《汉唐官学学礼》P132。

99　《全唐文新编》其四,P2116-2119王勃《益州夫子庙碑》。

100　参阅《全宋文》(84)P172-173张安仁《襄垣县褫亭镇重修至圣文宣王庙堂记》(熙宁八年)。

101　成一农《唐末至明中叶中国地方建制城市形态研究》P70。

102　《全宋文》(65)P43王安石《繁昌县学记》。

103　成一农《唐末至明中叶中国地方建制城市形态研究》P4。

104　成一农《唐末至明中叶中国地方建制城市形态研究》P6-8。

105　详见李铁夫《韩城文庙建筑研究》P43-45。

106　南京工学院建筑系、曲阜文物管理委员会《曲阜孔庙建筑》P95。

107　参阅李铁夫《韩城文庙建筑研究》P43。

108　(清)刘敏崧《通义堂文集》卷七《灵星门考》。

109　《全宋文》(27)P60-61余靖《惠州海丰县新修文宣王庙记》(康定二年)。

110　《全宋文》(293)P260-261王衡仲《金豁县改建儒学记》(嘉定二年)。

111　据《中国地方志集成》、《中国方志丛书》收录的山西地方志整理。

112　《全元文》(58)P663-665企徽《杜侯兴学记》(至正十二年)。

113　《全宋文》(154)P234-236李光《昌化军学记》(绍兴二十二年)。

114　《全宋文》(138)P39-40汪伯彦《宣州重建学记》。

115　《全宋文》(175)P133-134温革《漳州府重建学记》(绍兴二十年)。

116　《周易正义》卷九《说卦》。

117　《全宋文》(72)P157-160章□《广州府移学记》(绍圣三年)。

118　《全宋文》(27)P60-61余靖《惠州海丰县新修文宣王庙记》(康定二年)。

119　《全元文》(39)P439-441。

120　通常认为自五代开始,城市的街坊布局出现“民侵街衢为舍”的现象。近来有关坊市制瓦解的研究,有新的推进,如成一农《唐末至明中叶中国地方建制城市形态研究》P55-57“唐末地方建制城市中坊市制的崩溃”,即卓见在在,我关于古代城市坊市制解体时间及原因的认知,主要据此。

121　参阅张亚祥《江南文庙》P64。

122　《论语·子张第十九》。

123　张亚祥《江南文庙》P71-73。

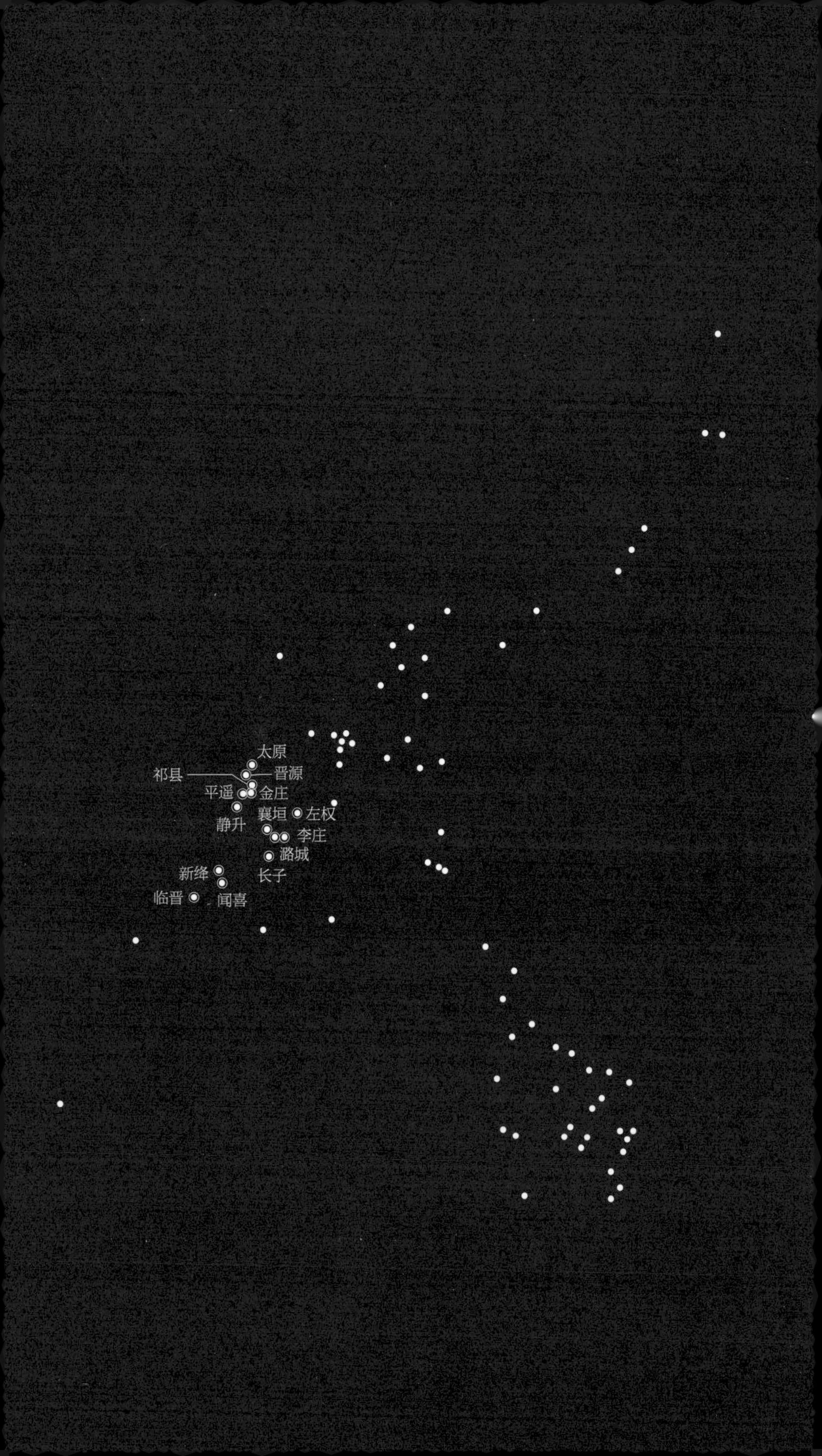

太原
祁县
晋源
平遥
金庄
襄垣
左权
静升
李庄
潞城
新绛
长子
临晋
闻喜

卷六

I

2007.07

2009.08

2010.07
2010.08

2012.02

左权

2007.07.26-07.27

第一站左权，原名辽县，1942 年 5 月 25 日国民革命军第八路军副总参谋长左权将军牺牲于此，成为八路军在抗日战场上牺牲的最高指挥员（国民革命军作战序列中其军衔为少将）。名将阵亡，太行山为之低咽，全党为之悲痛。周总理赞其“足以为党之模范”，朱老总誉其“中国军事界不可多得的人才”。其后，晋冀鲁豫边区政府决定将辽县改名为左权县以纪念之，其家乡湖南醴陵市也将城区几条大道分别命名为左权东西南北路。我祈祷，左将军的凛凛正气给我漫漫行知路的勇气……

车开出没多久，便见山丘起伏，当是太行山山脉了。山路崎岖，山体多处塌方，车子小心翼翼地慢行，沿路风光倒也秀气。及至左权境内，刚下过雨，虽地面泥泞，但空气冷冽。文庙藏在一长长的巷子里，有一硕大的“儒”字，门前空地广大，有一白狗，虽体量较小，但也不敢造次，高声呼唤“有人吗”。不多时一 40 多岁男子迎出，和蔼憨厚，将我领进门，还特意开了大成殿。

元代建筑的确貌美，柱头卷刹明显，柱础为青石覆盆式、宝装莲瓣式和鼓式三种，殿内梁架疏朗清晰，用减柱法。白色的氛围则是“文革”期间被粮库占用，抹上石灰保护柱子的结果。后院满地的绿球球甚有喜感，但还是抵不过人迹罕至的清冷，只在每逢考试季，学子前来祈福时才略略热闹一下。

前院有一通石幢，据说原来嵌在某处房子的墙上，正面顶部有孔子、释迦、老子之儒释道三像，中间为文昌帝君，其下乃二十八星宿。我怀疑此庙原为佛寺，后改为文庙，石幢的来由也就说得通了。其实，文庙之中祈祝文运的构筑物真是多种多样，代表者为祠祀魁（奎）星、文昌的建筑与场所，并逐渐成为一种约定俗成的规则和样式，寄托着地方官员和士子对金榜题名的渴望和祝愿。

“魁星（也作奎星）”崇拜在宋时已较为兴盛，北宋初“五星聚奎，占者以为人才众多之兆。”[1]“奎为四方七宿之一，居戌，为鲁分野，故曲阜圣庙有奎文阁，谓奎璧联辉也。《孝经援神契》：‘奎主文昌，虽为武库，实文章之府’。”[2]据说奎星形象赤发蓝面。“魁”，即首，魁首并用，常被用来指称同辈中才华最高之人，科举高第也称魁。

“文昌”则是历代儒生于魁星之外崇拜的另一文运神。宋以前，文昌仅为二十八星宿之一，虽象征文学，却并非人格神祇。科举始于隋，经唐代的发展，至宋时成为文人入仕最重要之途径。科举竞争极为激烈，学子在自身奋发之余，亦企冀神明佑护。原为四川北部梓潼的蛇精信仰，因传闻较为灵验，及至南宋已取代其他地方保佑科举的神祇信仰，成天下共崇之对象。信仰的广泛传布，使得原本的梓潼神信仰与传统观念中掌管文学的文昌星相混合，演进为文昌神。[3]更以元仁宗延祐三年（1316 年）加封“辅元开化文昌司禄帝君”为强有力推动，褒显甚渥，“由是文昌之祠盛于天下”[4]。以四川梓潼县七曲山文昌宫为最，虽时有兴废，但因文章司命，贵贱所系，一直奉祀不衰。旧历每年二月初三日为文昌帝君神诞，地方官府和文人学士都要至供奉文昌帝君祠祀庙宇奉祀，或吟诗作文，行文昌雅集。

魁星、文昌崇拜和祠宇的建设，至迟在南宋时已较为普遍，并逐渐渗透入地方庙学，实现了文庙儒家崇拜之外的神灵移植，如南宋吉州的吉水县学“成，未几（魁星）楼成”，工程的跟进可谓迅捷，实乃“侯之志、士之力也”[5]。

只是魁星、文昌虽皆主文运，但神格有别。明时，文昌“天下学校亦有祠祀者”，弘治元年（1488 年）孝宗以“文昌六星与之无涉，宜敕罢免”为由，令“其祠在天下学校者，俱令拆毁。”[6]不过，虽不断有儒者讥文昌为“淫祀”，然在民众心中根基已深，且范围遍及全国，不仅道教将其纳为本教神祇之一，入清后更被纳为国家正祀，地方庙学的“文昌”之设亦愈演愈烈，在处兴起。至于乡间书院、私塾等，虽无力建筑，但供奉魁星、文昌于孔像左右甚为平常。

左权文庙东北有鼓楼一座，再西北有一过街楼，原为衙署大门，现成了左权中学的大门。路过青少年中心时，居然有带色的歌舞表演，看来大众的业余生活还是较为贫乏的，并且还占了孩子们的地方。找个旅店住下，老板娘给了我一个说不清道不明的眼神，莫名其妙地丢下一句话："你打扮得挺好看的。"无言以对，默默入住。几分钟后，我飞奔至前台，语气急促："老板娘，请你给我一个有锁的房间！"

一夜无话，还好，这里的黎明静悄悄……

长子

2007.07.27

本打算坐去长治的车在路过潞城时下，据说大雨毁路，只得直达底站了。太阳出来了，山谷中的白雾渐渐褪去，又逢堵车，还好山西警察出现得快。长治是太行之巅，旧名“上党”，《释名》曰：“党，所也，在山上其所最高，故曰上党也。”城市干净整洁，与一般印象中的山西城市不同。正纳闷间，瞥见“中国园林城市”的广告牌，了解！又，偶遇晋南考察的师弟师妹，午饭甚欢，相聚总是短暂，互道珍重，各奔东西。

我去长子，一路打听，竟无人知道文庙何处，只得再凭直觉寻摸。果不其然就在老街的东段，乃文物局所在，大门是个仿古的过街楼形式，还有两个边楼，唤作“奎星”与“文昌”，门口小店面一字排开，热闹非凡。入得文物局院内，顿时安静了，大成殿赫然在目。与一男子攀谈，竟与朱先生光亚熟稔。殿为元构，柱为石质，与当地盛产石材有关。

长子街道不大，还保留着老城的尺度，以之度量原文庙，规模可知一般。其东为长子一中，内有一殿，祠唐代某知县，据说是因为审判老虎而留名，看来出名的门路还是很多的。天空放晴，蓝天白云悠然自得，仰望深吸一口清凉的空气，不禁感慨：“人说山西好地方！”

回头想想，若是长子文庙仍有棂星门遗存，那自是与现在大门口喧嚣市井的感觉有天壤之别。而至于棂星门用于文庙的时间，大多据（清）袁枚所论之南宋景定间（1260-1264 年），则似有可商。

据不完全统计，（宋）徐铉（917-992 年）《宣州泾县文宣王庙记》就已出现“棂星并峙，画戟对森”的言词，其他出现于南宋景定前（-1260 年）的文庙“棂星门”记载亦在在有之。知，北宋之际棂星门已用于文庙，南宋后渐至普及。

比照宋、金《阙里庙制图》，北宋曲阜孔庙外门（又称前三门）为五开间带斗栱单檐屋顶之建筑，上悬宋仁宗御书“至圣文宣王庙”额，门两侧各有廊庑十数间向东西伸展；金明昌二年至六年（1191–1195 年）整修时在前三门前加建“大中之门”，三开间、单檐，再前又设棂星门一道、一开间；另，元时曲阜孔庙残碑中的棂星门形象更为清晰。虽北宋东京国子监及曲阜孔庙皆无棂星门，但切不可武断为金人始筑棂星门于文庙，盖金之文庙制度大抵源出北宋，修建曲阜孔庙时外加棂星门，当为仿照宋人惯习，亦证北宋时代文庙用棂星门，已现端倪。

棂星门在北宋礼制建筑中的应用实已较为广泛，包括祭坛、祠庙等。祠庙建筑的大门之前通常置一较大空间作为前导，布置的建筑有遥参亭、准令下马亭、护龙池、棂星门等，且以棂星门殊为常见，其他建筑则各庙不同。[7] 可证礼制建筑前导空间中建筑配置的限制并非泾渭分明，大抵采用类同的建筑物或构筑物，营造重门叠户的空间氛围。如：平江（苏州）府学文庙前的洗马池即与护龙池类同，且中岳庙、晋祠等平面布局中虽未有护龙池之明确构筑物，但皆见水池或门前引水；金章宗明昌二年（1191 年）在曲阜孔庙紧接庙墙处立“官员人等至此下马”碑[8] 亦等同于准令下马亭。宋、金时代祠庙建筑前导空间的发展和完善，在孔圣人的祠祀之所亦得到明显体现，如南宋嘉熙元年（1237 年）临安府新城县学将“旧改而西”的棂星门“为三门而还之”，盖因“棂星门直夫子殿，礼也。”[9]

综上，棂星门设于文庙，非为（清）袁枚所谓“以汉祠灵星祈谷，与孔庙无涉”；或（清）刘敏崧所言“社稷坛之门当名灵星，而乡学之门不当名灵星，特以乡学附于社稷坛，地相近而名似难辨耳。迨宋以后学校遍于天下，不复附于社稷坛矣，乃有司营建，但知用乡学之制度，遂以灵星名学校之门”。而是棂星门已演进为礼制建筑营造前导空间氛围的重要元素，乃等级尊崇之泛式，非为某类之专用。

诚如（清）金埴曰：“棂星门者，取疏通之义。凡坛壝，但有坛，无宫室。

则周垣设棂星门为限阈，以通神明之气，见莽荡宏阔。虽别内外，而实无内外也。天下孔庙亦用棂星门，是神明孔子，而与天地神祇并重也。”[10] 至于有学者据科举之由，进而论棂星门乃喻示“鲤鱼跃龙门”，则显过于附会。[11]

就建筑本体言，征诸《营造法式》，棂星门、乌头门之形制继承极为明显，如元时醴泉县学“故在城内东北……睹嚣隘庳陊”，移址重建后“建乌头大门”[12]，其棂星门即以“乌头”呼之。唐时乌头门特指权贵住所之大门，含旌表之意，宋时该制相沿，而与乌头门类同的所谓“表楬”、“阀阅”等，皆喻“名门世宦”之家，乌头门实为唐、宋时期上层阶级之建筑方面的代名词。至于其中之渊源，及宋以后的棂星门建筑演变，陈仲篪先生已作入微之考察[13]，美玉在前，兹不具论。

明地方文庙中，棂星门以三间或三座者为众，彼此相连或相隔，又或间以短垣不等。但除陈氏总结之标准样式外，文庙“棂星门”的建筑形式较为多样，牌楼或门屋例有。最典型者莫如元大都国子监，即为门屋形制，斗栱硕大疏朗，建筑平面为分心槽制，三间歇山，且延传至今，清时仍有呼之为棂星门者。[14]

文庙各门名称亦不一，如：许州学，棂星门、大成门位置及建筑样式明显，但前者呼为“大门”，后者则为“灵星门”；邵武府龙溪县学，棂星门为牌楼形式，称“戟门”，而其后的大成门（亦名戟门）则曰“仪门”；更有云南建水、石羊文庙的乌头门与门屋结合的特例。[15] 棂星门、庙门、大成门（戟门）三者名称混用的常见，及棂星门建筑形式的多变，如此诸般，皆说明文庙中“棂星门”的指称意义已超出原本的建筑样式，衍生为文庙象征的代名词。且类似于文庙棂星门移植自社稷，因其较高的形制规格，亦见于其他类型建筑，以示彰显，如山东济宁东大寺即为一例，只是在其上附加了专属于清真的日月符号罢了。

至于棂星门的建筑用材，则木、石不一，大致为棂星门样式者多为石，牌楼者则多为木；又较受地域因素影响，如“潮阳之地多石，故家巨室，寺观庙宇，往往斫以为柱，阑槛础礅未尔。而释氏尤壮，独文学鲜焉”，乃定议庙学棂星门“为石柱六，石阈三，每柱左右长二丈有二尺，中稍加。”[16] 且石造棂星门较之木造耐久、制高，如明南京国子监初以木为之，景泰四年（1453 年）改用石造，加云管火朱朵云石抱柱，八字红墙。[17]

李庄

2007.07.27

返至长治，搭公交车抵潞城，考虑到去李庄交通不便，遂奢侈地打车前往。一路与司机攀谈，他不知道文庙为何物，更别说李庄文庙的具体位置了，也罢，走一步是一步。**沿途风景悦目，窑洞比比皆是。**及至村口，路遇妇人，上前询问仍无答案。

我极目望去，半山一角飞檐映入眼帘，恐是元之遗构，心中大喜，飞奔前往。自边门跨入，乃知是李庄完小所在，院内一队专业人马，询问后得知乃是山西文物局在组织测绘，准备上报国家文物局断代。大成殿古朴方正，彩画清晰可辨，脊饰饱满浓烈，殿内仅孔圣人一立像，虽然孤独却也不失亲民。

文庙所在据有利地形，俯瞰河谷。遥想当年，山下还没有现在密密麻麻的砖瓦房，则庙虽小但气势必是呼之欲出的。来者也不需要依赖现在路边上的欢迎牌子指引，只要远远望见圣域儒光，便知：李庄到了。

网上“不空来自唐朝”的博客一篇发表于 2012 年 8 月 21 日的“李庄文庙”所述甚详，特摘录之：

大成殿“柱头斗栱四铺作单下昂，用斜栱，泥道栱上施素枋二层。四檐柱头卷刹圆和，上施阑额、普柏枋。”“殿内梁架裸露，用材较为规整，六椽栿上施四方抹角瓜柱，交于栿斗、令栱、短替木以承托平梁与上平椽，平梁之上立脊瓜柱、交栿斗与丁华抹额栱，大叉手共承脊椽。前后檐椽下各椽均无随椽枋。”

“在正殿檐墙外窗台下镶嵌着中见四年与金代兴定五年的墙碣两块，内容记载丁全德、郭武、王俻世等人率众化缘，修葺庙宇的功德。2004 年，日本大阪府东方文化学院教授高桥文治的一篇‘山西省潞城县李庄文庙

金元三碑'，通过文庙中金元时期的三块碑文勾勒出李庄王氏一族的生活状态，对当时上党地区的社会状况进行了粗浅的分析。这篇田野调查的论文发微见著，是研究地方（地域）民俗历史的一个范本。"

"殿脊刹上留有'至治元年程德厚营造庙堂，至元元年李君仁捏烧吻脊'的题记，可知此殿建于 1321 年，而脊上龙纹琉璃制于 1335 年。这在古建中是十分罕见的。一般大殿的年份表识，会在里面大梁上用墨记，而这是直接在正脊上题记。"

有元一代，仁宗朝（1312–1320 年）的地方庙学建设中，中书省居于领先，其他河南江北行省、陕西行省、湖广行省亦有。且北方地区的今山东、山西等地，文庙兴建见于镇乡村里。其后的英宗（1321–1323 年）自小即有振兴之志，惜英年蒙难，未及施展。地方庙学的创建活动继续向边区推进，重建工作则在各行省之内展开。若上述对于李庄文庙的断代正确，其兴建即处于此时间段内。

此后，泰定帝的上位（1324–1328 年），虽颇受微词，但其对儒学倒是颇为重视，曾亲御讲筵，赏赐进士。然而，致和、天顺（1328 年）的上都、大都之间的大内战，将全国大多地区卷入，并延续至文宗朝（1328–1331 年）。虽文宗加封孔门"四公"及孔、颜父母，但于事无补。只有江浙行省置身事外，正常发展。不过，至顺二年（1331 年）创建的涿州武卫文庙[18]，则证之诗书礼乐开始为能征善战的蒙古军队所重视，亦说明至元晚期，儒学的普及和蒙古的汉化程度已十分可观。

惠宗（1333–1368 年）即位初期权臣当政，罢科举、敌视汉人，地方庙学发展完全停滞；至正元年（1341 年）惠宗任用脱脱，采取一系列措施纠正暴政，恢复科举，庙学兴建又见复苏。大都路左、右、南警巡院庙学的创建，表明已渗透至政府部门；屯留县藕泽村文庙的出现标志着山西村一级文庙的设立。

元末，红巾军起义，地方庙学遭破坏者甚多，但在战争间隙，地方官、作战将领，抑或起义军，都有大量的修葺举动，该时段的重建数量亦高列首位。

总之，元的一大贡献在于普及。南宋、金时期交界处庙学建设的偶尔为之，亦变得颇具规模，使中华版图内南北各自为政的两大庙学兴建区真正融合。四川一带自汉时文化兴盛，庙学兴建亦频繁，但与吐蕃（今西藏）、大理（今云南）交界的土司辖区，则一直较为落后。元的南征，使该地区纳入中央政府直接管辖之下，儒学教育和庙学发展进入崭新阶段，世祖至元二十九年（1292 年）即诏“设云南诸路学校，其教官以蜀士充”[19]，将庙学的覆盖范围又向西南纵深推进。

若按元始建庙学所占比例排序，自高往低依次为：云南行省、陕西行省、中书省、河南江北行省、四川行省、湖广行省、江西行省、江浙行省，其实也反映了元未有庙学地区的空间大小，以及明、清时期地方庙学建设扩展的方向[20]，比照《明一统志》、《清一统志》及各省通志所载各地新建庙学情况，与此趋势大致吻合。

此外，还实现了各个行政层面的庙学覆盖，从路府州县到乡村社里，从交通驿站到关隘要地，从警巡院到武卫，从镇所到盐场，皆觅踪影，列举之：卫：涿州卫学；镇：颍阳镇学，伦镇学，灵城镇学、齐城镇学、夹滩镇学、固河镇学；寨：官人寨学；驿，洪赞驿学；庄，李庄学，金庄学；里，静升里学。

潞城

2007.07.27-07.28

心满意足，返回潞城。潞城的发展主要依靠山西化工厂，厂子很大，俨然一座小型城镇。载我来的司机还载我回，也是和来时一样郁闷："兄弟，潞城的文庙我也不知道在哪儿，不过我知道城中心有个庙。""行，就去那！"判断正确，就是文庙所在，得意之余多给了司机 5 元。文庙在广场中心，无依无靠，其后是庄严的市政府。有意思的是不需要买门票，但要留下几句话和签名，倒是头一遭遇到这等文事，欣然落笔：潞城文庙就是好！

潞城文庙始建于唐，北宋末遭兵燹，金时得到大修。时在金王朝的大规模战事暂告一段落，世宗（1161-1189 年）、章宗（1190-1208 年）相继治国,社会局面颇为安定,可以说是"金源文化"与以儒学为主体的"中原文化"融合的完成时期。并将孔子地位抬高到与宋代比肩，并多次下诏修建庙学。

世宗大定十六年（1176 年）"诏京府设学养士"[21]；又陆续增置了太学、女真国子学、女真太学[22]；十九年（1179 年）命曲阜孔庙重建郓国夫人殿[23]，二十三年（1183 年）又以尚书右丞张汝弼摄太尉，往曲阜"致祭于至圣文宣王庙"[24]。二十九年（1189 年）再"诏京、府、节镇、防御州设学养士。"[25] 世宗"敦复文教，俾郡国俱修学校"[26]，时人赞："天子留意儒术，建学养士以风四方。举遗礼，兴废坠，旷然欲以文治太平。"大定间（1161-1170 年）的地方庙学建设活动超过前朝，并以山西最多。"通国大都建立儒宫，而荒山穷僻之处亦以不知儒为耻。"[27]

经过世宗的"以仁易暴，休息斯民"[28]，民族文化的融合已趋完成，金统治下的北中国已是"变夷狄风俗，行中国礼乐。"[29] 但世宗在提倡汉传统文化的同时，仍不忘女真旧俗，不断发出不忘女真"纯实之风"的告诫，实际上又反对女真人汲取汉文化。世宗为了收拾海陵王造成的残破局面，一方面意识到汉传统统治术的重要性，另一方面又惧怕先进文化冲破女真落后的生产关系，丧失贵族利益，这种矛盾心理一直到世宗去世仍未改变。[30]

章宗“性好儒术”，且能够顺时应势，不兴武事，全面推行文治，实行了一系列维护巩固的措施，在修复曲阜及地方庙学上为金代之最。登极伊始，即明昌元年（1190 年）“诏修曲阜孔子庙学”;二年（1191 年）“诏诸郡邑文宣王庙，风雨师，社稷神坛坠废者，复之”；三年（1192 年）“拨款 76400 多缗大修孔庙……三分其役，因旧以完葺者据其一，而增创者倍之”，并“定宣圣庙春秋释奠，三献官以祭酒、司业、博士充……及登歌改用太常乐工。其献官并执事与享者并法服，陪位学官公服，学生儒服”，敕“党怀英撰碑文，朕将亲行释奠之礼，其检讨典故以闻。”[31]

五年（1194 年）曲阜孔庙修竣，规模扩展到“殿、堂、廊、庑、门、亭、斋、厨、黉舍合三百六十余楹，位叙有次，像设有仪，表以杰阁，周以崇垣。”除建筑物数量扩大了三倍，更主要是在建筑规模上作了突破性提高：杏坛筑十字脊、四面歇山亭，“始用琉璃瓦，殿庑均以琉璃瓦剪边，青绿彩画，朱漆栏槛帘栊，檐柱也改为石柱，并刻龙为饰”;在泮桥后石栏之东，紧接庙墙处立下马碑“官员人等至此下马”[32]。庙门前新建棂星门，象征着祭孔如同尊天。孔庙建筑制式堪比皇宫，大备于历朝。

六年（1195 年）以增修曲阜宣圣庙工毕，“赐衍圣公以下三献法服及登歌乐一部，仍遣太常旧工往教孔氏子弟，以备祭礼。命兖州长官以曲阜新修庙告成于宣圣。”[33] 承安二年（1197 年）二月丁祭，章宗亲临释奠，“以亲王摄亚、终献，皇族陪祀，文武群臣助奠。上亲为赞文，旧封公者升为国公，侯者为国侯，郕伯以下皆封侯。”[34]

此外，章宗对佛、道二教还持排斥态度，明昌三年（1192 年）采纳礼部建议，要求僧人、道士依礼数行事，遵守儒教礼仪。[35] 六年（1195 年）问辅臣：“孔子庙诸处何如？”平章政事守贞答曰：“诸县见议建立。”上因曰：“僧徒修饰宇像甚严，道流次之，惟儒者于孔子庙最为灭裂。”守贞曰：“儒者不能长居学校，非若僧道久处寺观。”章宗却是敏锐地看出了问题的关键，精辟地指出：“僧道以佛、老营利，故务在庄严闳侈，起人施利自多，所以为观美也。”[36]

并可探明，孔儒在金统治者心目中的独霸地位，较之宋、辽，尊孔崇儒有过之而无不及。基于上述观点，泰和四年（1204 年）又“诏刺史，州郡无宣圣庙学者并增修之”[37]，对金代庙学发展再次推波助澜，“由是庙学在处兴起”[38]。

虽章宗“志存润色，而秕政日多，诛求无艺，民力浸竭，明昌、承安盛极衰始”。至卫绍王,金已“纪纲大坏,亡征已见。”[39] 边疆战事与内乱不断，“大安失驭，中夏板荡，民居官寺毁为焦土”，地方庙学的发展不仅基本停滞，甚至大多惨遭厄运。

蒙古大军势如破竹，宣宗（1213-1223 年）贞祐二年（1214 年）被迫迁往南京（今河南开封），即“贞祐甲戌之兵”，毁废了大量庙学，“学生三数辈逃难狼狈，不转徙山谷则流离于道路，庙学之存亡亦付之无可奈何而已”。此后，又有正大元年（1224 年）“甲申之兵”，殃及文庙。[40]

由于潞城文庙大成殿是金代原构，颇受众人关注，网上“中国国保”的博客一篇发表于 2010 年 10 月 14 日的“晋东南纪行之潞城文庙”所述也详，又摘录之：

大成殿为“五椽栿对前乳栿构制，前槽柱头有卷杀且柱头铺作设置独特：前槽乳栿和山面乳栿相交柱头，以坐斗托之；前槽乳栿后尾兼做五椽栿压跳；平梁置于乳栿之上；山面内部脊槫下还装有普柏枋和阑额。外檐四周的斗栱铺作左右相同，前后有别：前檐下的斗栱全部四铺作双下昂，角柱和补间用斜栱；后檐无补间，明间斗栱为四铺作单昂，其余斗栱无昂;两山面斗栱各两朵，均无昂，耍头长尖装。所有斗栱的栱臂均呈弓形，这个特点很明显”。

这篇博文的副标题是“浓妆艳抹未相宜”，的确如是。大成殿修是修了，奈何遍彩金妆，感觉满眼的金箍棒乱舞，刚还沉浸在李庄的端庄沉稳中，一时半会还真转不过弯来。大梁加固过，厚厚的钢架还是浅蓝色，弄片纤维钢插进去多好，就像台湾鹿港的龙山寺加固，薄薄的看不出来，实在不行裹个纤维布也成啊。庙外还有无依无靠的一栋大家伙，建于 1952 年的大礼堂，柱子上是“杠杠”的标语：“加强民主法制，构建和谐潞城，坚持科学发展，促进依法治市。”

襄垣

2007.07.28

7 点不早啊，怎么车上就我一个人，欣欣然享受了半个小时的专车待遇，途经五阳矿区，即潞安集团，大企业，有钱。车子也开始陆续上人了，又行不久即瞥见襄垣县城外的文笔塔。

按照风水理论，文庙（或学校类建筑）的选址若背靠主山，面对案山，必然科甲发达。案山之形，如几案、笔架、三台、三峰、天马、文笔、文峰等都是绝妙形状，即使所选地址无上述地理形状，亦可采用人工方法增加类似笔峰形状的突出点，以补缺憾。[41]

祈祝文运的建筑，在城市中的数量常常甚为巨众。如山西乡宁，文庙的学门前建有魁星楼，其下为桥门；又在城墙东北建文昌祠、东南建魁星楼，而城南山上再建文峰塔，近塔有魁星楼、楼西又有文昌祠[42]，祈祝文运昌盛，可见一斑。且当地在每年元宵节前数日，先“聚儒童，用废碗底栽干糊灯”，沿着文笔峰到昭远寺约一里长的距离，“就山之形势，或摆物形，或列楼阁，或集文字，傍晚燃之，光烛城闉，可及夜半”，类似的活动似乎一直延续到民初。南山之灯，源于清初：康熙五年（1666 年）的元宵节，邑人卢赐彤携友观灯，“见诸神庙皆辉煌灿烂，而南山帝君祠、魁星阁则黯然也，私心谦焉”；于明年（1667 年）约“同志十余人，各捐资若干，创其事，盏以碎瓷，笼以片纸，随山势而布置之，或像两曜之形，或按列宿之位，或层叠如楼阁，或蜿蜒如龙蛇，上下左右，棋布星罗。”[43]

应该看到，制高点的影像作用更为直接和具体，现实世界中祈祝文运的楼、阁、塔等形成的城市空间，更加衬托了文庙在精神领域的高高在上。

一番遐想，车子也入城了，不停地靠边放人。透过人群，突然望见襄垣二中的牌子，即文庙所在地，我赶紧要求成为被放逐者。二中在放假，看门大爷淳朴，笑眯眯地让我进入。文庙余了大成殿、东庑和藏书楼。

大成殿面阔五间，进深六椽，单檐悬山顶，无补间铺作，前檐柱头铺作六铺作单杪双昂，后檐四铺作单假昂，前檐除两山外都是真昂，前后檐两山耍头后尾斜出上挑入蜀柱，殿内四椽栿对后乳栿用三柱，两山二椽栿对前后乳栿。又是元构，且是我一直喜欢的悬山，秀气俊朗，一扫昨日在潞城被金箍棒挥舞的满眼金星。

出二中往西，瞥见某小巷内有飞檐一角，遂折进去，原是襄垣二小所在，乃据城隍庙为之。不禁莞尔，孔圣人看着中学，城隍爷盯着小学，而且都是“二”。入口大门鲜红的热烈或许匹配城隍老爷的喜好，可这些细细的长腿柱子，撑得住神灵的世界吗？

（美）斯蒂芬·福伊希特旺先生在调查江浙及台湾地区的县级城市时，发现“学宫和城隍庙是其最古老、最常见的特点，它们成为官方信仰的两个最基本特点。城隍是以自然力和鬼为基础的信仰中心，因而可以说是用来控制农民的神；学宫是崇拜贤人和官方道德榜样的中心，是官僚等级的英灵的中心，学宫还是崇拜文化的中心。”[44] 斯氏所言学宫即庙学，对其在古代城市中的地位评价可谓一语中的。

再出而西行，见一大大的凹地，是典型的1980年代之前的县城体育场模式，有主席台供开大会用，围墙上书写着：“弘扬民族文化，振兴襄垣秧歌。”又行至十字大街，往北抵车站，无车往祁县、或武乡、或沁县，皆须至长治倒车，岂不是要走回头路？罢了，北上太原。

太原

2007.07.28

2010.07.27

目的地就叫文庙巷，现在文庙成了山西省博物馆，其南为文物局，其北是明太祖三子晋王朱棡的官庙崇圣寺，斯人已逝，香火依旧，只是乞丐、算命、骗子众多。北方古建筑考察时就仔细转过这座城市，前些年又一直在太原及其周边做些文物保护工作，比去南京的新街口还勤快，一来二往，太原城的命运多舛就渐渐在我脑海里扎下了根。

“太原”之名最早出现于《尚书·禹贡》:“既载壶口，治滩及岐。既修太原，至于岳阳。”《毛诗・小雅・六月》亦有：“薄伐严狁，至于太原。”显然，两者所指均非今日之太原地区，而是泛指汾河下游的广袤平川。所谓“太原”，强调的是地形状况，是作为区域名称出现的，并非建制名。作为建制名则始于战国末期，秦占领赵之晋阳，在晋阳首置太原郡。此后，几经易变，或太原、或并州，地理范围与今日太原所辖大致相当。

公元前 497 年，晋国大卿赵鞅出于战略上的需要，令家臣董安于精心选址，在今太原市晋源区古城营村一带建晋阳城，是为太原建城之始。公元前 453 年，“三家分晋”，赵国领土包括今晋中及晋北一带，立国都于晋阳城。此后的秦、汉、三国、两晋至十六国时期，晋阳城一直都是地方行政建置级别最高的首府级城市，春秋和汉晋时的晋阳城均为双重城格局，内城乃衙署机构所在，外城为百姓居处。

隋朝末年，李渊父子以晋阳为根据地起兵夺取天下后，该处作为王业兴起之地受到极大的重视，经多次扩建，规模达至历代之顶峰。唐中期封之为北都，与长安、洛阳并称“三京”；玄宗天宝元年（742 年）易北都为北京，与首都（长安）及南京（成都）、西京（凤翔）、东京（洛阳）合称“五京”。唐之晋阳城，周 42 里，由西城、中城、东城三部分组成，以西城为核心：西城即春秋时董安于营建之古城，在西晋时就已经有周 27 里的规模；东城始筑于北齐清河四年（565 年）；中城始筑于唐嗣圣（684

年）至神龙（705–707年）间，跨汾水接东西二城，汾河贯城而过。

五代十国动乱时期，先后有晋、后唐、后晋、后汉、北汉等政权以晋阳为国都或陪都。至宋太平兴国四年（979年）太宗赵光义平灭北汉，下令火焚晋阳，次年又引汾水倒贯废墟，有着近1500年历史的晋阳古城毁于一旦。

素有“九朝古都”之称的晋阳城虽已湮灭，但太原地区作为区域中心的地位仍然存在。鉴于太原地区是向北抵御外族入侵的边防要地，宋太平兴国七年（982年）重将州治迁回，并在原晋阳城东北唐明镇的基础上新建太原城；嘉祐四年（1059年）又升为河东北路首府。

明洪武三年（1370年）朱元璋封三子朱棡为晋王，太原的政治地位随之更显重要，并得到大规模的扩建，城市形制与规模堪称鼎盛，与北京、西安同为大明王朝疆域北部的三大区域中心城市。

其后的清代和民国，太原仍为山西省会，城市的结构变化皆不出明太原城的已有基础，即：宋太原城的新建和明太原城的扩建是整个太原城发展过程中最重要的两个节点。

宋太原城位置大约在明太原城的西南隅，由子城和大城（也称罗城）组成内外两重城的格局。大城筑四门，但未相互对应布置，致使穿越城门的四条主要道路均呈丁字相交，当地人传说是宋太宗特意为之，新城道路全部修建成“丁”字形，寓意着“钉”死龙脉。[45]

明城在宋城基础上扩建，洪武九年（1376年）朱棡的岳父永平侯谢成负责晋王府的兴建，择址于宋太原城外东北空地。王府布局仿京城宫殿，前朝后寝，并有萧墙内外之分。

与晋王府建设同时，亦开始对太原城进行扩建，西面城墙位置未动，往东、南、北三个方向扩展，并将新建的晋王府包入新城。扩建后城市道路格局的形成受两种因素的影响：晋王府的出现和宋太原城的已有道路。除晋王府外，对整个明太原城市格局有重要影响乃至掌控作用的，非位于大城几何中心稍偏西南的钟、鼓楼区域莫属，以之为中心，各城市功能区拱宸环绕。

很显然，明初太原城的大城扩建和晋王分封，其实是一次政治意义重大的事件，其影响仅仅辐射到城东的新城部分，除此而外的自下而上生长起来的城市结构并未发生根本的变化，而是处于平缓渐进的状态，太原城的地方政府机构、宗教祭祀建筑及市场等仍然集中于宋太原城的范围之内，钟、鼓楼的建造亦不例外。即：明太原城呈现出东西两部分截然不同的特征，西部依托宋太原城的基础，完备了地方府城几乎所有的政治和经济功能，而东部则主要受控于新建的晋王府。

明以后的太原城市格局较为稳定，只是由于政权的更替，在城垣的构成方面发生了两次较大的变化。清顺治六年（1649 年）在太原城西南隅开建满城，地近汾水、取水便利是重要原因。但汾水亦使洪患频繁，如光绪十二年（1886 年）的水决东堤，城西一带积水丈余，满城内屋多倒塌，满族居民和旗兵只好迁居暂住府城贡院，后由巡抚刚毅奏请于府城东南隅别建新城，唤作“新满城”。与之对应，清初所建满城就被称为“旧满城”。至此，太原城形成了大城套三城的多重城垣并存的格局。民国初（1912 年 –）三城均毁，仅余大城城垣一重。

值得一提的是，历史上的城市经营者为“改善风水”“兴太原文风”，在府城东南和西北方向的山上分别建造了永祚寺双塔和多福寺舍利塔，以此两组高耸物为端点，建立起以 45 度对角穿过太原府城的“风水轴线”。在这条轴线覆盖的范围内，后代又陆续建设了一系列城市重要公建如钟楼、鼓楼、关帝庙、开化寺、文瀛湖等，府衙的坐落亦与此轴相合，使之在前后相继的经营中不断强化。

这样一条轴线并无相应的交通空间与之对应，而是仅存在于市民的视觉或是心理感受之中，但它包含着重要的城市历史空间信息，太原府学文庙也在这条神秘的 45 度线上。

宋建太原城时建文庙于旧城东南隅，景祐间（1034–1038 年）于庙旁建府学，庙与学异门并置，宋末并毁于火灾。金天会九年（1131 年）耶律资让改建于北门正街（即明清之三桥街），其址为后来沿用，元末殿宇毁坏殆尽，明洪武三年（1370 年）于原址重建。基本布局为前庙后学，中轴线上由南往北依次为棂星门、泮池、戟门、大成殿、明伦堂，大成殿之前主要是文庙，大成殿之后是以明伦堂为中心的学宫部分。棂星门内东为名宦祠，西为乡贤祠，大成殿两侧有厢房数间。明伦堂左右各有两斋房，名曰时习、日新、进德、修业，明伦堂后明时为师生廨舍，清时改建为尊经阁。

晋源

2007.07.28
2010.08.29-09.01
2012.02.23

明清时候的太原县，如今是太原的晋源区，县文庙也已完成修缮，特别是大成殿内梁架的呈现反映出清楚的时间痕迹。我匆匆呆了约半个小时，看天色尚明，咬咬牙继续赶路，再奔祁县。落寞的背影后有一个叫做命运的家伙在暗暗冷笑："你不会想到，三年后你会再次和这座县城相遇，紧紧地联系在一起长达四年，甚至这城里的每条狗都认识你。"真是造化弄人，可那时那地的我，又怎是先知先觉此时此地写出以下文字的我呢？

晋源，顾名思义，三晋之源。宋毁晋阳城后，直至洪武四年（1371 年）汾水水患冲毁其东岸的平晋县城，县令潘原英迁县治至汾河西侧的晋阳古城旧址南部，八年（1375 年）改为太原县。汾河东侧总体呈西高东低之势，水往低处流，一旦汾河发生水灾，首当其冲的就是平晋县城。汾河西侧地势高，不易受汾河水患的影响，且西侧有晋水流经，水源为出自悬瓮山的泉水，流量稳定，无水灾之患。晋阳的城市用水就取自晋水，唐时还曾架设输水渠，引晋水致汾河东侧的城市。如此，城址迁至汾河西侧，既能利用晋水这种优质的水源，同时又能避免汾河的水患，实为建城的理想之地。

既选址于汾河西侧，还需选定城市的确切位置，这一过程则体现了对风水观念的追求，《道光太原县志》中所绘的县治图清晰地表达了这一意象。太原县城西面的西山，山形蜿蜒起伏，群峰耸拔，古时已有北面系舟山为龙角，南面的龙山、天龙山为龙尾的说法。城以龙脉尽头的龙山，北侧的太山为青龙山，南侧的悬瓮山为白虎山，青龙和白虎山左右围护，成辅臂之势，藏风聚气，南侧汾河蜿蜒流过，呈半月状，符合环抱基址之象。再以县衙为点穴之处，且城市并非正南北朝向，而是略向西南倾斜，保证轴线正冲龙脉。

晋阳城曾经的辉煌随着宋初的火烧水淹已烟消云散，但这段历史却深深地埋在人们的记忆里，当有机会重建一座城池的时候，选择在古城遗址之上，也是渴望延续晋阳古城辉煌历史的一种表达。其实，即便是晋王府建设之初，也曾选址在晋阳古城之上，据《万历太原府志》载："洪武四年（1371 年）古城修建，晋府宫殿木架已具，一夕大风尽颓。"这种不吉的征兆使其不得不另择基址，迁到太原府城。

当地还有一则传说，太原县城的北门为凤首，瓮城门洞朝东，代表凤首向东顾盼，有"丹凤朝阳"之意，瓮城内道路南北各有水井一眼，象征凤之双目。东西瓮城门洞皆向南开，如凤之双翼。南门为凤尾，直指南方，城外建有巍峨高耸的宝华阁，象征高高翘起的凤尾。四条大街交汇于十字中心，凸起的好汉坡象征凤的腹部。[46] 其实，在中国遗存的传统城市中，称为"凤凰城"的就有十几座之多[47]，多为明清时期遗留至今。大体分为三种类型：

其一，因远古传说得名，多是图腾崇拜的残留附会。如山东的聊城、临沂、高密，均有龟驮凤凰城的传说，多因该地区古为东夷之地，东夷各族图腾为凤鸟，故直至明清故城仍有凤凰城附会之说。

其二，因山得名。如广西南宁因境内有凤凰岭，山西中阳因依托凤凰山而建，皆称凤凰城。

其三，多为像形之说。如山西大同、河北唐山等，太原县城正属于第三种。

凤凰文化在中国由来已久，最初起源于远古的关于凤鸟的图腾崇拜，在诗经中已有所记载，在其漫长的演化过程中到唐代达到了兴盛，常将京城称为凤城、凤京、凤凰城或是丹凤城。晋阳古城的发展在唐代达到顶峰，称为北都，亦有"凤凰城"的美誉；建立在晋阳古城遗址之上的太原县城的"凤凰城"之谓也正是继承于此。虽然"凤凰城"之称并不严谨，但却代表了当地民众的文化需求和美好的愿望，城市构成要素也因此附加了文化内涵。

总体上讲，明代太原县城城市形态的形成体现了官方意志的主导地位，并具典型性。方正的城垣形态，十字街的街巷格局体现了礼制思想，县衙、布政分司、察院、按察分司、儒学等行政管理机构占据了城市东北片区的大部分面积。宗教祭祀建筑也以官方构建的信仰体系为主，如城隍庙、关王庙、东岳庙等，虽也有五道庙、八蜡庙、文昌祠、赵襄子庙、观音庙等民间信仰的祠庙，但不论是在规模上还是在所处的城市位置上，都无法与官方信仰机构相比。这些体现官方意识形态的公共机构占据了城市的重要空间，控制着城市的空间形态。

此外，还有三座标志性建筑，即鼓楼、宝华阁、观音阁。鼓楼所在的县衙前成为城内最繁华的集市之地。而宝华阁所在的南关，更因多组信仰建筑的存在，成为太原县城重要游神集会的所在地。县城内二层的民居是少见的，因此，鼓楼、观音阁、宝华阁作为竖直的体量在视觉上是突出的，这三个建筑物很巧妙地均匀分布于城中，鼓楼坐落在城市轴线的近乎中心的位置，观音阁及宝华阁则分别位于东西、南北轴线的尽端，形成视线上的呼应，强调了城市的坐标与方位。

而在城垣的增建过程中，四关瓮城上城楼、东南角角楼的建设更加丰富了整个城市的天际轮廓线。且每个城楼中分别供奉不同的神祇，这些专司其职的神祇，几乎囊括了民众农业生产、日常生计、进仕取财等在内的所有愿望与诉求。整个县城信仰体系的构筑物成为城市空间中位置最为显赫、密度最大的构成元素，借由包罗万象、法力无边的信仰体系营建，太原县城亦成为周边地区当之无愧的信仰中心。

太原县城内的文化教育机构分为官学和私学两种。官学以县学为主体，同时还有如阴阳学、医学等专科学校，私学则为民办的书院。明代注重在地方设专科学校进行阴阳学、医学教育，并有专门的职官负责管理，清代则俱废。

县学在县衙以东，设有教谕和训导等职官，县学教谕、训导多为举人出身。建城之初，县学建设是县之大务，比县衙尚早两年，且有自己的学田，通过收取租金以供束修膏火之费，为前庙后学的布局，共有六进。中轴线上由南至北依次分布有照壁、棂星门、泮池、大成门、大成殿、明伦堂、敬一亭、尊经阁，前半部分为文庙，以大成殿为主体；后半部分为学宫，以明伦堂为中心。

文庙前的东街上有牌坊两座，分书“德配天地”“道冠古今”。棂星门西侧为学之外门，后改于东侧。大成殿前有东西厢房，东侧为神厨、宰牲房及库房，西侧为名宦祠、乡贤祠、忠义孝悌祠。殿东为崇圣祠，为供奉孔子先人牌位之处。明伦堂前有东西斋房各五间，东曰时习，西曰日新。敬一亭前有东西房各三间，为生员号房。尊经阁前有东西房各三间，为教谕宅。明伦堂右侧院落为训导宅。射圃、观德亭明代在学后，清代改于儒学东。

祁县

2007.07.28

一入祁县县城，就看见“昭馀古城”的牌坊，此地历史上也是个流金淌银的所在。步行街当是沿用老城主街为之，人头攒动。金大定十五年（1175年）祁县知县傅弼始建县学于城南街东巷，即小东街之羊市坡，明嘉靖二年（1523年）巡按御史王秀檄、县令杨本源将之迁建于城西南隅一座荒废的佛寺内，即今祁县中学所在。

中学入口是长长的卷棚，看门大爷死活不让我进，不得已拿出破烂的日记本，哭诉着一路行知的苦楚来打动他。总算放行，入内才明白大爷是个忠于职守的好同志，明明是暑假，学校内却灯火通明，原来孩子们还在埋头苦读，难道这就是省重点的教学特色？

文庙大致轮廓尚好，存有泮池、状元桥、大成门、大成殿、东西两庑等建筑。看见有些学生散点在其内或读书或讨论或冥思，倒是心生感动，谁不是这么过来的呢？古时候官学里的儒生可比现在苦多了，如此看来，文庙又具有了现世关怀的作用。有二事须提：其一，这棂星门恐是毁掉了，补了一个，不过也请认真点，别弄得跟纸板似的，又不是庙会唱大戏；其二，大成门前的两排树，密密匝匝，倒是头一回见到，难道是喻示着原本应该横排在大成门屋檐下的戟门吗？

戟的数量是个等级的象征。据（宋）王溥《唐会要》卷三十二《戟》：唐“玄宗天宝六年（747年）四月八日改仪制，庙社门宫殿门，每门各二十四戟；东宫，每门各十八戟；一品，门十六戟；嗣王郡王右上柱国柱国带职事二品散官光禄大夫已上镇军大将军上各司职事品及京兆河南太原尹大都督大都护，门十四戟；上柱国柱国、带职事三品上、护军带职事二品若中都督上州上都护，门十二戟；国公及上护军带职事三品若下都督中下州，门各十戟。”该时唐长安国子监孔庙周以宫垣，有二门：正门在南，为门屋、三间，饰朱色，悬“文宣王庙”额，列十戟，规格并不高。北宋建隆三年（962

年）诏“国子监庙门立戟十六，用正一品礼”[48]，比之于唐，规格大升，至末期的政和元年（1111 年）又升为二十四戟。

先前潞城部分提到了“中国国保”的博客，这位先生真是看了不少山西的好东西，祁县文庙也有记载，还特地提到了其祖上于清道光十九年（1849 年）被录取为祁县县学“佾生”的录取通知书，名曰“执照”。并戏谑其来中学报道的儿子：“就凭你的成绩，只能从旁边的石桥上通过。中间的那座桥，在整个祁县历史上，都没几个人走过！这个池叫泮池，俗称学海，所谓‘学海无涯’指的就是这个池。只有那些任何一次考试都是第一名的学生，才能走中间的桥！”

那就说说这个泮池。历来溯源泮池涵义及其形制，必征诸《礼记·王制》，其文曰：“天子曰辟廱，诸侯曰頖宫。尊卑学异名。辟，明也。廱，和也。所以明和天下。頖之言班也，所以班政教也。”[49]（元）陈澔《礼记集说》代表了绝大多数的观点：“汉代儒者注经，以为辟雍水环如璧，泮宫半之，盖东西门以南通水，北无水也。”（清）戴震《诗考正》则与之不一：“鲁有泮水，作宫其上，故他国绝不闻有泮宫，独鲁有之，泮宫也者，其鲁人于此祀后稷乎？鲁有文王庙称周庙，而郊祀后稷，因作宫于都南泮水之上，尤非诸侯所得及。宫即水为名，称泮宫。”张亚祥先生亦对泮池作深入考论，且持（清）戴震观点。在汉代儒生对泮宫作解之前，史料中除了鲁国有泮宫以外，其他诸侯国和郡国皆无泮宫的记载，最早的其他泮宫的出现是三国时期的曹魏，建安二十二年（217 年）“作泮宫于邺城南”[50]，张氏推断：曹操在东汉后期兴建泮宫是受汉儒注经的影响，以泮宫作为诸侯之学。

《礼记·明堂位》曰：“米廪，有虞氏之庠也。序，夏后氏之序也。瞽宗，殷学也。頖宫，周学也。”[51]说明鲁城学宫有四处，米廪、序、瞽宗、頖宫，前三者分别仿自虞、夏、商三代，后者为周人所创。[52]《礼记·礼器》又云：“故鲁人将有事于上帝，必先有事于頖宫。”[53]頖宫是具有祭祀和教化功能的礼制建筑，类同辟雍，囿于诸侯身份，等级次之。对于《礼记·王制》的规定，（东汉）郑玄注为“頖音半”，而非“頖”通“泮”。诸如此般，皆似以“頖宫”为诸侯级礼制建筑的指称。但（东汉）许慎《说文解字》不载“頖”，只见“泮”，（清）段玉裁的解释为“盖因礼家所制，许不取也。”[54] 以许氏考察古字古法的态度，又似应以“泮宫”为圭臬。

《诗·鲁颂·泮水》赞颂的是鲁僖公率师讨伐淮夷之前，往泮宫“受成”及班师返还之后“告克”的情形，据之，有泮宫、泮水及泮林，生长有芹、藻、茆等水陆植物。又据《水经注》：“（灵光）殿之东南，即泮宫也。在高门直北道西。宫中有台，高八十尺，台南水东西一百步，南北六十步，台西水南北四百步，东西六十步，台池咸结石为之，《诗》所谓思乐泮水也。”[55] 可知，鲁国泮水环泮宫西、南，呈曲尺状。观之宋刻“鲁国图”，此制尤见。

今曲阜泮水尚存，只是仅剩原台南水，且规模缩小。[56]（东汉）许慎解“泮”字：“诸侯飨射之宫；西南为水，东北为墙，从水半。”[57] 是否受鲁国泮水形制的影响，未为可知，但的确与之极为相似。（唐）孔颖达疏《礼记·王制》云：“頖是分判之义，故为班。于此学中施化，使人观之，故云‘所以班政教也’。按《诗》注云：‘土廱水之外圆如璧。’注又云：‘頖之言半，以南通水，北无也。’二注不同者，此注解其义，《诗》注解其形。于此必解其义者，以上云‘天子命之教’，是政教治理之事，故以义解之。《诗》云：‘王在灵沼，于牣鱼跃。’又云：‘思乐泮水，薄采其芹。’皆论水之形状，故《诗》注以形言之。”明显是将鲁国泮水的形状比之诸侯级的理水规制，孔氏为唐人，不出汉儒桎梏，亦不意外。

另据曲英杰先生考证：东汉桓帝永寿间（155–158 年）鲁相韩敕整修曲阜孔庙，将庙屋之前的池塘浚深，呈四方形；灵帝建宁二年（169 年）继任史晨因水池不畅，修通围墙西侧大沟，使池水西流出庙墙，再折而南，注于护城河（汉鲁城南垣西部与明清曲阜城南垣重合，其护城河即今曲阜仰圣门外护城河）。[58] 可见，早期曲阜孔庙的水池设置并无规制约束，乃据实际状况而定；流向虽自西往南，与鲁国泮水相似，恐以巧合解之更为妥帖。

此外，古之学设水尚有如此释义："古人立学于郊，所以均四方之来观者，必节以水。又思观者不可亵玩焉，故辟雍之制，水润乎学，学临乎水，水济以桥，桥表以门，固自有次第也。"[59]诸侯级身份的"泮宫"若同样需要节观者以水，就只能"视辟雍之半"了，否则，难免僭越之嫌。比照历代都城文庙泮池的无置，"泮池"这一构筑物形式，最突出作用在于担责了地方文庙次于中央的等级表征，即"合于頖水之规，次于辟雍之制。"[60]

综上，泮池的形制渊源颇为迷离，与其纠缠于"頖""泮"或上古"泮宫"理水规制之有无，毋宁将后世文庙中泮池的设置及表现形式视为向孔子及鲁国传承周礼致敬的表意符号——无论是半圆形泮池与鲁国泮水的相似，抑或采芹亭之类的命名。

最后，再次感谢看门大爷的放行，索性再赶往平遥！等车时分，一男子与我热情攀谈，是推销新飞电冰箱的，可乐的是我还特地回了他一句："新飞广告做得好，不如新飞冰箱好。"

平遥

2007.07.28-07.29
2010.08.28-08.29

告别“新飞冰箱”，夜色正浓，抵达平遥时只依稀望见厚厚的城墙。幸有朱光亚先生新收的两位研究生周淼和王新宇在远远的路灯下挥手相迎，倍觉温暖。他们是来参与修城墙的,虽尚未入门已做门内之事。入住进食，已经说不上是晚饭了，权当夜宵，一路行来最为酒酣的一次，还有西瓜下酒。

与前述正定文庙类似，平遥文庙亦为改佛寺为之。2002 年北方古建筑考察即拜访过，记得当时的大成殿还是中学活动室，操场也曾留下打篮球的汗水。今之一见，感慨世事变幻。原中学已经迁出，一个后人再造的所谓“中国现存最早，平遥规模最大”的古建筑群横空出世，巨大的金代遗存的大成殿里，儒、释、道一字排开，各显神通，干什么？算命！不过，不信归不信，三年后带学生测绘山西古村镇，结束后带到平遥休整，也是这个季节，却发生了两件令我终生难忘的事，与责任有关，与尊严有关，与教育有关！

其实，若是明了历史上平遥文庙及整个县城的诸多祈祝文运的招数，大殿里这群奇奇怪怪的人估计就没有忽悠的空间了。

明万历二十六年(1598 年)平遥文庙整修,改凿泮池于棂星门外,竖坊曰“鲲化天池”，又铸龙以通风水，四十五年（ 1617 年 ）又“泮池移之门内而古制复”[61]。明清地方文庙泮池的位置、形式等皆千变万化，或基于文庙所在的地理概况，或不同地域的时人认知。前者如：利用基地周边原有水系，或以之为“泮”，或架桥其上，或凿池与整治原水并重等；后者即如平遥文庙，乃因时间或人物的变化而带来了泮池不同位置的变迁。

再者，大成殿后壁硕大的“魁”字，据闻乃文天祥手书，清乾隆三十八年（ 1773 年 ）临摹于此，他日若有状元及第者返乡拜孔，可手除之，即所谓“状元夺魁”；其北又建“龙门坊”，则无非“跃龙门”的附会，乃今人所为。

三者，位于平遥城墙东南角的魁星楼，创建于清康熙三十九年（1700 年），同治十二年（1873 年）重修；楼身通高 24 米，上下双层，底层砖砌，正中辟有拱券式通道，旁设砖台阶盘曲而上，顶为八角攒尖、满布琉璃瓦，造型精巧有加，光彩夺目，佑文风昌盛。

平遥县学布局亦较为特殊，文庙居中，左右为东学和西学，有学者认为“这种布局方式非常少见，是前庙后学向左庙右学过渡时期的产物。”其实不然，中国古代建筑的空间组成特点是水平延展，由多条纵向轴线组成，孔庙的庙学布局亦不例外。如果单纯从院落组合的视角考量，轴线可以无限扩展。但若基于庙学布局方式的参照标准，则统领空间的主轴线只有二种：庙学轴线（前庙后学）、庙轴线 + 学轴线（左庙右学、右庙左学）；而其他轴线仅为孔庙的辅助，且变数颇为可观。此点乃认知文庙空间组成的基本，须作正听。

虽有个别特殊者，则只能算作变形，概其为五：其一，云南建水一庙两学，看似“中庙旁学”，实则西为府学，东为县学，二学共用文庙，西安的一庙三学亦如之。其二，天津亦为府、县学并立，府学在东、县学在西，二座文庙在中间，但庙各有专属，即府学左庙右学、县学右庙左学。其三，部分庙学为追求对称，于庙两侧分别建明伦堂及训导署（宅）或教谕署（宅），或是庙后建明伦堂，庙两侧分建署（宅）。其四，庙两侧分别为学和书院或文昌祠等，如甘肃武威的原凉州府学东为文昌宫，但书院、文昌等并非国家礼制规定的学校组成部分。其五，福建同安县学庙庭在中间，西为泮池、牌坊，东为明伦堂，原因为扩建文庙，因庙前城墙横列，无法前扩，遂西扩，但仍应视作右庙左学。[62]

亦有学者认为左庙右学、中庙旁学是广东地区庙学的主要组合形态，所谓“中庙旁学”的依据为：南海学宫在清康熙间（1662-1722 年）为左庙右学，至乾隆间（1736-1795 年）建成以西学署、孝悌祠、乡贤祠为轴线的右路建筑群，遂成中庙旁学，且番禺、揭阳、顺德、长乐、新会、增城、澄海等地皆如之。[63] 若论点成立，则庙学布局方式的变数就不是以个位数计算了，盖因忽略了庙、学各自组成的最核心要素乃为大成殿和讲堂。据之亦明，确定庙学布局方式的参照标准何其重要！

北京国子监孔庙前有南学，乃为清初扩大教学区加建使然，附属于原有左庙右学，非为前学后庙。不过，后者在朝鲜却比较常见，但似无定制。而日本古代学校的形制虽简单，但庙学布局关系却复杂多变，且大都学大庙小，庙多偏处一隅。

除上述四种布局外（包括朝鲜的前学后庙），尚有：庙学分立、中庙旁学、侧庙正学、正庙侧学、庙主学附、庙学一体、庙在学内、有学无庙（有祭孔仪式或无）等[64]，其自由度颇类似于中国古代书院设置的文庙。[65] 日本不似朝鲜对于中国的附属关系，如科举的缺失，对孔圣的膜拜亦更具自主性，庙学布局游离于华夏制度的约束之外，即为一证。

引发我兴趣的是：孔祥林先生以荻藩明伦馆的“圣堂在中，西为文学，东为武学”列举日本的“中庙旁学”，那么，中国古代地方城市的武学设置，与庙学关系如何，是否亦有“中庙旁学”的遗珠？

据唐玄宗开元十九年（731 年）《立齐太公庙制》云：“宜令两京及天下诸州各置太公尚父庙一所，以张良配享。”[66] 可知武庙的建置地点在两京及诸州，不达于县，普及程度不及文庙。且后世的武庙时兴时废，武学所附亦居无定所。

至南宋孝宗淳熙六年（1179 年）有奏章略曰：“国家留意人才，文武并用，故有太学，有武学。今州郡莫不有学，起居饮食，月书季考，惟文士耳，习武举者一无所豫，甚失国家并用文武之意。乞诸路提学诏所属郡庠增辟一二斋，兼养武举之士。”上可其奏。

但武学仅附于地方庙学。如台州学，旧规“东则宗学，西则县学，后又由县学之左创经武一斋，寻废。”淳熙九年（1182 年）“郡侯遵奉明诏，属有司相厥攸居，于是即经武之旧庐，拓旁吏舍而广之，设为二斋，左曰备文，右曰辅德，又于教官廨舍后隙地辟射圃，缔亭其上，榜曰立德，盖亦循其故址而锸筑薙茨焉。会秋仲月，诸生应补者五十余人，采其文理之优者听入。月书季考，一如造士之法；讲肄射艺，旬日亦有常程。州郡选戎官之精贯武技者为之训导，给民没官之闲田以资其廪饩。”[67] 文武二学皆有讲堂，该学可能就是“中庙旁学”的格局。但关于此类文武学或其他多学（如算学、医学等）并立的记载甚为稀见，或在历史的断面中确有“中庙旁学”的存在，但也早已湮灭于时空的长河中了。

金庄

2007.07.29

相约二位师弟往平遥乡下金庄而去，一路细雨蒙蒙，倒也清凉。与两天前在潞城看的李庄文庙类似，这金庄文庙也是元代乡村级别文庙的代表，始建于延祐二年（1315 年）。现场正在大修，其实是后建，为求形制完整，走了民居路线，明伦堂在大成殿前，较为独特。惜未得入大成殿一窥据传是元代的儒家造像，引为憾事。

据《山西古代彩塑品赏》载：金庄文庙大成殿内塑有孔子及四圣十哲等彩绘泥塑。孔子像高 1.75 米，额头高大，双目深陷，鼻头突出，嘴唇厚阔，门牙外暴，脸色黝黑，面形十分奇特，暗合古代所谓“异人之相”。根据造像风格与庙内碑文、题迹分析，这尊孔子像是与大殿建殿时同期的作品。儒教重伦理学问，以儒学思想和诗书文字教化世人，不像佛教专重造像，明朝还曾禁塑过孔子像，因此，中国现存古代孔子塑像极为少见，目前国内文庙的孔子像多为当代新塑，平遥金庄文庙这尊孔子彩绘泥塑可说是中国现存古代彩塑中极为罕见的，在史学界有极高的历史和学术价值。

儒家造像大约发轫于两汉，发展于魏晋南北朝，至唐宋为盛，明中叶以后渐衰；经过了唐开元前（-713 年）的孔子、颜渊，此后及两宋的孔子、十哲，元明清的孔子、四配、十哲几种主要型制的变化。孔子和二弟子的型制，南北朝以后已稀见；孔子和十弟子的型制到唐以后的儒教造像成为主要形式。南北朝佛教雕塑兴盛，佛像中有一佛二弟子，一佛十弟子的题材，孔子和二弟子、十弟子的塑像型制，可能是移植了佛教作法。[68] 若推论成立，则不难理解两庑建筑的缺失，恰反映了初期的文庙崇拜中，尚留有模仿具有众多偶像宗教的痕迹。不同在于：佛家强调轮回，主佛居中、次佛环伺，且朝拜顺序有章，如佛寺大殿的建筑平面常采金厢斗底槽以适应敬者的环游路线；而孔位空间须广大，又常用移柱或减柱法。

宋太祖登基翌年，即建隆二年（961 年）增修国子监，亲撰《先圣赞》《亚圣赞》，十哲以下则命文臣分赞，塑先圣、亚圣、十哲像，画七十二贤及先儒二十一人像于东、西庑之木壁，不似唐长安国子监孔庙群祀一堂的状况，两庑建筑已经出现，祭殿不再孤零零伫立于院落之中。

神宗熙宁间（1068-1077 年）“春秋释奠，以孟子配食……自国子监及天下学庙，皆塑邹国公像，冠服同兖国公”，孟子遂与颜子并配。曲英杰先生谓“左为颜子，右为孟子，成一字形排列”。但直至南宋末的咸淳三年（1267 年）诏封曾参郕国公，孔伋沂国公，配享先圣时，大成殿内四配仍未东西分列，而是全部居于孔位之东、面西，以北为上。[69] 北宋孟子配享时，可能只是位于颜子次位，俱在孔子之东。

徽宗崇宁初（1102 年 -）国子监丞赵子栎上言：“唐封孔子为文宣王，其庙像，内出王者衮冕衣之。今乃循五代故制，服上公之服。七十二子皆周人，而衣冠率用汉制，非是。”遂将七十二子易以周之冕服。后再纳国子司业蒋静言：“先圣与门人通被冕服，无别。配享、从祀之人，当从所封之爵，服周之服，公之衮冕九章，侯、伯之衮冕七章。衮，公服也，达于上。郑氏谓公衮无升龙，误矣。考《周官》司服所掌，则公之冕与王同；弁师所掌，则公之冕与王异。今既考正配享、从祀之服，亦宜考正先圣之冕服。”[70] 于是增文宣王冕为十二旒，手执镇圭，如王者之制。宁宗庆元三年（1197 年）“将形大礼，而内府无圭”，居然借国子监文宣王玉圭用之[71]，亦证此制。

宋时理学昌盛，亦兴考据，对于大成殿内设，学者时有议论：宋以前文庙祭祀，供品设于地，后苏轼提出异议，“土木之像巍然于上，而列器皿于地，是使鬼神俯伏匍匐而就……是甚义理，位高奠卑，古人所讥。”[72] 朱熹则认为庙中孔像置于椅上或台座均不合于古礼，应当是席地而坐，其在白鹿洞讲学处所设礼殿即用坐式。其又谓：庙中孔子塑像改为南向与古礼以东向为尊不合。项安世为越州府学教授时重修孔庙，将颜子塑像置于庙西墙、东向。朱熹闻知，责备此乃古时先圣位，颜位设此，于古法、今制均不合，极为不妥，项安世遂重置颜位于东墙、西向。[73]

“古人席地而坐，登席则去履袜。”据《左氏传》“褚师声子袜而登席，卫侯怒其无礼。”“如簠簋豆笾，高不踰尺，便于取食。”当世“夫子庙像，巍然重生，而祭器乃陈于地，殊觉未安。”罗大经根据“郑国列子庙，见其塑像，以石为席，而坐于地”，认为“先圣像设亦重仿此。”[74] 又见岳珂《愧郯录》言：成都府学所藏汉时礼殿石像及蜀地先圣先师木刻像，均为席地坐式，认为应当照此改正。或由于古今时俗相差太大，不易被普遍接受，而终未能改。[75]

至于宋人的诘问：“古者王位东向，配位南向。今之先圣、先师则位向皆相背矣。古者席地而坐，用簋而食，今之塑像图形则高下不相接矣。凡此者近世学校习矣而不察，考焉而未详。”[76] 则过于纠缠于考据，毕竟历史车轮是滚滚向前的。儒、释、道在众多层面皆有借鉴和融合，体现在文庙中，则如：佛教影响在于偶像设置方式类同及装饰题材选用佛家故事、万字符等；道教则表之于棂星门、魁星阁、奎文阁、文昌阁等。但三者本源不一，两庑的设置是否亦为廓清儒家祭祀与其他宗教之间界限的建构方式？

静升

2007.07.29

2009.08.26-09.02

山西与搞古建筑的人总是脱不开关系的，之前讲到与太原县城的数年纠缠，而此地在 2002 年北方古建筑考察时就来过，不过只看了王家大院，那时还没有看文庙的意识；此次却对近在咫尺的王家大院视若无睹，只看文庙；哪知两年后又故地重游了，不过不是匆匆掠影，而是带着学生们测绘文庙了。

静升古称“旌善”，距今可考的历史已有三千余年。早在唐宋时期就繁华一时，明清时由于晋商崛起而达到鼎盛，形成了“左文（文庙）右武（关帝庙）”的古村落格局。明清两代实行里村制，其中静介里据城东 30 里，辖静升、旌介等村。在历代县志中，静升所属的里有旌介与静介两种叫法，旌介村现存的《重修西宁堡外门小记》碑上有载：“予村地居绵麓，区属旌善故村”，似可见早先静升镇或有旌善之称，而静升则可能即旌善转音所成。其实无论静介、旌介、旌善都是当年为旌表春秋晋国名士介子推而来的。

静升是一个移民聚落，绵延至今的宗族结构大致形成于元末明初。从元代中期开始到中华人民共和国成立初，静升村的发展前后经历了四个阶段。

元大德七年（1303 年），在山西洪洞县赵城镇发生八级大地震，对山西全境造成了严重的破坏，静升亦不例外。元末，静升已经从大震中恢复了元气，后土庙修复一新，文庙也宣告落成。至此，已经具有一定规模，文庙与后土庙也基本界定了静升西侧的格局与范围，然而对后期发展来说，此时尚属草创时期。

明初大规模的移民活动对静升的发展产生重大影响，张氏和孙氏在此时迁入，很快，张氏发展成望族，其族人所居的张家巷也是年代最久远的里巷。而孙氏所居里巷冠以孙家巷之名，而其所处的冲沟也叫做孙家沟。同时，西王氏在明代的长足发展为其后的兴盛奠定了基础。随着人口渐增，西王氏在扩展拥翠巷的同时，又相继于现在的锁瑞、里仁、拱秀、钟灵诸巷建起了住宅区。自明末起，静升村民便已着手修造堡院，保留至今的许多巷口也在此时初具雏形。随着营造工作的逐步深入，静升格局也发生了重大转变，开始由一个普通的北方乡村演为聚族而居、具有浓厚防御特征的堡垒式聚落。

清初到清中叶，西王氏的繁盛发展再次影响静升布局的改变，西王氏族人展开了大规模的营建活动，主要致力于扩建和完善已有里巷，以构筑巷门和围墙为主。里仁、拥翠、锁瑞、钟灵、拱秀诸巷就是在康（1662–1722年）乾（1736–1795年）年间形成现有格局的。富足的家庭更倾向于择地新建堡院，以摆脱杂乱无章的里巷，获得更加理想的居住环境。于是，崇宁、凝固、恒贞、拱极、和义、视履等堡院便先后于雍正（1723–1735年）至嘉庆（1796–1820年）初年创建完毕。到了嘉庆中期，在经历了大规模的营造与融合之后，静升基本形成了现在的规模。

清代中叶到中华人民共和国初期，经历了旧时代的终结和新时代的来临。虽然，静升没有大规模的营建工程，但人口膨胀和随之而来的人口流动却为商业发展带来契机。商人游走四方的经历直接影响到住宅形式的改变。在清末民初建造的一些住宅中可以明显看到中西文化碰撞与融合的印记。

由于是在传统宗法制社会中形成的具有商业集镇雏形的传统杂姓移民聚落，静升的区域划分明显，由北向南可分为茔地区，居住区，商业及崇祀区及农耕区。

北山为当地制高点，其他均为黄土台塬，其中许多台塬顶部均有茔地，遂构成静升最北向的茔地区。该区以位于鸣凤塬上的西王氏祖茔规模最为宏大，至清乾隆间（1736–1795年）面积已达300余亩，可惜此茔区毁于“文革”时期。

茔地以南就是居住区，居民多沿北塬之南麓，小水河北岸兴建宅院。“九沟八堡十八巷，一条大街五里长”是对静升格局的通俗表述。一街指的是贯穿全域的东西大街。沟，即冲沟，通常是黄土塬受到侵蚀的结果，均为南北走向，沟侧多有住宅，沟内铺设石板构筑的排水渠，在雨季起到泄洪的作用。明末清初的兵变战火，使散居的百姓深受其害，相邻乡亲纷纷联合宅院，并于临街处高筑巷门以图防卫自救，且可出行方便，形成了十八个里巷。这些里巷都拥簇在东西大街以北的缓坡上，不少巷门就设在东西大街北侧，为了突出防御功能，巷门往往不只一道。堡是里巷的升级，其内部规划严整，对外具有周密的防范措施，就像一座微缩的城池。堡墙是抵御外敌的防御工事，做法也同城墙一般，外壁倾斜，兼设马面。

东西大街两边分布有各宗族的宗祠、坊表、各类庙宇及诸多商号和作坊等。街道及建筑构成了静升的第三部分——商业崇祀区。宗祠是传统宗法制社会下乡村聚落的核心所在。现村内尚存多座宗祠，多数临街而建，个别位于居住区内。与传统的纯农业聚落不同，静升至清代中叶商业已相当发达，至清末已逐步向小规模商业集镇发展，并成为周边诸村的物资交流枢纽。

商业及崇祀区以南便是静升的主要农耕区，除拱极、和义二堡及若干庙宇外均为农田。此处属静升河冲积滩地，历来是灵石县重要产粮区。静升河三条支流流经此处，在村西龙王庙西南合为一支，流入尹方村，最终于城外汇入汾河。

镇上的文庙又是一处元代的贡献，就在著名的王家大院脚下，兴建于元惠宗至元二年(1336年),至顺三年(1332年)开工,历时四年到至元二年(1336年)落成，经明清及民国年间多次维修，现存为元明建筑。院落现存三路，中路为主体,依次分布有影壁(万仞宫墙)、棂星门、泮池、大成门、大成殿、寝殿和尊经阁；西路较主路北退，为管理所和义学；东路略退后于主路，分布有魁星楼、账房等。影壁是元代遗物之一，镂空石雕“鲤鱼跃龙门”，龙门肃立于云海之间，青龙奋爪翘首，气势轩昂；浪花间游动着一尾大鲤鱼和七尾小鲤鱼，生动逼真。大成殿修缮较多，前廊也加上了平棊，但沿用悬山顶这点颇让人寻味，另外台基的丹陛石也应是元代遗物。

应该说，这趟文庙之旅是赏心悦目的，不曾想自坐上王家大院往灵石的车，噩梦开始了。

先是大雨倾盆，浑身淋湿。一个小时后抵达灵石，望见往霍州的车，哪知被骗了，只到南关，离霍州还有段距离，车上的"霍州"牌子是哄人上车的，待车子发动再告知：嘿嘿，您上错了。听天由命吧，还好雨过天晴，傍晚时分上了一辆往霍州的车子，刚走不久即堵车，原是一户人家嫁娶，在路中央放炮，村中道路全是拱形的气球，黝黑的沾满煤渣的泥泞路上是白色的加长凯迪拉克，黑白配成就一幅啼笑皆非的魔幻现实主义画作。旁边的汾河水污浊不堪，道路被成队的重型运煤车压得扭曲变形，而路边的标语则是颇具讽刺意味的"要想富先修路，少生孩子多种树。"

好不容易抵达霍州，虽然我判断下一步的方向应是往西有车，但还是信任人民警察，问了路，说是往南，那就走吧，可惜警察叔叔也不认路，指错道了。遂折回，路过一塔一城门。城内的道路很差，到处是坑，坑里是煤渣，打个车去车站，表上显示是3.50元，这个价格好奇怪，司机强要5.00元，罢了罢了，赶紧上往临汾的车离开这儿吧。

谁知车主又是利欲熏心的主，车子开出不多会就又换车，我也从有座位变成了蹲在地上。一路走走停停，上人下人，最后车子已变得空空荡荡，我居然坐到了第一排，看来时间和尊严是最不值钱的东西。挨到临汾，还得从北站赶到南站，看见巨大的尧庙，远远作揖：先人大帝啊，让我顺利到侯马吧。

到了南站，买了票，先上厕所。咦，居然是上锁的，正在郁闷中，出来一"憨厚"老者："这有厕所。"本欲一谢，老者摊手："交钱。"无语，就当交水费。事毕，回到车上，又是漫长的等待，这车子不装满人就照死不走的。**等啊等，晚20：30总算蹒跚前行了。抵达侯马又是瓢泼大雨，**有出租车去新绛，我要求打表，司机执意不肯，那就不走了住下，司机又热情招呼带我去住，一看那个小巷的恶心霓虹，拜拜了您嘞。寻得一天马宾馆，入住，已22：20。祈祷一下，老天，求您明天别下雨了。

新绛

2007.07.30

第二天雨止，往新绛。新绛旧称绛州，汾、浍二河穿境而过，民间有“七十二行样样有”“水旱码头，交通枢纽”和“南绛北代”的赞誉。文庙在一道路转弯处，门外是个临时的菜市场，市井氛围浓烈，其内较为开敞，格局保留尚好，也甚是安静，一墙之隔判若两个世界。

泮池较大，弧度也甚为饱满，圆心和矢高处各有两块雕龙石板，泮池，水深丈余，池边筑有石栏，夹砌石坊，坊上刻有鲤鱼跃龙门图案，进水口为圆雕龙头，水源来自“绛守居园池”的地下水道。这里将泮池的表现形式略作归纳。

所在位置有三：棂星门与大成门之间，此种最多；万仞宫墙照壁与棂星门之间；位于府县学儒学门外。

平面形状有四：标准平面，即半圆形或近似半圆形，大多如此；以棂星门前河流为之，但很少，且多在南方地区；矩形，明以前大多如是，今少见，如苏州府文庙；云南建水文庙泮池亦为罕见，称“学海”，位于洙泗渊源坊南，是不规则形状的水池，中有小岛与东岸相连，岛上立有清构方形攒尖顶“思乐亭”。

规模：府文庙泮池一般比州县级标准高且面积大；一般半径在10米左右，较大者如元时抚州路学泮池“广八丈八尺（约28.16米），深丈有八尺（约5.76米）。瓦石以为堤防，如其深，周以栏而朱之……为亭于其上，凡四楹三间。深丈有五尺（约4.80米），广丈有四尺（约4.48米）。”[77] 又如上海嘉定文庙泮池，达东西44.5米，南北12.6米。

砌筑材料：主要有石材和砖，因砖耐久性差，明清以后较少采用；沿岸多围以石栏或木栏，具装饰性；因木材易燃易腐，明清以后多用石。

泮桥：往往是泮池最精彩部分，有一座和三座之别。

用水：绝大多数是活水，有进出水口，旱时不枯，涝时不溢。

比照于地方志庙学图及今日遗存，基本如是，但人们往往会提到的所谓孤例却不尽然。如云南、浙江等地区皆有方池遗存；而建水文庙的“学海”亦见之于明时江西临江府学，且有日、月二池。天下之大，不可尽查，亦无可厚非。

新绛文庙的大成殿月台较为广大，有个牌子介绍为“献坛”。以文庙行礼考量之，主要活动空间有三：大成殿、两庑及殿庭，且舞乐皆以后者为之，即大成殿前的庭院实为不可或缺的礼仪性空间。其又分为二：月（露）台及其以下地坪。月台当为古制中露祭用坛、屋祭在庙的结合，其尺寸与殿无确定关系，宽度一般不超过殿身通长，多为夯土外包条石，并往往低于大成殿室内地面，既有防止雨水倒灌之实用，又明确了屋祭与露祭空间。象征意义的表现主要集中在丹陛石、勾栏、束腰、台数及阶几出等处。

而关于台上的构筑物，我仅检得一例：元延祐七年（1320 年）永州府学因大成殿“之前地窄，不容陈大祀之乐”，遂“筑台以广之”。翌年功成，“台之上，覆之以亭，缭之以栏，布之以板，坦然平夷，登降步移，厥礼孔崇。”[78] 但该亭功能不详。再举一例：今四川德阳孔庙殿庭尚余六亭，东西分列，但不在月台之上；据清道光间（1821-1850 年）刘宸枫《建学宫记》，亭实有八座，但皆为御碑亭（大成殿东西各一、殿庭东西各二、金声门东西各一），后人称之为礼乐亭，可能是因碑失而踞之为祭孔奏乐场所后的约定俗成。[79]

献殿或拜坛，乃为祭拜仪式之场所，其功用为敬献供品或表演乐舞。据车文明先生考证：献殿之设始于北宋，在皇家与民间各有不同称呼，金元之际进一步发展；至明清时，祠庙里建献殿已非常普遍，几成定制，祠庙演戏时，还可暂作看亭；追述建筑献殿的直接原因，则是遮蔽风雨。[80] 今山西地区祠庙的献殿遗存即不在少数，时间上集中于明清以后，且多为民间祠庙。置身其中的现场感很强烈，庙门终日敞开，青烟缭绕；而献殿成就的灰空间不仅延展了大殿的使用范围，并真正成了民众日常生活的城市客厅，或祈愿或农闲晒日取暖或家长里短。

而观之文庙，较之民间祠庙的亲民性和活动特点大相径庭：普通民众禁止游观；行礼过程不以个体为单位，空间需求较大；除定时的祭祀，大多时间文庙深门紧闭。如是，献殿或拜坛的设置恐为画蛇添足，亦不利大成殿庄严形象的豁然。

再往前追溯，在没有出现专门的祭孔大殿时，乃是"扫坛为殿"。西晋元康三年（293 年）惠帝于太学释奠，"将有事于上庠，释奠于先师，礼也。"当日"侍祠者既齐，舆驾次于太学……乃扫坛为殿，悬幕为宫……宗伯掌礼，司仪辩位。二学儒官，搢绅先生之徒，垂缨佩玉，规行矩步者，皆端委而陪于堂下，以待执事之命。设樽篚于两楹之间，陈罍洗于阼阶之左。几筵既布，钟悬既列，我后乃躬拜俯之勤，资在三之义……于是牲馈之事既终，享献之礼已毕，释玄衣，御春服，驰斋禁，反故式。天子乃命内外群司，百辟卿士，蕃王三事，至于学徒、国子，咸来观礼，我后皆延而与之燕。金石箫管之音，八佾六代之舞。"是时，"人无愚智，路无远迩，离乡越国，扶老携幼，不期而俱萃。皆延颈以视，倾耳以听，希道慕业，洗心革志，想洙、泗之风，歌来苏之惠。然后知居室之善，著应乎千里之外；不言之化，洋溢于九有之内。"

上文出自（西晋）潘尼《释奠颂》，恐为至今所见最早的释奠仪注：包括前期陈设、行献礼、宴饮等步骤，并有乐舞相随；礼殿为"扫坛为殿，悬幕为宫"，显然是以坛祭祀，无专设庙宇；孔、颜神位为"夫子位于西序，颜回侍于北墉"[81]，尊西方为上。以西汉文翁石室、东汉鸿都门学均设画像，及后世南朝宋元嘉兴学时国子学亦陈画像等诸多史实综合考量，夹于该时段间的西晋祭孔，当仍使用画像为神位。[82]

后见（南朝宋）颜延年《皇太子释奠会作诗》盛赞元嘉二十年（443 年）

皇太子劭释奠于国学的盛况，仍为陈设、讲经、祭祀、宴饮等步骤[83]，诗曰：“正殿虚筵，司分简日。”正殿，即前殿；简，择也。当为择日在殿“虚筵”。南朝宋国子学当仍相延东晋旧址，但因东晋末安帝义熙九年（413 年）“国子圣堂坏”[84]，孝武帝孝建元年（454 年）虽诏孔庙“详择爽垲，厚给祭秩”但其后不果，说明该国子学圣堂一直未予恢复。故此，行释奠礼可能还是仿照西晋的“扫坛为殿”。

离文庙不远，还有著名的龙兴寺。始建于唐，因供有碧落天尊像，初名碧落观，咸亨元年（670 年）改称龙兴寺，会昌五年（845 年）武宗灭法，拆寺毁佛，入宋才得恢复。现在的殿乃元构，塔也雄奇，颇有气势。寺踞高地，凭之可一瞰城市。

神州大地上的龙兴寺有很多，大多是为了庆祝唐中宗李显复位而建。而且，寺院的名称也常随着年号的更迭而改变，如“神龙”“中兴”“龙兴”“开元”等，其实老百姓不太说得清改名的理由到底是什么，记住的总是那些吉祥上口的名字。

闻喜

2007.07.30

还得回侯马转车去闻喜，下车处是个大水面，名曰“西湖”，穿过湖上拱桥，一直往东有县政府和人民广场。文庙在东，与县政府之间为学，余屋两间，为居民占据。文庙现为闻喜县博物馆，正在大修。泮池很拙劣，有类似于陕西韩城文庙前的五龙壁，但据说是原来街南移过来的。大成殿的明代做法明显，月台二层。

寻得馆长室，馆长姓宋，与之攀谈，得知 1985 年大殿修过并北移过。宋馆长刚上任，业务不太熟悉，我倒是和他好好说了下文庙的前世今生。

自汉高祖刘邦在曲阜以大牢祠孔子，开创帝王祭孔的先河，至南北朝近八百年间，华夏大地历经朝代更替、国家分裂、佛教兴盛；但祭孔、立庙相沿不废，并借由官方行为逐步建立及巩固了以孔子为代表的儒学在世人心目中和国家统治机器中至高无上的地位。此间的中央官学设置及礼仪的嬗变轨迹可简括为：

西汉，太学始立，王莽于辟雍行养老、大射。

东汉，天子视学在太学，养老、射礼则行于辟雍；而辟雍、太学均行释奠礼，但辟雍行礼，天子不亲临。

曹魏，延汉制，辟雍行释奠礼，但辟雍、太学实为一处，并改汉“圣师周孔”制为“圣师孔颜”制。

西晋，国子学单设，天子释奠（含太学师生四时释奠）及视学在太学，而辟雍则行射礼、乡饮酒礼等。

东晋，国学立祭孔之夫子堂，“庙学合一”产生。

南北朝，国子学释奠（陈在太学），地位凌驾于太学之上。除四时例行外，临时举行则包括皇帝或皇太子讲通一经、皇太子入学、天子成人（元服）、始立学等；步骤通常为讲经、祭祀、宴饮等，与晋人大致，有别于后世的先祭祀、后讲论的行礼程序。

综上，西汉至西晋主要分为帝率臣工行释奠礼于辟雍，太学师生行释奠礼于太学两个系统；西晋后的释奠行于太学，则是重要的转折，可视为在学行礼发展至一个新的阶段。释奠礼向太学的转移，正是文庙得以建筑于学，进而并立于世的必要条件。东晋国学建“夫子堂”，庙学制即告产生；经南北朝发展，于中央官学文庙释奠渐成定制，礼仪亦渐具规模，为隋唐文庙的进一步完备奠定了基础。

西汉武帝兴太学，经王莽之手付诸真正意义上的建筑形态。自曹魏实施九品官人法后，门阀社会的形成，反映在学制上则以西晋国子学、太学分立为滥觞，此后，二学的消长，也恰恰印证了贵族社会的盛衰，都城文庙依附所在亦随着中央教育机构的变迁而屡有变化：

两晋国子学初创时，隶于太学，统称国学，文庙在国学。

南北朝后，国子学地位盛隆日上，尤以北魏平城国子学、太学各有专址，皆设文庙为盛，迁都洛阳后，仍分立，但太学建成与否不详。

北齐设国子寺，统领诸学，为后世国子监前身，文庙亦属国子寺。

若无自汉代起始，儒学逐步获得中国古代社会的正统学术地位、孔子在释奠礼中受关注度的提升、释奠礼地点向“学”的转移，普遍意义的文庙是否能够形成，恐是一个偌大的疑问。虽然，庙学合一的雏形早已出现，其源头可能是曹魏黄初二年（221 年）曲阜孔庙的家庙、学校一体，但仅具个案性质。以东晋国学夫子堂的建立为发轫，地方庙学制方逐渐发展，经北魏地方郡国学校教育制度的创立，北齐令地方学校皆设孔颜庙，最终定型于唐“州、县学皆作孔子庙”的“庙学合一”，并形成了地方学校以释奠礼、乡饮酒礼等为主要内容的儒家礼乐制度。

再从三个方面来看看都城城市空间中的中央庙学。

都城中的选址：基于礼制诉求，作为鼎力国家机器的基石之一，中央庙学的选址当在“皇权空间”的东南方。观于历代都城，虽时有不同，但在可能的情况下，趋近于理想状态的努力则明白地表征于帝都的空间模型之中。几个重要的阶段和变化为：自东晋始，实现了向城墙以内的空间挺进；唐长安城武成王庙的出现，与文庙携手增强了“左祖右社”对城市中轴的拱卫，是为“左文右武”，但并未形成都城营构的主流；北宋在东京城南门外建设了所谓“辟雍”，不过是太学的预设科，只是借用了古制名称和形式，金中都亦建辟雍，实乃仿于北宋；明南京国子监的选址借山川形势，承人工造化，开一代之新风；明中都国子监选址仍在皇城的东南方，且与皇城外东西向横街——云霁街上的城隍庙、功臣庙、帝王庙及钟鼓楼形成东西序列，与太庙、太社形成了拱卫皇权的、稳定的空间三角；元大都国子监选择了城北部偏东较为空闲之地，但在大都之前的元上都宫城外东南方的国子监，及明代有移址北京国子监的建议，都说明选址中“东南方”的礼制考虑，是存在于皇权空间构成意识中的。

布局方式：除东晋建康、南宋临安为右庙左学，辽上京为前学后庙外，为历代都城采用最多的是“左庙右学”的布局方式，最早可见的乃为唐长安国子监。“左庙右学”是否基于礼制限定，未见史载，学界一般认为受“左祖右社”的影响较大。

建筑规模：两汉太学的壮观，主要是反映了游学增盛的状况。西晋以后人员数量骤减，其后虽有明初南京国子监多至万人，但持续不久即剧缩。随着中央官学制度的逐步完善，人员数量基本保持在一个数量级，中央庙学的规模也当受制于实际功能的使用，从唐长安至元明清北京，皆未突破百亩，大约60-80亩为常态。但随着朝代更替，建筑等级不断抬升，直至清末的祭孔升为大祀，成为和天地宗庙一样享受最高祭祀规格的祠庙。相较于曲阜孔庙，发展脉络大约保持一致，虽元和清末的国子监孔庙，皆有逾越曲阜的表现，但始终没有在根本的体量上超过，仅以空间感受而言，曲阜孔庙的至尊地位不言而喻。

我也是借难得的休整时光对自己的认知作个梳理，并且还有一位认真的听众作陪，何乐而不为？宋馆长一激动，留了地址电话给我，字还不错。出门后又去看了看县学的老房子，即往运城，再倒车奔临猗，达临晋。

临晋

2007.07.30

此乃桑泉故地，唐天宝二年（743 年）筑城，开四门，东曰太和，西曰庆丰，南曰中条，北曰峨嵋。十三年（754 年）更名临晋，沿袭至中华人民共和国成立后，1954 年，临晋、猗氏两县合并，遂改临晋为镇。临晋或许是我一路行来环境最为糟糕的镇子了，尘土飞扬，苍蝇漫飞，垃圾遍地。

镇的中心位置有一新建的钟楼。文庙在医院家属院内，仅余清代大成殿，有二狗狂吠，虽不咬人，但令人心情烦躁。殿前左为距今一千多年的唐柏，粗壮挺拔，绿荫如盖。右有北宋政和八年（1111 年）铸造的铁钟，高五尺许，虽锈痕斑斑，然龙纹蛇形依旧可辨。历史上“临晋八景”之一的“玉楼晓钟”说的就是这，原有钟楼，钟悬其内，每每敲击，铿锵之声越数里开外。

看网上的游记，凡是游览过这里的人总会回忆下大成殿屋顶的美艳，不过网上的文字都是抄来抄去的，我也不能免俗，抄在这的目的实在是想有个灿烂和破败的对比：“大成殿面阔五间，进深三间，歇山顶，四檐柱；屋顶由黄、绿、蓝三色琉璃筒瓦与板瓦构饰，晴朗的日子里，阳光辉映，色彩纷呈，蔚为壮观；尤其令人瞩目的是那烧制精巧、造型优美的屋脊——亭台楼阁，层层矗立；飞禽走兽，形象逼真；仙童仕女，神情喜人。正脊为稚童荷花图案，细腻生动，笑容可掬；彩龙鸱吻，昂首翘尾，怒目圆睁，利爪抓脊，大有降服万物之气势。”

文庙西侧百米处有一宝贝，元代的廨署大堂，创建于成宗大德二年（1298 年），虽是国保，仍像是一败尽家产的纨绔子弟蜷缩在杂草丛中。大堂面阔五间，进深六椽，柱头卷刹明显双昂五铺作，琴面假昂，前檐额枋用材硕大，以三根大圆木制作，当心间很宽，檐柱大于各柱，围长达 1.9 米，且用抱柱造，堂内用减柱造和彻上露明造。

据《民国临晋县志》载："清光绪二十一年（1895 年）六月，坡水暴发，冲西门而入，县署适当其冲，水退后，惟大堂内厅岿然谨存，其他各舍均冲为平地。"又记："民国元年（1912 年）三月二十日，土匪骤发，于虞芮飙忽至，临防御不及，次日官军大集，匪知不敌，去时愤无可泄，纵火烧县署，延烧廨舍殆尽，存者惟大堂及银亿库而已。"大堂命运可谓波折，现在还余了二堂、三堂及银亿库、书房等建筑，皆不是元构了。后来在修复三堂时，地底发现类似于地暖的设置，地面设置了多个供烟流通的通道，三堂有一出口是放柴火处，点燃后浓烟通过通道加热地面。三堂后还有三面厚达 1 米的土墙围起来的密闭空间，墙名护衙墙，乃为藏身之处。

在城市的具体建设过程中，文庙的重要性亦得以体现。如山西繁峙县城，始建于唐圣历二年（699 年），"旧在滹沱河南"，明万历十四年（1586 年）知县涂云路"嫌其南近山麓，北临河岸，且城市高下崎岖，申上迁建于河北岸龙须之地……学校庙宇公廨民廛条理井然，新建东关店宇整齐。"[85] 县城新址重建的机遇得以一观较为典型的传统社会晚期地方的筑城理念和城市规划：首先相地，地理状况及所谓风水列为头一等；其次为占主要地位的城市构成要素，时人纪录的先后顺序为：关乎城市安全的城墙与城楼；城市最高行政机构公署；文庙；城隍庙；玄帝庙、三官庙、三义庙；街道。[86] 特别是在明清的地方城市建设中，此类筑城程序殊为常见。再如古代方志涉录建筑，文庙与衙署的排序前后皆有，且文庙的建筑等级又往往超过衙署。如此诸般，皆证无论是城市管理系统，抑或对于城市空间构成而言，文庙都具有举足轻重的地位。

曹国媛、曾克明"中国古代衙署建筑中权力的空间运作"一文，基于空间句法，以清同治河南山阳县署为例，分析了中国古代衙署的空间运作，其结论是衙署乃一地之行政中心，为威严之所，但民众诉求于父母官的渠道是敞开的，权力到世俗的空间转换是顺畅的。而文庙，虽然无论在城市方位抑或吏治系统层面，皆似处于鼎力衙署的位置，却显示出更为肃静的高贵地位。文庙除春秋二仲日的释奠及每月朔望的释菜外，平日高门深锁；且祭祀之时，普通民众不得参与[87]，呈现出强烈的封闭性。作为官方信仰，文庙祭典是方便全国一体奉行的春秋释奠，与孔圣诞辰或个别圣贤殊无关联。[88]亦证无论是物质层面抑或意识形态，文庙都表现为高度的同一性。

离开临晋的时候，还是忍不住要啰唆一下车站的厕所，为什么都收费，为什么都没人打扫，为什么都……他们是怎么交税的呢，墙上的公厕管理制度真就是聋子的耳朵？上车走人，去运城，正好有车往洛阳，心情大好！

注释

1 《宋史》卷四百七十一《列传第二百三十·奸臣一》。

2 （清）方浚师《蕉轩随录》卷三《重修奎宿楼记》P82。

3 文昌由来，参阅（清）方浚师《蕉轩随录》卷七《文昌帝君》P266-267。

4 《全元文》(56)P318周宗元《文昌祀置田记》（至正六年）。

5 《全宋文》（297）P63-64杨长孺《吉州吉水县魁星楼记》。

6 《明史》卷五十《志第二十六·礼四·诸神祠》。

7 郭黛姮《中国古代建筑史·宋、辽、金、西夏建筑》P136。

8 （清）张金吾《金文最》卷七十《碑·曲阜重修至圣文宣王庙碑》（党怀英撰）P1025。

9 《全宋文》（301）P36-38于柔《新城县增置学粮记》（嘉熙元年）。

10 （清）金埴《不下带编·巾箱说卷》P129。

11 参阅冬野《四川孔庙"棂星门"溯源》，《文史杂志》1991年03期P41-42。

12 《全元文》（10）P746-747萧㪺《醴泉县庙学记》。

13 参阅陈仲篪《识小录·营造法式所载之门制二·乌头门》，《中国营造学社汇刊》第六卷第二期P158-167。

14 徐振贵、孔祥林《孔尚任新阙里志校注》P212-215。

15 具体做法详见胡炜《云南明清文庙建筑实例探析》P37。

16 《全元文》（45）P55-56何先民《文庙石柱记》。

17 （明）黄佐《南雍志》卷七《规制考上》。

18 据《全元文》（27）P181-183虞集《武卫新建先圣庙学碑》：世祖至元二十六年（1289年）"置营涿州，南去京师（大都）二百里"。天历二年（1329年）"度地于营东南，广袤八十亩"，建武卫庙学。

19 《元史》卷十七《本纪第十七·世祖十四》。

20 胡务《元代庙学——无法割舍的儒学教育链》P101。

21 《金史》卷七《本纪第七·世宗中》。

22 《金史》卷五十一《志第三十二·选举一》。

23 北宋真宗大中祥符元年（1008年）追封孔子夫人亓官氏为郓国夫人，天禧间（1017-1021年）修庙时增大寝像。

24 《金史》卷八《本纪第八·世宗下》。

25 《金史》卷九《本纪第九·章宗一》。

26 （清）胡聘之《山右石刻丛编》卷二十二《兴学赋石刻》，卷二十一《辽州重修学记》，《石刻史料新编》第一辑（20）。

27 （清）张金吾《金文最》卷七十《碑·重建郓夫人殿记》（党怀英）P1028。

28 《金史》卷十八《本纪第十八·哀宗下》。

29 《归潜志》卷十二，引自张敏杰《金代孔庙的修建及其在民族融合中的作用》，《北方论丛》1998年第6期P75。

30 于杰、于光度《金中都》P234。

31 《金史》卷九《本纪第九·章宗一》。

32 （清）张金吾《金文最》卷七十《碑·曲阜重修至圣文宣王庙碑》（党怀英撰）P1025。

33 《金史》卷十《本纪第十·章宗二》。

34 《金史》卷三十五《志第十六·礼六·宣圣庙》。

35 于学斌、孙雪坤《金代孔庙的发展、成因及作用》，《北方论丛》2003年第4期P48。

36 《金史》卷十《本纪第十·章宗二》。

37 《金史》卷十二《本纪第十二·章宗四》。

38 （清）张金吾《金文最》卷二十七《文·郏县文庙创建讲堂记》（赵秉文）P371。

39 《金史》卷十八《本纪第十八·哀宗下》。

40 （元）元好问《遗山集》卷三十二《赵州学记》、《博州重修学记》，引自胡务《元代庙学——无法割舍的儒学教育链》P48。

41 杨布生、彭定国《中国书院与传统文化》P178。

42 《民国乡宁县志》卷五《古迹考·庙宇》。

43 《民国乡宁县志》卷七《风土记·岁时》。

44 （美）斯蒂芬·福伊希特旺《学宫与城隍》，（美）施坚雅《中华帝国晚期的城市》P725。

45 康耀先《太原史话》,《文史月刊》2002年第五期P37。

46 详见张德一、姚富生《太原市晋源区旅游漫谈》P42。

47 初步统计有：大同、凤城、运城、聊城、临沂、高密、银川、南宁、凤凰城、中阳、盐山、宁晋、泰州、唐山等城市。

48 《宋史》卷一百五《志第五十八·礼八·文宣王庙》。

49 《礼记正义》卷十二《王制第五》。

50 《宋书》卷十四《志第四·礼一》。

51 《礼记正义》卷三十一《明堂位第十四》。

52 傅崇兰等《曲阜庙城与中国儒学》P41。

53 《礼记正义》卷二十四《礼器第十》。

54 《说文解字注》十一篇上二《水部》。

55 （北魏）郦道元《水经注》卷二十五《泗水》。

56 参阅傅崇兰等《曲阜庙城与中国儒学》P42-43。

57 《说文解字注》十一篇上二《水部》。

58 详见曲英杰《汉魏鲁城考》,《史学集刊》1994年第1期P49-55。

59 《全元文》(36) P231李华《改创泮水记》。

60 《全宋文》(304) P335-337王遂《建宁府重建府学记》。

61 引自董培良《平遥文庙》P7-8。

62 详见孔祥林《中国和海外近邻文庙制度之比较》,《孔子研究》2006年第3期P45-46。

63 魏星《广东孔庙建筑文化研究》P41。

64 参阅孔祥林《中国和海外近邻文庙制度之比较》,《孔子研究》2006年第3期P46-47。

65 对比的资料来源为：其一，杨慎初《中国书院文化与建筑》收录的近80幅书院布局图。其二，邹律姿《湖南文庙与书院》P72-132，共收录湖南地区书院19例。

66 《全唐文》卷二十三《立齐太公庙制》。

67 《全宋文》(282) P415-416方田柔《台州州学建武斋记》(淳熙九年)。

68 详见任荣《儒教造像源流》,《浙江师大学报》(社会科学版) 1994年第4期P11-15。

69 《宋史》卷一百五《志第五十八·礼八·文宣王庙》。

70 详见《宋史》卷一百五《志第五十八·礼八·吉礼八》。

71 （宋）李心传《建炎以来朝野杂记》甲集卷十三P281《文宣王镇圭》。

72 （朝鲜）《太学志》(上编)卷二《礼乐·奉安规制》P130。

73 曲英杰《孔庙史话》P84-85。

74 （宋）罗大经《鹤林玉露》卷四《甲编》P71。

75 曲英杰《孔庙史话》P85。

76 《全宋文》(297) P72-73黄庠《重建大成殿记》(嘉定五年)。

77 《全元文》(26) P540-542虞集《抚州路儒学新建泮池记》。

78 《全元文》(47) P374-375吴文彬《大成乐台记》(至治元年)。

79 详见四川省文物考古研究院《四川文庙》P73。

80 详见车文明《神庙献殿源流》,《古建园林技术》2005年01期P36-39。

81 《晋书》卷五十五《列传第二十五·潘岳（从子尼）》。

82 高明士《东亚教育圈形成史论》P62。

83 （南朝宋）颜延年《皇太子释奠会作诗》，引自《文选》卷二十《诗甲·献诗》。

84 《晋书》卷二十七《志第十七·五行上》。

85 《光绪繁峙县志》卷二《城池》。

86 （清）王坦《修县城记》，引自《光绪繁峙县志》卷六《艺文》。

87 参阅《明史》卷五十《志第二十六·礼四·至圣先师孔庙祀》；（明）余继登《典故纪闻》卷五P85；（日）中川忠英《清俗纪闻》卷一《年中行事·释菜祭》P17。

88 黄进兴《圣贤与圣徒》P185。

赫图阿拉

洛阳

开封

宿迁

淮安

卷七

2002.08

2007.07
2007.08

2008.07

洛阳

2007.07.30-07.31

途经三门峡，黄河壮观，一轮夕阳很安静，可惜桥两边景象迥异，一边是湖水如镜，另一边则是干涸的嘴脸。是晚 22：00 抵，直往托人查找的不知名的宾馆，竟是五年前北方古建筑考察时入住过的洛阳玻璃厂招待所，倍感亲切。当时有同窗高山接待，住的是老城，惜旅舍过于破旧，且机器吵闹一夜难眠，虽然享受了一顿当地特产“水席”，第二天还是搬到了“洛玻”。还记得那位开个小破车带着我们转遍嵩山和巩义的司机师傅，和他的幽默大白话：“我喜欢在洛河边上唱卡拉 ok，可美！”

是的，可美，那就出门寻一烧烤摊打个牙祭喝点酒。又想起在洛阳考察时还吃过该时南京还没有设店的“小肥羊”，堪称人间美味，四年前去芝加哥，居然也有门店，问同窗庄昉要了已是设计过迪拜国王塔的同窗徐飞的联系方式，居然联系上了，也巧正在市内，前来一叙，我指着店门口排着的长队戏谑到：“你看老外吃得多欢，要是打仗可以空投火锅底料和新鲜羊肉，一准胜利。”可叹世事变迁，“小肥羊”被“百事”收购后，也就寿终正寝了。

烧烤摊上就一桌有人，聊天甚欢，我也借着酒劲加入，相谈愉快，一路都说到 2020 年去了。夜深了，昏昏躺下，已是凌晨 1：00，真应了丰子恺先生那幅“人散后，一钩新月天如水”的画，新月升空，友人尽散，夜凉如水，茶盏残列如棋，心平若镜。

昨日贪杯，倒没太多自责，也借此实实在在睡足，赖至 8：00 方起。先往老城东南方向奔去，盖有文峰塔矗立，塔在宋时已有，现为清代建筑，砖砌九层，唯顶层四面皆门，余皆北开拱券，底层塑文昌像，顶层塑魁星像。洛阳老城比一般规模大，鼓楼偏于东，一条东西道，往西直走寻得原借文庙安身的文明街小学。

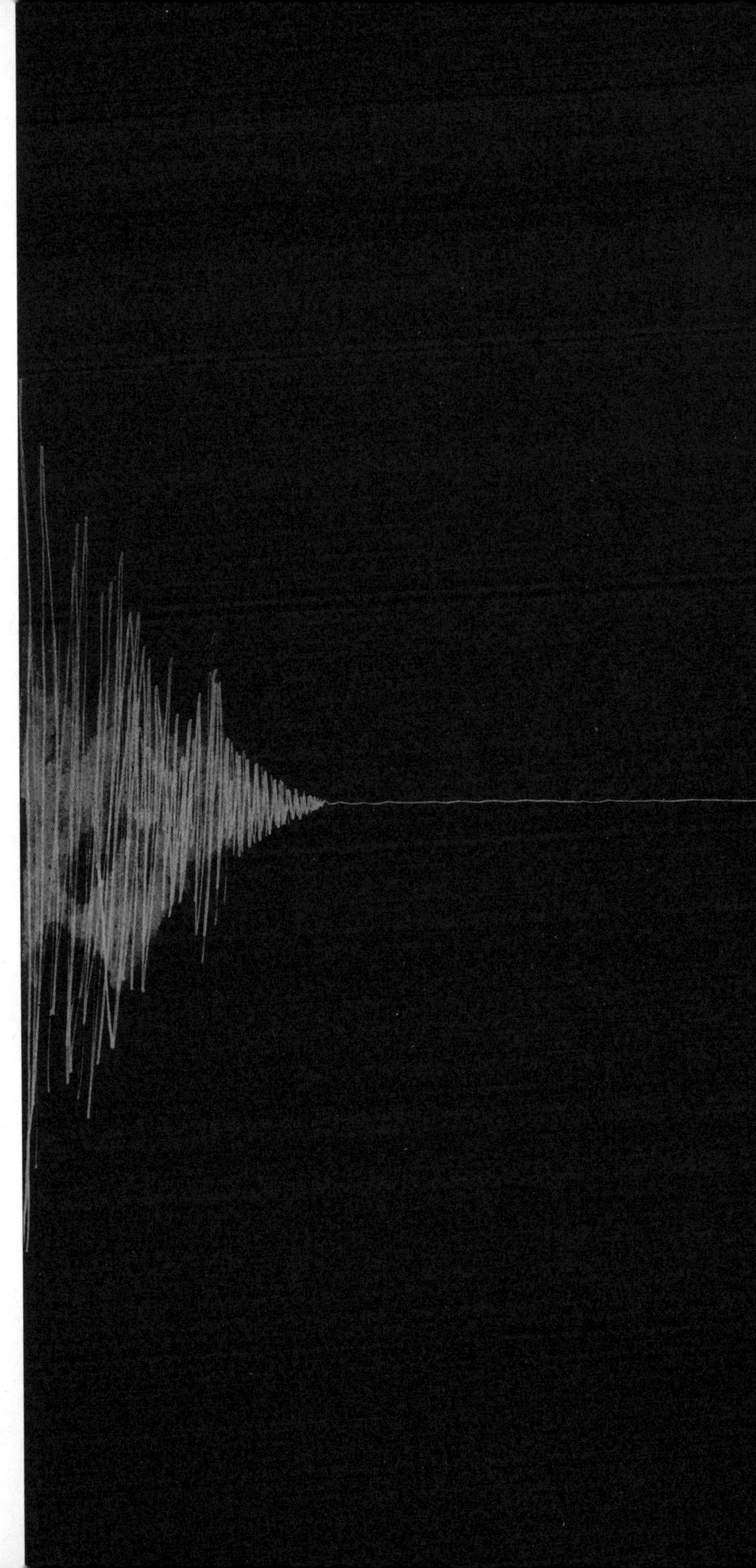

河南府文庙所在的小学早已迁走，建筑也正在进行大修，工地大门紧锁，不得入内。郁闷中至旁边小卖店购土法酸奶 1.00 元，老板与我热情聊天，不多会看门人至，赶紧跟上，递烟一根，顺利进门。此为河南府文庙，始建于元，紧邻府城东西大街，现存格局大致为明嘉靖六年（1527 年）重修后遗存，布局严谨，正南为琉璃陶塑彩龙壁，由南向北作台阶式上升，依次为棂星门、泮池及桥、戟门（三间悬山）、大成殿（五间歇山）、明伦堂（五间硬山）；其他建筑布局沿中轴线向两侧展开，层次分明。

出得门来，还想找小店老板聊天，突有电话来，自小一起长大的表哥喜诞一女，勾起思乡之情，决定返宁。购票、退房、往新郑机场，飞机很特别，巴西产的，窄窄的通道，一边两座一边一座，挺舒适的，真可谓人生何处不相逢，竟遇设计院杨冬辉及陈乾二位学长，在小小的机舱内，相视一笑，又昏昏睡去，醒时已落地南京，出得舱门，一股热浪瞬间将我包裹，一时恍如隔世。

| — |

以下，记：东汉洛阳事。

东汉迁都洛阳，直接起因于王莽、赤眉之乱，“烧长安宫室市里……民饥饿相食，死者数十万，长安为墟。城中无人行，宗庙、园陵皆发掘。”[1] 在东汉重建过程中，儒术对于迅速稳定社会秩序、重建社会结构与社会模式居功至伟。反之，其亦为最大受益者，不仅内部的“今古文”之争因统治者的宽容得到较为妥善的解决，并且享有了此前不曾真正享有的至上地位，在某种程度上说，儒学至此方真正成为汉帝国的指导思想和实践法则。

洛阳太学的繁盛起至光武帝（25–57 年）中兴，“昔王莽、更始之际，天下散乱，礼乐分崩，典文残落。及光武中兴，爱好经术，未及下车，而先访儒雅，采求阙文，补缀漏逸。”建武五年（29 年）“乃修起太学，稽式古典，笾豆干戚之容，备之于列，服方领习矩步者，委它乎其中。”[2]

即立学后，据古典行释奠之礼。同年，帝“幸鲁，使大司空祠孔子……车驾还宫，幸太学，赐博士弟子各有差。”[3] 此为皇帝遣使祀孔于曲阜的先例。[4]

建武七年（31 年）光武帝又“车驾亲临观飨，将以弘时雍之化，显勉进之功也。”[5] 高明士先生认为：乃为太学行“乡饮酒礼”，与古制乡大夫行于乡、西汉太守、诸侯相与令长行于郡国不符。究其原因，乃汉时天子飨礼久亡，故以乡饮酒礼比之；且汉制：行大射、飨射、养老礼于辟雍，惜该时辟雍未建，乃以太学比之使然。[6]

古制为辟雍行春射秋飨，而遍检《后汉书》，东汉天子似只行“春射”。及至中元元年（56 年）方造明堂、辟雍等。辟雍修成后，“欲毁太学，太尉赵憙以为太学、辟雍皆宜兼存，故并传至今。”[7] 太学存留之争反映了当时确有以辟雍为太学，存其一即可的观点。

其后，明帝（58-75 年）“复为功臣子孙、四姓末属别立校舍，搜选高能以受其业，自期门羽林之士，悉令通孝经章句，匈奴亦遣子入学”，太学规模已蔚为壮观。

永平二年（59 年）、八年（65 年），明帝两临辟雍，亲行礼，“坐明堂而朝餔后，登灵台以望云物，袒割辟雍之上，尊养三老五更。飨射礼毕，帝正坐自讲，诸儒执经问难于前，冠带缙绅之人，圜桥门而观听者盖亿万计。”同时诏“郡、县、道行乡饮酒于学校。皆祀圣师周公、孔子，牲以犬。”[8] 此为关于周、孔共祭的最早记载，并证自明帝后，中央至地方学校均有释奠之礼。

虽终东汉一代唯见此录，但似可视为两汉通制，即为“圣师周孔”制，只不过并非一直严守[9]，孔子为“先圣”之定制，恐要至唐时方尘埃落定。

此后，统治者对太学均颇为关注。[10] 至顺帝（126-144 年）时，太学渐趋荒颓，“朋徒相视怠散，学舍颓敝，鞠为园蔬，牧儿荛竖，至于薪刈其下。”[11] 永建六年（131 年）“缮起太学”；阳嘉元年（132 年）“以太学新成，试明经下第者补弟子，增甲、乙科员各十人……凡所造构二百四十房，千八百五十室”[12]；费时九年，耗工十一万人众，并刻石立碑记之，立太学门外东侧。[13]

本初元年（146 年）梁太后诏曰：“大将军下至六百石，悉遣子就学，每岁辄于乡射月一飨会之，以此为常。”自是太学生增至三万余人，游学增盛。

可惜“章句渐疏，而多以浮华相尚，儒者之风盖衰矣”。为重振儒风，并正定经书文字，灵帝熹平四年（175 年）乃诏“诸儒正定五经，刊于石碑，为古文、篆、隶三体书法以相参检，树之学门，使天下咸取则焉。”[14] 由蔡邕隶书后世称《熹平石经》者[15]，碑高一丈许、广四尺，立于太学门外，以瓦屋覆之，四面栏障。[16] 立碑后，乘车前来观看和抄录者每日达千余人，车马满通衢。[17]

为引招能文善赋之士，灵帝光和元年（178 年）又在宫城鸿都门下开设鸿都门学，学宫内绘画孔子及七十二弟子像[18]，是否有庙室专辟不得而知，可能是绘制于讲堂之上。此仅为一时之制，未能持久，但却由此开启了都城中央官学共祀孔子与群弟子于一堂的先河。[19] 不过，祭奠孔门弟子在东汉初就已存在，明帝于永平十五年（72 年）幸曲阜孔子宅，“祠仲尼及七十二弟子。亲御讲堂，命皇太子、诸王说经。帝时升庙立，群臣中庭北面，皆再拜，帝晋爵而后坐”[20]，是为一例。

其时“太学在洛阳城故开阳门外，去宫八里，讲堂长十丈，广三丈”[21]，即位于城外洛水之南。讲堂呈长方形，约长 23 米，宽 7 米（东汉一尺约为 23.04 厘米）。“光武初兴，愍其荒废，起太学博士舍、内外讲堂，诸生横巷（疑为‘舍’之误[22]），为海内所集。”[23] 包括博士舍、内外讲堂、诸生横舍等，建筑类别与西汉长安太学相当，“博士舍”名称相同，“诸生横舍”即长安太学之“太学官”；“内讲堂”即“殿堂”，为上文所述呈长方形者；“外讲堂”为“博士官”。简言之，东汉洛阳太学依然是西汉长安的翻版，中央官学的建筑形式及规模，在西汉王莽摄政之际即已奠定。[24]

今在河南偃师西太学村附近已发现太学遗址两处，其一位于开阳门外大道东，遗址平面略呈长方，东西约 200 米、南北约 100 米，其东北部另有一处用围墙圈起的遗址，东西约 150 米、南北约 220 米，围墙内分布有多座长数十米的房屋基址，或东西向，或南北向，相互等距，排列有序。与有关记载相比照，开阳门外大道东遗址当为初期营建太学所在，其东北部遗址则为顺帝永建六年（131 年）拓建，房屋基址为太学生居舍。

东汉行学礼，释奠、天子视学在太学，养老、射礼在辟雍，均有史载。然，释奠是否亦在辟雍行之，则莫衷一是。[25] 据《东汉乙瑛碑》："辟雍礼未行，祠先圣师。侍祀者孔子子孙，太宰、太祝令各一人，皆备爵。太常丞监祠，河南尹给牛、羊、豕、鸡各一，大司家给米。"[26] 辟雍行礼之前，先以太牢行释奠礼，较太学春秋释奠规格为高。且中元元年（56 年）明堂、辟雍建成后的太学存留之争，亦侧面地反映了辟雍、太学的地位高低问题，那么天子遣官于辟雍行释奠礼，若从重视程度观之，似更为可信。只不过参祀者需自备酒爵，祭物亦为官员捐献。

《三国志·崔林传》载鲁相言汉代"辟雍行礼，必祭先师，王家出谷，春秋祭祀"[27]，亦证明了辟雍祭先师的存在，很可能未有祭孔专区。曲英杰先生推测："'王家出谷，春秋祭祀'指丁祭，行于太学及地方学校，祭祀费用由公家承担。孔子既已为太学师生所共祀，则自当立有专庙，很可能是立于讲堂之前。依古代制，孔子神位当面向朝东。春秋丁祭，以犬为牲，较皇帝亲祭的规格为低。"[28]

窃以为：该时太学文庙之设有无，尚难定论；倒是以汉末太学生达万余人之众目之，共祭孔子的场面必然震撼。

| 二 |

以下，记：曹魏洛阳事。

东汉末，军阀混战。献帝建安九年（204 年）曹操击败袁绍，克定邺城[29]，十八年（213 年）于是处受封，至魏黄初元年（220 年）文帝曹丕迁都洛阳，邺为曹魏都城首尾不过八年。

与东汉统治者的服膺儒术不同，曹操"任侠放荡，不治行业……细政苛刻，科防互设"[30]，不以儒学为务，曹氏欲取汉室天下，首当其冲就是要冲破儒家豪族的重重精神壁垒（即汉传统的儒家思想）尚能成功。曹氏"求才三令"以为有德者未必有才，而有才者，或负不仁不孝、贪诈之污名[31]，明白宣示了儒家豪族自始所遵奉的金科玉律并赖以安身立命的根据——汉征辟制度的标准儒术，已完全破产，不可依靠。

"三令"的颁布，是政治社会道德思想上的一个大变革，并非仅只是为求才于一时。曹操出身阉宦之家，此阶级为儒家经典教义所不容，政治地位更无从说起，倘若不摧陷廓清与此不两立的儒家教义，则本身无以立足，更无以与儒家豪族代表如袁绍之辈抗衡。[32] 如是观之，"三令"可视为曹魏皇室大政方针的宣言，曹魏邺城无祭孔活动亦实属情理之中，当然更无孔庙之设。虽有建安二十二年（217 年）"作泮宫于邺城南"[33] 之举，但三年后即迁都洛阳，当无太大作为。

东汉顺帝建安二十五年（220 年）魏文帝曹丕篡汉自立，自邺迁都洛阳，同年改黄初元年；次年（221 年）刘备称帝成都，史称蜀或蜀汉；越八年（229 年）孙权于建业（今江苏南京）称帝，史称东吴或孙吴。魏、蜀、吴鼎立之势形成，而三国太学，或仅止曹魏洛阳值得一表。[34]

基于统治之需要，曹丕与乃父曹操做法不同，重新将儒学纳入到体制之内。黄初二年（221 年）其深感"仲尼……退考五代之礼，修素王之事，因鲁史而制春秋，就太师而正雅颂，俾千载之后，莫不宗其文以述作，仰其圣以成谋”，以为“遭天下大乱，百祀堕坏”，为社稷统治虑，“议郎孔羡为宗圣侯，邑百户，奉孔子祀。令鲁郡修起旧庙，置百户吏卒以守卫之，又于其外广为室屋以居学者”，这一举措使曲阜初具后世庙学同在的雏形。五年（225 年）于洛阳“立太学，制五经课试之法，置春秋谷梁博士。”[35]

明帝太和二年（228 年）儒学作为国家统治思想中的正统地位再次确立，“尊儒贵学，王教之本也……申敕郡国，贡士以经学为先。”[36] 其时的洛阳宫室残破不堪，遂舍南宫兴北宫，城址却无甚大变化。至青龙三年（235 年）方大兴土木，在废墟上重建都城，工程艰巨，“百役繁兴，作者万数，公卿以下，至于学生，莫不展力，帝乃躬自掘土以率之”[37]，而太学之兴则早在大规模营建都城前十年。曹操抑儒只是一时，后继帝王仍深感儒学之于统治的大作用，观于太学建设之急迫，关注度可见一斑。只不过曹魏太学“因前代兆域”[38]，为修复东汉旧筑使然。

曹魏延汉制，行释奠礼主要集中在齐王曹芳（240-254 年）时期，其于正始二年（241 年）、五年（244 年）、七年（246 年）“每讲经通，辄使太常释奠先圣先师于辟雍，弗躬亲”[39]，似乎均在辟雍行礼。

后继的高贵乡公（254-260 年）却有“议立明堂辟雍，精选博士”之举，可证此时辟雍的营建工作尚未开始。“昔汉末陵迟，礼乐崩坏……太祖（曹操）初兴，愍其如此，在于拨乱之际，并使郡县立教学之官。高祖（曹丕）即位，遂阐其业，兴复辟雍，州立课试，于是天下之士，复闻庠序之教，亲俎豆之礼焉。”[40] 曹丕兴复辟雍一事，即黄初五年（225 年）立太学[41]，太学、辟雍实指一处。甘露元年（256 年）高贵乡公幸太学，只讲论，未见行礼；二年（257 年）“幸辟雍，会命群臣赋诗”；三年（258 年）又在太学行养老乞言之礼。[42] 盖金伟先生认为甘露二年（257 年）之事仍在太学，乃因“幸”一般指“幸太学”，即行视学礼，而辟雍则一般用“临”。[43]

如是，过往辟雍所行礼仪在曹魏时期已大多向太学转移，太学作为儒家礼乐文化重镇的地位已现端倪。

| 三 |

以下，记：西晋洛阳事。

继之而起的晋统治者与魏的不同在于：曹魏出身寒族，且与阉宦有关；河内司马氏则为地方豪族，儒家信徒。易言之，魏、晋的兴亡嬗变，非为曹、司马两姓的胜败问题，而是非儒家与儒家的争斗结果。西晋与曹魏之前的东汉有相似之处[44]，唯才是举的时期过去了，选举变成“门选”。门选对巩固豪族统治至关重要，自实施九品官人法后，已是“上品无寒门，下品无势族”[45]，门阀社会的形成，反映在学制上则以西晋洛阳的国子学、太学分立为滥觞。

就行礼言，虽曹魏已释奠于太学，概念尚模糊不清，西晋释奠于太学则是明确制度化，此乃汉至晋释奠礼之最大转折。武帝泰始七年（271 年）“亲释奠于太学，太子晋爵于先师，中庶子晋爵于颜回”[46]，为太子亲释奠之始；惠帝元康三年（293 年）则为帝亲释奠之始。[47]

西晋初立国，武帝便于泰始三年（267 年）“改封宗圣侯孔震为奉圣亭侯。又诏太学及鲁国，四时备三牲以祀孔子”，并定“祭用仲春，义取重生，改用孟秋，以应刑杀，理未足以相易。宜定新礼，皆如旧。”由此改为专于太学行释奠，但孔庙有无，未见史载。六年（270 年）武帝临辟雍，行乡饮酒之礼，诏曰：“礼仪之废久矣，乃今复讲肄旧典。”武帝咸宁三年（277 年）、惠帝元康九年（299 年）复行其礼[48]，《晋辟雍行礼碑》亦记述晋帝数次亲临辟雍，而均未涉及释奠礼。皇太子往太学讲经，以太牢释奠于太学，后渐成定制。[49] 如惠帝、明帝“之为太子，及愍怀太子讲经竟，并亲释奠于太学，太子晋爵于先师，中庶子晋爵于颜回。”[50]

据上述史实，入晋后，太学与辟雍两处行礼截然有别：天子视学、皇太子讲经及释奠、太学师生四时释奠均在太学；辟雍则为射礼、乡饮酒礼等行礼之所。西晋行乡饮酒礼于中央辟雍，有违古礼，不免有“失礼”之讥[51]，且后代亦不见西晋此例。但释奠行于太学，却是大转折，故自西晋始，可视为行学礼发展至一个新的阶段。“大学之设，义重太常，故祭于太学，是崇圣而从重也。”[52] 高明士先生给予评价为：“释奠于辟雍，偏重宗教意义；释奠于太学，则偏重教育意义。”[53]

就国子学、太学并立制而言，当始于武帝泰始四年（268 年）制定“学令”之际，不过尚属于形式意义的阶段；八年（272 年）有司奏：“太学生七千余人，才任四品，听留。”诏曰：“已试经者留之，其余遣还郡国。大臣子弟堪受教者，令入学。”[54] 此诏即证虽有二学并立制度，但依然只行太学教育。

晋初，为逃避赋役而入太学者甚多，学风浮躁，“太学生三千人，既多猥杂”[55]，贵族子弟因耻与避役者为伍而不愿入学，国子学乃为使那些耻与寒门诸生同列，又热衷玄学、轻视儒术的贵游子弟能接受正统儒学教育而专门设立。[56] “国子”一名源自《周礼》，“国之贵游子弟所谓国子，受教于师氏者也。”[57] 二学虽置，但国子学隶于太学，只是分属不同班级[58]，有学者判断其深层原因乃为整顿学风，并依靠官僚贵族子弟监督平民太学生，以免再出现诸如两汉太学生请愿之类的事端，防止学校滑出皇权控制的轨道。[59]

国子学的真正建置恐在“学令”颁布后八年，即武帝咸宁二年（276 年）。[60] 四年（278 年）“定置国子祭酒、博士各一人，助教十五人，以教生徒。”[61] 至惠帝元康元年（291 年）规定五品以上官员子弟才能入国子学，而六品以下只能入太学。[62] 此举乃为“辩其泾渭”，“天子去太学入国学，以行礼也。太子去太学入国学，以齿让也。太学之与国学，斯是晋世殊其士庶，异其贵贱耳。然贵贱士庶，皆须教成，故国学、太学两存之也，非有太子故立也。”[63] 正是“九品中正制”（为保证世家大族的特权而实行的官僚选拔制度）在教育制度上的反映。虽士庶、贵贱乃指社会身份而言，非等同于政治地位，但学制上的等同视之，不外是借以强化贵族集团在政治上的既得利益。[64]

吕思勉先生谓西晋国子学创立非一年之事，大约“屋宇起于（咸宁）二年（276 年），官制定于（咸宁）四年（278 年），生徒选补之法，实至元康三年（293 年）而后定”[65]，此说可参。

至此，国子学方成为真正意义上的学校，自刘汉以来的单轨制太学发展为国子学、太学并行的双轨制，历东晋、南朝及北朝的后魏、北周等，均属此种形态[66]，且为后世国子监的确立铺垫了道路。

西晋洛阳国子学“在辟雍东北五里，太学在国学东二百步”[67]，“两学齐列，双宇如一”，国子学“延国胄”，太学“纳良逸”[68]，士庶贵贱，泾渭分明。王仲殊先生据此推测：西晋乃以汉魏太学的东北部分为太学，而将其西南部分改设国子学。[69]

东汉、曹魏、西晋三代皆都于洛阳，除西晋单设国子学外，太学一直相延，以立碑论之：东汉先为太学扩建立碑，后又立《熹平石经》[70]于太学门外；魏齐王正始二年（241 年）又立邯郸淳以古、篆、隶三体字书写的石经 48 枚在讲堂前西侧，后世称《正始石经》[71]，其旁立魏文帝《典论碑》6 枚；西晋再立陆机《太学赞碑》于讲堂前西侧，下列石龟，碑载蔡邕、韩说、高堂溪等名，还有《太学弟子赞碑》立于外门，晋武帝泰始二年（266 年）的《晋辟雍行礼碑》则在东汉石经北。[72]

经三朝经营，东汉太学至西晋已积淀颇深。惜西晋末永嘉之乱，匈奴入洛，焚毁太学，其地后在北魏洛阳时代呼为“劝学里”，尚仿佛前基。

| 四 |

以下，记：北魏洛阳事。

西晋为匈奴灭后，都城洛阳化为灰烬。时光荏苒，约一百八十年后，北魏涉足于此。

孝文帝为了实现其文化理想，于太和十九年（495 年）正式自大同迁都洛阳[73]，因匆匆规划洛阳新都，许多平城的建筑色彩被涂抹在洛阳的城市设计中。十七年（493 年）迁都伊始，孝文帝即为新建太学，在“观洛桥”后亲自考察魏晋洛阳太学遗址，“幸太学，观《石经》”[74]，并御题该处为“劝学里”，[75]乃因深明“崇治之道，必也须才。养才之要，莫先于学”。当时的实际情形是：“今国子学堂房粗置，弦诵阙尔。城南太学，汉魏《石经》，丘墟残毁，藜藿芜秽。”故，国子祭酒郑道昭表求“重敕尚书、门下，考论营制之模。”[76]

但太学的建设工作一直未予展开，对外也仅徒有虚名，“学宫虚荷四门之名,宗人有阙四时之业,青衿之绪,于兹将废。”[77]及至宣武帝正始元年(504年)方“敕有司依汉魏旧章,营缮国学”。四年(507 年)诏曰:“戎缮兼兴,未遑儒教……今天平地宁,方隅无事,可敕有司准仿前式,置国子,立太学,树小学于四门。”延昌元年（512 年）又诏:“严敕有司，国子学孟冬使成，太学、四门明年暮春令就。”[78]这已是移都后近二十年的事情了，诏书明示了国子学、太学设置内容及目的均不一,“内则设师保以教,使国子学焉,外则有太学、庠序之官。”[79]且二学所在亦有别。

国子学：“至于国学，岂可舛替？校量旧事，应在宫门之左。”[80]位在御街铜驼街东，“阊阖门前御道东，有左卫府，府南有司徒府，司徒府南有国子学堂，内有孔丘像，颜渊问仁、子路问政在侧。”[81]观之太庙选址，与西晋在御街中段不同，北魏已移至南端，邻近东西大道[82]；六朝建康与洛阳尺度虽不一，但从空间概念上看，太庙已较之西晋时往御道南端偏移。北魏迁都洛阳前四年，即孝文帝太和十五年（491 年），蒋少游曾随李彪“使萧赜（即南齐）”[83]，“少游有机巧，密令观京师宫殿楷式。”[84]该时为齐武帝永明九年（491 年），虽洛阳规划出自李冲一人之手，但蒋氏参与了实际工作[85]，北魏新都多少带有南齐建康的影子，太庙选址偏南可能源此。但建康国(子)学仍在太庙之南(指东晋太和十一年,386 年,后位置，之前先后在秦淮水南、宫城西南的中堂），齐高帝即位之初（479年 –）崔祖思亦有言：“宜大（太）庙之南，弘修文序。”[86]而在北魏洛阳,国子学则赫然呈现于太庙之北。太庙仅负祭祀之责,国子学除祭孔外,亦为施行国家教育的日常机构，其选址在官署密集区内，恐为实用之虑。

太学："至如太学，基所炳在，仍旧营构。"[87] 乃据东汉太学旧址为之（曹魏、西晋实延续之），"开阳门御道东有汉国子学堂"，即孝文帝御题"劝学里"处。[88] 又置四门学，虑及魏晋太学故地基址宽旷，而若将四门学别置四郊，则相去辽阔，检督难周，故将太学坊并作四门。[89] 不过，太学、四门学建成与否，史无明文。[90]

孝明帝正光元年（520 年）诏曰："建国纬民，立教为本；尊师崇道，兹典自昔。来岁仲阳，节和气润，释奠孔颜，乃其时也。有司可豫缮国学，图饰圣贤，置官简牲，择吉备礼。"二年（521 年）帝即"车驾幸国子学，讲《孝经》"，"幸国子学祠孔子，以颜渊配。"[91] 诏令和行为均点明了释奠行礼所在乃国子学文庙，再结合二学的选址统观之，国子学地位实已凌于太学之上；那么，太学及四门学建设工作的迟缓，抑或未予建成，也是可信的。

暨孝明帝孝昌之后（527 年 -）北魏社会陷于尔虞我诈的内讧之中，不久又裂为东、西魏，学校发展受到阻滞，"海内淆乱，四方校学所存无几"，虽永熙（532-534 年）中"复释奠于国学；又于显阳殿诏祭酒刘钦讲《孝经》，黄门李郁说《礼记》，中书舍人卢景宣讲《大戴礼夏小正篇》；复置生七十二人"，惜时已末世。迁都于邺后，"国子置三十六人。至于兴和、武定之世，寇难既平，儒业复光矣。"[92]

北魏亡后，裂为东魏、西魏，分别建都于邺（今河北临漳）和长安（今陕西西安），继又分别为北齐、北周取代。就中国古代学校教育发展史言，北魏以后的北朝，以北齐首立国子寺为最大贡献。

北齐孝昭帝皇建元年（560 年）诏曰："国子寺可备立官属，依旧置生，请习经典，岁时考试，"并令"其文襄帝所运石经，宜即施列于学馆。外州大学亦仰典司勤加督课。"[93] 虽此时国子寺仍隶于太常，但北齐的创制已经象征着教育系统要脱离原始宗教之宗庙系统的趋势，后由隋完成了教育体系的自主化，唐则将之充实和完备。[94]

至文宣帝天保八年（557 年），又诏国子学生“亦仰依旧铨补，服膺师说，研习《礼经》。往者文襄皇帝所运蔡邕石经五十二枚，即宜移置学馆，依次修立。”[95] 将讲于天子时，“先定经于孔父庙”[96]，则北齐邺城国子寺有孔庙之设无疑。行礼见诸史载者有释奠、养老等，分常礼、临礼（即临时举行），并对服饰、升降、乘舆、祭品、乐舞等仪式和礼器有明确规定。

| 五 |

以下，记：隋唐洛阳事。

隋、唐皆以长安为西京、洛阳为东都，称“两京”，两京皆置国子监。玄宗开元二十七年（739 年）“命尚书右丞相裴耀卿摄太尉，持节就国子庙册，册毕，所司奠祭亦如释奠之礼。又遣太子少保崔琳往东都就庙行册礼。”[97] 表明洛阳国子监内亦设有文庙，且两监礼仪同制，其他信息不明。

唐时除建立了比较完善的文举与孔庙系统之外，武举与武庙亦皆创置于是时。武庙即太公（武成王）庙，“为姜太公庙也”，玄宗开元十九年（731 年）令“两京诸州各置太公庙”，“祠武成王庙自此始”[98]。

《立齐太公庙制》云：“宜令两京及天下诸州各置太公尚父庙一所，以张良配享。春秋二时，取仲月上戊日祭。诸州宾贡武举人，准明经进士行乡饮酒礼，每出师命将，辞讫发日，便就庙引辞。仍简取自古为将功业显著康济生人者十人，准十哲例配享。”[99] 可知，武庙建置地点在两京及诸州，不达于县，普及程度不及文庙；“祭典与文宣王比”[100]，有配享、从祀，亦施行释奠、乡饮酒等礼，祭祀时间（春秋仲月上戊日）则在祭孔（春秋仲月上丁日）翌日，虽与文庙释奠同属官方祭典的“吉礼·中祀”范畴[101]，但明显位居其下。

有关武举、武庙建置及相关制度演变，陶希圣、高明士、黄进兴等先生已作入微之考察[102]，我关注的重点在于：文举与文庙结合，武举与武庙结合，且皆具庙祀系统，又均在玄宗开元（713-741年）至天宝初（742年-）形成，官方设置的文、武系统在都城中（至于诸州之武庙实例，一时无考）的空间表述方式如何？对都城空间布局的影响又如何？

唐长安相循隋大兴，两朝国子监自始即在务本坊。务本坊位皇城东南，为朱雀门大街（长安城南北向中轴线所在）东第二街北起第一坊，西北临近皇城安上门。太公庙则在外郭城的太平坊。[103]“京都（长安）置太公庙于孔子庙之西”[104]，由皇城南望，正是“东文西武”的空间格局。

隋以洛阳为东都，规制相仿于长安城，宏伟壮丽。城址跨洛水南北两岸，水南大于水北，且东西延伸，南北有限。这些地形特征，使洛阳城市布局灵活而不对称。宫城中轴由隋炀帝指定[105]，往南延伸即主干大街，从端门至定鼎门（隋称建国门）“南北七里，四望成行，人由其下，中为御道，通泉流渠，映带其间。”[106]隋时“种植樱桃、石榴、榆、柳”，“今（唐）杂植槐、柳等树两行”，临大街并为重楼，饰以丹粉”。隋国子监即位于此大街北端东侧的修文坊，“隋立国子学于此，因曰修文。”[107]临近入宫必经之路的天津桥。唐初洛阳曾降为洛州，后又恢复都城地位，东都国子监设于高宗龙朔二年（662年），位在正平坊[108]，监前立纪念尹知章碑。[109]太公庙则在外郭城的道德坊[110]，位在国子监所在正平坊的东北角。

长安以朱雀门大街、洛阳以定鼎门大街为城市主轴线，皆以城北宫城为空间递进的高潮，城市布局由此展开。不过，洛阳没有长安那种整齐、宽坦、对称的格局，而是比较顺应自然、灵活、不对称[111]，因此，除了宫城范围内各功能空间对皇权的拱卫与长安类似外，其他则更多地体现在意识形态的空间意向上，而不似长安在地理空间上的明确对置。长安的“文”“武”空间在皇城南呈东、西鼎立之势，并分别强调了皇城内“左祖右社”（长安“右社”为社、稷二坛并列，社东稷西，俱北向）礼仪制度在空间上的延续。

据《礼记》及（唐）孔颖达疏：殷制“小学在公宫南之左，大学在郊”，周制“大学在国，小学在四郊”可知，学之设在东南或郊；倘若执意于古制“郊”的定义，殷制为“假令百里之国，国城居中，面有五十里，二十里置郊，郊外仍有三十里；七十里之国，国城居中，面有三十五里，九里置郊，郊外仍有二十六里；五十里之国，国城居中，面有二十五里，三里置郊，郊外仍有二十二里”，周制则“近郊各半之”[112]，“郊”与皇权中心的空间距离并不遥远。

由是观之，隋唐两京以国子监及孔庙为代表的“文”空间与以皇城、宫城为代表的皇权中心之间的空间关系和距离，仍是符合传统礼制的诉求。

再据《周易》:“万物出乎震，震，东方也。齐乎巽，巽，东南也。齐也者，言万物之絜齐也。离也者，明也。万物皆相见，南方之卦也。圣人南面而听天下，向明而治，盖取诸此也。”[113] 也可视为祀先圣孔子的庙宇，空间定位在太庙之南、皇城外东南方的理论注脚。至隋唐时，国子监实已成为国家诸学之统领，并无古时大、小学在地理分布上的限离，与其陷入古制的窠臼，毋宁解释为“文”空间在新的历史时段及都城空间结构上的新发展。

其实早在南北朝，关于武学设立就多有其议，且有立学施政之例。[114] 南朝齐高帝即位之初（479 年 -）崔祖思启陈政事即议立武校，“宜大（太）庙之南，弘修文序；司农以北，广开武校。”[115] 对我而言，该文献的意义在于基于礼制和城市双方面的“文”“武”布局的考量，体现了不同功能空间的地位高低。“文”空间在皇城、太庙南，隋唐两京皆然，只是唐洛阳国子监孔庙相较隋时更偏离宫城和城市主轴线；“武”空间的位置则与崔氏说法相异，长安以朱雀门大街为界，文、武庙东西对峙于皇城之南，洛阳的武庙则在皇城外东南角，在地理上反较文庙距离皇城为近，“文”“武”之间并无太多空间上的呼应。

推想：一来可佐证洛阳城市建设的灵活布局，二来毕竟武庙的出现并无太多旧制可循，且统治者重文抑武的现象时有发生，“武”始终无法与“文”等而视之，体现在城市空间上，亦然。

唐以降，全国性的政治、经济和文化中心东移，西安与洛阳俱往矣，携手堕入凡尘，不复隋唐盛世风采:西安虽无帝都之赫，却也安守一片故土，一直作为宋、元、明、清控制西北、西南的政治、军事重镇，关中地区文化在新的历史条件下，有了新的发展，以张载为代表的“关学”成为宋明理学的重要组成部分，使以西安为中心的地域文化仍然具有一定的社会影响；洛阳在宋时为西京，仍荣光一时。

“唐显庆间（656–661 年）为东都，开元（713–741 年）改河南府……因隋、唐旧名。”[116] 太祖赵匡胤生于洛阳“夹马营”，深知洛阳地位重要，即位后原拟移都洛阳，欲“据山河之固”，因晋王赵光义等人阻拦，未能实现。开宝九年（976 年）太祖借洛阳郊祀之机，欲留都洛阳，赵光义又力请还都开封，仍未如愿。遂以洛阳为西京，并大修洛阳宫殿。此后，太祖常携文武百官及后宫妃嫔至洛居停，洛阳实乃北宋陪都。城因袭五代旧都，规格形制虽小于隋唐，但旧制尚存。

宋时洛阳乃全国学术文化中心，理学之兴，即源于此。理学大师程颢、程颐本为洛阳人，张载、邵雍也会集于洛，众儒讲学谈理，其学派被称为“洛学”[117]。三次入相的吕蒙正、赵普家居洛阳，司马光、张齐贤、富弼、文彦博等一代名相大儒去政后，亦宅居洛阳。司马光《资治通鉴》，邵雍《皇极经世》，欧阳修《新唐书》《新五代史》的大部分初稿，均于洛阳写就。惜有关宋洛阳西京国子监的文史信息极少，仅知真宗景德四年（1007 年）“幸西京……置国子监、武成王庙”[118]，乃据原有河南府学为之。[119] 以洛阳文化繁盛目之，相较他处，应不遑多让。

此后，虽在元时置河南府，明初和明末又分别作为伊王和福王的封国所在，终因战乱频扰，一蹶不振，空有千年之荣，却几被湮灭，“九街十八巷七十二胡同”即为当时洛阳的真实写照。

开封

2002.08.01–08.03

本来是打算从洛阳去开封的，奈何家里有急事就提前打道回府了。不过，开封作为北宋都城，是无论如何绕不过去的。虽然只剩了开封府文庙的棂星门，且还被迁走，但史料记载有，城市老骨架还在，回想下大宋风采不是空穴来风。更何况北方古建筑考察时就写过详尽的考察报告，至今那些影像和草图还鲜活在我的考察笔记里。

曾有一帮哥们吆喝着自南京去开封一路采风，终是俗事缠身，未得与众同行,不过没忘了嘱咐他们一定要去钟楼广场饕餮一番。我一直记忆犹新，当时慕名而来，穿过小巷的时候发现里面排满了人和车，嘈杂但井然有序，走到广场上感觉挺空的，哪有说得那么热闹？正迷惑间，钟楼的钟敲过了七下，无数的人和车仿佛是从地底一下子冒出来的，不到五分钟，居然都按部就班开始做生意了。望着升腾的带着各种香味的热气，由衷地佩服刚才还窝在小巷里的小商小贩们，路径的选择和行动的实施，绝对是经过精心规划的。

| 一 |

以下，记：国子监太学布局。

北宋东京（今开封）作为都城的历史可上溯至战国时的魏国都大梁城。隋时疏汴河，修运河，使其成为沟通关中、中原及江淮地区的交通枢纽。唐德宗（780–805 年）时为加强对东部藩镇的控制，设宣武军，建中二年（781 年）重筑汴州城。有唐一代，已是“汴州水陆一都会”[120]。自 907 年始,黄河流域相继出现的五个朝代中,除后唐外,余四朝均建都开封。

由于大量驻军和城市人口的增加，唐时汴州就已逐渐出现街道狭窄、屋宇拥挤等诸多城市问题，并在后周时愈发明显，直接促发了世宗显德二年（955 年）颁诏扩建改造城市。在开封这种城市人口大量增加、城市用地紧张、城市经济不断发展的情况下，因地制宜采取行之有效的措施扩大城市用地，改造旧城区，市民面街而居，在街上开店营业已合法化了。这是中国城市由唐以前之封闭的市坊制度向开放的坊巷制度过渡的开始。[121]

宋初，东京城市形制基本无大变化，只是不断进行改建修筑，并直至迁都临安。国子监因于后周旧址，乃后周显德二年（955 年）以天福普利禅院改建而成。[122] 太宗端拱二年（988 年）曾改国子监为国子学，淳化五年（994 年）复为国子监[123]，名异实同，既是全国官学的最高管理机构，又是最高学府，下辖国子学、太学、辟雍、广文馆、四门学、武学、律学、小学等，徽宗崇宁间（1102-1106 年）医学亦曾一度隶此，后改隶太医局。[124]

太祖登基翌年，即建隆二年（961 年）增修国子监，亲撰《先圣赞》《亚圣赞》，十哲以下则命文臣分赞，“塑先圣、亚圣、十哲像，画七十二贤及先儒二十一人像于东、西庑之木壁”，可知，不似唐长安国子监孔庙群祀一堂的状况，两庑建筑已经出现，祭殿不再孤零零伫立于院落之中。三年（962 年）又诏“国子监庙门立戟十六，用正一品礼”[125]，比之唐长安国子监孔庙门列十戟，规格大升。

太宗承其行，曾三临国子监，多次令国子监官员讲论及赏赐。[126] 至道二年（996 年）诏“绘三礼器物、制度于国学讲论堂木壁”[127]，因讲堂“旧壁颓落，以板代之”，画成之后，丹青灿然，李至撰《记》曰：“天子诏国学图于宣圣殿北轩之壁……圣上命改作于论堂之上。”[128]

继任之真宗（998-1022 年）更加垂意儒学，在位二十四年推行了一系列比较重要的尊儒敬孔活动[129]，此时的国子监建筑亦有了一定的增加。景德二年（1005 年）“以书库狭隘增广之”；五年（1008 年）“于文宣殿北建阁，藏太宗御书”[130]。仁宗天圣九年（1031 年）因国子监书库占地狭小，又将原为吴越王钱俶修造的礼贤宅划出一部分，“以礼贤宅西北隅地及舍字赐之，以广学堂。”[131]

至此，国子监大致范围为：东门临于保康门（里城南垣东门）街、南门临横街、北近蔡河南的麦稍巷。[132] 国子生主要为京城内七品以上官员子弟，后改为八品以下官员与庶民的子孙亦可入学，惜规模始终“粗容释奠，斋庖之室，不足容诸生。”[133] 国子监孔庙至少具有祭殿及殿北御书阁两个院落，徽宗大观三年（1109 年）赐天下州学藏书阁名“稽古”[134]，阁亦更名。

再据端拱元年（987 年）太宗幸国子监谒文宣王毕，“升辇将出西门，顾见讲座，左右言觉方聚徒讲书，上即召觉，令对御讲。”[135] 可知，学在庙西，讲堂曰“三礼”，庙学之间有门相连，应自成院落。

仁宗庆历四年（1044 年）“天子开天章阁，与大臣讲天下事”[136]，参知政事范仲淹发起“庆历兴学”，帝慨然诏“天下州县立学，更定科举法。”[137] 相较真宗大中祥符四年（1011 年）“诏州城置孔子庙”[138] 又往前推进了一大步。同年，判监王拱辰、田况、王洙、余靖等上言：“首善当自京师，汉太学二百四十房，千八百余室，生徒三万人。唐学舍亦千二百间，今取材养士之法盛矣，而国子监才两百楹，制度狭小，不足以容学者，请以锡庆院为太学，葺讲殿，及更衣殿，备乘舆临幸。”学生日增，而国子监规模狭不容众，可见宋初虽有太学之设，却未单独另设学址。

锡庆院在里城内御道之西，乃接待宴请辽国使者之所，虽平日空闲，一旦使者到来便要居住，一时无法更造，只好先暂借其廊庑数十间办学。学生朝至夕走，不能住宿。五年（1044 年）又以“锡庆院不可缺”为由命太学“择地营之”，以马军都虞侯公廨为之[139]，太学的迁出实乃范仲淹兴学失败的产物。[140]

皇祐四年（1052 年）诏湖州府学教授胡瑗“管勾太学”，其人乃宋之大儒，且教学有方。“瑗既居太学，其徒益众，太学至不能容，取旁官舍处之。礼部所得士，瑗弟子十常居四五，随材高下，喜自修饬，衣服容止，往往相类，人遇之虽不识，皆知其瑗弟子也。”[141] 学生备受胡氏影响，极重个人修养，注意衣着得体，行于路一望便知乃瑗之弟子，且其中有一半左右因品学兼优被礼部选中授官。远近子弟慕名纷至沓来，最多时达千余人，太学无法容纳，只好借用附近官舍，不仅实际学生数超越国子学，旁听者之众、科考中进士者之多，更为国子学望尘莫及。此时的太学实已为全国最高学府，而国子学长期办理不善，徒具虚名。为便于校正经书，嘉祐六年（1061 年）又刻成《二体石经》[142]，立于太学，足见其地位。

神宗（1068–1085 年）变法，为培养应时人才，太学更受重视。王安石创“太学三舍法”[143]，是古代教育制度的重要变革，开学校直接取士之先河。熙宁四年（1071 年）将接待辽使处所安排在都亭驿[144]，因太学“假锡庆院西北隅廊庑数十间，生员三百人，无容足地”，诏准将锡庆院全部划归太学，太学重返锡庆院，并“修武成王庙为右学”。五年（1072 年）学成，与太学东西相邻。七年（1074 年）又将东临锡庆院的朝集院（地方官来京入朝居所）划归太学，“以广二学，为屋百楹”。至元丰二年（1079 年）太学规模已甚为宏敞。[145] 太学建置趋于完备，国子学却颓势难挽，终在徽宗崇宁三年（1104 年）停止招生。太学成独霸之势，三舍与科考并行，上舍魁与状元并驾齐驱，可同日而语。[146]

曲英杰先生描绘太学建制曰：“太学北临汴水，南隔横街与里城南垣相对，正门内‘太学’与‘首善门’刻石均出于权臣蔡京之手。首善门内为首善堂，系太学管理机构；后为讲堂，称明善堂；又有藏书楼，称稽古阁。除九经刻石外，还陆续立有翰苑题名碑、开封教授题名碑等。东部为斋舍区，部分是原有廊庑，多数是新增建的房舍。西部为孔庙，自成一院落，庙庭中有一莲池，增添了几分静美。正殿南向，内中居孔子塑像；自元丰年间（1078–1085 年）诏以孟子配享后，左为颜子，右为孟子，成一字形排列。”

曲氏判定“在里城之南、御道之东有国子监，里城内、御道之西有太学，皆建孔庙”[147]，惜其文来源不详，我亦未查得典据。又据哲宗元祐六年（1091 年）“幸太学，先诣国子监至圣文宣王殿行释奠礼，一献再拜”，帝仍往国子监祭孔，且太学、国子监仅一街之隔，文庙共用似更合乎常理。

神宗熙宁十年（1077年）国子监又请于“太学西门修筑射圃，听诸王遇假日习射。”[148]其时“太学中，石榴数十株，少他杂物”[149]，空间疏朗，花木扶疏，有别于后世国子监孔庙内古木参天、多植松柏的静谧肃静，自是一番景象。

北宋皇室重大的礼仪活动，如赴南郊坛祭天，需有上万人的礼仪队伍，自宫殿南出南薰门，需要广阔的城市空间安排此类活动。为此，整饬宫前道路，出现了“自宣德楼一直南去，约阔二百余步”的御街，两边乃御廊，“旧许市人买卖于其间，自政和间（1111-1118年）官司禁止，各安立黑漆杈子，路心又安朱漆杈子两行，中心御道，不得人马行往，行人皆在廊下朱杈子之外”。开创了“御街、千步廊”制度，成为后世宫殿效仿的楷模。[150]“杈子里有砖石甃砌御沟水两道，宣和间（1119-1125年）尽植莲荷，近岸植桃李梨杏，杂花相间，春夏之间，望之如绣。”[151]御街花如锦绣，色彩缤纷；中央官学分列街东西，柳堤莲池，璧水明亮[152]，可谓重址。

| 二 |

以下，记：大成殿始有其名。

至徽宗崇宁元年（1102年）太学建制又有所发展。“命将作少监李诫，即城南门外相地营建外学”[153]，即南薰门外郊区，效仿古时辟雍之制，“外圆内方，为屋一千八百七十二楹”，赐名“辟雍”[154]。此辟雍实为太学的预设科，只是借用了古制名称和形式。时蔡京奏曰：“古者国内外皆有学，周成均盖在邦中，而党庠、遂序则在国外。臣亲承圣诏，天下皆兴学贡士，即国南郊建外学以受之，俟其行艺中率，然后升诸太学。凡此圣意，悉与古合。”暗示了古制外学的方位和地位，为辟雍的建立提供了理由。

辟雍有“四讲堂、百斋，斋列五楹，一斋可容三十人。”初入学者皆须先居此，即外舍生，经考选方具进入城内太学的资格，太学只置内舍、上舍[155]，为一时之盛。宋之太学管理制度甚为严格，有多种处罚手段，较重者为“迁斋”,更重者为“下自讼斋”隔离反省,最重者则为“夏楚”（体罚学生的用具）扑打，再开除学籍。[156]虽严厉过之，但有效保证了太学的学风严谨。国家危亡之时，太学生一再冲破学规禁锢，积极投身于爱国的政治活动。如宣和七年（1125 年）金兵长驱南下，太学生陈东等伏阙上书，要求将卖国求和的蔡京、王黼、童贯、梁师成、李彦与朱勔等 6 人处死。宋廷迫于形势，将之或赐死，或贬官流放。钦宗靖康元年（1126 年）金军兵临东京城下，宋廷罢免主战派李纲，陈东又率领太学生数百人到宫门前上书，要求重新起用李纲抗金，京师数万军民也涌向皇宫声援，李纲得以复职。太学生的爱国行动，延续了汉代太学生以天下事为己任的文士传统，再次写下光辉一页。

辟雍建设的同年又建文宣王殿，徽宗诏曰：“古者，学必祭先师，况都城近郊，大辟黉舍，聚四方之士，多且数千，宜建文宣王庙，以便荐献。”并赐名“大成之殿”。语出《孟子・万章下》“孔子之谓集大成”，孔庙祭殿始有专称“大成殿”，庙门据此亦名“大成门”。曲英杰先生给予大成殿冠名以高度评价：“大成殿作为孔庙正殿专名长期相沿，与佛寺中的大雄宝殿相类。以此为标志，孔庙作为祭祀学人祖师的场所开始形成独具特色的庙宇系统。”[157]

北宋皇族分为三大支派，即太祖、太宗、秦悼王廷美之后代。太宗一支，除太子有资善堂就学外，其余亲王，亦与太祖、廷美的后代封王者一样，其子孙就读之所称为宫学，分南、北宫，又有大学、小学之分。南宫者，“太祖、太宗诸王之子孙处之，所谓睦亲宅也”；廷美一支所居之处为北宫，又称为广亲宅。[158]神宗熙宁（1068-1077 年）时，对宗室袭封待宫之制进行抑裁，而宗室亲疏之别日益明显，在开办宫学的同时有宗学的设置，但实际废置无常。哲宗元祐六年（1091 年）宗学建成后，又赐予大臣蔡确为府第。徽宗建中靖国元年（1101 年）复置宗学，亦分小学、大学。[159]此时之宗学实与宫学并存，要求也基本一致，实际上是反映宫学宗学化的一个过程。[160]以南宋临安睦亲宗学有孔庙设置推测[161]，北宋宫学、宗学抑或有文庙及相关祭祀活动。

徽宗于崇宁三年（1104 年）设算学，隶属太史局。大观三年（1109 年）本拟“以文宣王为先师，兖、邹、荆三国公配享，十哲从祀。自昔著名算数者画像两庑”。后未果，而以黄帝为先师。礼部员外郎吴时言：“书画之学，教养生徒，使知以孔子为师，此道德之所以一也。若每学建立殿宇，则配食、从祀，难于其人。请春秋释奠，止令书画博士量率职事生员，陪预执事，庶使知所宗师。医学亦准此。”徽宗采纳了这一建议，有效地遏制了祭祀孔子的无谓扩张，倘若每学均设庙，耗时费工，劳民伤财，亦恐非孔圣人所愿。

大观元年（1107 年）又“置开封府府学”[162]。其作为地方学校来说，建立较晚，源于京师国立学校林立之故。“开封始建府学，立贡士额凡五十，而士子不及三百，尽额而取，则涉太优，欲稍裁之”。并诏曰：“王畿立学，若不优诱使进，何以首善？其常解五十勿阙。”[163] 依制，开封府学当有文庙，惜史载不详。

| 三 |

以下，记：宋以后开封庙学。

至金之卫绍王时（1209-1213 年），已“纪纲大坏，亡征已见”[164]，蒙古大军势如破竹。宣宗贞祐二年（1214 年）被迫迁往南京（今开封），对旧汴京城予以重修和改筑。虽国之将亡，却不忘尊儒之祖宗教诲。

先移建太学及文庙于城东南会朝门内，“岁祀如仪，宣圣、颜、孟各羊一、豕一，余同小祀，共用羊八，无豕。其诸州释奠并遵唐仪。”[165] 武成王庙位于“会朝门内阙庭之右，春秋上戊之祭仍旧”[166]，仍然延续了前代文、武庙东西各立的传统。

且孔氏香火的延续一直为宣宗惦念在心，三年（1215 年）“召中奉大夫、袭封衍圣公孔元措为太常博士。上初用元措于朝，或言宣圣坟庙在曲阜，宜遣之奉祀。既而上念元措圣人之后，山东寇盗纵横，恐罹其害，是使之奉祀而反绝之也，故有是命。”[167] 金亡国前二年，即天兴元年（1232 年）（是年本正大九年，正月改元开兴，四月又改元天兴）哀宗还专往太学孔庙释奠孔子。[168]

元灭金后，在开封设南京路，后又改为汴梁路，因庙学“坏而徙之东南大城之下”，“始为殿七楹，亦废宫屋也。其制度宏丽，为天下甲……神庖于堂东，凿池其南，势如半璧，沦汴注之，拟鲁頖水，殆足观矣。”[169]

明初，改称开封府，以之为北京，重筑旧里城为开封府城，洪武五年（1372 年）建府学及文庙于丽景门（宋门）内，并移置宋太学诸碑于此。

入清，改为祥符县学，顺治九年（1652 年）开封知府朱之瑶新造开封府学、文庙于府署东南，为左庙右学，庙内存《宋二体石经》《金女真进士题名记》及康熙御碑 6 枚。

淮安

2007.08.09-08.11

回南京没几天，学院团委书记兼同窗汤顶华就约我一起带大三学生作一次暑期社会调查，对象选在淮安一带，正好我 2004 年为写关于会馆的硕士论文，调研过这里，情况颇为熟悉，欣然前往。再往前推，2001 年本科毕业的夏天，就和几个学弟测绘了淮安府衙的大堂、二堂，和当地文物局混得挺熟，我去了找知悉情况的人也方便。当然也是私心作祟，可以转转文庙。

淮安现在的楚州区是个老地名，以前叫淮安，而离之不远的现在的淮安以前一直唤作淮阴，一者是韩信被封为“淮阴侯”，二者周恩来总理还手书过“淮阴”二字，当地人对于改名字很长时间都不适应。

借着这次深入调查的机会，促使我思考了一个问题并付诸了调研，且得到清华大学贾珺先生的指点：文庙作为古代城市中必备的职能建筑，是城市运作体系中不可或缺的一环，那么其与书院、义学等其他教育建筑，及衙署、贡院、考棚等相关管理建筑在制度、时空布局等方面的统诸关系是如何体现的？尽管文庙具有圣域的场所精神，但与城市的世俗生活从未隔绝，如商业依附、儒生对世俗生活的介入和一定程度的推动等，也需作细致深入的探讨。倘若将观察视角落点在某个特定区域，关注整个文化教育建筑系统的形成动因和城市表现，必然会丰满于古代城市的认知。

一

明清江苏苏中地区的童生按律须赴扬州府参加府试，苏北则赴淮安府，由此可看出淮扬地区在国家教育体系和大运河城市中举足轻重的地位。加之以徽商为代表的客商在侨寓地对文化教育投入的不遗余力，淮扬地区的教育体系甚为完备，如学校类建筑就包括了府学、县学、试院、书院、义学、社学等所有中国古代教育建筑类型。祈祝文运的各类建筑更是比比皆是，且塔、阁、楼、宫等多种建筑形式并存，再加上收藏、刊印图书等与普及文化相关的建筑等，共同构成了丰富齐全的城市文化教育体系和建筑景观。儒学关乎国家体制和尊儒政策，体制最为完备，由专祀孔子的文庙和学校两部分组成，官方背景使其理所当然地成为教育的龙头，其建筑群内泮池、棂星门、大成殿、魁星楼、文昌阁等祈祉类建筑和明伦堂、尊经阁、藏书楼等教学类建筑一应俱全，随等级不同，形制作相应变化。

淮安府用山阳县辖地，故有淮安府学、山阳县学，西北面的清江浦在入清后建清江县学。书院功能较为芜杂，如虽冠名书院，行纪念奉祀之实者有二：康熙十五年（1676 年）建于淮安板闸镇堡房之右的翁公书院，为纪念前监督翁英“政尚宽简，商民感德”。该镇似乎有奉祀父母官的传统；去时不远，康熙四十四年（1705 年）又于大关楼南运河东岸建图公书院，乃“里人为前监督图兰建。”[170] 清江浦河道总督署西花园清晏园内的荷芳书院则只是河督宴赏地，公务闲暇偶尔用来课士会文，以示重文教，“柳荫深处藏书院，不赏莲花赏笔花。”[171]

“书院之支流，为义学、为社学，或曰书堂，其风亦起于宋”。明洪武八年（1375 年）诏“置社学、延师儒，以教民间子弟之俊秀者”。明制“每县坊、厢必建社学，一区、或曰每五十家立一社学、或曰每里立社学二所”，“大抵社学及小学，皆官立，义塾间有官立者，其经费率恃田租及廛布。此明代郡县学及书院外，施教之所也。”清沿明制，康熙元年（1662 年）诏置社学。明以前各类学校讲授规制无太多限制，“乡镇学校，弦诵相闻，无间官私，盛倡文教。名义虽殊，性质实一。”而“明清之社学、义塾，专以课童蒙”，异于前代。不过，社学、义学创建及出资方来源纷杂，官方、乡绅不一而同，学校称谓亦常常混用。

淮安社学以“春夏秋冬”四季名之：春诵、夏弦、秋礼、冬书，分别位于融铁巷三官殿、西长街节孝总祠、漕署西、府署东观音寺。另有闻余社学位育婴堂前，养蒙社学位衙署西首，“门楼一座，匾曰‘三物宾兴’，社学三间。”[172] 基本建于康熙（1662–1722 年）中，后废，惟秋礼社学存。同治（1862–1874 年）中“次第修复，多赁屋而居”，夏弦更名为孤儿社学。所辖清河县 2 所，一在县学东百步，一在兴国寺，正房三间，门一座。另，周边乡镇尚有河下三元宫、板闸、平板、高家堰、黄家渠、山阳沟及顺河集等 7 所。[173]

“人才所以资世用。天下人才之养，未有不始于乡社小学者……郡序之外，所司必多立社学，以广养蒙之地，是何也？社学所养者，将以备庠序之选。而庠序所养者，将以充大学之用。是社学乃储养人才之始地。”[174] 因此，“义学、社学之课程，止于读书习字、粗通文艺，不能如书院之极深研几。”[175] 开蒙导学的初级教育宗旨，使得义学、社学的入学门槛较低、创建较易，且数量众多，遍布乡镇，对普及文化教育功不可没。

“庠序之外，乡社小学在有之。”淮安西北板闸镇有二闸，旧名“上、下移风”。“二闸南北相望，居民环处者甚众。”板闸西岸旧有移风社学 1 所，“岁久，绰楔欹侧，而堂亦摧剥。盖缘西岸居民甚少，而东岸十倍之，纵延一师于内，东岸子弟非舟渡莫能至，人惧其艰且危，率不往从焉。为师者，苦弟子之少，寻而弃去。遂使其学荒秽，仅存形迹而已。”乾隆十年（1745 年）为“迁诸东岸，以使子弟之相从……乃召工计费，相地以迁，得闸之东岸高明处，遂命斫三楹之旧者为新之。又多方处分材料，增以三楹三峙而立，外则相仍绰楔之旧题，而制饰大过之。顿使其学巍然焕然，壮丽夺目，而往来观者率伟之……慎选师范，以训迪子弟之众，但见镇日书声喧杂如市，而闻者皆啧啧称赏，以为前此未之有也。”[176]

唐以后随着科举制度的规模化和制度化，对于魁星、文昌的奉祀也逐渐普遍。不过，较之文昌帝君或魁星之奉，文峰塔之类的地貌改造工程耗资较大，并非易事，且前者“掌人间禄秩，司科甲权衡，其居歆之神宫较培地脉文笔为更急。”[177] 淮安文通塔就是利用了原有佛寺浮屠，位于大运河东岸，原为木塔，属龙兴寺，始建于隋文帝仁寿三年（603 年），重建于唐中宗景隆二年（708 年），北宋太宗太平兴国九年（984 年）改建为七层砖塔。明崇祯二年（1629 年）重修时易名文通塔。[178] 今为砖结构空心塔，七层八面，黄身青檐，塔身收分趋势较为明显，稳固雄伟。

作为一种传统礼教的特有产物，敕命建造的各类旌表牌坊，明中叶以后在城市中大量涌现，这和官府的提倡不无关系，洪武二十一年（1338 年）“廷试进士赐任亨泰等及第出身，有差上命，有司建状元坊以旌之。圣旨建坊自此始。”[179] 至清，范围更加广泛，并形成一种定制，“牌坊盖表厥里居遗意，国制凡贡生、举人、进士，官授牌坊银。则是岁贡以上，皆得建坊，不必功德巍巍也。”[180] 许多以旌表为目的的牌坊出现在城市的主要街道上，不但数量众多，也是影响城市景观和限定城市空间的重要因素之一。以淮安河下为例，区区弹丸之地，坊表竟达 59 座之众，“朝廷绰楔之典，所以表彰人伦，为后世法也。膺之者荣于华衮焉。河下一隅，坊表累累，于斯为盛”，大致可分为地名标志、名胜指要、人文旌表等三类，以后者最具代表性。[181] 旌表之余，乃是为了倡导向学之风，时刻提醒本地子弟以此类楷模人物为榜样。

淮安有区别于其他大运河城市的独特之处，河道频繁的地理变迁使得观察视角不应局限于府城之内，为达全面细致的研究，应将淮安府城，及沿运河北上、因漕运而兴的板闸镇、清江浦等都纳入分析版图。淮安旧城内部的文化教育建筑分布均匀，为的是文化教育的平衡。联城、新城因其出于军事考虑而形成的城市结构身份，一直没有得到较大的发展和繁荣，文化教育建筑也甚为罕见。尽管如此，在城外西北面与联城、新城毗连的河下，此类建筑的密集度和类型多样则令观者咋舌。与淮安府城相附着的空间地理身份，使河下表现出更为明显的游离于侨寓地之外的徽州文化特质，齐备的城市基础设施保证了其更为独立的自治性。徽州是个文风极盛的地区，这种乡土背景在淮安河下的侨寓徽商身上表现得极其明显，表之于城市形态，则是多处祈祝文运的建筑建造，“坛庙寺观，或在祀典，或蒙赐额，香火旧俗，不可阙也。”[182] 沿运河北上不远的板闸镇和清江浦，其城市结构和发展脉络更为清晰，城镇的发生、发展完全源于运河和漕运，文化教育建筑的创建和分布与城市扩展轨迹同步，在流经城镇的运河两岸呈环抱之势。

| 二 |

着墨于淮安地区的城市文化教育建筑与景观，正是为了提供另样的解读城市发展轨迹的视角，而这些与城市紧密关联的构成元素，能够为型构关于这座城市的观念提供部分且不可或缺的基础，也正是接下来涉及符号学意义的城市文化教育图景描绘的意义所在。

淮安因河凭湖，得水之趣，可谓因水而兴，因河而盛。“春风吹，秋风洗，青熏衣，绿染指。”[183] **平湖镜泊随处可见，且拥有丰富的水岸轮廓线，城市内外既可畅览烟景，也可凭水舟楫往来。**城市的文化教育图景，就融入在这云帆宝塔、危楼绮亭镶嵌堤畔的水光山色中，而最具显著者当数淮安的三湖一渠。

淮安城内文渠类同于扬州汶河，是贯串旧城、联城、新城的城内河流。分别由响水闸（旧西水关）引运河水入城和由旧城巽关引玉带河水入城，流贯城内四方，使三城可以内外通舟，“为民间食用所赖，文风所系”，乃“一郡风气，血脉所关。”[184] 文渠上有水关 9 处，可控水之进出，既防水患，也利舟楫。至清光绪（1875–1908 年）时，文渠上有桥 55 座，过 41 条街巷，桥名可窥淮安之文化底蕴，如青云、起凤、三思、清平、广济、文津、文府……且桥桥皆有典故，步步皆蕴文风，渠冠之以“文”，显现的是淮安的人文荟萃。

最盛处当属淮安府学前的泮池，与蜿蜒于城市内外的文渠相通，且较为开阔。每逢科考之日，文渠放闸，民众欢腾，滚滚渠水带来的是文运亨通，最直接惠及的就是在试院笔耕的考生们。“府试院本明察院署，国初改为考棚，雍正（1723–1735 年）中郡守祖秉圭、邑令罗佩建号舍，乾隆初（1736 年 – ）修理，道光（1821–1850 年）中屡经大修，规模始备。”同时还附有镫牌公所，“初考试每患生童拥挤，乃于栅栏内添设作凳，按牌序坐……然每当雨雪之际，公所狭隘，不能容纳，执事之人与露坐者咸苦之。同治（1862–1874 年）中，官绅集资买院左右民房，增建公所三十余间……”[185]

沿文渠往城西南隅即为月湖（又名万柳池），水平如镜，鱼翔碧水，鸟戏绿苇，昔时“古刹接峙……暖水流香”，有灵慈宫“在水中央，长桥蜿蜒，横跨水面。”明宣德间（1426–1435 年）改灵慈宫为天妃宫，为漕运“祝厘福地。”唐玄宗开元五年（717 年）建开元寺，明嘉靖间（1522–1566 年）废寺，改建为文节书院，万历（1573–1620 年）中又改建为正德书院[186]；与此同时，漕督刘东星捐俸建水亭，创木桥，又建厅堂名“君子堂”，有号舍十余间，清乾隆六年（1741 年）改为讲堂，造桥立亭，并“周立廊庑”。商绅踊跃襄助，“岁捐金数百以佐院费……而淮阴书院以成”。两任督漕相继“旬宣时登讲堂，进诸生而训勉之”，一时肄业者多至百余人，于是“淮阴之盛不异于省会之区矣”[187]。二十八年（1763 年）迁往城东，改名丽正书院（抗战胜利后，中共华中局、华中军区设于此）。[188]

勺湖在城西北隅，濒古运河，以水面弯曲如勺得名，乃因构筑修补城墙取土而成，水面洁净，菰蒲飘香，为寄情怀、避尘嚣的绝好去处。自晋代建城后，环勺湖先后有法华禅院、文通寺、龙兴寺、千佛寺、老君殿等诸多名胜，（清）刘鹗《老残游记》中多有记叙。清乾隆间（1736–1795 年）阮学浩任湖南学政，“乞归，即其地为草堂，讲课其中，遂为勺湖草堂。”阮氏殁后，“门下士即塾中设位奉祀。”同治间（1862–1874 年）顾云程督学湖南，亦“乞养”，其时“故址仅存茅屋数椽，赁庖丁作酒肆”，顾氏乃“备价赎回”，增建水阁于厅后，别设享堂“岁一致祭”。顾卒后，并祀之，称“阮顾二公祠”，后为勺湖书院。奎文书院（即今淮安中学之前身）与勺湖书院隔湖南北相望，内有阎征君祠，祀经学大师阎若璩。[189] 湖西南巍峨兀立的即文通塔，塔下碧波潋滟，湖堤蜿蜒，桥榭点缀。建于明崇祯二年（1636 年）的淮安城南门护城岗上的龙光阁，其门西向，与文通塔南北相应。两处“文峰”，一东南，一西北，为壮淮安一地文风。

萧湖与勺湖隔堤相望，自“联城东建，运堤西筑，中间洼下之地，乃悉潴而为湖，以成一方之胜概”。昔时萧湖西岸运河堤旁，“韩侯钓台屹然耸立”，钓台南有乾隆的“御诗亭”，台之北有漂母祠，北侧“近古枚里，为居民稠密之地”，湖中“石堤横亘，以便行人”[190]，“石上莲花三十六，步步足踏上天衢。”[191] 其南为周宣灵王庙，新安（徽州）旅人所建，以栖同乡。明清两代萧湖周围名园环筑，如明代恢台园，清代曲江园、荻庄、柳衣园等。湖中遍长菰蒲、鸦鹭相逐，“南北知名之士，宴集其中，文酒笙歌殆无虚日。”[192]

此三湖与扬州保障湖均为湖光名胜，且俱有诗社文会活动其间，更添风采。早在明后期，淮安就曾是无锡东林党人活动的重点地区，崇祯末和清顺治初（1644 年前后），北方的一批志士仁人、骚人墨客、皇室贵胄纷纷沿京杭大运河南逃，其中不少人滞留、聚居淮安。他们和淮安当地名流一起，感时伤世，于是发而为歌诗。一时淮安诗人之众，诗名之大，诗作之盛，甲于全国，有“诗城”之美誉。

淮安举城降清后，清政权并未过分干涉其活动，遂于顺治元年（1644 年）成立望社。“望”即阴历每月十五日，是以社员定期活动时间而得名。“望”不仅含月圆日之意，亦有望太平、望恢复金瓯无缺之意。望社著名社事计有顺治间（1644–1661 年）重阳尊经阁（淮安府学内）大会、康熙初（1662 年 –）五月端午萧湖大会、中秋曲江楼大会等。[193]乘舟游观，相互唱和，歌管之乐，声闻数里。这些聚会地点均在运河岸边（除重九尊经阁大会），故多有以运河为题材的诗作。望社从成立至风流云散，大约持续了近四十年时间。多数社员逐步顺应潮流，和清政府合作，纷纷取得功名，踏入仕途。

萧湖东北即河下镇，竹巷街“是河下的精华和景眼所在，南侧众巷直通萧湖之滨，环境清幽，为历史上文化名人、达官显贵、豪商巨贾聚居之所。”[194]

竹巷玉皇殿西有砖桥，“是桥也，面城带河，南通萧家田，北连礼字坝、单家园，东为三城往来咽喉，西为茶巷、花巷、西湖嘴外卫，洵竹巷之保障，水陆之要津也。”康熙二十五年（1686 年）徽商集资在“桥之上，起建更楼，与状元里楼、广惠楼相为犄角，东西门户，严为启闭。桥之下，栅栏锁禁亦如之。”[195]魁星像原在耳楼之中，嘉庆（1796–1820 年）中“楼就圮，程一庵、司马昌鸣出五百金重建。道光末年（–1850 年）王献南学正琛、紫垣内阁辅等捐资重修。奉魁星像，居正楼之中。”奉祀地位更为突出，或许是诚心所至，不久“黄芷升孝廉即以壬子科登贤书”[196]。

广惠楼位灵济祠内，楼供文昌，故又名文昌楼。该祠乃徽商供都天大帝，旧时河下著名的徽州风俗“小都天会”即于此举行[197]，与扬州“都天会”遥相呼应。

状元里楼亦为徽商捐资所建，“每岁三月十日一祭，是日为先生（清状元沈坤）诞辰，后改为春秋二祭。”[198]

三楼俱“虔祀魁星（文昌）于其上，文光四射”，希望冥冥苍天福佑徽商子弟“弦诵鼓歌、科第骈集”[199]。河下徽商子弟也的确不负众望，程氏、吴氏、汪氏、曹氏等代出闻人。[200]且楼中俱有更夫居处，“击柝相闻，呼应相通，则竹巷一带人家，皆得有备无患。”城市安全保障和民间信仰共处一室，相得益彰，多种城市功能的叠加也体现了非凡的民间智慧。

此外，茶巷有始建于唐太宗贞观（627-649 年）时的古天兴观，观东有文昌楼[201]，“河下士人致祭、会文之所。”[202]粉章巷南侧有二帝阁，“北为仓桥，东入新城，西去相家湾。初建自明代，跨民房而上，辉煌壮丽，似塔似亭，内供文、武二帝，中有魁星，两旁栏杆，四围槅俱明瓦，前以明瓦为篷。”每逢二、五两月文、武帝诞辰，官、商“庚共醵金，备牲礼祀之，张灯结彩，于前篷下演坐摊戏，至晚饮福。”[203]

河下镇诸多祈祝文运建筑，各安其位，拱宸相向，福佑文风长盛不衰。故有“善青乌者言：南向有文峰塔为笔，火药局为砚，主文风；粉章巷中旗杆在丁位，主人寿；东以新城楼为起，西以至杨宅不见为伏，主财。极为合法。”[204]

自大运河往西北行，约十里即达板闸镇，乃淮安钞关重地所在，关署东南有文津书院。乾隆元年（1736 年）书院初创时“蜗寄唐公创设讲席于爱莲亭”，只是一小型书院，且无自身房产。从嘉庆三年（1798 年）署督阿克当阿开始“整肃颓风，观光问俗，遴聘主讲，振作人才。”十年（1805年）署督李如枚“以抡才励士，为皇家首重之条，自应郑重，岂可假祠宇以处长？遂捐俸采购署东南魁星阁外地址，建造书院一所。”由于“学堂屋少位多，且地方辽广，烟户丛繁，一值阴雨，道途泥泞，童稚赴馆维艰。遂广选蒙师八人，分馆八堂，在于翁公祠、回施庵、元天宫、爱莲亭及河南福缘庵等处。既就四方受业蒙童之便，复拯失馆寒儒薪水之需。”[205] 书院址在“里之巽方”，符合古人尚风水，祈文运的心理诉求。前有新建石桥，因名文津，“清流西来，环绕而东。南望淮阴，气象苍郁。”[206]

板闸再西北约十里达漕运转输重镇——清江浦。自明代开始，随着清江浦开凿、四道闸修建、转运仓落成、造船厂投产，遂逐渐繁华，淮安的漕运咽喉地位在很大程度为其所取代。淮安文渠文泽亦至，达清江文峰塔止，汇入玉带河。明时清江闸南原有清江书院，后因河道总督驻节清江浦，乃建县学。乾隆二十六年（1761年）移清河县治清江浦，又为清江县学[207]，此为清江浦文化教育之统领。

因之运河极重之关隘所在，清江闸周遭舟货云集、寺观林立，迄至清末竟形成“五教合一”的巍巍大观：县学文庙祀孔子，慈云寺乃佛教圣地。大王庙奉金龙四大王，乃清江都天会之所，关帝庙亦是民间淫祀滥觞之地，其内除关帝外，有专祀陶公、马公等治河名臣的祠庙，皆属于道教庞杂的民间信仰之列。运河北岸有清真回教寺，前有码头直抵运河，此建筑设置在运河沿线城市殊为常见。清末，外国传教士循运河一路传教，在这里留下足迹的产物就是耶稣堂，著名文学家赛珍珠于此曾渡过她的童年时光。

宿迁

2007.08.09

在淮安调研的中途，我抽了个空去了下宿迁。

元时已有宿迁文庙，1929 年宿迁中学迁入使用至今，余泮池和建于明崇祯七年（1634 年）的大成殿。墙上嵌了块石板，写着“黉学大成殿”。“黉”指古代学校，后也代指地方官学，亦有称黉宫的，不过，常被人误写为“红”，以为是文庙的红色墙体。此外，文庙除了孔庙的称呼外，还有些其他称谓：

鲁司寇庙，因孔子曾任鲁国大司寇，如唐时泉州立孔庙，宰相张九龄题额“鲁司寇庙”，宋以后已很少见到此称。

宣尼庙，西汉平帝元始元年（1 年）加封孔子为“褒成宣尼公”。

先师庙，唐高祖武德二年（619 年）加封孔子为“先师”。明世宗嘉靖十一年（1308 年）各地孔庙奉诏改称“先师庙”。

文宣王庙 / 至圣庙 / 至圣文宣王庙，唐玄宗开元二十七年（739 年）加封孔子为“文宣王”；北宋真宗大中祥符元年（1008 年）加封孔子为“玄圣文宣王”，五年（1012 年）改封为“至圣文宣王”；元武宗大德十一年（1307 年）加封孔子为“大成至圣文宣王”。

宣圣庙，是宋代的称法，司马光曾为山西闻喜县文庙撰写宣圣庙碑。

夫子庙，是孔夫子庙的简称，如南京夫子庙。

学宫，指地方官学，清代的地方志中，很多地方用此称，有时亦指庙学中的孔庙。

文庙在中国古代可分为本庙与学庙两大系统：

本庙即曲阜孔庙，为孔族、孔门弟子或后世学人及当地官员共同奉祀，具祖庙性质。曲阜本庙自周敬王四十一年（前 479 年）首立于世，相沿至今近 2500 年。曲阜孔庙立庙最早，历史最久，建制最为完备。其实，就孔氏家庙言，有南北之分，除曲阜外，尚有二者，皆在今浙江，为衢州、婺州（磐安县盘峰乡榉溪村）[208]，乃宋、金时期南北分裂的产物，但始终未曾为各地孔氏所共宗。此外，今上海青浦“亦有孔室”，清初仍见。[209]

学庙即历代都城及地方学校所立文庙。都城文庙往往与京城兴废相始终，一般规模较大，规格较高，突出主体殿堂，少有附属建筑，由太学或国子监主管官员及师生奉祀，皇帝或皇太子及各级官吏亦往之致祭。地方文庙主要由各级行政建制如府、州、县等所属学校设立，州、县单置者均为一学一庙。若以县附郭则各有不同：或是府、县分立，如清苏州府城有吴县、长洲、元和三县附郭，三县学连同苏州府学的文庙，为一城四庙；或府、县合立，如明清西安府城有长安、咸宁二县附郭，府、县三学同立一庙；或府学单立，县学合立，如清江宁府（今南京）城有上元、江宁二县附郭，府学单立庙，而两县学同立一庙等。

当然，还有其他的分法：

其一，分为家庙、国庙、学庙。历史上公认的有两座孔氏家庙分别是曲阜家庙和衢州家庙。浙江磐安县盘峰乡榉溪村的孔氏家庙（第六批全国重点文物保护单位），经浙江省文物专家和新华社记者联合实地考证是除曲阜、衢州外的第三处孔氏家庙。另外，同被第六批评为“国保”的河南郏县文庙，由于最初是由唐代迁居郏县的孔姓支派修建的，一些人认为也具有家庙的性质。作为国庙性质的，包括曲阜本庙和京师孔庙。学庙，除国庙、家庙外，其他地方学校的文庙，包括书院文庙，皆属此范畴。

其二，分为本庙、家庙、学庙。曲阜孔庙为本庙，浙江衢州分孔庙为家庙，其他的文庙包括京都及地方各级的文庙均为“庙学合一”的学庙。

其三，分为四类，一是曲阜本庙，二是流散在各地孔子的后裔所建的家庙，三是京师文庙，四是地方文庙。把前两类称为家庙，后两类称作官庙。

那么，书院中的文庙是否可以算作学庙？从广义上讲，书院祭祀孔子，传授儒学理论，亦属此范畴，如（元）《庙学典礼》即将书院制度收纳其中。比较而言，书院往往为祭祀某先人或大家而作，纪念色彩较为浓厚，且学生更注重学习效果而非拘于考课；且书院文庙不似地方官学文庙那样具有一定的庙制，而是根据规模和性质而定，比较小的书院只建一座礼殿祭祀孔子。[210] 不过，书院的官学化在宋代就已开始，入元后趋势更为明显，许多书院的修建、学田的来源都依赖政府，山长的迁转、生员的选拔也都被纳入官方系统；至明，有的地方官学与书院已难辨身份。[211] 但在大量的宋元明清的文集和方志中，二者仍是泾渭分明。

综上，还是“学庙”较为妥帖，即都城中央官学（如太学、国子监等）和地方建制城市官学（一种简单的分辨方法即为据其名称:“行政建制名称 + 学”，如“苏州府学”“上元县学”等）的文庙。另，还有两点说明：

其一，曲阜孔庙的意义。对于“学庙”概念的文庙而言，曲阜孔庙则作为解读普遍意义上文庙建制和建筑空间的参照系。

其二，文庙的基本功能。“庙学合一”的雏形早已出现，其源头可能是曹魏黄初二年（221 年）“议郎孔羡为宗圣侯，邑百户，奉孔子祀，令鲁郡修起旧庙，置百户吏卒以守巇之，又于其外广为室屋以居学者”[212] 的阙里孔庙的家庙、学校一体。再历以东晋建康国学夫子堂建立为发轫的都城庙学制的形成，地方学校立庙逐渐发展，经北魏地方郡国学校教育制度的创立，北齐令地方学校皆设孔颜庙，最终定型于唐代。唐太宗贞观四年（630 年）诏“州、县学皆作孔子庙”[213]，凸显了普及地方庙学的官方意旨。原则上百姓不得任立孔庙，且祀礼位列国家大典，亦反映了文庙的政治权威性。文庙建筑于学校，明确了二者并立的不可分割，即所谓“庙学制”的真正确定和推行,如《唐六典》载国子监“庙干”职责为“掌洒扫学庙”[214]，刘禹锡《许州文宣王新庙碑》载“洒扫有庙干”[215]，韩愈《处州孔子庙碑》载“惟此庙学”[216]等等，均将庙、学相提并论。宋时“庙学”的使用频率已颇高，入元后更出现了收录窝阔台至成宗大德间（1297-1307 年）与之相关的奏章专辑——《庙学典礼》，证之已明确制度化；诚如北宋大中祥符三年（1010 年）真宗所言：“讲学道义，贵近庙庭。”[217]

亦即，文庙是学校的信仰中心，学校是文庙的存在依据。简言之，庙学是中国古代将学习儒家经典的官方学校与祭祀孔子的礼制性庙宇相结合的场所，由政府教育行政主管部门直接管理。

赫图阿拉

2007.08.13
2008.07.03-07.04

要去辽宁汇报某个保护规划，事后要求去看看安歇着努尔哈赤五世祖的永陵，在新宾满族自治县境内，距之不远是清王朝的发祥之地——赫图阿拉，那是必须要去的。同行的还有相睿、常军富、汪涛，时光走得很快的，当时还是硕士研究生的他们，现在都成了遗产保护领域的精兵强将了。**越一年，和师叔小棣同行再往，难得的是住了一晚，辽阔的蓝黑色星空下，听前辈絮叨二十多年来的酸甜苦辣，时光又仿佛静止了。**

此地战国属燕，秦属辽东郡，西汉属玄菟郡，东汉至晋，先为公孙度地盘，后为慕容廆所居。南北朝陷于高丽，唐灭高丽，复归内化，为唐安东都护府所辖，中宗时归渤海国。金属东京路，元为沈阳路。满人原居黑龙江以东，明初迁至绥芬河流域，正统五年（1440 年）努尔哈赤五世祖董山与叔父凡察迁此居住，明廷因之置建州卫，册封其首领为指挥使，世代承袭。

万历十一年（1583 年）努尔哈赤袭建州卫都指挥使，十五年（1587 年）迁往费阿拉城，赫图阿拉城成为其族人居地。三十一年（1603 年）努尔哈赤复迁回，始筑内城，两年后又筑外城环之。四十三年（1615 年）又于城东阜上建佛寺、玉皇庙、十王殿共七大庙，三年乃成。四十四年（1616 年）努尔哈赤在此“黄衣称朕”，登极建元，定是年为后金天命元年，赫城成为后金——清的第一都城，即兴京城。

“费阿拉”为满语，意为“旧的山城”，一般称为“旧老城”，明人称之为“建州老营”。“赫图阿拉”意为“横岗”，即平顶的山冈。而事实上，也的确是建在横岗之上，城南面靠山，东、西、北三面环水，且平坦开阔，河泉丰沛，冈阜四周皆悬崖，城内较广平，有泉井一眼。对外水陆交通便利，为“避水御乱”之佳地。因山筑城，就地取材，随势设街，高冈建房。潆洄千曲水，盘迭百重山，站在城墙垛口上极目远眺，不难想象当年康

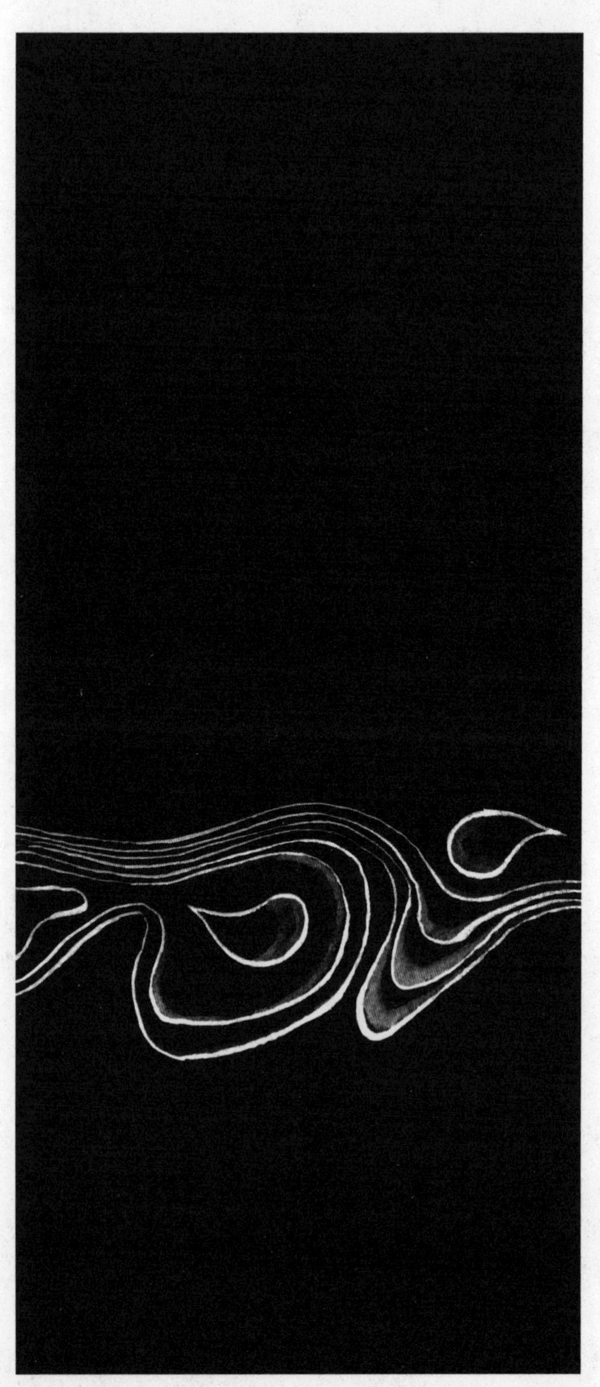

熙帝东巡祭祖时的那种心境。

城分内外，内城住的是努尔哈赤的家属和亲族，外城住的是八旗兵丁，城外住的是各种工匠，有二万多户。其布局带有明显的氏族部落特色，尤其是宗教信仰与民族习俗在宫殿建设上更是影响颇深，以汗王殿前八凉棚为代表。据《满文老档·太祖》卷九：后金天命四年（1619 年），即明万历四十七年，“五月初五辰刻，汗出坐于衙门，衙门左右，设凉棚八座，八固山之诸贝勒、诸大臣、四贝勒、朝鲜二元帅等六人，皆赐矮几，设大宴。前此筵宴，诸贝勒皆不坐于桌，席地而坐。”[218] 此制延至沈阳故宫，在大政殿前东西两侧建十王亭，再延至北京乃为东西朝房。

不过，该时的满人已逐步接受汉文化及儒家思想，如努尔哈赤建后金之前，即万历四十三年（1615 年）于赫城东阜上建佛寺、玉皇庙、十王殿等共七大庙，三年方成，众多信仰集于一隅，对由渔猎文化向农业文化、由奴隶制向封建制迅速迈入，及融于汉文化圈的渴望和迫切昭然若揭，但崇孔之举似尚未提上日程，文庙并不在七大庙建设范畴之内，现文庙遗址则是入清之后的落实了。

经过短暂但有效的休养生息，努尔哈赤于天命三年（1618 年，即万历四十六年）正月对诸贝勒宣布：“吾意已决，今岁必征大明国！”四月十三日以七大恨告天，起兵反明，同时，迁都辽阳，天命十年（1625 年）定鼎沈阳。

以下，乃录“七大恨”：

“我之祖父，未尝损明边一草寸土，明无端起衅边陲，害我祖父，此恨一也；明虽起衅，我尚修好，设碑立誓，凡满汉人等，无越疆土，敢有越者，见即诛之，见而顾纵，殃及纵者，讵明复渝誓言，逞兵越界，卫助叶赫，此恨二也；明人于清河以南，江岸以北，每岁窃逾疆场，肆其攘夺，我遵誓行诛，明负前盟，责我擅杀，拘我广宁使臣纲古里方吉纳，胁取十人，杀之边境，此恨三也；明越境以兵助叶赫，俾我已聘之女，改适蒙古，此恨四也；柴河三岔抚安三路，我累世分守，疆土之众，耕田艺谷，明不容留获，遣兵驱逐，此恨五也；边外叶赫，获罪于天，明乃偏信其言，特遣使遗书诟言，肆行凌辱，此恨六也；昔哈达助叶赫二次来侵，我自报之，天既授我哈达之人矣，明又挡之，胁我还其国，己以哈达之人，数被叶赫侵掠，夫列国之相征伐也，顺天心者胜而存，逆天意者败而亡，岂能使死于兵者更生，得其人者更还乎？天建大国之君，即为天下共主，何独构怨于我国也？今助天谴之叶赫，抗天意，倒置是非，妄为剖断，此恨七也！”

注释

1 《汉书》卷九十九《王莽传》。

2 《后汉书》卷七十九上《儒林列传第六十九上》。

3 《后汉书》卷一上《光武帝纪第一上》。

4 黄进兴《圣贤与圣徒》P12。

5 《后汉书》卷三十三《朱冯虞郑周列传第二十三》。

6 高明士《东亚教育圈形成史论》P28。

7 《后汉书》卷四十八《杨李翟应霍爰徐列传第三十八》。

8 参阅《后汉书》卷七十九上《儒林列传第六十九上》，卷九十四《志第四·礼仪上·养老》。

9 详见高明士《东亚教育圈形成史论》P30-31，及P137注72。

10 散见于《后汉书》，如：和帝永元十二年（100年）、十四年（102年），安帝延光三年（124年），顺帝阳嘉元年（132年）、二年（133年），灵帝熹平六年（177年）、光和五年（182年），献帝初平四年（193年）等均有帝王幸学之记载。

11 《后汉书》卷七十九上《儒林列传第六十九上》。

12 《后汉书》卷六《孝顺孝冲孝质帝纪第六·顺帝》。

13 （清）顾炎武《历代宅京记》卷八《洛阳中》P138。

14 《后汉书》卷七十九上《儒林列传第六十九上》。

15 包括《论语》、《孝经》、《诗经》、《尚书》、《礼经》、《周易》、《春秋》等，或称《一体石经》。

16 《后汉书》卷八《孝灵帝纪第八》。

17 （清）顾炎武《历代宅京记》卷八《洛阳中》P138。

18 《后汉书》卷六十下《蔡邕列传第五十下》。

19 曲英杰《孔庙史话》P69。

20 《后汉书》卷二《显宗孝明帝纪第二》。

21 《河南志》卷二，引陆机《洛阳记》，《宋元方志丛刊》（8）P8358。

22 据高明士《东亚教育圈形成史论》P136注63："横舍"，见于《后汉书》卷二十九《鲍昱传》、卷三十三《朱浮传》。"横"亦作"黉"；"巷"恐为"舍"之误。

23 《后汉书》卷四十八《杨李翟应霍爰徐列传第三十八》。

24 高明士《东亚教育圈形成史论》P22。

25 参阅高明士《东亚教育圈形成史论》P29，盖金伟《汉唐官学学礼研究》P35注5，曲英杰《孔庙史话》P68。

26 （清）王昶《金石萃编》卷八《汉四·孔庙置守庙百卒史碑》。

27 《三国志》卷二十四《魏书二十四·韩崔高孙王传第二十四》。

28 曲英杰《历代京都及地方庙学考述》《孔子研究》1996年第3期P119。

29 邺本在今河北临漳西南邺镇东，汉之魏郡、东汉末的冀州，都以邺为治所。以后迭为都城。北周为相州魏郡治所。杨坚毁邺城，迁相州至安阳。以后又在故地设邺县，宋并邺县入临漳。

30 《三国志》卷六《魏书六·董二袁刘传第六》，裴注引《魏氏春秋》陈琳檄文。

31 《三国志》卷一《魏书一·武帝纪》。

32 万绳楠《陈寅恪魏晋南北朝讲演录》P10。

33 《宋书》卷十四《志第四·礼一》。

34 樊克政《学校史话》P40。

35 《三国志》卷二《魏书·文帝纪第二》。

36 《三国志》卷三《魏书·明帝纪第三》。

37 《三国志》卷二十五《魏书二十五·辛毗杨阜高堂隆传第二十五》。

38 《三国志》卷十三《魏书十三·钟繇华歆王朗传第十三》，裴注引《魏名臣奏·王朗节省奏》。

39 《晋书》卷五十五《列传第二十五·潘岳（从子尼）》。

40 《三国志》卷二十四《魏书二十四·韩崔高孙王

传第二十四》。
41 盖金伟《汉唐官学学礼研究》P35。
42 《三国志》卷四《魏书·三少帝纪第四》。
43 盖金伟《汉唐官学学礼研究》P36。
44 万绳楠《陈寅恪魏晋南北朝讲演录》P2、9、19。
45 《晋书》卷四十五《列传第十五·刘毅》。
46 《晋书》卷二十一《志第十一·礼下》。
47 《晋书》卷五十五《列传第二十五·潘岳(从子尼)》。
48 《晋书》卷十九《志第九·礼上》。
49 引自曲英杰《历代京都及地方孔庙考述》,《孔子研究》1996年第3期P119。
50 《晋书》卷二十一《志第十一·礼下》。
51 余嘉锡《晋辟雍碑考证》P136,引自高明士《东亚教育圈形成史论》P61。
52 《晋书》卷十九《志第九·礼上》。
53 高明士《东亚教育圈形成史论》P60。
54 《宋书》卷十四《志第四·礼一》。
55 《南齐书》卷九《志第一·礼上》。
56 李丽莉《两晋南朝的国子学》P3。
57 《宋书》卷十四《志第四·礼一》。
58 《宋书》卷三十九《志第二十九·百官上》。
59 胡克森《西晋国子学建立原因初探》《晋阳学刊》2003年第6期P59-63。
60 《晋书》卷三《帝纪第三·武帝》。
61 《晋书》卷二十四《志第十四·职官》。
62 《南齐书》卷九《志第一·礼上》。
63 《南齐书》卷九《志第一·礼上》。
64 高明士《东亚教育圈形成史论》P51。
65 吕思勉《读史札记》P901。
66 高明士《东亚教育圈形成史论》P43。
67 《河南志》卷二,引郭绿生《述征记》《宋元方志丛刊》(8)P8364。
68 《晋书》卷五十五《列传第二十五·潘岳》。
69 王仲殊《汉代考古学概说》P28。
70 或称《汉石经》、《一体石经》、《一字石经》等。
71 或称魏石经、三体石经、三字石经。
72 (清)顾炎武《历代宅京记》卷八《洛阳中》P138。
73 逯耀东《从平城到洛阳——拓跋魏文化转变的历程》P180。
74 《魏书》卷七下《帝纪第七下·高祖纪下》。
75 (北魏)杨衒之《洛阳伽蓝记》卷三《城南》,杨勇《洛阳伽蓝记校笺》P135。
76 《魏书》卷五十六《列传第四十四·郑羲》。
77 《魏书》卷十九中《列传第七中·景穆十二王》。
78 《魏书》卷八《帝纪第八·世宗宣武帝》。
79 (清)顾炎武《历代宅京记》卷七《洛阳上》P126,引《学记》郑注。
80 《魏书》卷五十五《列传第四十三·刘芳》。
81 (北魏)杨衒之《洛阳伽蓝记》卷一《城内》,杨勇《洛阳伽蓝记校笺》P11。
82 傅熹年《中国古代建筑史·两晋、南北朝、隋唐、五代建筑》P83。
83 《魏书》卷七下《帝纪第七下·高祖纪下》。
84 《南齐书》卷五十七《列传第三十八·魏虏》。
85 将作大匠李冲主要负责,蒋少游、王遇、董爵等协助,并在李氏卒后,继续完成相关工作;详见逯耀东《从平城到洛阳——拓跋魏文化转变的历程》P173-179。
86 《南齐书》卷二十八《列传第九·崔祖思》。
87 《魏书》卷五十五《列传第四十三·刘芳》。
88 (北魏)杨衒之《洛阳伽蓝记》卷三《城南》,杨勇《洛阳伽蓝记校笺》。
89 (清)顾炎武《历代宅京记》卷七《洛阳上》P127。
90 傅熹年《中国古代建筑史·两晋、南北朝、隋唐、五代建筑》P83。
91 《魏书》卷九《帝纪第九·肃宗孝明帝》。

92 《魏书》卷八十四《列传儒林第七十二》。

93 《北齐书》卷六《帝纪第六·孝昭》。

94 高明士《东亚教育圈形成史论》P74。

95 《北齐书》卷四《帝纪第四·文宣》。

96 《隋书》卷九《志第四·礼仪四》。

97 （唐）杜佑《通典》卷五十三《礼十三·孔子祠》。

98 参阅（清）程穆衡《水浒传注略》，引自伊永文《东京梦华录笺注》上P111；高明士《唐代的武举与武庙》《第一届国际唐代学术会议论文集》P1047。

99 《全唐文》卷二十三《立齐太公庙制》。

100 《新唐书》卷十五《志第五·礼乐五》。

101 （唐）中敕《大唐开元礼》卷一、卷五十三、卷五十五。

102 参阅陶希圣《武庙之政治社会的演变》，《食货复刊》1972年8月P2-5；高明士《唐代的武举与武庙》《第一届国际唐代学术会议论文集》P1017-1069；黄进兴《圣贤与圣徒·武庙的崛起与衰微（7-14世纪）：一个政治文化的考察》P205-236。

103 （清）徐松《唐两京城坊考》卷四《西京·太平坊》P96-97。

104 （唐）刘餗《隋唐嘉话》（下）P50。

105 郭湖生《中华古都》P51。

106 （唐）杜宝《大业杂记》，辛德勇《大业杂记辑校》P3。

107 《河南志》卷一，《宋元方志丛刊》（8）P8340。

108 《河南志》卷一，《宋元方志丛刊》第八册P8340。今洛阳城南赵村一带。另，（唐）王泾《大唐郊祀录》卷十曰“长乐坊”。

109 （清）徐松《唐两京城坊考》卷五《东京·外郭城》P149。

110 （清）徐松《唐两京城坊考》卷五《东京·道德坊》P155。

111 郭湖生《中华古都》P49。

112 《礼记正义》卷十二《王制第五》。

113 《周易正义》卷九《说卦》。

114 《玉海》卷一百一十二《庆历兴学》。

115 《南齐书》卷二十八《列传第九·崔祖思》。

116 《宋史》卷八十五《志第三十八·地理一》。

117 黎承贤等《洛阳》P51。

118 散见《宋史》卷六《本纪第六·真宗一》、本纪第七·真宗二》、《本纪第八·真宗三》。

119 据（宋）王林《燕翼诒谋录》卷五P47：“西京学校，旧为河南府学，景祐元年（1034年）诏改为西京国子监，以为优贤之所。”设国子监时间为仁宗景祐元年（1034年），与《宋史》载真宗景德四年（1007年）不符，原因不详。

120 《新唐书》卷一百三十一《列传第五十六·宗室宰相》。

121 郭黛姮《中国古代建筑史·宋、辽、金、西夏建筑》P18。

122 参阅《宋史》卷一百五《志第五十八·礼八》。

123 《宋史》卷五《本纪第五·太宗二》。

124 樊克政《学校史话》P72-76。

125 《宋史》卷一百五《志第五十八·礼八·文宣王庙》。

126 散见《宋史》卷四《本纪第四·太宗一》、卷五《本纪第五·太宗二》。

127 《宋史》卷一百五《志第五十八·礼八·文宣王庙》。

128 （清）宋继郊《东京志略》P320，引《玉海》卷五十六。

129 参阅《宋史》卷六《本纪第六·真宗一》、《本纪第七·真宗二》、《本纪第八·真宗三》。

130 《宋史》卷一百五《志第五十八·礼八·文宣王庙》。

131 （清）宋继郊《东京志略》P320，引《玉海》卷一百十二。

132 参阅（宋）孟元老《东京梦华录》卷二《朱雀

门外街巷》、卷三《大内前州桥东街巷》，伊永文《东京梦华录笺注》P100、284。

133 （清）宋继郊《东京志略》P321引《玉海》卷一百十二。

134 《宋史》卷二十《本纪第二十·徽宗二》。

135 《宋史》卷四百三十一《列传第一百九十·儒林一》。

136 （清）宋继郊《东京志略》P328引《欧阳文忠全集》卷二十五《胡先生墓表》。

137 《宋史》卷十一《本纪第十一·仁宗三》。

138 《宋史》卷八《本纪第八·真宗三》。

139 （清）宋继郊《东京志略》P320，引《玉海》卷一百十二。

140 罗玉霞《北宋太学的复兴及其管理的完善》P46。

141 《宋史》卷四百三十二《列传第一百九十一·儒林二》。

142 共9部石经：《周易》、《诗经》、《尚书》、《周礼》《礼记》、《春秋》、《孝经》、《论语》、《孟子》，其经石为一行篆书，一行楷书，故被称作《二体石经》。

143 参阅《宋史》卷十五《本纪第十五·神宗二》。

144 周宝珠《宋代东京研究》P347。

145 参阅《宋史》卷一百五十七《志第一百一十·选举三》。

146 《宋史》卷十五《本纪第十五·神宗二》。

147 曲英杰《孔庙史话》P79-80。

148 （清）宋继郊《东京志略》P320引《玉海》卷一百七十五。

149 （清）宋继郊《东京志略》P324引《宋景文集》卷十三《学舍石榴》。

150 郭黛姮《中国古代建筑·宋、辽、金、西夏建筑》P9。

151 （宋）孟元老《东京梦华录》卷二《御街》，伊永文《东京梦华录笺注》P78。

152 （清）宋继郊《东京志略》P333，引《汴都杂事》。

153 《宋史》卷一百五十七《志第一百一十·选举三》。

154 （清）宋继郊《东京志略》P321引《玉海》卷一百十二。

155 参阅《宋史》卷一百五十七《志第一百十·选举三》。

156 樊克政《学校史话》P74。

157 曲英杰《孔庙史话》P82。

158 《宋史》卷一百六十五《志第一百一十八·职官五》。

159 《宋史》卷一百五十七《志第一百十·选举三》。

160 周宝珠《宋代东京研究》P350。

161 《咸淳临安志》卷十一，《宋元方志丛刊》其四，P3448-3451。

162 《宋史》卷二十《本纪第二十·徽宗二》。

163 《宋史》卷一百五十七《志第一百十·选举三》。

164 《金史》卷十八《本纪第十八·哀宗下》。

165 《金史》卷三十五《志第十六·礼六·宣圣庙》。

166 《金史》卷三十五《志第十六·礼六·武成王庙》。

167 《金史》卷十四《本纪第十四·宣宗上》。

168 《金史》卷十七《本纪第十七·哀宗上》。

169 《全元文》（9）P421-425姚燧《汴梁庙学记》（至元二十七年）。

170 （清）杜琳等《续纂淮关统志》卷十二《古迹》P378。

171 （清）许崇兰《荷芳书院校士》，引自高岱明《淮安园林史话》P81。

172 （清）杜琳等《续纂淮关统志》卷九《公署》P295。

173 （民国）柳诒征《江苏书院志初稿》P97、111。

174 （清）王莹《建移风社学记》，引自（清）杜琳等《续纂淮关统志》卷十四《艺文》P408。

175 （民国）柳诒征《江苏书院志初稿》P92。
176 （清）王莹《建移风社学记》，引自（清）杜琳等《续纂淮关统志》卷十四《艺文》P409。
177 《光绪善化县志》卷十一，引自邓洪波《中国书院史》P512。
178 淮阴市文化局《淮阴文物志》P65。
179 《古今图书集成》卷七十四《坊表部·纪事》。
180 《古今图书集成》卷七十四《坊表部·杂录》。
181 （民国）王光伯《淮安河下志》卷三《坊表》P70-75。
182 （民国）王光伯《淮安河下志》卷四《祠宇》P81。
183 高岱明《淮安园林史话》P21。
184 《乾隆淮安府志》卷一。
185 《光绪淮安府志》卷二十一《学校》。
186 马超骏、程杰《淮安古迹名胜》P36-39。
187 （民国）柳诒征《江苏书院志初稿》P78。
188 高岱明《淮安园林史话》P47。
189 （民国）柳诒征《江苏书院志初稿》P78。
190 （清）程钟《淮邑萧湖游览记》，引自高岱明《淮安园林史话》P56。
191 （清）汪新甫《萧湖歌》，引自高岱明《淮安园林史话》P57。
192 （清）黄钧宰《金壶七墨》，引自马超骏、程杰《淮安古迹名胜》P39。
193 荀德麟等《运河之都——淮安》P124-125。
194 荀德麟《关于河下竹巷街保护、恢复和开发的具体意见》，引自马超骏、程杰《淮安古迹名胜》P39。
195 （清）胡从中《重建魁星楼记》，引自（民国）王光伯《淮安河下志》卷四《祠宇》P82。
196 （民国）王光伯《淮安河下志》卷四《祠宇》P82。
197 （民国）王光伯《淮安河下志》卷四《祠宇》P90。
198 （民国）王光伯《淮安河下志》卷四《祠宇》P103。
199 （清）胡从中《重建魁星楼记》，引自（民国）王光伯《淮安河下志》卷四《祠宇》P82。
200 王振忠《明清徽商与淮扬社会变迁》P146-148。
201 （民国）王光伯《淮安河下志》卷四《祠宇》P107。
202 （民国）王光伯《淮安河下志》卷四《祠宇》P81。
203 （民国）王光伯《淮安河下志》卷四《祠宇》P84。
204 （民国）王光伯《淮安河下志》卷四《祠宇》P85。
205 （清）杜琳等《续纂淮关统志》卷九《公署》P300。
206 （清）李如枚《新建文津书院碑记》，引自（清）杜琳等《续纂淮关统志》卷十四《艺文》P445。
207 马超骏、程杰《淮安古迹名胜》P54。
208 被称之为“婺州南宗·第三圣地”，详见洪铁城《沉浮榉溪》，北京：机械工业出版社2006.06。
209 参阅（清）刘禺生《世载堂杂忆》P268-269，（清）陈康祺《朗潜纪闻初笔、二笔、三笔》之《二笔》卷五《青浦孔宅》P48。
210 张亚祥《江南文庙》P27。
211 胡务《元代庙学——无法割舍的儒学教育链》P4-5。
212 《三国志》卷二《魏书·文帝纪第二》。
213 《旧唐书》卷三《本纪第三·太宗下》。
214 （唐）张九龄、李林甫《唐六典》卷二十一《国子监》。
215 《全唐文新编》（10）P6886-6887刘禹锡《许州文宣王新庙碑》。
216 （唐）韩愈《韩愈集》卷三十一《碑志八·处州孔子庙碑》。
217 《全元文》（9）P213-214张须《曲阜县庙学记》。
218 有关赫图阿拉城的简介，据赫图阿拉城文物管理所编纂的《赫图阿拉城》整理，辽宁省文物保护中心提供资料。

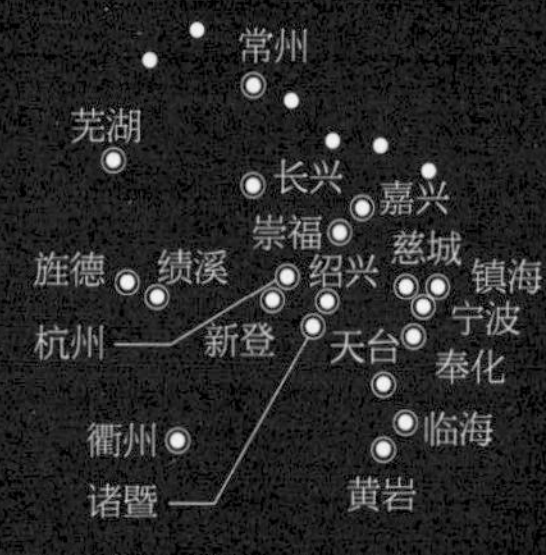
常州
芜湖
长兴
嘉兴
崇福
慈城
旌德
绩溪
绍兴
镇海
宁波
杭州
新登
天台
奉化
衢州
临海
诸暨
黄岩

卷八

I

2007.08

2010.02
2010.10

2013.08

常州

2007.08.22

自洛阳回到南京已经快一个月了，并没捞到歇着，还是折腾了一阵其他事，全身酸痛，实在不想远行。没人逼我，但得自觉，劲泄了再拎起来就好难，一定要坚持下去。索性谁也没告诉，就去了长途汽车站。根本没什么准备，去哪呢？看看时间，快开的车是往常州的，就它了。**记得《封神演义》里太白金星有句话：“心似白云常自在，意如流水任东西。”**我可没这么逍遥，实在是因为有点疲了。

在常州待了两个小时，我就离开去了浙江，后来在途中上网查了些资料就开始不断自责了，这次的出发太草率了，不好好做功课，是没有责任心的典型表现。为何？常州有两处文庙遗存，一是府文庙，在常州二中内；一是武进、阳湖两县县学文庙，我仅看了后者，不远处就是路秉杰先生设计的天宁寺塔。

许多年后，和沈公子禾、王公子纲两位常州人聊起这段缺憾，二人皆坏坏一笑，意思是常州二中你去了也没用，那是顶级学校，见其门不得入的；倒是县学文庙所在的工人文化宫是现在一拨三十多岁人的儿时乐土，港台录像都是从那儿看来的。

我自己不也是这么过来的吗？小时候生活的县城，那些大大小小的录像厅恐是年轻人和学生们最重要的社交场所，有欢笑泪水，有生死留别，有爱恨情仇，有恩断义绝，这个舞台承载和塑造了多少改革开放以后成长起来的一代人的人生观和价值观，只是不一样的人走出了不一样的路。于我而言，至少还算是个规矩的学生，规矩其实源于胆小，不敢进录像厅，因为大人说那里乌七八糟的。但放学回家路上，唯一的乐趣就是路过录像厅时看看当天的新片介绍，清晰地记得都是录像带的包装纸直接卡在售票窗口的玻璃后面，久而久之，我成了名副其

实的港台片活地图，对剧情都是滚瓜烂熟，不过仅限于那寥寥数字了，还不知天高地厚地想成为一个编剧。

电影的介绍方式是个很有趣的历史发展过程，再往前推，县城的电影海报是没有印刷的，太贵，都是手写，用于海报的纸通常是绿、黄、红几色，皆为毛笔写就，海报格式也固定，电影的名字一定是大大的，以下小字是电影院和场次。由于没有复印的介入，看多了就会根据字体的风格判断出大概有多少人从事这项工作，而同一个人也会越写越疲，可以说是通俗版的楷书至草书的演变。

后来进了大学，贾樟柯的电影看了个遍。曾见过《东方早报》上的评论说：贾樟柯是一位来自中国基层的民间导演，追求影像“对现实表象的穿透力”，他特立独行，用镜头语言去描绘一个巨大的社会转型时代普通人所要承受的代价和命运发生的转变。他直言批评当代中国电影缺乏对真实生命的关注：第四代执着于伦理道德，第五代迷恋于历史寓言，第六代在都市摇滚里陶醉。在中国电影集体向好莱坞投降、沉沦于虚无缥缈的非现实主义题材的时候，贾樟柯对中国现实的强烈人文关注显得尤为可贵。

其实不需要看采访介绍，就知道这哥们是成长于录像厅的，架构、语言、采声……再熟悉不过了，杂陈了放映的港台片和看港台片时的特有环境和心境。只是他选择了和学会了用什么样的叙事方式给冷酷的世界一些温暖的基调，而和他一样有着相同儿时经历的芸芸众生，却大多在冷酷的世界里图得一时欢愉后进而就沉沦了下去。

所以，文庙也好，录像厅也好，现在都成了过眼烟云，症结的解开取决于拨开迷雾真正看到的东西。若脱开历代帝王的统治需要（即儒学的正统学术地位），绵延二千余年的庙学形成和壮大则无从谈起；曲阜孔庙或也仅可成为一个类似于山西汾阴后土庙的本庙所在，而不会贵为如此庞大的天下文庙系统之祖。巫鸿先生说过：“一部历史著作充满了历史学家的第二自我，是他的道义的体现。一部历史著作充满了这位历史学家的政治和道德评判，因此成为他留名青史，以著述影响世界的手段。这也就是为什么没有机会将其理想付诸实践的孔子被称为素王的原因。”[1] 在我看来，文庙恰恰是历代帝王在“素王”孔子身后为其在物质层面建立的理想系统，只不过乃为罩在帝国架子之上的一层掩人耳目的面纱。

长兴

2007.08.22

常州距浙江较近，于是想江苏在家门口，境内文庙随时可往，不如先进到浙江省界。主意打定，奔湖州转长兴。湖州车站名浙北高速客运中心，甚为巨大，出站再进站颇为费时，湖州至长兴 1 小时即抵。早前查过资料，知道长兴文庙在长兴中学内，奈何犯了一个常识性错误，即该时中等教育已是一大蓬勃产业和社会大需求，多数有名之老校皆择新址而立，兴冲冲赶往长兴中学的途中已渐渐疑惑，怎么越来越像是个崭新的城区呢？果不其然，终点是个坐落于新区的庞大建筑群。

跳下三轮车，当务之急是向车夫道歉，此前还怪他收费太高要 8 元，其实真是个好好的实诚人，看其烈日下挥汗如雨，心中有愧，特买矿泉水与之共饮，车夫憨厚，咧嘴一笑，露出一口白牙，甚是灿烂。稍事安顿，询问了中学的门卫，得知该校确是老城区的中学前身，当地人称老校为长兴一中，谢过门卫，当即折返。

暑期的一中，异常宁静，树木葱郁，恐是许久未予修剪，恣意的植物已将大成殿前的开敞挤得反似园林小径。殿前三块湖石，当是民国时候改建为中山公园时才置于此，按旧时规制可没这种摆设。殿门紧锁，透过灰蒙蒙的玻璃窗，窥得其内满地书籍，若真就是传道授业之书，倒也应了儒学根本，可惜全是辅导教材，做题！做题！做题！可叹今日教育之路该去向何方。绕殿一周，屋脊上耀眼的黄色彩绘实在是挥之不去的艳俗，其后的办公楼门头伸出个半圆形的挑檐，无顶，实无遮风避雨的功用，是为了和大成殿产生空间对话吗？奇怪，亦不得解。

明伦堂三间硬山，骨架还是明之原物，在大成殿之后，表明长兴县学是前庙后学的布局。今人对于明以前大量的前庙后学现象，已有较为敏感的触觉，如成一农先生认为：在时人心目中，庙的地位已占据主导，如在可能是唯一仅存的宋代庙学图——《景定建康志》府学图（前庙后学）

中，庙的建筑绘制非常突出，相比之下学的相关建筑则显得局促，说明了二者的地位差异。[2] 再如刘章泽先生的观点为：可能不是出于礼制的考虑，而是庙学分离初期的最佳位置；朝鲜文庙祀典源出于宋，其庙学布局亦应据宋，而朝鲜现存乡校均为前庙后学，可推宋制。[3]

北宋雍熙间（984-985 年）曲阜孔庙蓝本《文宣王庙阁》流出皇家[4]，不仅为地方文庙修建提供了参照，也惠及周边国家。据朝鲜时代《太学志》载，早在统一新罗时期的圣德王十六年（717 年），使臣金守忠自唐回，"献文宣王十哲、七十二弟子画像，置于太学"。至高丽成宗二年（983 年），博士任成老自宋返，"献宋《文宣王庙图》一铺、《祭器图》一卷、《七十二贤赞记》一卷。"[5] 可知，朝鲜文庙制度确据北宋为蓝本，但事实上朝鲜的庙学布局并不仅限于前庙后学。

曲阜"孔子旧宅，因庙建学，昉于魏之黄初，其间兴废不常"；北宋大中祥符三年（1010 年）殿中丞公自牧奏"就庙侧创学"，真宗"当许于斋厅内说书"，乾兴元年（1022 年）"于庙建学，请以杨光辅为讲书奉礼郎，始赐学田"[6]；再至金章宗明昌间（1190-1196 年），学之所在始见清晰，在庙宅东南部，东为教授厅，西为学堂。[7] 亦即曲阜孔庙仅可作为庙的建置依据，无关庙学布局。

北宋东京国子监、南宋临安太学的布局又分别为左庙右学、右庙左学，之间并无必然联系。曲阜、都城皆为最重要的参照系，却差异明显，使得推测地方庙学布局方式不同的原因举步维艰。前举成、刘二氏推论皆有可取之处，再综合地方庙学的建设说明——《学记》，似可寻得些许蛛丝马迹。

一个不易察觉的现象为，我检出的宋时 25 例"前庙后学"中，多数为"即庙建学”的代表，且原有文庙大多临通衢而立。宋时地方城市的活跃和里坊制的瓦解，已为共识，城市中沿街用地的经济重要性不言而喻，此情状下，可想多数文庙的两侧必不至于荒芜空旷，等待“学”的到来。而通常在繁华街市的背后尚会留有开发的余地，且环境较为幽深，亦利于教学的展开。如抚州“郡城东偏介通衢有夫子庙，庙之背有隙地，轮广余百丈”，北宋庆历五年（1045 年）“由是因其面势建学”[8]。

若择敞址另建，庙学布局必然多样，不至逼仄，但地方上对于兴学诏令往往抱着有学即可的敷衍态度，如广州“郡守奉行苟且，即夫子庙以为之，而其制度迫陋，不足以容生徒”[9]，沿街无地可用，只能偏安庙后了。不过，毕竟各地状况不一，如：安庆府学在南宋嘉定初（1208-）“因阅武之地迫于学宫，徙置他所，而学之地始辟……更创诸斋于所辟之地，而庙之制始严”[10]；徽州“学之东旧为官积盐之区，旁多隙地，乃规以其处为殿，一切加宏丽焉。且为两庑三门，皆如今制，而易故殿为讲堂，故讲堂为直舍……又为东西室于殿门外，以待朔旦及上下之行礼者”[11]；二者皆为利用庙侧隙地建学，但虑及宋时地方城市的巨大活力，沿街闲地的出现概率不会太高。

嘉兴

2007.08.22–08.23

赶去嘉兴的途中，不知何故，司机说到了让我下车，实为一小镇，名字已经忘了，幸好有公交入城，底站是汽车北站，恐是周边地块刚开发的原因，甚为荒凉，到处黑摩的、黑出租。肚饥，先以嘉兴名产肉粽果腹，再寻车往嘉兴文庙所在图书馆。但出租车司机说的图书馆位置与我不合，那就姑且听之吧，事实证明我已染上了不坚持原则的痼疾。这图书馆又是一新建，再和司机商量，得知确有老图书馆一说，位在少年路。再至，夜色中仿佛一角飞檐伸出老图书馆围墙。不管不顾，一切放下，寻得住处，明日再说。

早起，有高温警报，科学是可信的，相机镜头拍出来的图像都雾蒙蒙的，真是热的。本来还打算看完文庙，去趟烟雨楼，缅怀下 2003 年与同窗顾频捷的江南共游，一下就打消了念头。

住处至图书馆极近，拐个弯就到了。早在唐开元二十七年（739 年），此地的天星湖上就建了文庙，后才有学堂。南宋绍兴十二年（1142 年）知府方滋在通越门（俗称西城门）内两百步处新建（中山路原市政府大院内），后又移至是处。查了下当地人的回忆，嘉兴府学在解放前叫鸣阳门小学，“文革”后成为实验小学分部，后又更为少年路小学。

前后三进，分别分给了三个单位，前面是嘉兴文化馆，门前有白石栏杆，进门是个大院落，古树参天，依稀能辨出当年的气派；中间一进的大成殿就是小学的大礼堂，悬着“万世师表”的匾额，教室就在殿前两旁，当是以两庑为之。据说大成殿是麻雀的安乐窝，弹弓是每个男同学必备的武器，一下课就对着大成殿施展神威，看谁能打中麻雀，全然不顾对大圣人的不敬。

硕果仅存的明伦堂是图书馆的报刊阅览室，本就是学子听讲所在，倒也名正言顺。室内屏门6扇，上刻宿儒吴受福篆文写就的《大学》全文。墙上嵌有《明重修嘉兴府明伦堂碑记》，乃董其昌手书，现存于揽秀园的碑亭。

讲堂是学的最核心建筑，数量随学校规模而定，多者如东京太学就有首善堂、明善堂等四座，太学外舍——辟雍更仿古制，“外圆内方”，亦有讲堂四座。[12] 临安太学有首善阁、崇化堂等，帝幸太学，于崇化堂接见太学师生，太学中的教职员办公厅堂分列崇化堂两侧。临安睦亲宗学中讲堂有明伦堂、立教堂、汲古堂等，临安府学讲堂则呼为养源堂。

同时也是教育学生明人伦的礼堂，“图古之儒服、礼器于其两壁”[13]，可见其教化之功用。如北宋东京国子监，原本“图于宣圣殿北轩之壁”，太宗至道二年（996年）“命改作于论堂之上”[14]，遂“绘三礼器物、制度于国学讲论堂木壁”[15]。明伦是儒学的基础，因此，明代以后，讲堂大多以明伦堂呼之；也有他称，如明南京和明清北京国子监的彝伦堂，又或南京夫子庙的明德堂，坊间传闻乃（宋）文天祥题写“明德堂”匾额之故，句容县学亦如是，“古之学者必至大学而后成，大学之道在明德……以‘明德’名堂而手书以揭之。”[16]

眼前的这座明伦堂其实是扮演了古时候学宫里尊经阁的角色。

藏书建筑本为学校必备，唐以前即已常见。“六经如日中天，孰不知尊而仰之哉。矧维济密迩洙泗，寔六经所自出。士生其间，其知尊之也久，初无与于阁之有无。虽然，学有书，无所于棲，则何以示崇敬，此尊经阁所以作也。”[17] 虽建筑功能较为单纯，但经书典籍乃为求学之根本，“吾夫子以一身为六经之本，及删定笔削，以立人道之极。由是体用名实，见诸事物，则民生日用之不可离；措诸天下国家，则亘千万世而不可易。人与天地并立而为三者，由此道也……六经尊而明矣。”

“尊经”“六经”之类的阁名即为尊崇之意，所谓“学校庠序之设，非六经无以教；天下之大且众，舍六经无以学。厥后博士弟子员之置，凡阐明此道，而以圣人之心觉人心之同，其教易行矣。”[18] 不过，表意方式仍颇为朴素，而两宋时期则予其施与了愈来愈多的象征意义，观于两宋诏令即明，如下：

真宗景德五年（1009 年），于东京国子监“文宣殿北建阁，藏太宗御书”[19]。

徽宗大观三年（1109 年），赐天下州学藏书阁名“稽古”，阁亦更名。[20]东京国子监、太学，临安太学、宗学和府学皆如之。不仅如此，凡受过皇帝恩典的学校，皆有这类建筑，如南宋建康府学御书阁二层，七开间，楼下为议道堂，九开间。阁高六丈三尺（约 21 米），纵广五丈四尺（约 18 米），横广六丈（约 22 米）[21]，规模宏敞。

高宗绍兴十二年（1142 年），临安太学正门内中有首善阁，悬高宗御书“首善之阁”额，内藏南宋历朝皇帝幸学诏书等。[22]

孝宗淳熙四年（1177 年），在文庙后建光尧石经阁，置高宗及吴皇后手书《周易》《尚书》《诗经》《礼记》《左氏春秋》《论语》《孟子》等墨本于上堂，刻石碑立于阁下，供太学生观学。同时，“议者以旧像无福厚气象，合改塑……其（文庙）旧像经两朝祭奠，宜奉安首善阁，诸公以为然，议遂定，自是绘像一变，与古不同矣。”[23]

地方上自当群起而效之，更何况有徽宗之诏令布于天下。其中最甚者莫过于曲阜孔庙的奎文阁。宋时其上即为藏书，其下作为孔庙中路的殿门之一，且位在大成殿之前，兼为祭孔祀典的演习场所。今阁为明时重建，规制宏伟，赫然于主轴。而在极为有限的涉及孔庙建筑规模数据的宋、元《学记》中，尊经阁却备受关注，不输大成殿、讲堂，其地位不容小觑。经整理归类，尊经阁所在位置约有 8 种，其中可见讲堂和尊经阁的组合现象。

再综合元至清时曲阜孔庙及国子监藏书类楼阁的规模数据，宋元时期地方庙学中的尊经阁，无论象征意义，抑或建筑规模及群体空间的统领作用，皆不言而喻；阁，或在大成殿前，或在讲堂正前或东南，或于空间轴线之末，对空间氛围的烘托强调、序列轴线的高扬收束，皆其义自现。

崇福

2007.08.23

桐乡文庙与崇德文庙不是一回事，前者已毁，后者其实在桐乡县的崇福镇上，差点又搞错了。该地古称“浯溪”，又名“御儿”“语儿”，因梁天监二年（503年）建有崇福禅寺而得名。938年，置崇德县，至1958年崇德、桐乡二县合并，崇德县方改称崇福镇。崇德文庙始建于北宋元丰八年（1085年），因兵燹三易其址，元至正二十一年（1361年）重建于万岁桥东，明嘉靖间（1522–1566年）始具规模。

因了此前没有原则的前车之鉴，首先是坚定自己的判断，幸哉，自嘉兴抵桐乡奔崇福，文庙就在中山公园内。一看公园名字便知，这难得的公共空间也是民国的产物，长兴的中山公园后改了学校，而这里的一直存留了下来。园内景致小巧，颇有江南古韵，文庙因1995年崇德东路扩建，大成殿作了整体南移，2005年重建了大成门，重塑了孔子像。

所谓“文运”的空间感受，若要与文庙直接关系，就近建设是为便途，不仅更加提升了庙之周边的象征性氛围，亦改造和优化了庙之外部环境。此处即为一佳例，大成门西南角有魁星亭一座，周边旧有文房四宝（笔墨纸砚），现仅存“砚”（荷花池）和“笔”（文璧巽塔）。原有“坤、离、巽”三塔，乃明嘉靖间（1522–1566年）左政通吕希周创建，至万历间（1573–1620年）仅余巽塔，现塔重建于清咸丰三年（1853年），高18米，六面七级仿木实心砖构，三面开窗，另三面出壸门，门内砖刻“礼、乐、御、射、节、数”单字。原来在文庙后面还有一小山丘，遍植桂花树，称作“桂山”。山腰原建有“吕晚村纪念亭”，亭柱上的对联分别为苏步青和陈从周二位先生题写。亭中有民国二十二年（1933年）的立碑，蔡元培先生题字，此亭现已迁至园内的“吕园”，在荷花池南岸，与文庙相距不远。不需多想，从题字的大家来看，也知道晚村先生之大了。

时人崇祀近贤，目的很单纯，无外乎“善风俗、表忠孝，所以厚纲常”[24]；或“为祠，使此邦之为士者有以兴于其学，为吏者有以法于其治，为民者有以不忘于其德”[25]等。此传统极为久远，若问：“所在郡国学校，各祀乡之先贤，或郡之良牧，于礼亦有稽乎？”答案是肯定的：“《礼》有祀先贤于东序及祭乡先生于社之文……若以一国一乡论之，各有先贤、乡先生，其节行足以师表后进、轨范薄俗者，固在乡国之所当祀矣。”[26]如董仲舒之于广川、东方曼倩之于平原、羊叔子之于泰安、马宾王之于茌平，或孔明之在南阳、宣公之在吴江、管幼安之在东海、阳城之在晋鄙，又或蜀之文翁、闽之常衮，“在在莫不有祠”[27]。

从本质上看，所谓先贤、乡贤、名宦，其实并无泾渭分明的界限，试问宦若不贤，何以为名？如宋时地方庙学中虽无名宦祠，但先（乡）贤祠的崇祀对象实已纷杂，主要包括：乡之名德为后进尊慕者，如建宁府学二公祠之游酢、胡寅；有惠政于地方者，如韶州学濂溪先生祠之周敦颐；有功于州县学者，如湖州学林公祠之的林公，惟名讳不详；学问道术足堪师法者，如南雄州学四先生祠之周敦颐、二程及朱子。[28]

问题在于：迨宋以后，地方文庙普遍设祠的社会意义及空间表征方式。

从古制的延传方面考量，学中“乡贤有祠”，其“权舆于古先生殁而祭于社，与今天下学庙先圣祠先贤，有自来矣。”[29]不过，这并不能说明地方文庙普遍设祠现象的根本。检阅宋元之际的史料记载，地方城市及文庙设祠概况不外以下四种：

其一，城市及文庙设祠多处。如韶州为周敦颐立祠者有三，分在州学、宪司、通衢，配祀对象及地理意义皆有异：“祠于学者，以二程先生配，然在明伦堂之西，迫窄无堂宇之严，未足以称尊崇道统之意；祠于宪司者，即其遗躅，本廖侯所重建于厅之西偏，而后人徙之西园之右，乃与世祀淫祀五通庙门相向，邻于鄙杂;而祠于通衢，为往来士夫瞻慕之所者，又与张余二公、王令公、杨诚斋合焉。张、余二公里之先贤，风节可仰，未为失伦。如令公荆公之父，天圣中守是邦，安石用事，时人建祠以媚之，与张、余并坐中堂，而濂溪、诚斋列于东庑，位序不正，尤为可耻。嘉定丙子，宪使陈侯深为病之，乃于通衢之祠，奉濂溪于中堂西偏，而降令公于东庑；于宪法规定司之西园者，改创外门以正南向，藩墙周密，不与他神祠错列，而学中三先生之像，则移入明伦堂后主一堂之中间。易去旧扁，而以'师道堂'揭之，邓《通书》所谓'师道立则善人多'之说，特以表先生宗师后学之意。"[30]

其二，城市中已设有专祠，文庙再添建之。如新城县"许公睢阳之节、杜公东安之守，邑有庙而学无祠，故表而祠之。"[31]

其三，多祠散处于城市，且祀者不一，遂合祠于文庙。如钱塘县"故有五宾三贤之祠，而又别祠邹、陈、胡、赵四公于花光、西湖、开福之僧舍，散越而弗伦"，乃于"暇日尚论古今人，断自文正李公而下，得十六公之贤，爰即学宫之西偏度室而合祠。"[32]

其四，文庙祠祀对象或建筑数量时有增加，且绝大多数围绕"学"部分展开，昭彰于对"庙"的敬而远之。惟元时徽州路学与众不同："独徽学先圣殿之左，又专为吾徽国太师文公（朱熹）祠，异乎天下之学……殿之右再创周二程张祠，增祠广汉、东莱。"何也？乡人对"吾徽学专祠吾文公，岂私于乡先生乎"的回应为："自义画以来，有孔、颜、曾、思、孟之言，不可无周、二程、张之言，吾文公陟衡岳，沿婺渚，参考互订，无一书无论著。由吾文公之言，上达于周、二程、张之言，又上达于孔、颜、曾、思、孟之言，心学也。"[33]

杭州

2007.08.23

2010.02.15-02.16

杭州乃天堂城，众所周知，无需赘言。劳动路上的孔庙所在之杭州碑林在修，拒绝参观，幸得师兄胡石帮助联系，得黄滋先生引入。杭州碑林系 1979 年利用杭州孔庙收藏的大批古碑和历年来收集的各地佚散、发现的碑石而成，我所见维修工地实为政府之大动作，即恢复旧观，一年后的 2008 年 9 月 28 日（孔子诞辰日）正式完工。

自碑林出，又特地去看了朱光亚先生设计的城隍阁、参与过竞标却落败最终由余健先生中标的西湖博物馆，又找了已经成为王澍先生入室弟子的学弟胡炜琦，在平常建筑工作室内实实在在地观摩了象山校区的建筑模型，甚是喜欢。

| 一 |

时光回溯 900 年，南宋高宗绍兴三年（1133 年）尚未返临安，即“置国子监及博士弟子员”；四年（1134 年）“将还临安，始命有司建太庙”，正式拉开临安都城建设的序幕。临安一地，秦时设钱唐县，南朝陈升为郡，隋时置杭州，并随着大运河开通，作为南端起讫点城市逐渐繁盛。至五代十国，唐镇海节度使钱镠拥兵割据，建吴越国，定都杭州，其后经三次大规模筑城，形成子城、内城、罗城三重格局，因于地形、交通、水源等多方因素综合作用，城呈南北狭长的“腰鼓状”。北宋时承吴越之旧，不过拆除内城，北垣稍南移。

临安旧有府学先圣庙，建于北宋仁宗天圣间（1023-1032 年），在府治之南、子城通越门外，有大成殿、稽古阁、六经斋凡十二（经德、进德、炳文、兑习、颐正、贲文、蒙养、时升、益朋、履信、复古、宾贤），“中兴以来迁徙不常”，绍兴元年（1131 年）因改筑皇城，于凌家桥东惠安寺故基重建[34]，为右庙左学形制，庙在学西，在原基础上又增加御书阁、养源堂等，学斋减为六，五年（1135 年）扩大为八斋（另加小学一斋）、东西先贤祠堂等。[35]

初，南宋太学暂居于此，十二年（1142 年）“增修临安府学为太学”；十三年（1143 年）“兵事稍宁，始建太学……增太学弟子员二百”；十四年（1144 年）置小学；十五年（1145 年）“增太学弟子员百人……复增太学弟子员二百”；十六年（1146 年）“增太学外舍生额至千人”[36]；至南宋末发展至 1716 人。[37] 其时尚有社稷、宫观同时营造，至二十七年（1157 年）“凡定都二十年，而郊庙宫省始备”[38]。

南宋临安皇城位城南凤凰山东麓，正南为丽正门，正北为和宁门，北出和宁门至城北中正桥设御街（今浙江杭州中山路），贯穿南北，太学位城北御街之西前洋街（今浙江医科大学一带），西近钱塘门，原为抗金名将岳飞居宅。绍兴十一年（1141 年）岳飞以“莫须有”罪名遭杀害，次年（1142 年）高宗下诏筹办太学，知府王唤即以岳宅为学址扩建。

太学正门内中有首善阁，悬高宗御书“首善之阁”额牌，乃管理机构，内藏南宋历朝皇帝幸学诏书等；左、右厢房为学官住处；阁后为讲堂“敦化堂”，绘有《鲁国图》和《三礼图》[39]，（宋）米有仁书堂额，后改称“崇化堂”，内藏理宗（1225-1264 年）御书（宋）朱熹《白鹿洞学规》石碑。[40] 东部为学斋，凡二十，曰：服膺、禔身、守约、习是、养正、存心、节性、持志、率履、诚意、经德、允蹈、循理、时中、惇信、果行、务本、贯道、观化、立礼，具有浓重的儒学色彩，诸斋有楼，各祠本斋之有德行者，如：存心、果行二斋并祠巩岂，循理斋祠杨简，果行斋祠李绍，观化斋祠王十朋、崔与之等。[41] 斋舍后为射圃，用以教习弓射。

文庙在太学西，自成一庭院，前为棂星门，后为大成门，采用北宋末政和元年（1111 年）的二十四戟设置。[42] 庭院内有正殿及东、西庑，正殿悬挂宋高宗御书“大成之殿”额牌。孝宗淳熙四年（1177 年）“车驾幸太学”，在孔庙后建光尧石经阁，置高宗（1127-1162 年）及吴皇后手书《周易》《尚书》《诗经》《礼记》《左氏春秋》《论语》《孟子》等墨本于上堂，刻石碑立于阁下，供太学生观学；后又立（宋）李龙眼所绘孔子七十二弟子图像石碑（今劳动路碑林内尚存部分）。建石经阁同时，且“新两学（太学、武学）”，“议者以旧像无福厚气象，合改塑……其（孔庙）旧像经两朝祭奠，宜奉安首善阁，诸公以为然，议遂定，自是绘像一变，与古不同矣。”[43]

太学东南隅有忠佑庙，祠岳飞。[44] 民间传闻太学中“时时相惊以岳将军见。孝宗朝（1163-1189 年）诏复其官，追谥武穆，建庙学左。”[45] 其地本为岳宅，以其为神主，不知虽忠孝节义、英勇抗金，却含冤受死的岳飞作何想，日日与之相向的太学生们又作何想？南宋祠神已较为普遍，如太学“除夜各斋祀神，用枣子、荔枝、蓼花三果，盖取‘早离了’之谶。遇出湖，则多不至‘三贤堂’，盖以乐天、东坡、和靖为‘落酥林’故也”，可发一笑。太学众生百态，（宋）周密《癸辛杂识》有详细描述，如学舍燕集必召妓，学生三学之横等。[46]

临安一城，除太学外，余有睦亲宗学、临安府学、仁和县学、钱塘县学的四处文庙。

北宋时“宗子分六宅，宅各有学，学皆有官”，“中兴后惟睦亲一宅”，于高宗绍兴四年（1134 年）设在睦亲坊，以教授皇族子弟。宁宗嘉定九年（1216 年）改宫学为宗学，仿太学之制，有大成殿、明伦堂、御书阁（旧在明伦堂南，度宗咸淳六年，即 1270 年，改在堂北）、立教堂、汲古堂（在立教堂后，为学官直舍）、学斋六（原为四）、仓库等。[47]

临安都城除设临安府外，尚有仁和、钱塘二县附郭，二县学均“旧附京庠”。仁和县学先于高宗绍兴三年（1133 年）于“县治东（观桥）建文宣王庙”，宁宗嘉定五年（1212 年）建学庙左；钱塘县学于理宗嘉熙四年（1240 年）“以丞廨改造，斋六”，亦为庙学合一，在长生老人桥西。[48]

临安武学则在太学东，创于高宗绍兴十六年（1146 年）；北宋初，帝常于幸学后再临武学，临安太学、武学相邻，若帝往临幸倒是极为方便，但是否承前旧制，不详；太学南为钱塘县学；孝宗淳熙十二年（1185 年）创贡院于钱塘门外王家桥[49]，西侧为别试所，乃“待贡士之避亲嫌者”[50]；贡院北为仁和县学。[51] 除临安府学在城市中部丰豫门附近，上述文教建筑相去不远，形成较为集中的文化教育区域，位城西北，临西湖。

有学者解释南宋临安太学的“右庙左学”为：“可能是受曲阜孔庙、孔林中尚右的影响，孔子为殷人后裔，而殷制尚右，其后代在墓葬和立庙时都遵循这一原则。”[52]似有附会之嫌，姑且不论孔族是否尚右，两宋皆为赵氏王朝，但为何东京（左庙右学）、临安未一脉相承？临安太学实乃据岳飞故宅为之，“右庙左学”并非刻意。不过，临安宫城在城市南端，若更换一个观察视角，假设以之为城市起点，从坐南朝北的感受出发，再将御街视作城市轴线，则不仅太庙在“左”，太社在“右”，太学与武学的相对空间关系亦为“左文右武”，那么，临安太学也就成为主观感受中的“左庙右学”了。

除官学外，临安坊巷还遍设学校，是较之北宋东京的坊巷制改革的一项新内容，“都城内外，自有文、武两学，宗学、京学、县学之外，其余乡校、家塾、舍馆、书会，每一里巷须一所，弦诵之声，往往相闻”[53]，从一个侧面反映了南宋临安文化发达的城市面貌。

| 二 |

宋以后的杭州“为孔庙者三，盖郡庠及仁、钱两邑庠也”[54]，延续了南宋临安的建置等级，并相延至清。一城三庙，府学为统领，且三学位置相近，故每遇春秋释奠，仁和、钱塘县学附府学随班行礼，然祭毕，“本县复以少牢礼祀之，独朔望行香悉附府学。”[55]

元时为杭州路，路学延宋之临安府学，已有“甲东南为杰观”之称。此时南宋的防火设施已逐渐废弛，元之杭州多遭火患。至元二十三年（1286年）至至正三年（1343年）的五十七年间，计发生火灾20余次，平均不到三年，便出现一次。至正间（1341-1368年）杭州路学多次被烧毁，十年（1350年）、十三年（1353年）、二十三年（1363年），又一次次修复一新。[56]十三年（1353年）郡守帖睦烈思“购礼佛寺基，自棂星门之南得地八丈，重建”，爽垲壮丽，非他学可比。二十二年（1362年）复毁，二十三年（1363年）郡守夏思忠“尽购礼佛寺基南北二百步，东西二百六十步，新之。”[57]至此，建筑面积曾达2万平方米左右，南起现在的河坊街，北达涌金路一带，颇为壮观。[58]

明清两代，杭州府学也是屡毁屡建，只是在规模、方位、建筑格局等方面略有不同。明洪武二年（1369 年）颁行卧碑明伦堂；八年（1375 年）重修；永乐间（1403-1424 年）建尊经阁。永乐十七年（1419 年）的一场大火，烧得只存戟门。后经宣德间（1426-1435 年）、成化二十一年（1485 年）、弘治六年（1493 年）等多次修复，至清嘉庆间（1796-1820 年）尚有大成殿、戟门、棂星门、尊经阁、露台、文昌阁、明伦堂、碑廊、斋舍、文明楼及西学官署等诸多建筑。[59] 现杭州碑林大成殿的部分构件尚为明代建筑原物，为重檐歇山。

仁和县学，元时因观桥旧址，至正间（1341-1368 年）毁，明洪武三年（1370 年）重建，十一年（1378 年）教谕沈尊，训导卜野、瞿佑“病其卑隘，知宋太学在前洋街者，入元改西湖书院，元亡，书院亦废，而庙学尚存”[60]，遂将之改建为仁和县学。但其地东接浙江按察司，西连司之囹圄，“岂可为崇清庙肃弦诵之所乎？”不便肄业。天顺三年（1459 年）“拆庙学旧材，徙建府学右浙江布政使司贡院旧基，稍易朽坏而新之”[61]，为前庙后学，“犹宋之附于临安而已”[62]。清顺治八年（1651 年）“重修庙学，大门改移东向，由府学出入”[63]，府、县学真正融为一体，两庙学配置一应俱全，弦歌相应，灯火相望。杭州为文人荟萃之区，而仁和尤为两浙首学，被称为“七十五邑冠，左江而右湖，山川灵淑之气，甲于东南，自制科以来，代多伟人。”[64]

钱塘县学，发展轨迹类于仁和县学。元至正十二年（1352 年）毁于兵，明洪武三年（1370 年）知县邵复亨“以湫隘，构地佑圣观西，其地旧有奉老氏堂一十二楹间，颇高敞，遂改以建学。”[65] 后多次重修或重建，亦为前庙后学。直至清咸丰间（1851-1861 年）太平天国兵陷杭州，钱塘县学一直无泮池之筑，而是“用形家言以学之西偏即中河为之”。康熙二十年（1681 年）重建坊河崖，立石坊“宫墙第一流”[66]。

清末，杭州三学皆毁于太平天国兵燹，收复后，均重建。而钱塘县学始凿泮池于棂星门外，旧有石坊“虚立，转泄文明之气，此规制之宜正者也”；遂移建县学东路，改书“钱塘县儒学”[67]。虽为迷信之举，却可明了在杭人心目中，学校所系甚重。

新登

2007.08.23

民国以降，传统意义的庙学制运作戛然而止，朱维铮先生的话发人深省：历朝历代其实“学随术变”，只有取士制度才真正与儒学联系在一起，而“当取士的传统被改变的时候，孔庙就此作废。”而诸多前清官学孔庙被新风气引领纷纷改作新式学堂，不失为走下神坛的孔庙渐至亲民的一种表现，也被新时代赋予了新的历史使命。

前述文庙多有此命运，此新登文庙亦为一例。现在的新登中学因了文庙旧址，无甚建筑遗存，与之相关者名曰“圣园碑林”，满目石碑倔强地诉说着历历往事。

当历史可以观看，那种“民国范儿”总是让人不经意间心下一颤。陈丹青先生接受过《新周刊》的一个采访，题目叫作《消失的“民国范儿”》。采访者发问：“民国若是个时间定义，从 1912 年开始到 1949 年就结束了。若是个空间定义，它气息未绝。您是如何定义民国的？”

陈氏答曰：“民国那股气，不是民国才有。清灭了，但是清朝上溯整个古代的那种士子气，那股饱满的民风，其实都在，都顺到民国来了……民国作为国体，是短命的，粗糙的，未完成的，是被革命与战祸持续中断的褴褛过程，然而唯其短暂，这才可观。一个现代国家现代文明的大致框架，就是那不到三十年间奠定的，岂可小看。单说民国的大学教育，今时休想望其项背，当年浙江的中小学教师是李叔同、丰子恺、叶圣陶，绍兴镇的中学校长会是周树人……民国是丰富的，是古典文化大规模转换的国家景观，回首前瞻，与传统、与世界，两不隔绝。只可惜民国的整体风范，民国的集体人格，才告确立，才有模样，就中止了，改道了，无可挽回。”

斯言甚是，眼前的新登中学即为极好的文本。

1929 年至 1936 年，张任天应时任浙江教育厅长的陈布雷邀请，出任浙江省教育厅督学。1931 年，出任全国惟一的民众教育实验县新登县县长，新登中学的前身新登高小乃为实验之一大成果。1948 年陈布雷自杀前两个月，曾从上海打电话给张任天说有事面谈，张深感意外，乘当晚火车赶至上海陈的家中，发现其面容憔悴，一支接一支地抽烟，谈话也是语无伦次。陈无心从政是众所周知的，于是张便为他念了《诗经 · 民劳五章》的两句诗："民亦劳止，汔可小休。民亦劳止，汔可小息。"劝陈早日摆脱身心不能两全的尴尬境地，谈话就这样没头没尾地结束了，不曾想两个月后张却在报上读到了陈自杀的消息，一代文胆以身殉道。

新登中学建校于 1941 年，其标志颇有新旧交融之民国典型特征，整体喻示:古城学府，渐行渐新。激励全体新中人谨守"渐行渐近"的发展原则，脚踏实地，顺乎自然，苦练内功，厚积薄发基本元素为校名（中英文）、建校年份、汉字"新"、古城墙图案；"新"字变形为楼宇形，简洁明快，酷似教学楼，被一白一蓝两个相切圆构成的城墙环抱，方圆相应，刚柔相济，寓意古城学府；"新"字左偏旁"亲"字全部笔画均取横势并有所简省，构成《易经》第五十三卦卦像，下艮上巽，为"渐"卦，卦意为只要坚守正道，不急不躁，循序渐进，终获吉祥。卦意与"新"字配合，寓渐行渐新之意；校名字体为原《人民日报》社长、北京大学新闻与传播学院院长邵华泽先生题写，质朴浑厚；标准色定为"圣园蓝"，表清新与宁静、庄重与崇高。

再录下校歌《圣园之歌》，满满的"民国范儿"：

城垣环抱校园，古枫巍巍昂扬。年轻的梦想，人生的华章，古城学府奏响。鲲化天池，鹏抟云路。啊，承前启后勇于担当，豪情满怀竞起航。

泮池追忆圣贤，碑林叩问宋唐。园丁的理想，盛世育栋梁，红烛一样心肠。

杏坛丝雨，和风潜藏。啊，衣带渐宽我不后悔，要让中华更辉煌。

松葛之水清粼，贤明舒啸悠扬。古城历沧桑，新中渊源长，英才辈出人向往。

团结务实，知行合一。啊，圣园桃李芬芳，和谐歌声永传唱。

绍兴

2007.08.23-08.24

2010.10.04-10.05

去绍兴的路线较为波折，需返富阳至杭州再抵。天色尚早，往观沈园，不甚唏嘘。

其一,陆游与唐婉邂逅于此,陆游感慨怅然,题《钗头凤》词于壁间,极言“离索”之痛：“红酥手，黄滕酒，满城春色宫墙柳。东风恶，欢情薄，一怀愁绪，几年离索。错，错，错！春如旧，人空瘦，泪痕红浥鲛绡透。桃花落，闲池阁，山盟虽在，锦书难托。莫，莫，莫！”唐琬见而和以《钗头凤·世情薄》一阕，情意凄绝，不久抑郁而逝：“世情薄，人情恶，雨送黄昏花易落。晓风干，泪痕残，欲笺心事，独倚斜栏。难，难，难！人成各，今非昨，病魂常似秋千索。角声寒，夜阑珊，怕人寻问，咽泪装欢。瞒，瞒，瞒！”还记得本科时候的一次元旦晚会，在那个拥挤但温暖的大学生活动中心里听学长李立朗诵陆词，甚是感动，现如今这位当年的晚会主持人已因设计出一系列的优质文化建筑暴得大名。

其二，沈园实在是东南大学建筑史诸前辈的合力扛鼎之作，惜管理者不明植物打理对园林景观呈现之重要，疏于收拾，南宋园林的疏朗古朴已渐被无序生长的绿意掩盖。三年后与一众同事为筹备 as 会议之山水展，再访绍兴，与前辈李华同游沈园，仍无甚改观。值得一记的是，还特地引华姐游了下公共卫生间，乃是台湾来大陆求学数年并执教浙大的师姐张玉瑜的倾心之作。

将晚，宿于老街之老台门客栈，寻咸亨酒店饮黄酒一壶。睡眠尚可，早起奔越王勾践伐吴出征誓师的投醪河，岸边南水北山之间的稽山中学即绍兴府学旧址，又是一处“民国范儿”所在。

据《乾隆绍兴府志》载：“府学自唐时置于城北隅，至五代而废。”唐以后的五代十国乱世，学校素称废绝，“所谓‘天地闭，贤人隐’之时欤！……干戈兴，学校废，而礼义衰，风俗隳坏。”[68] 我初步统计仅得 14 例，主要集中在西北和东南地区，分别以后唐和南唐较为突出，无疑是辖内政局较为稳定、经济文化相对昌盛的自然结果；中部的广大地区则呈现真空，与南北双方战乱频仍不无关系。后，绍兴府学于“宋嘉祐中（1056–1063 年）始迁南隅望花桥”，今存留的仪门、泮池、大成门乃清构。

1932 年，邵力子先生会同张琴荪、徐柏堂、刘振一、胡隐樵、陈洁人、汤日新、金汤侯、姚慧尘、朱仲华等 10 位乡贤，本着“发扬民族精神，养成诚朴作风，培植勤毅人才，减低学生费用”的办学主张，共同出资创办了“私立绍兴中学”，使绍兴地区有了第一所完全中学。邵力子亲题“卧薪尝胆”作为校训，以民族气节激励师生，蔡元培先生欣然提笔题写校名，翌年学校更名为稽山中学。真可谓群星璀璨，是为天下儒林幸事。以下录新老校歌二则，可观精神之言传、思想之流布。

老校歌：“千岩竞秀，万壑争流，稽山风景清幽。卧薪尝胆，有志竟酬，光荣历史长留。莘莘学子，负笈来游，相期远绍旁搜。绍怀前烈，品学勤修，会看轶美驾欧！”

新校歌：“稽山竞秀，镜湖汇流，学宫更添新猷；卧薪尝胆，继往开来，悠悠青史长留。莘莘学子，奋志来游，切磋幼翁山头；振兴中华，德才勤修，铮铮四化是求！”

出得稽山中学校门，回望青山，感慨浙江教育文风的求新与继承。携胸中意气风发余绪，又往青藤书屋，追思（明）徐文长的“砥柱中流”，再感唏嘘，诚如先生自谓：“半生落魄已成翁，独立书斋啸晚风。笔底明珠无处卖，闲抛闲掷野藤中。”

另，绍兴邑郊还有两处理景佳例，不得不观。

其一，兰亭，世人皆知。吾师陈薇每每提到这里，总是悠然念起王羲之《兰亭集序》的开头几句：“永和九年，岁在癸丑，暮春之初，会于会稽山阴之兰亭，修禊事也。群贤毕至，少长咸集。此地有崇山峻岭，茂林修竹，又有清流激湍，映带左右。引以为流觞曲水，列坐其次。虽无丝竹管弦之盛，一觞一咏，亦足以畅叙幽情。”念毕，眼里闪烁的光是那种历史学子特有的追慕：“当年测绘兰亭，真是美好的回忆。我们会把小桌子放在水里画图，不过桌子会飘起来……啊，别忘了，兰亭的理水是很有特色的，我要亲自带你们去看看，给你们讲讲！”

其二，柯岩，大多世人也知。**这里有开凿于唐代的大佛石峰，明清时建普照寺以覆盖大佛，曾是当地名胜，清末寺毁湮没，仅存大佛与云骨两石峰兀立于野。**今天成就的胜景，皆因东南大学建筑史诸前辈如杜顺宝、朱光亚等先生的非凡功底，把一个古时的采石地收拾得如此气度不凡、风流再世。重建普照寺时，考虑到石峰的孤峰形态已为习见，遂将寺庙山门移至柯岩山麓，主要殿堂折而面东，依柯山山势层层升起，呈跌宕多变之形体，并疏浚大佛石峰四周宕口成辽阔水面，疏朗大气。

既在绍兴，总是要尝尝乌篷船摇摇晃晃的滋味的，于是又奢侈地在鉴湖的水里悠游了一回，上得岸来便奔了诸暨。

诸暨

2007.08.24

诸暨历来崇学，县学立于宋淳熙六年（1179 年），而文庙在唐天宝前（-742 年）即有。北宋初大量的地方"即庙建学"现象（即有庙未必有学），方家多有论及，已是不争。所谓"宋兴，学校之制皆因前代，惟州郡自唐末五代丧乱，学宫尽废，有司庙祭先圣而已，犹有废而不举者"[69]，《全宋文》中就可检出 65 例。

北宋官方诏令地方庙学兴建主要集中在初期的真宗（998-1022 年）、仁宗（1023-1063 年）朝，不仅各时期对不同等级建置的地方要求有异，对庙或学的侧重亦不同，是逐步完善体系和规模的渐进过程。而宋时即庙建学案例的时间，亦大多与之同步或之后；至神宗（1068-1085 年）时，"即位若干年，颇修法度，而革近世之不然者。当此之时，学稍稍立于天下矣。"[70] 亦证宋以前，尤其是唐太宗贞观四年（630 年）诏天下"州县皆特立孔子庙"的执行情况非如人意。[71] 且宋初创建文庙，数十年后再建学的个案亦有之，如华亭县孔庙初建于真宗天禧间（1017-1021 年），迨至六十余年后方建学。[72]

此现象在与两宋对峙的辽、金亦有，如应州文庙初建于辽清宁间（1055-1064 年），至金大定二十五年（1185 年）方建学。[73] 不过，宋时有"县之士满二百人，乃得立学"的规定，亦为掣肘之由，如慈溪县就因之"不得有学，而为孔子庙如故"[74]。

（宋）王安石作为神宗（1068-1085 年）变法始作俑者的代表，对北宋初期地方有庙无学的现象多有注解，亦可视作时人较为普遍的认知：

其一，"后世无井田之法，而学抑或存或废，大抵所以治天下国家者，不复皆出于学。而学之士，群居族处，为师弟子之位者，讲章句、课文字而已。至其陵夷之久，则四方之学者，废而为庙，以祀孔子于天下，断木抟土，如浮屠道士法，为王者象。州县吏春秋帅其属，释奠于其堂，而学士者或不预焉。盖庙之作，出于学废，而近世之法然也。"[75]

其二，"奠先师先圣于学而无庙，右也。近世之法，庙事孔子而无学。古者自京师至于乡邑皆有学，属其民人相与学道艺其中，而不可使不知其学之所自，于是乎有释菜、奠币之礼，所以著其不忘。然则事先师先圣者，以有学也。今也无有学，而徒庙事孔子，吾不知其说也。而或者以谓孔子百世师，通天下州邑为之庙，此其所以报且尊荣之。夫圣人与天地同其德，天地之大，万物无所称德，故其祀，质而已，无文也。"[76]

南宋淳熙六年（1179 年）以有水患将诸暨县学迁于县西百步（即今址），又以绢钱易民居广之，跨湖（即学湖，或称学前湖、芹湖）筑堤，达于官道。元末毁于兵燹，明之修建，则从未间断。其余与文事相关者亦盛，如：嘉靖十四年（1535 年）在西门内紫山上（旧时诸暨城内藏有五山，紫山最高，俗呼格宝山）建紫山书院，规模颇具；万历二十三年（1595 年）在迓福门（俗称下方门）建文昌祠，祠成后"每科赴试者，多租栈于此"攻读；是年，又在祠北建文明阁，跨道而立（今暨阳大桥东堍即其旧址），为层者五，为面者六；下甃以石，作圆洞供行人过往。上竖铁木吊窗，铃闻十里。沿江垒石，筑堤障水。

文庙用石，此前已有崇德、杭州等例，此亦为之。清乾隆二十四年（1759 年）外建棂星门，沿学湖环以石砌，置装石栏板和望柱；将大成殿易柱以石，又移崇圣祠于殿后，分建教谕署、训导署于明伦堂东西，自此愈见规模。延至光绪十一年（1885 年）又完成了一次历时四年的修建，为防水患，将原有建筑增高基址，以石砌之；又在照墙外，建石华表两座。

诸暨实在是个故事繁多的去处，当然，诸多谈资者总是绕不过那位久远的美女——西施。于我，却没得这种闲情逸致，只在城市的大拆大建中苦苦地寻觅着命运多舛的诸暨圣域。岁月流逝，人事难料，昔日巍巍学宫已不见踪影，仅余大成殿茕茕孑立，殿阔五间，重檐歇山，前槽卷棚。

后查资料，杨士安先生的博客记载了大成殿的确有过面临拆除窘境的辛酸。其文列举好事者“同意拆”的理由有：与现代建筑风格不协调；没有历史典故，属于近代建筑，修于 1862 年，重修意义不大；原来是个建筑群，现仅剩下其中一个部分，保留意义不大；拆后构件可用于“三贤馆”。

以上四点，貌似凿凿，实乃滑天下之大稽。懒得再发感想，耻与之论。还是抬头看路吧，目力所及是金鸡山余脉上新建的文昌阁，设计得不错，还算是个安慰，时光荏苒，诸暨大成殿现安好否？

宁波

2007.08.24-08.26

2013.08.22-08.24

接下来要访的几处都在宁波周围，遂定了宁波打尖，落脚在县学街上，虽县学荡然无存，好歹路名是个念想。安顿妥当，随意走走，这附近的城隍庙及马清运先生设计的天一广场等，还真都是不错的去处，加之海风吹拂，暑气消退，夜晚的梦是踏实的。

早起探天，洗涤旅程尘埃的是清爽的太阳雨。去了趟鄞州公园，专访王澍先生的“五散房”，乃是其后续诸多惊艳作品的原型探索。这个“鄞”字有些说道，由“堇”和“邑”（阝）两字合成，（清）顾祖禹《读史方舆纪要》称“夏时有堇子国，以赤堇山为名……加邑为鄞”，宁波市区过去一直为鄞县县治，原称明州，明时避讳方改今名。出得公园，又去了外滩，观马清运的“老外滩”街区、城市展览馆和王澍的宁波美术馆，随后往观天一阁。

天一阁的大名，海内皆晓，“天一生水，地六成之”也是人们常常挂在嘴边的拗口说辞。记得有次市里搞了个活动，征集城市宣传语，第一名得主可谓实至名归，确实言简意赅，抓住精髓，曰:“港，通天下;书，藏古今。”我写设计文本概念的时候，常会念叨这句话，格式和内容的启发挺多。

天一阁里有座楼，曰“尊经阁”，这个和园主（明）范钦的藏书楼可不是一回事。民国元年（1912 年）府学随府制而废，1929 年，以旧，次年，除大成殿（为古物陈列所）、教谕署（为场员办公室）及尊经阁外，其余均拆除，变卖旧材以充运动场建设之经费。1935 年，尊经阁迁往天一阁。网上“独立观察员”的博客里收录了当时绘制的宁波体育场总平面图，府学的变迁过程可以在图上得到印证。

以射圃为运动场地，貌似两个都和体育有关，其实古今有别，赋予的含义要在特定的语境中去考察。

射礼由来已久，且早在西汉太学即有射宫之设，唐长安国子监亦有射堂。及至北宋神宗熙宁间（1068–1077年）行“三舍法”，武学附选，地方文庙纷建射圃，又似以熙宁十年（1077年）东京太学“西门修筑射圃，听诸王遇假日习射”[77]为滥觞。后“三舍法”罢，武学废，射圃亦渐荒颓。

再至南宋孝宗淳熙间（1174–1189年）又见射圃之重振。《宋会要·崇儒》载：淳熙元年（1174年）诏“太学置射圃”；先是知道州楼源上言：“乞依旧法许太学诸生遇旬假日，过武学习射。”国子监以“太学生员数多，欲早晚习射，以武学射圃狭，兼太学生过武学与告假人混杂，乞就太学自置射圃。”[78]《宋史·选举志》亦云：“命诸生暇日习射，以斗力为等差，比类公、私试，别理分数。”[79]然皆为临安太学事，未必及于地方庙学。不过，地方《学记》中常言“淳熙元年（1174年）诏州县学立射圃”[80]，可证孝宗诏“太学置射圃”确有波及地方。

依《礼记·射义》：“射者，进退周还必中礼。内志正，外体直，然后持弓矢审固。持弓矢审固，然后可以言‘中’。此可以观德行矣……射者所以观盛德也。是故古者天子以射选诸侯卿大夫士。射者，男子之事也，因而饰之以礼乐也。故事之尽礼乐，而可数为。以立德行者，莫若射，故圣王务焉……天子将祭，必先习射于泽，泽者，所以择士也。已射于泽，而后射于射宫，中者得与于祭，不中者不得与于祭。不得与于祭者有让，削以地；得与于祭者，益以地；晋爵绌地是也。”[81]考其本意，以射圃为之射仪，当为取法三代，藉射弓观德行而选士耳，亦为射亭常以“观德”名之的来由，诚如《孟子》所云：“仁者如射，射者正已而后发。”[82]宋地方《学记》涉及射圃者亦多此类论言[83]，惜除本意“观德”外，孝宗朝复兴射圃的社会背景原因不明。有学者认为乃该时外患侵逼，故命学者习射[84]，可备一说。

不过，射圃的设置更多的只是停留在意识形态层面，具体使用非如诏令所示，可从宋时射圃设置的滞后性和管理不善的普遍性两方面观之。

前者如：广州学“独峤南以荒远，无应令”，距淳熙元年（1174年）达五十年后，“始克为之，相地番山之趾，散芜、辇秽、增庳、夷高，抗侯于西，缔亭于东，凡费钱十万，亭成，扁曰序贤。”[85]南剑州学射圃亦为“淳熙初承诏所创，未几移于棂星门之西，偏深仅逾三十步，士以不获展布为恨。而旧圃既废，居民莳为园蔬，凿为池沼，始而僦，久而半为世业矣。”至开禧三年（1207年）方“相学宫之西偏，高明旷夷，深袤余二十丈，僝工度材，载蠲载除，外环以垣，中峙以亭”，匾以“观德”。[86]

后者如：庆元府学于嘉定三年（1210年）在射圃观德亭之南北建屋出租，虽绍定四年（1231年）教授陈松龙申府复故址，建墙宇，规模为之一新，但入元后，即被置替成为教授厅。[87]

元时庆元府学射圃的功能移植，并不是偶然现象。再如永州府学“旧云射圃，草莽榛棘，三十余载”，总管樊炳因“杏坛告成，欲创一亭，为登临憩息之所而未得，环视四顾，即兹地而基之。”[88]如此诸般，恰揭示了元时孔庙较之前后朝代的一个重要变化：射圃完全荒废，挪作它用。此为擅长骑马射箭的蒙古人在天下尽入彀中之后，对汉人习射讳莫如深的必然反映。原南宋辖内，偌大如城墙，尚遭蒙古人摧枯拉朽的毁城政策[89]，地方庙学中小小的射圃，更是难逃厄运。射圃废弛的势所难免，也折射了蒙古人对儒家繁文缛节的反感，“凡近世学官，一切无用之虚文，悉以罢去。学问必见践履，文章必施之政事，使圣人全体大用之道，复行于世。”[90]故延祐间（1314–1320年）有识者云：“饮射礼废久矣，朝廷之礼又非远民得瞻，其可见者学校释奠耳。”[91]反观前代少数民族“以武功定天下”[92]的辽、金，地方庙学的射圃记载亦为寥寥。

明初立，朱元璋致力匡正汉典，射圃再受重视。洪武二年（1369年）颁学校射圃规：“学内设空阙地一所以为射圃……教学生习射，但遇朔望的日子要试演过，其有司官办事闲时也与官一体习射，若与有司官、学官不肯用心教学生习射的，定问他要罪过。”[93]此前，朱元璋与国子生曾有一段对话，其意昭然：帝曰："尔等读书之余，习骑射否？"对曰："皆习。"曰："习熟否？"对曰："未也。"乃谕之曰："古之学者，文足以经邦，武足以戡乱，故能出入将相，安定社稷。今天下承平，尔等虽务文学，亦岂可忘武事？诗曰'文武吉甫，万邦为憲，惟有文武之材，则万邦自以为法矣。尔等宜勉之。"[94]

地方上的响应，较为迅捷。以苏州府为例，据胡务先生统计：苏州府、长洲县、吴县、吴江县、震泽镇、昆山县、常熟县、嘉定县等地方学的射圃均在洪武三年至八年（1370-1375年）间创建。[95]

自学有射圃始，其位置皆不定，随地之宜，庙学之前、后、左、右皆有案例；圃中一般设观德亭，或曰射亭、观射亭等，一间、三间、五间例有，以前者为数众多，朝向亦不定。洪武二十五年（1392年）又颁射仪，射圃的空间使用亦明："射，凡府州县儒学生员，遇朔望于射圃先立射鹄，置射位，初三十步，自后累至于九十步，射用四矢，二人为耦，各以次相继，长官为主射，中的赏酒三爵，中采赏二爵，司射射毕，自下而上。其间，暇日习射，不拘此礼。"[96]

虽有制度之厘定，但取士多恃科举，读经书写八股为首要，习射自然备受冷落，射圃颓态难挽。至嘉靖帝改制，恢宏习射又提上日程，但仍是上行而下不效。胡务先生的论断切中肯綮："'每遇朔望，邑长贰率厥师生习射于其中，射必以耦而进，胜者赏，负者罚，周旋进退于威仪礼让之间，观者莫不赞之。'这样的景象只有在皇帝刻意强调，或地方官雅兴所致的时候方可看见；礼、乐、射这些上古就有的礼制，只是儒家的理想境界，距离尘世毕竟太远。随着时间的推移，许多射圃亦都逃脱不了废弃的覆辙。"[97]

所谓"诸生合射，非籍于学、非齿于乡而徒以艺进者不与"[98]，射圃的象征性不言而喻。但虽有物质空间的存设，却徒为一个虚荡的躯壳，习弓射箭的健身本意绝少见到，偶尔的心血来潮也仅限于对古时礼仪的遥指怀念而已。

镇海

2007.08.25

镇海在宁波的东北面，一个尺度适宜的南方县城，一边是甬江的江口，一边是海，其名喻“镇江锁海”之意。与前几处类似，镇海中学也是因镇海文庙旧址为之。中学创建于清宣统三年（1911年），乃翰林院编修盛炳纬等将募集的经费银圆三万余元作基金，起初在梓荫山南麓总持寺旧址（今学校田径场）新建校舍，名镇海县中学堂，留学日本帝国大学的曹位康（馥山）为第一任校长。该年发生了开启新纪元的辛亥革命，来年就是民国元年了。立于乱世，学校岂能独善其身，寒来暑往几经流离，屡迁校址，定址于文庙已是抗战胜利后的事了。

文庙始建于北宋雍熙二年（985年），毁于南宋建炎四年（1130年），庆元六年（1195年）重建。其遗存具特色者为泮池，绍兴八年（1138年）始浚，嘉定四年（1211年）建桥。再就是据说宋徽宗、钦宗二帝被俘之后，摹写的“曲阜孔子故里图”被人悄悄携带到了镇海，并被镌刻在庙里的石碑上，南宋亡后被四处流亡的谢翱偶然发现，有诗为证：“秋风岳下城，海客见图新……被发逢夫子，狂歌作放民。”影像方面，19世纪中叶英国建筑师、画家托马斯·罗姆依照访华画家的画作，创作了一套反映中国风情的铜版画，编号19000343的名为《镇海孔庙》，画中仿似大门的建筑雕饰繁杂精美，双龙翻舞盘踞屋顶，但准确度值得商榷。

颇具古风的方池遗韵里，还浸染了近代清廷的屈辱与国之栋梁的尽节。1841年10月10日，鸦片战争镇海口之役镇海失守，两江总督裕谦怀着失地辱国的义愤，殚竭血诚，投水殉职，亦为鸦片战争中清廷封疆大吏亲临战场以身殉国之唯一者。遗存的大成殿还是1937年邑人捐资落架重修改为钢筋混凝土结构的，鸦片战争和中法战争时守土将领常集于此殿商议军务大计。

有关近代史的种种风雨，史家皇皇巨著甚多，无需赘言，倒是想起与那时打仗有关的遗产认知的相关问题，以下就说说晚清海防体系中的营口西炮台，乃熟悉之故。

晚清帝国着手海防体系建设始于 1840 年的第一次鸦片战争。囿于重陆轻海、以陆守为主的指导思想，该体系的运作以陆基为主，“水陆相依、舰台结合、海口水雷相辅”[99]。中国海岸线如此绵长，不可能在所有的位置都修筑炮台等防御工事，清政府选择了在沿海要隘修筑炮台的海口重点防御方式，并形成了三道防线：第一道防线为组建水师舰队作为机动的海防力量，协助各炮台进行防守，负责近海纵深方向的防御；以沿海要隘的炮台为主的海岸防御为第二道防线；同时，在炮台周围设置配合炮台防御的步兵和水师营驻守，组成第三道防线。

直隶乃京畿之地，故北洋防区一直是晚清海防体系的重中之重。清政府先后斥巨资修建了旅顺（有当时亚洲第一军港之称）、威海卫两大海军基地，并在渤海湾沿岸要隘修筑了大量炮台，并配置德国克努伯海岸炮，牢牢扼守住直奉的渤海门卫，拒敌于外洋，构成了北洋防区最为坚固的一道海上防线;同时，加强大沽口一带的防御力量，增筑炮台和防御工事，为捍卫京师的最后一道关键防线。最终，在北洋防区构筑成了一个以京师为核心，以天津为锁钥，北塘、大沽为第一道栅栏，以山海关、登州相连形成第二道关门，再次则营口、旅顺、烟台这一连线，最外为上至奉天，经凤凰城、大孤山等，中联大连，南结威海卫、胶州澳的严密的防守体系；横向来看，则以天津为辐射点，外接辽东和山东半岛的联结点形成一个坚实的大扇面。经纬交织的防御布置，李鸿章谓之“使渤海有重门叠户之势，津沽隐然在堂奥之中”[100]。

西炮台是北洋防区的左臂——辽东半岛防御链上的重要一点，位于渤海北岸的辽东半岛中西部，其在晚清海防体系运作中的军事作用，可概括为：

旅顺的后路，山海关前沿，辽河的门户。

据《南北洋炮台图说》载："（营口）南面海口有铁板沙，凡轮船入口，必由东之北。"[101] 即，若有敌船来犯，必从东北方向驶入辽河口；又若敌船的进犯路径是经旅顺口、威海卫进入渤海湾，并试图进攻营口，则必是由南而来。统而观之，辽河入海口的左岸是迎敌的前沿地带，而西炮台正是修筑在面向敌船来犯的方向，呈迎头之势。西炮台的选址和布置方式确保了炮台拥有面向海面的开阔视域，使炮台火力能够以最大范围覆盖敌船的行进区域，争取到尽可能开阔的作战空间和充裕的攻击时间。

西炮台地处平原地区，地形平坦，无法利用山势地形构筑不同高程的多层次火炮工事，形成较大范围的立体交叉火力网，所以就必须通过构筑大炮台来居高临下地观察和射击远、中、近目标。西炮台共建有炮台 5 座，主炮台居中，两侧各有 1 座小炮台辅之，在东南和西北两隅又各建圆炮台 1 座。主炮台是整个西炮台的构成主体，配置了两门口径最大、射程最远的 21 厘米德国克虏伯海岸炮；其他小炮台作为主炮台的辅助攻击力量，配置的海岸炮口径为 15 厘米和 12 厘米。主炮台上的火炮射程远，但若敌船临近则不易攻击，就需要小炮台上射程较近的火炮加入战斗，且左右对称的布局可以形成火力交叉，提高攻击的命中率和打击强度；此外，主炮台围墙下还置有暗炮眼 8 处，以隐蔽消灭敌人。火炮皆可 360 度环射，不仅能纵射辽河下游河身，也可向东、南、北三面陆上射击，这样就构成了一个多层次的交叉火力网。同时，各炮台之间还通过围墙的马道相互联系，战时既能独立作战、集中火力，又可相互支援和掩护，机动地多方打击敌人，有效扼守住辽河入海口。

来敌进攻炮台时，常采取船炮和步兵登陆作战配合的方式，船炮负责在远处集中攻击炮台，同时派小艇运送步兵登陆，绕至炮台背部或侧翼发动攻击，鸦片战争初期的很多炮台就因抵挡不住陆上攻击而被攻陷。西炮台作为晚清海防体系中建造较晚的军事工程，充分吸取了以往的经验教训，除配备强大的攻击武器外，还具备完善的陆上防御系统，就工程营造而言，表现在修筑围墙、护台壕及吊桥等。

围墙是西炮台的主要屏障，全长 850 米，环抱炮台，西面随辽河转弯之势呈扇形。围墙上炮位多集中在南北两侧及东侧面海处，显然是为了防止敌人从侧面包抄和从正面登陆。墙上设平坦马道，低于挡墙 1 米多，为战时回兵之用。西炮台南北两侧又各筑有土墙一道，既可用于战时增兵防守，又起到防止海水涌浸的作用。[102] 整个围墙为三合土版筑，亦为军事防御所需：早期炮台多为砖石所砌，看似坚固，然遇炮弹攻击，砖石崩裂易伤士兵，而三合土则不易崩裂，可有效避免不必要减员[103]；且三合土的材质颜色与西炮台周围的海滩芦苇相近，利于隐蔽和伪装。

护台壕筑于围墙外侧，壕中设置水雷（周边滩涂亦埋有地雷），壕沟之上又设吊桥，平时放下以供通行，战时收起。[104] 护台壕、水雷、吊桥共同构成了围墙外的防御系统，可在战时拦阻迟滞敌人的攻击，为守军组织防御和攻击争取更多时间，提供更大的作战空间。

通过这些防御措施的设置，西炮台形成了有前沿、有纵深、相互之间互为犄角的防御体系，为守备作战提供了持久和坚韧的物质和运作条件。

后勤保障是维持炮台正常运行不可或缺的部分。据载，西炮台共有青砖营房 208 间[105]，多建于围墙内侧临近处，既有利于驻守官兵快速地登上围墙进行战斗抵御，围墙的遮挡还能降低兵房被炮弹击中的几率。弹药库则建于炮台两侧，有效保证弹药的及时运达。

西炮台内南北两侧还各有水塘一处，约 700 平方米，内蓄淡水，一般认为是炮台驻兵的生活水源。[106] 两个水塘皆临近于小炮台的马道末端，这种布局特点可能与小炮台上设置有旧式火炮有关：晚清自己生产的旧式火炮在连续发射时会由于炮膛内温度过高而导致炸膛，需要大量的储备用水对火炮进行降温，[107] 水塘设于小炮台附近，恐还担负火炮降温的职责；反观大炮台，设置的德国克虏伯海岸炮无须降温，水塘亦无设，可为佐证。

“军事工程”类遗产的突出特点是修筑目的明确，或为进攻，或为防御、掩蔽，皆为军事活动的实效作用，功能性是其最主要价值所在。因之，对军事运作的深入理解是正确认识和评估遗产价值、制定合理保护规划的首要前提；否则，可能会造成遗址保护中真实性和完整性的背离。如：倘若没有认识到长城的防御运作对于视线的要求及所采取的周边植被控制措施，在保护中就可能对周边地形进行盲目的植被覆盖整治，难免造成对所谓“文物环境”的破坏。

拉拉杂杂竟扯到了军事运作上面，不过，看似与圣域无关，实在是深感面对文庙，因时因地因人，其负载的社会意义亦繁杂可观，个中三味也就跳出了只盯着“小儒家”的窠臼了。

慈城

2007.08.25

近在咫尺的保国寺大殿仰慕已久，若错过实在可惜。往之需路过骆驼镇，心生疑窦，这浙东地界和沙漠之舟有何关联？提醒自己千万不要任思绪信马由缰，找找资料再说。果然，据《宝庆四明志》载，出慈城东门观庄桥起至其地，有始建于北宋开国建隆元年（960 年）的大桥六座，骆驼乃“六大”谐音使然。

类似于梁思成、林徽因二先生发现佛光寺大殿，“保国寺为长江以南最古老的、保存最完整的木结构佛教建筑”的灿然现世，成就了又一段动人的沧海拾珠。

1950 年代初，戚德耀、窦学智、方长源三位先生在浙东一带调查古建民居，偶然听说洪塘北面有座规模甚大的“无梁殿”为唐时所建，无梁殿的形制多为明清采用，尚未听说过有唐构，三人决定前往看个究竟。传说中的无梁殿并未找到，经询问方知，这其实是个误会，乃因大殿的顶梁部分被天花所遮，老百姓口中的“无”实乃看不见的意思，且殿内原本供奉有“无量寿佛”，确有“无量殿”之称，音似，但概念则失之千里了。不过，人们常说偶然中有必然，这一解惑过程促成了重大的发现：大殿斗栱用材很大，共 66 朵，枋上隐刻“七朱八白”，九根花瓣柱……种种迹象表明非为明清之作，至少是南宋遗构，从某些部件推测，可能为更早的北宋。佛台后面的“造石像座记”中镌刻有“崇宁元年”字样，更是有力的证明。

别了保国寺，往慈城，又是一处清新的小城。且王澍先生的让世人为之侧目的墙面作法，在此地稍微古旧的房子上在有之，实在是民间智慧的狡黠汲取。

（日）中川忠英编著的《清俗记闻》记录了清乾隆间（1736-1795 年）

福建、江浙一带的民间风俗，调查对象乃过海经商于日本长崎的清人，其中录有一幅《县学图》，原图上色，中译本的文字描述为："围墙与屋壁均白色，大成殿壁粉红色。门、柱等淡褐色，屋顶墙头褐色，台阶青灰色。"

大成殿虽为构图中心，位居文庙建筑之雄，但若沿文庙边界游走，却只可见其屋角飞檐，与殿庭中目视的压迫感迥然有别。反是高伫于边界或其附近的楼阁，对外部空间的控制作用更为直接。

若进入文庙内部空间游走，除可触碰到大成殿、庭的庄穆外，感受最深的仍是此类祈祝文运的楼阁建筑；又往往被冠以诸多与科举兴盛相关的名称，至少庙学"应当背负"的所谓指称含义，可借之更加笼罩于大成殿上空，并散发于庙学边界之外。

始建于北宋雍熙元年（984 年）、庆历八年（1048 年）迁建今址的慈城孔庙即是对日人所录绝好的现实参照，清代鼎盛时期，占地达十八亩五分九厘（约 7000 平方米），共有殿堂、祠阁等房屋百余间。1940 年大成殿为日寇飞机炸毁一角后逐渐坍塌，后仅剩殿基，2002 年重建大成殿并修复其他。孔庙四周围以红色宫墙，布局以东、西、中三轴为整体。中轴线上有棂星门、泮池、大成门、大成殿、明伦堂和梯云亭，两侧为备弄，东西轴线上分别为魁星、文昌、节孝、名宦、土地、崇圣等祠。庙前东西向街道，竖以二坊，与棂星门、"宫墙万仞"共同构成了静谧的线性空间。庙之西南儒学门与魁星阁合而为一，其后又建文昌祠，与尊经阁夹文庙中轴东西分立。庙之最后以梯云亭收束，取"青云直上"意，亦为庙之最高建筑。

除孔庙外，慈城的考棚、县衙皆得保护修缮，宜人幽静，这离不开赵辰先生的十年耕作。数年后得机缘与之聊慈城，五十多岁的人顶着满头银发，话藏机锋，睿智频现，印象深刻者有二：其一，孔庙门口以前可不是东西向的通道，有路直往南抵河边，官员上任自码头一线直往孔庙拜祭，今时今世，那古时的礼仪性设置已没几个人知道了；其二，人说慈城是龟城，其实天天对着高程图看就会想明白这事，中间高四周低的城市，利于排水，这在古代多了去了。

这以后，有机会参与了王建国先生主持的潍坊总体城市设计，那老城也叫龟城，一下子就想起了赵先生的话。

奉化

2007.08.26

奉化之名由来，有三种说法：一说唐代明州的郡颇为奉化郡；一说以“民皆乐于奉承土化”得名；一说源于县东奉化山。地貌特征为“六山一水三分田”，果真是个秀丽的地方，看看日头还早，坐了趟公交车环城一周，倒也惬意。孔庙现仅剩孔圣殿（即大成殿）和泮池、跨鳌桥，在锦屏小学内，周边还有“黉墙外”的地名，惜世人不明“黉”之来由，误作“红墙外”，虽发音相同，其意谬矣。孔圣殿是清咸丰间（1851–1861 年）的遗存，歇山重檐，轩敞高大，通风采光皆佳；柱子用材硕大，柱础呈瓜棱形，廊柱上端刻如意、花卉、金钱等图案。

此地自唐开元二十六年（738 年）设县，即设夫子庙，故地在锦屏山东麓，北宋迁今址方庙学完备。拓展开来看，看似自北宋庆历初（1042 年 –）“诏天下立学，无州县之异”，但各地实际状况千差万别，庙学并立的全面铺开也非一日之功，如合阳县就以“地狭民寡，故略之，不过立屋数楹，具夫子庙貌，以备春秋释奠，奉行诏令而已。”[108] 基于此，仁宗庆历间（1041–1048 年）的兴学诏令即表达了务实的态度：“若州县不能顿备，即且就文宣王庙或系官室宇。”[109] 暗示或是造成了部分地方的庙学杂处，即庙学兼备而建筑空间并非独立，表现在：

其一，仅借得官署一隅为之，如北宋的富阳县学“旧在县署之内，东南之阶，历年滋多，廊庑悉圮”，景祐二年（1035 年）方得迁址。[110]

其二，庙学有专址，但功能紊乱、泾渭不明，此点比较多见，且延续时间较长。如南宋时，泸州学在绍兴间（1131–1162 年）才“更建东西序，筑师生之馆于外”，盖“念庙学不可混也”[111]；安庆府学在嘉定初（1208 年 –）仍“肄业之斋环于庙殿，非所以尊先圣也。更创诸斋于所辟之地，而庙之制始严。”[112] 新城县学“四斋职事位旧在殿南两庑间”，嘉熙元年（1237 年）“悉改而北，则前殿后学。”[113] 嘉兴府学至开庆元年（1259 年）一直“庙、学混并，出入学宫者，咸取路庙门。”[114] 而常州路学迟至元元贞二年（1296 年）仍“庙与学混，非所以肃观瞻，昭礼敬”，遂“一改旧观，庙与学始各得其所”[115]。

其三，“即学建庙”、“庙学分离”亦见于少数个案。

除庙学并建外，“即庙建学”“即学建庙”“庙学分离”三者数量的绝对悬殊，恰揭示了宋以前庙学皆备的非普遍性，或是学废而庙独存，折射出自唐中晚期后文庙尊崇的抬升和关注程度。亦有识者敏锐地觉察到“古昔有学而无庙，近世有庙而无学，于此以观世变，孰盛孰衰，必有能辨之者”，忧患在于“庙存学亡，犹愈于庙学俱亡，庙貌严而儒先于以承统，人民因之识古爱礼存羊，亦圣人待后世之意，但不可以此为盛，而遂已焉。”[116]

尽管北宋为数众多的“即庙建学”似乎是在鼎力匡扶学之本真，但文庙在庙学中的精神领袖地位已牢固不破、不可撼动。不可否认的是，“庙”与“学”属性概念的厘清，即庙学二者并立的“合”与建筑空间相对独立的“离”是经过漫长岁月方真正确立的。元及以后，已绝少见到诸如庙学非皆备、混处或分离等的情状，除极个别关隘、乡村孔庙无法断定学的存在外，一般有孔庙的地方就有学。[117] 之前庙学二者的离合拉锯，正是庙学制演变进化的必然过程体现。

明洪武二年（1369 年）《阳城县重修县学碑》的总结是为客观：“礼始立学，释奠先圣先师者，非庙也。后世始为庙，以祀夫子。通乎天下，礼制寖盛，郡县无大小，皆建学，尤以庙为重焉。由学尊庙，由庙表学，庙焉而不敦乎学，非制也。”[118]

临海

2007.08.26-08.27

奉化有火车直接到天台，可惜没赶上，否则就不要绕路了。临时决定坐汽车先去临海，中途须在宁海倒车，傍晚时分抵达临海，即旧时台州府。入住后出门闲逛，本是个略事休憩的举动，却是段艰辛的开始。

先去了崇和门，前有东湖公园，四面青山，一泓碧水，暮霭起了，（唐）张九龄的诗跃然脑海："灵山多秀色，空水共氤氲。"瞥见顾景楼，所在山势陡峭，有直梯似刀削，一气登上，气喘连连。山脚下是城墙博物馆，恐是管理人员已下班，门开而无人，进去再说，走走这著名的江南长城，也是明代九边重镇的产物。

未料到天暮地黑起来，快速前行，过白云楼、北固楼，看见城隍庙处的城墙出口，黑洞洞的仿佛有狗样生物，心中惧怕，高呼几声无人应答，关乎安全，果断折返。过广天祠，路遇一类似天坛的构筑物，凑近一瞧原是新建的爱情宣誓场所，曰"同心林"。再过烟霞阁，在梅园处下山，路陡无光，隐约摸到一小小的门，内里是台州医学院临海分校，以为不通，武断地另外择道，居然迷路了。

夜幕下的植物，像黑暗的怪物一样，张牙舞爪，不禁也纳闷起来，为何如此灵秀的小城夜晚会给我这般感受？找了块石头坐下来，定定神，望着以往难得一见的星空，给南京的兄弟们拨个电话，那天是个约定聚会的日子，计有：包忠、嵇卫中、戴成崑、方伟、丁颢、毛聿川、程浩等。电话那头一阵热闹的问候，还没来得及诉说迷路的郁闷，一句"快回来，等你喝酒啊"后，就只剩忙音了。也罢，你快乐所以我快乐。起身寻路，老老实实折回，果不其然，之前错过的医学院小门后面就是下山坦途，回到平地，汗衫已经湿得拎出水来。

心里有事，就睡不好，原因很简单也很傻，太阳当头的白天一定要亲眼

瞧瞧走过的路。

先去了昨天下山处的紫阳路，保护了没开发，4-5 米宽，生活气息浓郁。以下路线是望天台、广天祠、城隍庙、烟霞阁、梅园、朝天门、平海楼、镇宁门、兴善门。竟然沿着城墙走了一圈，烈日当空，也不管不顾了，最后在龙兴寺处下山，乃天台百寺之首，有千佛塔。又顺势上了巾山，高百余米，望灵江浩浩汤汤。

巾山有两峰耸立，山形东望如麒麟，西看似伏牛。据《嘉定赤城志》载："两峰如恰，其顶双塔差肩屹立。"双塔始建于北宋，原为砖木混合结构，明正德间（1506-1521 年）塔外表的木结构部分焚于火，今日所见之塔身，已经清代重修。二塔均为五级六面，以菱角牙子叠涩出挑，东塔又称大塔或万年塔，清同治四年（1865 年）重建，塔内螺旋中空，可以登临眺远；西塔也称小塔，塔身较瘦，明清及当代均曾作过修缮。据《康熙台州府志》载：巾山两峰系风水汇聚之所，"形家号双鹰峰"，双塔建成后，"故台多父子兄弟连登甲第者"。故，二塔又合称"大小文峰"，是文运昌盛的徽记。此外，山腰又有南山殿塔，西有多宝塔，一山四塔，实属少见。

台州府文庙是最后去的，安静空旷，寻一阴凉处发发痴傻，看看介绍。有说大成殿前庭中原有拜亭一座，民国时只剩拜坛，而将大成殿月台呼为"杏坛"。那么，问题来了：殿庭中设杏坛，其代表者当推曲阜孔庙，但杏坛是否为地方庙学的常见建筑配置？

杏坛之名，出自《庄子》："孔子游乎缁帷之林，休坐乎杏坛之上。弟子读书，孔子弦歌鼓琴。奏曲未半，有渔父者，下船而来，须眉交白，被发揄袂，行原以上，距陆而止，在手据膝，右手持颐以听，曲终……（孔子）乃下求之，至泽畔。方将杖拏而引其船，顾见孔子，还乡而立。孔子仅走，再拜而进……乃刺船而去，延缘苇间。颜渊还车，子路授绥，孔子不顾，待水波定，不闻拏音而后敢乘。"

（东汉）司马彪注曰："缁帷，黑林名也。杏坛，泽中高处也。"[119] 故，（清）

顾炎武云："《庄子》书凡述孔子事，皆是寓言，渔父不必有其人，杏坛不必有其地，即有之，亦在水上苇间、依陂旁渚之地，不在鲁国之中也明矣。今之杏坛，乃宋乾兴间四十五代孙道辅增修，祖庙移大殿，于后因以讲堂旧基甃石为坛，环植以杏，取杏坛之名名之耳。"[120] 其言可谓正本清源，但对于曲阜孔庙杏坛的初建年份，今人彭林先生存疑，并作《杏坛考》，多方求证后，将时间定格在北宋真宗天禧二年（1018 年）。[121]

（宋）孔道辅将旧殿基改作杏坛，意义在于："既可以使原址得以保护；又可以使人睹物生情，引发出种种联想，在孔庙建筑中堪称是绝妙一笔。"[122] 杏坛前又建御赞殿，奉宋真宗御撰《宣圣赞》碑。至金章宗明昌间（1190-1196 年）再立大学士党怀英手书"杏坛"碑于坛上，并增建单檐歇山亭；明弘治间（1488-1505 年）改为单檐十字脊，隆庆三年（1569）扩为重檐十字脊、八角石檐柱，具今日之规模。坛本为修起之高台，本无建筑，金时的筑亭举动，当为祭祀所需，坛前石雕香炉仍为金时遗物，亦为礼拜之佐证。[123]

元人所谓的"郡邑庙学俱有杏坛"[124]，恐不属实，就我所见记载，即较为稀缺，计：宋，青溪县学、邵武县学；元，建昌路学、福州路学、龙兴府学、全州学、永州府学、镇江路学、淳安县学、兴化路学、定海县学；明，苏州府学、天长县学、长垣县学、淳安县学、许州学、正定府学。而今日可见者，尚有：广东德庆学宫、青海贵德文庙、云南建水文庙。且所处位置亦不定，庙前、学中等处例见，基本形式乃为：筑坛植杏，一级或三级不等，周边"覆以屋"则更为少见。

是故，杏坛非上古延传之实物，乃后人追思先儒前贤使然。亦无具体的建筑形制规定，拓地一方，发思古幽思。

天台

2007.08.27

天台的车站在老城挺远的西面，出站时大跌眼镜，广播里说的是英文，不禁感慨浙江文风已洋气到这般地步，也难怪这浙东名邑素有“文物之邦”和“小邹鲁”的美誉。此地俗称“七分山、二分田、一分水”，比奉化多了一山，少了一水。横亘境内的天台山千峰竞秀，万壑争流，世称“佛宗道源”，乃天台宗祖庭国清寺居处，及道教南宗发祥地。

城负天台山，前有始丰溪自西而东，赭溪源城右缓缓而下，金水相契，此所谓“地甲东南之秀，天开文运之区也。”山水之形造就了县城南宽北窄的不规则三角形态，故而又有“琵琶城”之称，城内道路分街、巷、弄三级，并以二纵一横为主干。且小小县城竟开八门，大小各四：应台，水陡，玉笥，广济，永清，利济，文明，金庭。其中的玉笥门（清初改称环碧门，俗称大南门）旧址即在孔庙门前。

孔庙创于唐，北宋迁建于始丰溪畔，常遭水患，屡毁屡建，于明万历二十二年（1594 年）迁至今址。大成殿平面近方，面阔进深均为三间，明间约为次间两倍。檐柱为梭柱，有明显变化的侧脚，正脊高耸，以瓦砌作透空图案。下檐五踩重翘品字斗栱，上檐七踩重昂斗栱，昂作凤头形。上下檐平身科明间用四朵，次间用两朵，下檐回廊面阔方向平身科用一朵，角檐用水戗发戗，以老角梁弯曲形成起翘而无仔角梁。大成殿在解放后曾作为城关镇粮食交易所的粮库，这也是全国文庙大成殿的通常命运之一，另一即为学校。

天台得山之灵气，披水之泽恩，释道儒三者并存千年不悖。就儒学传承而言，其契机还是得益于东晋南朝以来的大量北方士族南迁，南宋以后更是文风鼎盛，仅书院著名者就有：竹溪、上下儒堂、雷马、神州、龙溪、赤山、创志、聿修、曹源、丹山、观榜、清溪、文明、文溪、蓝州、玉湖、赤城、苍山等，书声琅琅，弦歌不绝。

一路行来，对浙江历史上儒学及文庙的兴盛颇为有感。其实早在唐玄宗时，兴学重儒的建设重点就逐渐向华中腹地和东南沿海地区转移，特别是江南二道，当是受该时政治格局的影响：安史之乱后的北方藩镇势力强盛，拒向中央交纳贡赋，唐王朝失去了北方重要财赋基地，所能倚重的只有东南八道，江淮地区更是位居首要，政府着眼于是处，相关的社会发展、文化兴盛自是如虎添翼。

安史之乱后的藩镇割据、战乱频仍，也为掣肘唐中后期地方庙学发展的重要因素。（唐）杜甫于代宗大历五年（770 年）（同年去世）漂泊至湖南衡山，作《题衡山县文宣王庙新学堂呈陆宰》："衡山虽小邑，首唱恢大义。因见县尹心，根源旧宫閟。"盛赞衡山县创办新学堂一事，并以"诗史"的写法表述了对安史之乱以后儒学沦丧的悲切："旄头彗紫微，无复俎豆事。金甲相排荡，青衿一憔悴。呜呼已十年，儒服弊于地。征夫不遑息，学者沦素志。我行洞庭野，欻得文翁肆。侁侁胄子行，若舞风雩至。周室宜中兴，孔门未应弃。是以资雅才，涣然立新意。"

杜甫通过该诗还表明了复兴根底在之于儒学的严谨态度，唐统治者亦深明此道，所谓："学之制，与政损益：政举则道举，道污则政……化民成俗，以学为本。是而不崇，何政之为？"[125] 以安史之乱以后的太湖地区（苏、湖、常 3 州 17 县）为例："江淮田一善熟，则旁资数道。故天下大计，仰于东南"[126]，因而，牢牢掌控该区，并保持其长期稳定，就成为关系中唐以后国家存亡的战略问题，标榜忠孝义礼的儒家学说重又得到大力推崇和提倡，而物化的表征即是庙学的兴建，代表人物为李栖筠等。

"兴学"已不单纯是一项文化教育政策，更是唐王朝稳定江南地区的一项战略性国策。地方官学不仅是培养官吏和人才的储备场所，更是广大城乡地区施行教化、敦厚民风的重要阵地[127]，中唐以后的江南已是“民见德而兴行，行于乡党，洽于四境。父笃其子，兄勉其弟，其不被儒服而行，莫不耻焉。”[128]

宋太祖赵匡胤（960–976年）虽戎马一生，但深知马上可以得天下，却无法以马上治之。其人不仅独喜观书，手不释卷，且严格要求臣下积极读书，以知治国之道，因之，官僚队伍自始便形成了重文轻武的风气。[129]宋以重文抑武为基本的用人之策，恢复科举，纳选文人。太祖为加强中央集权和清除五代时期武将跋扈的影响，“杯酒释兵权”，又有宰相赵普号称以半部《论语》治天下，并确立以文官知州事的制度等，都是这种风气的必然反映。但时为宋之草创，对内忙于集权，对外思念用兵，尚无暇顾及学校教育，中原庙学创建极为零星；边地修建之举，仍为割据的后蜀、南唐、北汉等所为，属于各自为政，之间无太多关联。

宋官学与以往不同的特点主要有：其一，专科学校增多，新设武学、画学。其二，与以往地方官兼管地方官学不同，自神宗熙宁四年（1071年）陆续设置诸路学官，后又置诸路提举学事司。其三，政府为学校提供较为固定的经费成为一种制度，宋采取地方财权收归中央统一掌控的政策，朝廷所赐学田多是地方政府名下田产，不少属当地绝户无主田产或没收寺庙财产所得，这些田产划归学校须朝廷批准，地方政府无权做主，是强化皇权控制下财政体制的特定现象，也是宋学田制的一大特点。

科举制度的推行，却在士子中造成了不务实学的不良风气，从而引起有识之士和当局的关注，并直接导致了三次大规模官方兴学：仁宗庆历四年（1044年）

参知政事范仲淹发起“庆历兴学”；神宗熙宁（1068–1077年）、元丰（1078–1084年）间王安石两次为相时发起的“熙宁、元丰兴学”；徽宗崇宁（1102–1106年）间蔡京为相时发起，并延至宣和初（1119年–）的“崇宁兴学”。

不仅范围广，而且更带动了县一级的建设热潮。江浙地区在北宋末已基本普及，此后已无多大发展空间，南宋的定都临安更促进了其内文庙向镇级进发。从大的方面看，有宋一代的经济、文化、科技都达到了中国古代社会发展的最高阶段，陈寅恪先生就曾精辟地指出：“华夏文化，历数千载之演变，造极于赵宋之世。”[130]

黄岩

2007.08.27

与天台类似，黄岩也素有“小邹鲁”之誉，宋一代中进士 183 名，其中一年就中了 18 名，文风称盛。孔庙亦始创于唐，北宋治平三年（1066 年）迁建于明因寺北，元丰六年（1083 年）徙现址，元元贞二年（1296 年）因黄岩由县升州而成州学，明初复为县学。庙接长街，东为尚书坊、桥亭头，前有腾蛟、起凤二坊，后有五条河通舟楫。自立于今址以来，频遭兵、寇、风、火之灾，屡毁屡建，有记载的修建达 28 次。原本规模较大，现存万仞宫墙、文奎阁、泮池泮桥、大成门、两庑、大成殿等。较为特别处在于大成殿内前后皆有卷棚，且不是弧形而是两坡状。

1980 年代末，在损毁的明伦堂、崇圣祠、尊经阁旧址上造了一座孔园，古樟临街，浓荫匝地，蟠桦如伞，榴花似火。明了了市民公园的定位，见到大成殿前的竹椅子和光着膀子聊天的大爷们也就不足为怪了。

相较于古代城市的其他祭祀建筑，文庙在日常的民众生活中，可不是随意参拜的对象。如祀文昌、魁星：梁启超先生在晚清所上《变法通议》中感叹道：“入学之始，（文昌、魁星）奉为神明，而反于垂世立教至圣之孔子，薪火绝续，俎豆萧条，生卒月日几无知者。”复指出当时学塾：“吾粤则文昌、魁星专席夺食，而祀孔子者殆绝矣！”文昌、魁星向来认为是司命、司禄之神，关系百姓切身，而孔子神格则显得模糊而遥远。所谓“若以施之于乡愚，则孔庙不能投杯筊，而乡愚不顾也；若以施之于妇人女子，则孔庙不能求子息，而妇女不顾也”，可见文庙与普通民众的距离。

再如武庙（指关帝庙、岳飞庙，而非武成王庙）：宋以降，关羽、岳飞声势鹊起；明初废武成王庙后，二人或分祀或合祀，香火鼎盛，继又崇为武庙与孔庙并峙，已与原初主祀太公武庙的本旨渐行渐远。下抵明清，关帝庙更为人所膜拜，上位者取其“护国”，下焉者求其“保民”，各有所属，与民生利用融成一片。除官方立庙，关庙更深入民间各个角落，成为市井商肆及升斗小民私祭的对象，终年香烟缭绕，熙来攘往，官方祭祀之外，四方信众不时参拜。

文庙作为地方城市中官方正统文化与信仰的象征及柱石，其意义向无疑问；作为儒学圣域的孔庙，其高墙深院的空间构成与城市形象，弥漫着拒人于千里之外的崇峻凛然，“官员、使臣、军马不得于中外孔庙内安下，且严禁骚扰、玩乐”[131]，足见日常的“游观”孔庙均在禁止之列，遑论随意参拜[132]，也难怪下层民众“竟有过其前而目若不睹者”[133]。

不过，在一些特殊的节庆日，孔庙也对外开放。如据陈熙远先生研究，明清时期发展成型的地方城市元宵节的“走百病”民俗中，妇女因而得以进城入乡，上庙逛街，甚至过访文庙、入官署，从而突破时间的、空间的以及性别的界域，成为元宵狂欢庆典中最耀眼的主角，简述如下：[134]

一般士大夫在元宵节赴文庙进香，本不足为奇，如清季湘军名将李星沅（1797–1851 年）几乎每年元宵节都会穿着朝服蟒袍专程赴文庙行香，并行九叩之礼，有时或兼往武庙、文昌庙等处。另一位大臣王文韶（1830–1908 年）亦在日记中叙其于元宵节到文庙行礼。但文庙毕竟与一般寺庙不同，平时不准一般百姓随意进入，遑论妇女。但时值灯节，文庙也不得不破例，如北京良乡的“游文庙”即为元宵庆典的重点活动。山西乡宁县于上元时，不仅“各庙俱张灯火……文庙学宫尤盛”。山东平阴的民众则在“十六晚，齐赴文庙，妇女亦至，谓之走百病”，游访文庙俨然成为“走百病”的主要内容。云南楚雄的妇女们在灯节也专门前往文庙黉宫前泮池，亦号称为“走百病”。如此，元宵节庆恐怕是孔教与孔门诸贤与一般民众——尤其是妇女——距离最接近的日子。当然，对有些地方官员而言，元宵节民众聚集于文庙，终觉不妥。例如在湖北武昌，江湖杂技者流每在元宵令节聚集于当地府学泮池前“演试拳棒”，而“游人环若堵墙”，热闹非凡，眼见机不可失，竟有贩商“排设画镜，罗列唐宫秘戏，任人输资入观”。晚清担任江夏县令的陈介庵特别以“学宫重地，理宜严肃，岂容若辈盘踞其间”为由，饬差驱逐聚众，“并将栅门封闭，禁止游人”。如此一来，“万仞宫墙真可望而不可即矣！”

有一点需要说明的是，“走百病”最原始的形式不过是“出游过桥”，如江南水乡常见的“走三桥，免百病”。前述元宵节入孔庙“走百病”的案例中，并未见妇女可入大成殿庭院的明确记载，如此看来，可能是利用了孔庙前导空间的泮池和泮桥，作为“出游过桥”的节日活动的空间形式道具。

回到黄岩孔园的亲民景象，也不失为适应今日的一种生存之道，如果再变通些，好好利用下戟门（大成门）前长长的泮池和泮桥，搞点“走三桥”的民俗活动，这古代的建筑遗产是否会更延年益寿呢？毕竟，房子要有人用，才有活生生的气息。

衢州

2007.08.27-08.28

衢州“南孔”的拜谒使我有了又一个“人生第一次”的体验，即从黄岩过来乘的是卧铺汽车，车上人不多，床铺甚不干净，更有刺鼻气味，及至抵达目的地才搞明白是老鼠的尿骚味。此前看过一些有关卧铺汽车的故事，觉得怎么着这趟行程也该是个很刺激的公路片路数，却是以几个小时的掩鼻皱眉作了结局。

世人皆知孔族世居鲁国故城曲阜，然这天下第一大族也敌不过帝国时代权力更替下的世道变幻，屡有颠沛，曹书杰先生发表于“光明日报”2007.01.25·国学版的《孔氏的三次南迁》作了条分缕析。以下记孔子后裔在汉晋时期的两次南迁，且受爵不断：

第一次是东汉末年，时北方兵燹连年，太子少傅孔潜避乱南迁会稽（今浙江绍兴），子孙在东吴政权中多任显官。后世研究孔子支系者认为，孔潜是孔子第22世孙，故世代俱列孔子谱系。孔潜之后子嗣兴旺，支系繁分，世居江南，在东吴、东晋、宋、齐、梁、陈的六朝时期是江南非常显赫的家族之一，达官显贵不胜枚举，史传有名者即不下百人。时代迁延，其支系相继徙居吴越各地。

第二次是西晋末年，时北方相继陷落，“北孔”族人避乱江南者至少有两支：一支是在东晋颇负盛名的孔衍（268-320年），《晋书·孔衍传》记其为孔子第22世孙，其子孔启在东晋朝也有名，官至庐陵太守。另外，和孔衍一同南迁的族人孔夷吾，博学虽不比孔衍，但声望和官位都在孔衍之上，东晋建国不久即任侍中，死后追赠为太仆。另一支是所谓的孔子第25世孙、嗣奉圣亭侯孔懿（亭）。据明人程敏政考证，孔懿也是西晋末年随晋元帝司马睿“南渡，居会稽”，其子嗣在南朝多为世袭奉圣亭侯，也颇有官职。这两支自东晋末南渡后，也世代繁衍生息于江南。

自汉代以来，祭祀孔子渐为国家典制，谥封孔子为“褒成宣尼公”等爵号，封其后裔或族人有贤德者为奉嗣君、褒成君、宗圣侯等世袭爵号以奉祀孔子，即主持孔子家庙的祭孔活动。历代赐封不绝，爵号或有改易。汉末国家乱离，奉祀者失封无嗣，曲阜孔庙荒废，孔祭四时不举，至魏文帝黄初元年（220 年），遂寻封孔子后裔以奉孔子祀，大臣们认为在孔氏宗人中没有贤于第 21 世孙、议郎孔羡者，于是赐封“议郎孔羡为宗圣侯，邑百户，奉孔子祀”，又“令鲁郡修起旧庙，置百戸吏卒以守卫之。又于其外，广为室屋以居学者”。孔庙修葺后，曹植亲撰《制命宗圣侯奉家祀碑文》。孔羡死后，其子孔震嗣爵。

司马氏有国，晋武帝于泰始三年（267 年）改封孔震为奉圣亭侯。此后，孔震之子孔嶷、孙孔抚、重孙孔懿（亭）相继嗣封奉圣亭侯，由于在古人的观念中“凡嗣爵奉祀者谓之大宗”，所以这一支系被视为“大宗”。西晋末，随着第 25 世孙、嗣奉圣亭侯孔懿徙居江左，所谓的“大宗”也南迁江左，但祖陵和宗脉则世存曲阜，故曰自孔懿后孔氏“分为南北两宗”。“南孔”奉孔子祀始于东晋初年的孔懿，而在京畿另建孔子（宣尼公）家庙以为四时祭祀约始于东晋孝武帝时。南北朝时期的 200 多年间，南北阻隔时多，都有赐封“南孔”族人为奉圣亭侯等以奉孔子祀之举。

与曲阜相比，衢州孔庙自是难以望其项背，其格局是左庙右府，正在维修，工地上一片混乱。转一圈费时不多，其南为府学路和府学公园，惜府学无存；其西为县学街，有钟楼的四个城门洞留着，用石较大且岁月痕迹明显，县学泮池被改造成了县学塘，是个市民游园的去处。往西出得城门，有“星垂平野阔”之感，不过时值正午。

看地图往江山又得绕路，决定弃而进安徽。等车时分，又有了“人生第一次”，进了网吧看了部电影。想想此前学会发 email 还是陈薇师作为一项政治任务勒令我完成，不禁哑然，虽然学的是历史，但也太跟不上时代了，又或是因为学的是历史，所以才跟不上时代？还是赶紧断了自我包庇说辞的念头，上路要紧。

绩溪

2007.08.28-08.29

山高水长，虽然地图上路线看着不长，到屯溪也耗时 4 个多小时。没车去绩溪，改投歙县；没汽车去歙县，改乘火车。世上是永远没有便宜事的，虽车票仅 2.50 元，抵差额的则是无法计量的时间价值。出得车站，看天边红透，明天定是个好天，民谚云：朝霞不出门，晚霞行千里。那就趁着天光再行下去，赶车往了绩溪。灯火阑珊时进了绩溪县城，找到文峰路，当与文庙有些关联，附近的中心广场人声鼎沸，阵阵香味肆无忌惮地钻进肺腑，恍惚中抖了个激灵：忘了供奉五脏庙了，罪过罪过。

晨曦微露，伴着悠长的叫卖声起身出门。城小而有山环，房子密密匝匝，及至绩溪文庙顿觉疏朗。

徽州尚儒，绩溪即为个中代表，赞语如“邑小士多，代有闻人”，俗语如“三代不读书，好比一窝猪”，落实于文庙，虽“绩邑于微属为弹丸，而学宫宏敞巨丽甲江南”，庙貌庄严，布局严谨，工整分明。庙内松柏苍翠，泮池如月。大成殿五间重檐歇山，正脊为三路花砖砌筑，两端饰鳌鱼，脊中置葫芦顶。

庙东为文昌宫，现为胡雪岩纪念馆，依稀记得这位近代史上鼎鼎大名的红顶商人，还曾作过一期《三联生活周刊》的封面，回去查了查，专辑的题目叫《中国商人的财富偶像》，正应了那句民间流传的“为官须看曾国藩，为商必读胡雪岩”。其成功之处颇多，其一值玩味者在用人，（清）顾嗣协诗曰：“骏马能历险，犁田不如牛。坚车能载重，渡河不如舟。舍长以取短，智高难为谋。生材贵适用，慎勿多苛求。”其意甚明。

庙宫之间以水相隔，上建化龙亭一处，不仅环境优雅，文庙、文昌宫的深刻寓意，其义自现。原唤“清风”，改“化龙”，恐取“金麟岂是池中物，一遇风云便化龙”之意，是个关乎文运的好兆头。

应该看到，除泮池的规制和象征之外，文庙理水的传统概念一直相延，在条件允许的情况下，实践亦颇受重视，地方志的文庙布局图中频繁出现的泮池以外的水景营造即为有力的证明。或依天然水系，或人工造景。既烘托了文庙氛围，又便于师生闲暇的休憩。也有不明就里者，如有一元时王姓县尹初至新昌县，其人认为“天下郡县，皆有泮水，设于南门之内”，却见“新昌之学，独设于外”，讶其未然，遂“易之于内地”[135]。

其实，在古代建筑的景观营造中，水体的运用有悠久历史，且范围极为广泛，古人朴素的理水观在上表的字里行间亦灵光频现。文庙作为导民向上、引领风气的建筑载体，良质环境自当更益之，利用原有水系引导或人工凿水皆为创造更为美妙的教化空间使然。倘仅专注于泮池形制的古今延传，反陷入八股考据的窠臼。不仅如此，类似于棂星门在多种类型建筑群中的运用，“泮池”的形象亦在其他建筑中偶或见之。

（宋）何麒如是说：“麒窃考辟雍之制，辟者，象璧以法天；雍者，壅以水而环之，象教化之流行也，又泮宫之制，谓其半有水、半有宫也。《鲁颂》僖公之诗曰：‘思乐泮水，薄采其芹。思乐泮水，薄采其藻。’而其成功也，到于在泮献功而淮夷服。是王者若诸侯之学皆以水为主也，一以象教化之流行，一以治蛮夷之率服。然则水之为利，顾不大哉！”[136]以水比之王道，实为上溯极早之古人世界观，所谓“水与道同体，故帝王资以建学”[137]。以水寓意，无可厚非；文庙理水，喻示“孔泽流长”。

而泮池开凿中的风水考量，则是地方文庙的泮池或泮水逐渐肩负更多隐喻意义的整体趋势。典型者如江阴：“有学久矣，应诏取第，岁无几人。说者以为学面城，水旁流而不顾，此其未盛也，欲引注于其前，而东凿于熙春，北接大河。”乡人将科举不振归咎于水，倒是地方官较为清醒：“君子修其在己，俟其在物，考于昭昭，听于冥冥，岂在山川乎？”乡人“既又请之，乃任其自为。众遂拓地集工，不三日而河就。”[138]科举与水实无交集，但可反证乡人振兴本地的迫切与渴望。

经两宋的经营，泮池在文庙中的象征意味已颇具，即以之“严学宫、尊庙制”[139],已非可有可无之虚设。如韶州府学创于北宋至和间(1054-1056年)，元丰间(1078-1085年)已是“规模显敞,是为一郡之盛”;惟“自殿庭而南，无尺寸之水,殊失泮宫之制,士徒病之久矣”;元至治三年(1323年)方“辇土攻石，甃平叠堤，深凡八尺，纵横各三丈有奇，外圆内方，跨桥以便往来。新秋一雨，清漪涟如”[140]，二百余年所未有。

旌德

2007.08.29

旌德离绩溪不远，县城也不大，加之事前了解到是庙塔并置，故循着白色文昌塔的高高塔尖，不多会儿即摸着庙之正门。

地方文庙中祈祝文运的方式极多，不论利用现有的或是新建构筑物，最常见的手法在乎冠名，如文笔峰、奎壁、龙吟阁、青（梯）云楼等等。若无楼阁之高起，文庙诸等含义的散发则主要表现为平行的递进出现，即更加倚赖于游走的细微感触，去体味多重象征意义的重复出现。入得旌德文庙，过大成坊，泮池名跃龙池，池上架桥名状元桥，即为如是过程。

无论是符号性语言，还是建筑实体，并无太多物质空间的功能作用，只是不断的信息施与，使来者在行进过程中不得不反复获取，从而逐步镌下深刻印象。面前的大成殿屋顶起阁，形制特别，移步室内，天光尽洒，原来阁实乃孔位顶端之空透藻井，正上方图绘龙吐珠，并配以凤、鸡、鹤、象、鹿、麒麟、牡丹花卉等，更有八仙容颜。而北壁则魁星赫然，面向正南，竟凌驾于孔圣天灵，寓意明显，无非是寄望于本地文星高照，民间智慧中“中庸之道”运用的娴熟可见。

又或是建塔，位于文庙东南方的文昌塔建于清乾隆十一年（1746 年），高 31.8 米，其上有圆洞正对南方，登塔俯瞰，县城及文庙尽收眼底。当地传说旌德地形象“乌龟出洞”，若龟出走文运财气也会随之流失；又县城西南方有状似火焰的梓山，导致城里经常失火，为“定龟”和“镇火”而建塔。只是塔内满地鸟粪和间杂蝙蝠尸体，不知何解。

《相宅经纂》曰:“凡省府县乡村，文人不利，不发科甲者，可于甲、巽、丙、丁四字方位上择其吉地，立一文笔塔，只要高过别山，即发科甲，或于山上立文笔，或于平地建高塔，皆为文笔峰。”[141] 如云南楚雄文庙，元时在东城外，明成化五年（1469 年）迁于城东隅，文庙选址正对雁山，其上有雁塔一座，建于文庙迁址后数百年[142]，当是刻意为之文峰。因雁山"由左下有慈乌山，在下有虎山"，文庙亦取"地有山三之灵秀，而配以四泮池为四海之大"，即泮池作桥三座，将泮水一分为四。

这里顺带说一下文庙选址或迁址的问题，其实不可能一味地顾及所谓"文明之方"的全局性因素，而对变化繁复的地方状况置若罔闻，诸如城市地理、周边环境、行政区划等级变动等，皆会影响之，如：

城市地形的影响，或依山麓走势，或困于卑下湫隘而迁往爽垲，或为交通便利。又或是借城中河湖之活水，文庙一般建在河渠之北，南侧河流恰好与庙中泮池沟通，抑或直接借河为泮。[143]

若邻近市场或民居密集区，其"喧嚣混淆"不仅"失夫古人处士于燕闲之义"[144]，且不利文庙的肃静气氛和教学的进行。

其他的城市职能建筑的迫近遮挡，或移之，或迁文庙。前者如安庆府学，"嘉定初（1208 年 –）因阅武之地迫于学宫，徙置他所，而学之地始辟。"[145]后者如平江府昆山县学，"学门之外有社坛，斋厅掩蔽于前，气象不舒。乃移于社坛之西，辟其门墙，广袤数十丈。"[146]

且诸般因素，往往叠加施与。如北宋景祐三年（1036 年）重建兴国军学，"跨危颠，俯重湖，环之以众峰，流行者趋，峙立者顾"，此为选址于高亢爽垲的"文明之地"；熙宁间（1068–1077 年）以"居险之制，为量甚微，不足以容来学之士，始迁于东南"，此为交通不便导致迁址；但因"舍高明，就下湿，山驰而水注，春之涨暴集遽至，遂有垫溺之患"，元祐间（1086–1094 年）又"还学于故山，以为昔日之所病，在山之绝顶，今置其腹"[147]，此为苦于地势水患，复又移，并规避了前车之鉴。

再如徽州，文庙自唐至宋“在城之东北隅”，太平兴国三年（978年）、熙宁四年（1071年）两迁于乌聊山，“山高地狭，不足以容众”；嘉祐四年（1059年）、元祐元年（1086年）两迁于南园，“濒江地卑，常有泛滥之患”；绍圣二年（1095年）复迁“东北隅，既足以容众，且无水患，盖其势不得不迁，非好异也。新学据山川形势之胜，得阴阳向背之宜，自今以往，取高科、登显仕者比比相望”[148]；则几乎遭遇了以上陈列的所有牵制。其实，历史上地方庙学的迁移不胜枚举，甚而至于五迁、六迁。

在许多地方志图中，文庙同案山亦被画为一体，可见其间关系之紧密。如云南石林路南文庙与文笔山的位置关系，文庙基本上朝东南向，同一方向约20公里以外即有文笔山与之相对。不少文庙案山建有文峰塔，有的先前已有，有的则是为补风水之不足而特建。

如果城市中或周边无山体可借，亦大多建塔或阁，各种表现形式多样繁复，寄希望本地文运亨通，文人多入仕途。基于景观层面，以古代楼阁的高度，尚不足以在城市的任何角度与文庙发生所谓的“文运”对话；解决途径则可借助于城墙，位居其上，则高度自增，“对话”亦得以建立。如“按邑城楼在治东，文庙棂星门左，横跨通邑大衢。其在宋世扁曰登龙，翼然内拱，凡安洲之胜，合形转势，争效奇献秀于几荐之下”[149]，即典型的据城楼表意的作法。此类作法极为普遍，前述城市亦多涉及。

可以做个小小的总结，对于城市而言，文庙首先是自上而上强势介入的，乃作为古代城市运作体系中不可或缺的一环；且直至古代社会结束，文庙的受重视程度和高高在上的精神膜拜地位一直未变，明末清初江南士人倘遭官方屈辱或是民族存亡之际，辄往“哭庙”[150]，即为一证。文庙作为官方信仰权威的纯粹性始终保持，并统领着其他如文峰塔、魁星阁等之类祈祝文运的建筑或景观，共同编织了覆盖于城市肌体的教化之网。

芜湖

2007.08.29

芜湖夫子庙所在地名可谓实至名归，曰儒林街。始建于北宋元符三年（1100年），崇宁二年（1103年）奉诏广拓，时任无为县守的米芾有墨宝《太平州芜湖县新学记》碑刻传世。清光绪三十一年（1905年）废科举，芜湖县学奉诏停办，改称"芜湖县劝学所"，中华人民共和国成立后改名"芜湖师范学院"，又成为芜湖重点学校第十二中学。当地记者曾采访过世居于此的老人，回忆里这十二中的大操场一带，原先是一片荷叶田田的池塘，即泮池，可想见其之广大。

据《民国芜湖县志》载，明弘治六年（1493年）芜湖知县万璇命义民金宗周，撤泮池采藻、攀麟二桥，砌石为大成桥。民国三年（1914年）又增建了石栏，遍雕荷花莲叶图案。桥南有一木制大成坊，匾书"万世文明"，往南又一石制"襟带三吴"坊，后改称"中江锁钥"坊，再往南还可一眼望见青弋江乃至对岸的"南国津梁"坊。

坐北朝南的轴线，以文庙之尊，按理是个理所当然的事情，其实不然。早在唐中宗神龙元年（705年）时就有诏说过这事："诸州孔子庙堂有不向南者，改向正南。"[151]（玄宗开元二十七年，即739年，方令"夫子始皆南向，以颜渊配"[152]，可推中宗颁诏所指乃建筑朝向）证之早期的地方文庙建设并无太大约束，亦佐其普及是一个逐步被接受、再清晰其重要性的过程，否则不至于出现此等以示圭臬的官方令旨。

入宋后，朝向不一的现象仍然存在，或庙学皆不南向，或庙与学朝向不一，或主体建筑朝南而大门非南向，不一而足。原因大致有三：其一，因地形为屋，如信州铅山县学；其二，用地狭促，如临安府昌化县学"前栉氓廛，无地可径"，只得"寄门东偏"，后有乡绅"捐金钱，尽得其地，载辟载除，乃峙伉门。"[153]其三，惑于阴阳家之说，如吉州学、福州连江县学、南剑州尤溪县学。

亦有改原有南向的案例，如南京的六合县文庙，明隆庆二年（1568 年）“形家以学当迎辛水，府丞邱有岩批准改建……知县李箴极力措处，教谕吴邦、训导庐文卫同力协赞，自宋以来，学宫墙皆南向，至是知县李箴以形家言改向西南”；不过，清康熙六年（1667 年）六合建新城，又改回南向。[154] 其动机，则无非“以夫子不南面于礼为不称”，或“非王礼也”等时人意识中的正朔观念。朝向不南面的现象，在元以后已绝少见到了。[155]

除了建筑层面以南向表达尊贵的方式外，再来比照一下与城市的其他公共祭祀建筑的官给经费。清时“祀典颁于礼部，自文武庙以至雩神、狱神之小祀，皆岁有常资”，举例观之：“安徽府学文庙，40 两，又朔望香烛 2 两 4 钱。附郭的怀宁县学文庙，24 两，又朔望香烛 2 两 4 钱。文昌庙，30 两。武庙，31 两 8 钱 8 分 8 厘。风云、雷雨、乡贤、名宦、忠孝、节义，共 9 两。以上银两均在地丁项下支销。社稷坛，12 两。神祇坛，18 两。龙神祠，10 两。龙王庙，10 两。田祖庙，7 两 5 钱 2 分。昭忠祠，4 两。余公祠，6 两。韩公祠，6 两。府学散给乐舞生添胙十两。以上银两均系藩库请领。”安徽省内其他府州县的经费安排皆如是 [156]，即文庙的祭祀费用独占鳌头。高额配给如此，可见文庙祭祀的重要性和关注度。

等改朝换代进了民国，原本严肃的芜湖夫子庙门前的气氛也松动了起来。特别是周围的居民迎娶新娘，都要故意绕道，放开胆子在大成桥上走一遭，沾沾灵气，祈祝日后生子金榜题名。倘若是宁静的盛夏，泮池里“接天莲叶无穷碧，映日荷花别样红”，慕名前来观赏者甚众。其不远处又是热闹的南门湾、花街、南正街等，升斗市民逛了街市，挤了路途，常喜来池边小憩，也渐渐聚了各类人等讨生活，打把式卖艺的、说书卖唱的、踩高跷走钢丝的，五花八门，三教九流，应有尽有，颇有点帝都天桥的意思。

可见，各具特色地方城市文化的包容力或感染力是不容小觑的，文庙的城市意义若放在各异的城市文化背景中观察，总会有莫大的发现。如同前述妇女“走百病”入文庙亦非每个城市都大开其门，而是取决于各地文化特质或地方官员的态度，反证了基于特定城市平台上的文庙观察，并无一成不变的先验结果，其所发挥的城市作用呈现出丰富的多样性和地域性。亦即，因其官方正统文化信仰的身份，普遍意义的文庙在横向的历史断面中是静止的，但在介入城市后，其城市角色的扮演则基于不同的城市文化背景，亦多姿多彩。

及至 1940 年代末，世道混乱，江北难民如过江之鲫，奈何地窄人众，泮池边上逐渐成了棚户区，生活杂处使得池子污秽不堪。此后又厄运连连，1953 年冬发生火灾，沿池棚户焚烧殆尽，1954 年夏又遭百年不遇之特大洪水，随洪水带来的大量泥沙、杂物几乎将泮池填满，最终被平成了操场。在泮池身体上欢蹦乱跳的孩子们，又有谁会知道和在意这脚下土地覆盖的往日文运辉煌和绮丽风光呢?

如今，原本热闹的校园也变得一片萧索，一些因旧城改造而拆解下来的建筑材料也被临时堆放在大成殿周围，再加上参天大树的遮掩，平添几许苍凉。石阶上的石狮子也是满身尘土，黯淡无光，我上前摸了摸，自言自语道:“才出门一周，竟就走不动了，离南京那么近，许是想倦归了？”出门时，打了个电话，约了一众兄弟，晚上南京见!

注释

1 （美）巫鸿《武梁祠——中国古代画像艺术的思想性》P229。
2 成一农《唐末至明中叶中国地方建制城市形态研究》P71。
3 刘章泽《德阳孔庙布局及其与各地孔庙形制的比较研究——关于孔庙形制演变的探讨》，《孔学孔庙研究》P395。
4 魏星《广东孔庙建筑文化研究》P21。
5 （朝鲜）《太学志》（下编）卷十二《事实·古今学政祀典总叙》P443-455。
6 《全元文》（9）P213-214张须《曲阜县庙学记》。
7 曲英杰《孔庙史话》P27-33。
8 《全宋文》（30）P120-121史纶《新建抚州州学记》（庆历五年）。
9 《全宋文》（72）P157-160章□《广州府移学记》（绍圣三年）。
10 《全宋文》（288）P382-383黄榦《安庆府新建庙学记》（嘉定六年）。
11 《全宋文》（254）P354-355罗颂《徽州修州学大成殿记》（淳熙十六年）。
12 （清）宋继郊《东京志略》P321，引《玉海》卷一百十二。
13 《全宋文》（50）P225-226陈襄《天台县孔子庙记》（皇祐元年）。
14 （清）宋继郊《东京志略》P320引《玉海》卷五十六。
15 《宋史》卷一百五《志第五十八·礼八·文宣王庙》。
16 《全宋文》（300）P147-149刘宰《句容县重建县学记》。
17 《全元文》（28）P93-94陈俨《尊经阁记》。
18 《全元文》（54）P13-14张采《重修尊经阁记》（后至元五年）。
19 《宋史》卷一百五《志第五十八·礼八·文宣王庙》
20 《宋史》卷二十《本纪第二十·徽宗二》
21 郭黛姮《中国古代建筑史·宋、辽、金、西夏建筑》P583。
22 《咸淳临安志》卷八
23 （宋）赵彦卫《云麓漫钞》卷六。
24 《全元文》（17）P160-161胡炳文《句容县学乡贤祠记》。
25 《全宋文》（252）P61-63朱熹《建康府学明道先生祠记》（淳熙三年）。
26 《全元文》（18）P574-583熊禾《三山郡泮五贤祀记》。
27 《全元文》（9）P249-250阎复《乡贤祠记》。
28 周愚文《宋代的州县学》P14。
29 《全元文》（56）P69-70徐观《厘正乡贤祠记》（至正十六年）。
30 《全宋文》（296）P66-67陈淳《韶州州学师道堂记》（嘉定十年）。
31 《全宋文》（335）P205-206谢梦生《新城县修学记》（嘉熙元年）。
32 《全宋文》（294）P256-257王塈《先贤堂记》（宝庆二年）。
33 《全元文》（7）P320-321方回《徽州路修学记》。
34 《乾道临安志》卷二，《宋元方志丛刊》其四，P3224-3225。
35 《淳祐临安志》卷六，《宋元方志丛刊》其四，P3268-3270。
36 《宋史》卷三十《本纪第三十·高宗七》。
37 《咸淳临安志》卷十一，《宋元方志丛刊》其四，P3453。
38 （清）顾炎武《历代宅京记》卷十七《临安》P247，引《玉海》。
39 《咸淳临安志》卷八，《宋元方志丛刊》其四，P3427。
40 《咸淳临安志》卷十一，《宋元方志丛刊》其四，P3462。
41 （宋）周密《癸辛杂识》后集《诸斋祠先辈》P64。
42 《咸淳临安志》卷十一，《宋元方志丛刊》其四，P3453。
43 （宋）赵彦卫《云麓漫钞》卷六P95-96。

44 《咸淳临安志》卷十一，《宋元方志丛刊》其四，P3469。

45 （明）田汝城《西湖游览志》卷二十一《北山分脉城内胜迹·祠庙》P230。

46 详见（宋）周密《癸辛杂识》后集P59-69：《成均旧规》、《光斋》、《诸斋祠先辈》、《学规》、《太学文变》、《两学暇日》、《学舍燕集》、《三学之横》、《贾相制外戚抑北司戢学校》、《祠神》等。

47 《咸淳临安志》卷十一，《宋元方志丛刊》其四，P3448-3451。

48 《咸淳临安志》卷十一，《宋元方志丛刊》其四，P3855-3856。

49 《淳祐临安志》卷六，《宋元方志丛刊》其四，P3268-3270。

50 《咸淳临安志》卷十二，《宋元方志丛刊》其四，P3480。

51 《乾道临安志》卷一，《宋元方志丛刊》其四，P3216。

52 魏星《广东孔庙建筑文化研究》P39。

53 （宋）灌圃耐得翁《都城纪胜》P93。

54 （清）丁丙《武林坊巷志》其四，P114《芝松坊二·钱塘县学宫》引《重修钱塘学建尊经阁复褒忠祠碑记》。

55 （清）丁丙《武林坊巷志》其一，P674《丰上坊二·仁和学》引《嘉靖仁和志》。

56 钮因莉《杭州孔庙的历史变迁与现状》，《浙江档案》1998年第5期P40。

57 （清）丁丙《武林坊巷志》其一，P485《丰上坊一·杭州府学宫》引《成化府志》。

58 钮因莉《杭州孔庙的历史变迁与现状》，《浙江档案》1998年第5期P39。

59 （清）丁丙《武林坊巷志》其一，P511-512《丰上坊一·杭州府学宫》引《瀛舟笔谈》载阮元《修杭州孔子庙碑》。

60 （清）丁丙《武林坊巷志》其一，P653《丰上坊二·仁和学》引《嘉靖仁和志》。

61 （清）丁丙《武林坊巷志》其一，P652《丰上坊二·仁和学》引《成化府志》。

62 （清）丁丙《武林坊巷志》其一，P665《丰上坊二·仁和学》引《梧园集》载邵远平《修仁和学宫记》。

63 （清）丁丙《武林坊巷志》其一，P666《丰上坊二·仁和学》引《重修仁和县儒学记》。

64 （清）丁丙《武林坊巷志》其一，P672《丰上坊二·仁和学》引《重建仁和县儒学明伦堂记》。

65 （清）丁丙《武林坊巷志》其四，P92《芝松坊二·钱塘县学宫》引《成化府志》。

66 （清）丁丙《武林坊巷志》其四，P100《芝松坊二·钱塘县学宫》引《康熙钱塘志》。

67 （清）丁丙《武林坊巷志》其四，P109-110《芝松坊二·钱塘县学宫》引《春在堂集》载《重修钱塘学记》。

68 《新五代史》卷三十四《一行传第二十二》。

69 《嘉泰会稽志》卷一《学校》，《宋元方志丛刊》其五，P6725。

70 《全宋文》（65）P52-53王安石《慈溪县学记》。

71 如：浦江孔庙在唐已有，宋崇宁（1102-1106年）中才建学于庙；诸暨县学于宋淳熙六年（1179年）立，而孔庙在唐天宝前（-742年）即有。

72 《云间志》卷上《学校》，《宋元方志丛刊》其一，P9。

73 《全辽金文》P1969-1971李仲略《应州重修庙学碑》。

74 《全宋文》（65）P52-53王安石《慈溪县学记》。

75 《全宋文》（65）P43-44王安石《繁昌县学记》。

76 《全宋文》（65）P52-53王安石《慈溪县学记》。

77 （清）宋继郊《东京志略》P320，引《玉海》卷一百七十五。

78 引自周愚文《宋代的州县学》P24注107。

79 《宋史》卷一百五十七《志第一百十·选举三》。

80 《全宋文》（325）P64-65陈元晋《广州州学序贤亭记》（嘉定十六年）。

81 《礼记正义》卷六十二《射义第四十六》。

82 《孟子》卷三《公孙丑上》。

83 如《全宋文》（325）P64-65陈元晋《广州州学序贤亭记》（嘉定十六年），P9-10傅烈《南剑州儒学射圃记》（开禧三年）。

84 曹春苗主编《宋代教育》第四《管理篇》赵国权论，引自周愚文《宋代的州县学》P24注107。

85 《全宋文》（325）P64-65陈元晋《广州州学序贤亭记》（嘉定十六年）。

86 据《全宋文》（303）P9-10傅烈《南剑州儒学射圃记》（开禧三年）、（343）P285林公俊《南剑州学复射圃记》整理。

87 《延祐四明志》卷十三《学校》，《宋元方志丛刊》（6）P6308。

88 《全元文》（36）P234-235黄霖龙《思乐亭记》（大德二年）。

89 详见成一农《唐末至明中叶中国地方建制城市形态研究》P30-36"元代的毁城政策"。

90 《全元文》（18）P574-583熊禾《三山郡泮五贤祀记》。

91 《延祐四明志》卷十三《学校》，《宋元方志丛刊》（6）P6308。

92 《全元文》（8）P169-171何梦桂《淳安县学魁星楼记》（大德三年）。

93 （民国）张林《平山县志料集·学校格式碑》，《石刻史料新编》第三辑（24）。

94 （明）黄佐《南雍志》卷七《规制考上》。

95 胡务《元代庙学——无法割舍的儒学教育链》P17。

96 （明）黄佐《南雍志》卷七《规制考上》。

97 胡务《元代庙学——无法割舍的儒学教育链》P17-18。

98 《全宋文》（325）P64-65陈元晋《广州州学序贤亭记》（嘉定十六年）。

99 卢建一《闽台海防研究》P57。

100 于晓华《晚清官员对北洋地理环境的认识与利用》P38-39。

101 （清）萨承钰《南北洋炮台图说》P49。

102 丁立身主编《营口名胜古迹遗闻》P57-60。

103 参见故宫博物院选编《清光绪朝中日交涉史料》卷十六，引自施元龙主编《中国筑城史》P305。

104 孙福海主编《营口西炮台》P17。

105 参见（清）萨承钰《南北洋炮台图说》P49。

106 孙福海主编《营口西炮台》P17。

107 中国军事史编写组《中国历代军事工程》P230。

108 《全宋文》（122）P206-207耿南仲《修学记》（元祐六年）。

109 《宋会要辑稿·崇儒二》，引自周原孙《宋代四川孔庙的设置及其相关问题》，《孔学孔庙研究》P430。

110 《全宋文》（20）P98-99钱禴《富阳县文庙记》（景祐二年）。

111 《全宋文》（310）P378-381魏了翁《泸州重修学记》。

112 《全宋文》（288）P382-383黄干《安庆府新建庙学记》（嘉定六年）。

113 《全宋文》（301）P36-38于柔《新城县增置学粮记》（嘉熙元年）。

114 《全宋文》（344）P313-314张镇《增建府学记》（开庆元年）。

115 《全元文》（13）P277-279张伯淳《重修常州路儒学记》。

116 《全元文》（10）P608-610杨文郁《济阳县重修庙学记》（至元三十一年）。

117 胡务《元代庙学——无法割舍的儒学教育链》P3。

118 《全元文》（50）P111-113宋讷《阳城县重修县学碑》（洪武二年）。

119 《庄子》杂篇《渔父三十一》。

120 （清）顾炎武《日知录》卷三十一《杏坛》。

121 参阅彭林《杏坛考》，《中国史研究》1995年第3期P117-124。

122 曲英杰《孔庙史话》P30-31。

123 乐山《杏坛》,《孔子研究》1986年第1期P108。

124 《全宋文》(56)P171-173陈三正《兴化路复教授厅记》(元至正三年)。

125 《全唐文新编》(9)P6061-6012梁肃《昆山县学记》。

126 《新唐书》卷一百六十五《列传第九十·三郑高权崔》。

127 顾向明《唐代太湖地区官学考析》,《临沂师范学院学报》2003年2月P53。

128 《全唐文新编》(9)P6061-6012梁肃《昆山县学记》。

129 《儒学发展史》第八章《宋及辽夏金元:儒学的转型》。

130 陈寅恪《金明馆丛稿二编》,引自郭黛姮《中国古代建筑史·宋、辽、金、西夏建筑》P5。

131 (元)佚名《庙学典礼》卷一《先圣庙岁时祭祀禁约骚扰安下》,卷二《江淮等处秀才免差役庙学禁骚扰》、《文庙禁约骚扰》。

132 黄进兴《圣贤与圣徒》P168。

133 (清)赵映奎《文庙备考》序。

134 详见陈熙远《中国夜未眠:明清时期的元宵、夜禁与狂欢》,台北《"中央研究院"历史语言历史所集刊》第75本第2分(2004)P283-327。其文引用文献有:《李星沅日记》,北京:中华书局1987;《王文韶日记》,北京:中华书局1989;《康熙良乡县志》,《中国方志丛书·华北地方·河北省》第128号;《民国乡宁县志》,《中国方志丛书·华北地方·山西省》第81号;《嘉庆平阴县志》,《中国方志丛书·华北地方·山东省》第370号;《宣统楚雄县志》,《中国方志丛书·云南省》第39号;《申报》光绪廿六年正月廿七日(1900年2月26日)"鄂渚嬉春"条。

135 《全元文》(36)P231李华《改创泮水记》。

136 《全宋文》(177)P340-341何麒《道州学记》(绍兴二十五年)。

137 《全宋文》(241)P453-454白禄《潼川府学泮桥记碑》(淳熙元年)。

138 《全宋文》(93)P19-20黄伀《江阴县学开河记》(元丰二年)。

139 《全元文》(26)P540-542虞集《抚州路儒学新建泮池记》。

140 《全元文》(47)P52-53董养贤《韶州府学记》(至治三年)。

141 参阅及引自彭蓉《中国孔庙研究初探》P46。

142 胡炜《云南明清文庙建筑实例探析》P71。

143 参阅彭蓉《中国孔庙研究初探》P43-46。

144 《全宋文》(187)P216-217张嵲《秀州重建州学记》(绍兴十二年)。

145 《全宋文》(288)P382-383黄榦《安庆府新建庙学记》(嘉定六年)。

146 《全宋文》(8)P65-67王禹偁《昆山县新修文宣王庙记》(雍熙三年)。

147 《全宋文》(27)P59-60余靖《兴国军重修文宣王庙记》(景祐三年),(103)P345-346黄裳《重修兴国军学记》。

148 《全宋文》(97)P24-25黄诰《歙州新学记》(绍圣二年)。

149 《全元文》(59)P133-134张熙《重修文明楼记》。

150 参阅陈国栋《哭庙与焚儒服——明末清初生员层的社会行动作》,《新史学》3.1(1992/3)P69-94;周志斌《论清初苏州的"哭庙案"》,《学海》2001年第6期P124-127;张稚庐《莱州府之哭庙》,《春秋》1996年第3期P32-33。

151 (宋)王溥《唐会要》卷三十五《褒崇先圣》。

152 《新唐书》卷十五《志第五·礼乐五》。

153 《全宋文》(298)P91-92程珌《昌化县学门记》。

154 引自张亚祥《江南文庙》P69-70。

155 胡务《元代庙学——无法割舍的儒学教育链》P2。

156 (清)冯煦主修、陈师礼总纂《光绪皖政辑要·礼科》卷四十九《祀典二》。

大同

清徐

汶上

尼山

西安

盱眙

扬州

西充

卷九

|

2007.09
2007.11

2010.07

2011.06
2011.07

2012.06
2012.12

2013.07
2014.01

尼山

2007.09.26

赴曲阜参加孔子诞辰2557周年纪念活动，早到一天，为的是先去尼山。相传孔子的父亲叔梁纥和母亲颜征登尼丘山祈祷而生孔子，孔子名丘，为避圣讳，山名改作尼山。

后世建庙奉祀，初为叔梁纥庙，后周显德间（954-960年）兖州太守赵侯再建庙奉祀，北宋庆历三年（1043年）孔子四十六代孙、袭封文宣公孔宗愿“作新宫庙、有殿、有寝、有讲堂、有学舍、有祭田”，已成真正意义上的孔庙。孔庙分三路，五进院落，门前东侧临崖处，建“观川亭”，出自《论语》：“子在川上曰，逝者如斯夫，不舍昼夜！”亭东侧崖下有“坤灵洞”，传为孔子降生处，故称“夫子洞”。庙后为书院，即前庙后学。明时孔子六十代孙孔承庆诗曰：“盘石垂萝何处家，山深茅屋隔烟霞。幽人读罢无余事，纱帽笼头自煮茶。”就我亲身所感，的确是个清幽雅致的好地方。

祭祀孔子祖先本来就属于自己家族操办的事情，曲阜、尼山、衢州等地的孔庙有这样的场所合情合理，可是至明中叶的嘉靖大改制，全国各地的文庙建筑配置都有了一个很大的变化，即普遍设立了启圣祠（清改称崇圣祠）和敬一亭。

启圣祠祭祀孔子之父，凸显孔子为人子、人臣的角色，从而弱化孔子万世之师的地位。刘章泽先生认为《礼记·祭法》“天下有王，分地建国，置都立邑，设庙、祧、坛、墠而祭之……远庙为祧”[1]，乃为文庙中启圣祠选址的理论依据，并有如是推论[2]，括其为三：

其一，魏晋以来的太庙制度为庙内两厢别立夹室安置已祧神主，曲阜孔庙的启圣殿、崇圣祠（清雍正元年1723年改孔子家庙为之）分别位于孔庙东西两路，基本是源于早期太庙制度。

其二，明清另立祧庙制，将庙置于殿后，如北京太庙寝宫以北隔出一区为祧庙，明万历间（1573-1620 年）北京国子监孔庙殿后建祠即为新制的影响。

其三，地方文庙中启圣祠的位置变化有一个缓慢的过程，初期受太庙或曲阜孔庙影响较大，多在殿东，四川德阳孔庙即为自殿后改作东的案例；但最终，祠位殿后则成为各地孔庙的基本形制。

征诸今人基于不同地域的文庙研究[3]，上述后二点皆得以印证，即清中后期的地方文庙中，祠多居殿后，且建筑规模较之明时为甚。皇帝诏建启圣祠，地方不敢不从，但文庙基址已定，添建工程受制于原有用地，初期祠在文庙建筑中的定位模糊是常见的，且是必然的。

宋时尊经阁常与讲堂合为一体，位居堂上，入明后此现象已颇为少见；但启圣祠的诏建及其逐步向大成殿后移位的趋势，却带来了新的建筑组合方式，即祠阁一体，下为启圣祠，上则藏书，并再次高扬起主轴线的结束，空间构成方式的轮回耐人寻味。如云南楚雄文庙、宾川文庙，山西静升文庙等，启（崇）圣祠供奉孔子先祖，当肃穆有加，但堆放儒家典籍于上，可以接受。通常阁之下层各柱等高，用料工整，典型的“殿堂”结构，其上则较近于“厅堂”类，亦为不同功能影响下的建筑等级表现。

敬一亭之建虽稍早于文庙改制，但各地的建造基本与启圣祠同步。由于主要是为了安置嘉靖帝的读书心得《敬一箴》与《五箴注》，建筑形式更为随意，选址亦四处游弋。其目的乃是经过解释权威进而成为道统的象征，寓意其得尧舜心法之秘，君亦可兼师，而师不可僭君，从而否定儒士所构，对文庙祀典的降杀亦为突出其地位，即权力对文庙祭祀象征性的操纵。[4]

基于理想状态，敬一亭当建在明伦堂之后，强调学的空间轴线，明两京国子监皆然，但地方上敬一亭选址的随意，却证之全国性的、对文庙的有效对峙和抗衡并未形成。

嘉靖改制还有一个大动作，即文庙皆奉木主。那么，较之奉像（塑像或图像）必然节余出大量空间，是否会影响两庑建筑纵向的缩短？胡炜先生就有如是推测："云南元明文庙的殿庭东西廊庑当普遍长过清代奉木主（牌位）的文庙的两庑。"如云南富源文庙，在明正德九年（1514 年）建卫时为大成殿三间、大成门三间、两庑各十间，现状为晚清遗构，则是大成殿五间、大成门五间、两庑各五间，清时的文庙建筑升级却使两庑间数减半，当不是受制于经济状况，而是改奉木主使然。[5]

此外，两庑建筑规模（主要指间数、长度）无制，直至清末，一直是以容纳从祀人物的空间足够为准。其设置的动因却扑朔迷离，史无明文，试推之：

其一，因从祀人物众多，倘局于十哲之后的墙壁，则无以窥全貌，无以示尊崇。如北宋开禧元年（1017 年）祁门县学创建两庑，缘由即为"先是绘从祀于十哲后，学者无所瞻仰，至是列之四壁，俨然如杏坛之上、洙泗之旁。"[6]

又，自唐太宗始，从祀制的确立构建了一个庞大且可不断生长的文化权威信仰体系，后世历朝皆不断增之，目的为尊儒和激励当代。祭孔有分祭从祀者一环，不仅位序严格，祭器供奉亦须与之对位，如是，祀主不可能按行列式层叠，只能一字排开。若仅以大殿为之，空间甚为逼仄，如元至元二十八年（1291 年）平阴县学增建两庑，就因"以为七十子亲受微言圣门惟肖者也，左丘明以下先儒发明经义有功后学，自唐以来列之从祀配享，而岁时释菜无所于位"[7]，是为不敬。

而两庑建筑特有的纵向生长性，恰符合了这一功能需要。如朝鲜宗室正殿的不断加建以安放故去王者，亦为此种"形式追随功能"的体现。

其二，配享、十哲、从祀位次皆有明确的尊卑之分，如周敦颐、二程、朱熹自从祀位进入十哲之列的地位抬升，表现在建筑空间上即为自东、西两庑，进入大成殿主体。若将大成殿比之帝王，庭院中绵深的两庑则恰似文武列班；大成殿居中立于月台之上，在空间构图中的统领地位亦为两庑的水平延展直接导向和强调，俗世的等级观念在孔庙大成殿院落得到最为具象的体现。以儒家思想主旨及帝王统治需要综目之，儒学作为立国之本，教化之源，纲常有序表之于建筑空间是必然的。[8]

廊庑的主要作用是创造“闭合空间”，由于廊庑的设立，庭院相对独立于外界，而殿堂遂形成这一“闭合空间”之焦点。（美）鲁道夫·阿恩海姆称这种空间概念为“人为空间体系”（extrinsic space），其作用是“控制客体间的相互关系及提供视觉以尺度和标准”[9]。明清以后，廊庑式的院落布局已鲜见，唯文庙殿庭千余年来始终保持这一遗制，但并非拘泥或致敬于古，而是遵从了实际需要——无论使用功能抑或精神象征。

汶上

2007.09.27

许是天公作美，曲阜的祭孔活动结束，才开始飘雨，秋意开始浓了，我也顺道去了汶上。汶上文庙始建于唐开元十三年（725 年），后来也被称作汶上圣庙、汶上孔庙，乃因一次荣光的降临：明嘉靖间（1522–1566 年）孔子六十三代孙孔贞宁迁居于此，因曲阜长支六十四世衍圣公孔尚贤早殇无嗣，乃以汶上二支堂兄孔尚坦之长子胤植继袭六十五世衍圣公之爵，并加赐居汶各支世袭太常寺、五经博士和六品官等官爵，故明清两代不断仿曲阜孔庙形式对汶上文庙予以修葺、扩建。

中华人民共和国成立后，因改建学校、扩街等，汶上文庙大部被拆毁，众多碑碣也被埋于戟门前之泮池中和东侧院内地下，那么，这些碑刻原来的安身立命之所在哪，是在墙壁上？是无遮无拦？还是栖于碑亭？仅就我目前掌握的零星资料看，文庙殿庭内除了祭祀仪式所需的焚炉、望燎台、瘗坎等小型的构筑物外，最有可能出现的恐只有了碑亭。

“碑亭之建，臣子所以奉扬国家至美，勒之金石，以示无穹……为万世法程也”。如元时：盐亭县学“立加封、诏旨二亭”[10]；涪陵县学“旧惟一碑，刻至元三十一年、大德十一年诏文，其余封谥之碑未遑也”。守臣僧嘉闾至郡，“叹为缺典，乃捐俸金，采坚□，召匠抡才，勒碑建亭，命学正张安董其事，丹雘华丽，金碧辉映，诸郡所无。盖臣子之心，必诚必信”。又于亭之前为小亭，“居业桂之上，扁曰天香，亦致敬天之意”。亭道通泮池，池上又为阁道，“通讲堂，堂正面有碑，亦无日不致瞻仰之意。”[11]似乎碑亭还成为不同空间的联系纽带。

其实，文庙立碑是很平常的事，如《全元文》中频现的元时孔子封谥碑文即为一证，只不过不似元明清国子监或曲阜孔庙内碑亭的常设，我就明地方文庙设置碑亭仅检出 4 例，且其中 3 例皆在棂星门与大成门之间的第一进院落中。地方文庙多立裸碑于庭院之中或附于建筑墙体，可能是囿于诸如建置等级、地方财力、用地空间等多方面因素的制约。

至于清时云南通海或四川资州文庙殿庭中的钟鼓楼，不仅少见，位置亦不定。“晨钟暮鼓”本为学之所需，北京国子监的钟鼓楼即为一例；而移在庙内，或许是清中晚期以后文庙建筑空间营造中，一味强化中轴线的表现。

说到北京国子监的钟鼓楼，不妨记一则常被人们忽略的现象：旧有钟房、鼓房，在彝伦堂前，钟在西侧的博士厅与修道堂之间，鼓在东侧的绳愆厅与率性堂之间。每日清晨辰时（上午七点）鸣钟上课，中午休息，傍晚酉时（下午五点）击鼓放学。帝视学，则钟鼓齐鸣。修建辟雍时，刘墉等人上奏认为钟鼓房在其后，不符礼制，于是在琉璃坊东南、西南另建钟鼓厅两座。不过，奏折及记载均为“东钟西鼓”，乃依“晨钟暮鼓”的主体角度考量，建成后的实际安置则为“西钟东鼓”，可能是从受体的角度认识问题，即钟在西，早晨第一缕阳光可照之，鼓在东，傍晚亦可接受西下阳光。

其实，碑亭或是钟鼓楼，对于庙学空间构成来说还不是最紧要的元素，宋元至明的一大重要变化，乃在于“尊经阁”的幕落与“敬一亭”“启圣祠”的幕启，该现象并不仅限于折射了不同时期统治者的政治意图那么简单，更隐含了文庙空间构成以大成殿、讲堂作为主导因素之外的一大变化，不可无视。此前的尼山部分已经述及后者，这里提下前者。

宋元时期的尊经阁，其空间位置与象征意义渐渐发生了变化。如宋时吴县学尊经阁位在讲堂前，“前距大池仅半步，后迫明伦堂”，入元后移之，“倚槛而望，郡郭之内，浮屠老子之宫，虽楼观相连，凌虚特起，其势皆詘伏在下，无敢与之争，其创制之奇伟如此。”[12] 再如澧州学，为阁在大成殿南的案例，初名“六经阁”，元大德三年（1299 年）因语校官张公绶言：“《易》《书》《诗》《春秋》，其系定删作，实出夫子之手。《周官》虽云周公之书，《冬官》篇亡，当以《考工记》与《小戴记》。礼者皆汉儒，岂可与是四经班而为六？且今四海礼殿，皆名大成”。遂改书“金声玉振之阁”[13]。

以上二例虽一为迫于地势移址，一为对阁之命名意义的不同理解，但尊经阁位置向庙学轴线终端的趋向及规模缩小的现象是存在的，原因似为：

其一，朝代更替，为统治虑，对前朝多诋毁或置之不闻，承担宋帝旨意的“稽古”阁，受到忽视当可理解。虽一般私人的赠书仍见于记载，但元帝御赠地方庙学书籍却极为罕见[14]，与宋帝如神宗、徽宗的喜好舞文弄墨并颁赐御书，自有大不同。

其二，尊经阁位于大成殿或讲堂前，对空间序列的影响是跌宕起伏的；居于轴线末端，则为强有力的收束和高潮。基于人体尺度，阁在建筑群的中部和边缘予人的感受是截然的，是否暗合了不同时代对于空间构成的不同理解，或是方式的演变？观之佛教寺庙，从早期的塔转向后世的偶像崇拜，导致塔的中心构图地位逐渐让位于大殿，而移矗于殿后，作为竖向的空间焦点。元统治者对文庙的崇拜大于理解，大成殿的地位与日增隆，本质上隶属于学的藏书建筑退居大成殿或讲堂后，是否亦类似于佛寺基于精神层面变化而影响物质空间的演进轨迹？

其三，科举的兴盛与风水学说，特别是形势宗的蜂起，虽有时间的先后，但只要不息，终有交汇并相互影响的一天。堪舆的介入，使得原本朴实的空间营造，背负了关乎科举荣衰与否的重担。宋元以后地方庙学中的魁（奎）星阁、文昌阁一类建筑渐至常见，虽不排除与藏书楼合体的现象，如元时新城县学“礼自庐陵学得故宋相文公天祥所书‘进士第一’及‘大魁’字，摹以归而刻其（尊经阁）上，其下为文昌之祠，以祀主斯文之神云”[15]，但从风水的角度考量，其理想位置应在东（南）方；那么庙后高耸的实现，在无地形可借的情况下，尊经阁则为较理想的物选。

虽然元时有大都国子监崇文阁这般的庞然大物出现，但藏书之楼阁历有元一代，已落下殿堂之前的显赫位置，并明朗为明以后转向扮演庙学空间主轴的收束或形成次轴的角色，否则明地方庙学布局中无一例位在殿堂之前的真空，如何解释？

扬州

2007.11.23–11.24
2013.07.08
2014.06.01

已经一头扎进了博士论文的写作，无暇他顾。一日，陈薇师提及明清淮扬地区徽商子弟入籍上学的事情，我此前对淮安作了一些观察，确实忽略了扬州，淮扬不分家，放在一起看更有意思，何况城市教育文化图景的描绘，也是和文庙行知有着千丝万缕的联系。**主意已定，摘出部分时间“骑鹤下扬州”，奈何没有“腰缠十万贯”。**

| 一 |

出自“东南邹鲁”、“朱子阙里”的徽商历来尚文，“商居四民之末，徽俗殊不然。歙之业鹾于淮南、北者，多缙绅巨族，其以急公议叙入仕者固多，而读书登第，入词垣，跻朊仕者，更未易仆数。且名贤才士，往往出于其间，则固商而兼士矣。”[16] 表之于行动，不外乎以下几点：于寓居家中延名师以课子侄；于侨寓地广设义塾、义学，倡建书院，资助府学、县学；收藏、刊印儒家典籍，频繁举办诗文之会等。[17] 尤其在两淮改纲为票以前，徽州大姓著于淮扬者众多，故“徽扬学派，亦因以大通”[18]。明代 1371 年至 1643 年间，两淮盐商进士 106 名；清代 1646 年至 1804 年间，进士 139 名；有清一代扬州府进士总数多达 348 名，11 名一甲进士。[19] 此为淮扬科举之盛的明证，与盐商的介入息息相关。

富裕的盐商通过将财富转化为科举及第，以及仕宦上的成功，可大大获得社会声望，亦可自立为官商，以保护其专卖权益。倘若忽略徽商们的挥霍行为，而将视角确定在他们对文化教育建设和社会结构的稳定关注上，似乎可以得出如下结论：其兴盛文化教育的行为，与其说是对以土地士绅之优势为基础的旧有准则和传统说法的偏离，还不如说是在因时而变的基础上对旧有准则和传统做法的复制；与其说成功地逾越了社会屏障，远不如说其被纳入到某个特定的社会阶层中。[20]

“扬州之盛，实徽商开之，扬盖徽商殖民地也。故徽郡大姓，诸如汪、程、江、洪、潘、郑、黄、许诸氏，扬州莫不有之，大略皆因流寓而著籍也。”[21] 伴随之，徽商子弟的教育问题则成了亟待解决的问题，解决途径主要有二：一为官学体制，一为宗族教育。

“明制设科之法，士自起家应童子试，必有籍，籍有儒、官、民、军、医、匠之属，分别流品，以试于郡，即不得他郡试。而边镇则设旗籍、校籍；都会则设富户籍、盐籍，或曰商籍；山海则设灶籍。士或从其父、兄远役，岁岁归都郡试不便，则令各以家所业闻，著于籍，而试于是郡。”[22] 可见，“商籍”乃是关系到侨寓商人子弟科举考试的关键问题。所谓“商籍”，即“商人子弟，准附于行商省份。”因此，客商为给其子弟就学和科举入仕提供便利，争“商籍”或入籍当地之事不胜枚举。

明时淮扬地区“商籍”只有山、陕商人子弟，徽商子弟不在其中。“至贡生一途，其目有五，大抵出于学校。明万历（1573-1620 年）中，定商、灶籍，两淮不立运学，附入扬州府学，故盐务无册籍可稽。且有西商，无徽商，亦偏而不全。”[23] 此情形下，徽商子弟往往附入侨寓地官学求学，如扬州徽商子弟求学于扬州府学、江都县学、甘泉县学、仪征县学、兴化县学等。西商则紧紧把持这一优势，如康熙十六年（1677 年）扬州为盐商和灶户后代建立了一所学校，西商强烈反对把徽商子弟包含其中。[24] 入清后，淮扬山、陕商逐渐势衰，而徽商又未占“商籍”[25]，以致“两淮商籍，现在额多人少”[26]。至乾隆四十四年（1779 年）“商、灶裁归民籍，更无区别”[27]。

“商籍”仅是“附籍”，是临时性的户籍，由于科举考试注重本籍，“国家取士，从郡县至乡试，具有冒籍之禁。”[28] “贾而好儒”的徽商所到之处，求田问舍、争取尽快土著化，即所谓“占籍”“入籍”。清时政策“其实有田户、坟墓在江南，与入籍之例相符者，准其呈明于居住之州、县之籍。”[29] 入籍条件并不苛刻，在侨寓地有田产、坟墓二十年以上者即可。[30] “徽之富民尽家于仪、扬、苏、松、淮安、芜湖、杭、湖诸郡，以及江西之南昌，湖广之汉口，远如北京，亦挈其家属而去。甚且舆其祖、父骸骨葬于他乡，不稍顾惜。”[31] 业鹾于安东（今江苏涟水）的徽人程朝宣，因善举“邑人德之，许其子弟占籍入学。”[32] 更有甚者，侨寓灌南（今江苏灌南）的徽商竟购地建镇，名曰“新安镇”[33]。

除官学体制之外，建立完善的宗族教育体系亦是重要一环，包括家学、族学、义学等。徽州的每一个宗族都把设学堂、培育宗族子弟作为族规、家训，书于宗谱之中、张于祠堂之上。[34] 徽商之家多延师课子，也是最为直接简便的方式。“夫养者非贾不饶，学者非饶不给。”[35] 徽商重视科举教育程度可从两淮客商子弟的科第、仕宦人数比较中窥豹一斑。

明清两代扬州文化教育发达，与“两淮商士萃处于斯”[36] 是分不开的，因之盐务空前兴盛，盐商鼎力支持。“建学，有司职也。好义者或率私钱以助役，亦间有之。”[37] 起大作用的是盐衙、盐商，“两淮八总商，歙商恒居其四”[38]，盐商中又以徽商为翘楚。随着财富的积聚和分化，明代徽商就已经产生“上、中、下”贾的区别。大富之家则输金兴学，打破一家一族的限制，联合几个宗族办学，或者参与族外的官学、私学、书院的建设。除在家乡热衷建书院、设考棚，在侨寓地亦然。

清乾隆元年（1736 年）世居扬州的歙商汪应庚见扬州官学（府学、县学）“岁久倾颓，出五万余金亟为重建，辉煌轮奂，焕然维新。又以二千金制祭祀乐器，无不周到，以一万三千金购腴田一千五百亩，悉归诸学，以待岁修及助乡试资斧，且请永著为例。”[39]“士人称为‘汪项’。”[40] 其子孙“欲久久行之勿坏，念一家私任其勤非远计，请以田分隶三学董之……相绳有终。”[41] 扬州辖内仪征的盐商在县学建设上亦不吝财力，广博善名。其中徽人许氏以五世建学，至今为世人乐道。“闻仪征地滨江介，为江、淮发运所，人习盐策。许氏世有善行，不与众商伍。”仪征“县学旧在城东门，洪武初（1368 年－）因州学址重建。万历初（1573 年－）知县事樊养凤徙于资福寺基，明末颓废。”[42] 入清后，许氏五代建学。许氏一族为商宦世家，积五世建学之功成文化弘扬之表率，并跻身仪征著名乡绅之列，是徽州移民与当地结合的典型家族。

扬州书院以安定、梅花、乐仪三者最有成就，三者“皆隶于盐官，藉其财赋之余以为养育人才之地，故饩廪之给视他郡为优。”[43] 书院经费充裕，薪俸从优，还是凭借商人。雍正十一年（1733 年）巡盐御史高斌、运使尹会一“以广陵名郡，人文渊薮，亟宜振兴”[44] 倡复书院，谕商公捐。众商捐资 7000 两，将安定书院修葺一新。十二年（1734 年）祁门人马曰琯更以一己之力，独资重建梅花书院，“独任其事，减衣节食，鸠材命工……不期月而落成。”[45] 众商的捐助行为为地方官称道：“扬州故属郡治，两淮商士萃处于斯，资富能训，英才蔚起，咸踊跃欢迎，原光盛典。”[46] 乾隆三十三年（1768 年）仪征乐仪书院初创，盐商首领张东冈等以子弟在书院就学为由捐建。书院设立之初，收正课生、附课生，以后陆续扩大范围，至道光（1821-1850 年）中，收生员正、附、随课生及童生正、附、随课生，计达 240 名，规模甚巨。书院除向学生发放膏火银、给院长束修、并设月课奖励银外，尚需扩充校舍，所费极大。自乾隆五十九年（1794 年）至嘉庆五年（1800 年）书院每年开支在 1800 至 1900 两之间，盐商原定额捐不足支用，但据实给予新的资助，每年约计共捐 2200 两。如此巨资，自始即为盐衙和盐商捐助。书院亦因经费来源于盐务，生徒名额扩大及膏火银额数悉由盐院决定。[47]

为使学子衣食有著、生活无优、安心向学，书院还付给诸生膏火费。书院学生分生员、童生两种级别，每级别再分正课、附课、随课三种，并按级别付与膏火银不等，住院学习者于常额外日增膏火银。此外每遇科试，停课三至五月，预给学生膏火。中举者，则予以树旗杆、送匾额之荣。当然，书院学生之间的竞争亦为激烈，以考试分等，由地方官主持的为官课，由书院掌院进行的为院课。“每年二月甄别，后每月初二日官课，十六日馆课，按月升降。开课后，仍令投考三次。每月另课、小课随卷之多寡录取，亦无定额。”[48] 奖励优等者银两，连续获奖者升等。

充足的经费来源，使得书院得以延请大量一流名师。扬州梅花、安定两书院在“康、雍、乾三朝，主讲席者多海内大师……故得士称盛”。“风规雅俊，奖诱后学，四方肄业之士赖以成名者甚众。”[49] 学习有名师教诲、生活无经济之忧，以致“安定、梅花两书院，四方来肄业者甚多，故能文通艺之士萃于两院者极盛。”且“自立书院以来，盐院互用府、县学，学师皆知名有道之士。”[50] 官学、书院互用学师，人才得以交流，影响得以扩大。

在书院建设的同时，义学也是靠盐课供给。歙人程朝聘，迁淮北安东，其子程增“移家山阳，使二弟学儒……设义田、义学以养疏族人而聚教之。”[51] 济急周乏的乡党之谊，反映了徽商的群体意识。且乐善好施的义行，并不仅仅囿于宗族内部。“扬州城内义学极多，向由盐运使署领给官款，修脯所入甚丰。寒士每费尽心力，以营求此席，得后可终身坐食其馆谷。”[52] 嘉庆五年（1800 年）商人洪箴远等因郡城广大，义学太少，愿捐资于扬州城 12 座城门处各设 1 所，得到盐衙允准。后，棠樾人鲍志道建 12 门义学，供贫家子弟就读。[53] 次子鲍勋茂念及“江南会城地广人稠，特立崇义堂以资诸生课读、集英堂以教贫家子弟。”[54]

淮扬徽商捐资官学、书院等学校，方便了本族子弟的入学教育，并以其善举得到当地官、民赞誉，利于更好地、尽快地融入到侨寓地社会中，也对自身经商行盐、就官入仕提供了莫大裨益。如徽商汪应庚“守仁好施与，岁辄以数万，力修扬州文庙诸巨工，亲旧无不被其惠者，赐光禄寺卿。”[55] 而这种所谓的善行恰恰体现了地方行政部门在组织权力和财政资源方面根本无法与盐政部门相提并论的资源不平衡状态，如淮扬一些学校的开设占用非教学用地。同时，也适时地呼应了雍正帝关于在全国大兴书院的号召，并可将之视为盐商藉以确认自己与皇帝之间关系的众多举动之一。[56]

“贾为厚利，儒为名高。”[57] 徽商“贾而好儒”是不争的事实，但大多为附庸风雅、标榜文化之徒。明时大儒湛若水（甘泉先生）“在南太学时讲学，其门生甚多，后为南宗伯。扬州、仪征大盐商亦皆从学，甘泉呼为‘行窝中门生’。此辈到处请托，至今南都人语及之，即以为笑柄。甘泉且然，而况下此者乎。”[58] 徽商向学，出于崇文，未免不是钓誉。清代学者汪中本为徽人，却鄙本乡商人。其人“起家甚微，故平生最恶富人。观于（扬州）梅花书院，踞坐石狻猊，手批盐商之项而斥之，俾其人谢过不遑而去，则其鄙薄徽商之心，类可睹矣。”[59] 更有甚者，康熙间（1662-1722 年）

歙人吴从殷在扬州建存园，“仿闱中号舍数十楹，每乡举之年，联同人遴日课题，以闲习之。”[60] 类于掩耳盗铃。当然，事物不可一概而论，徽商中“儒贾”亦不在少数，“其上焉者，在扬则盛馆舍，招宾客，修饰文采。”[61] 囊中资财大量用于文化建设和举办各种活动。

徽商大族家中除刊刻、贮藏图书，供有学之士观览和流传之外，还常举行诗酒之会，延致名士、结社吟诗，以活跃文艺气氛和推动艺术创作。“扬州诗文之会，以马氏小玲珑山馆、程氏篠园及郑氏休园为最胜。至会期，于园中各设一案，上置笔二，墨一，端一，端砚一，水注一，笺纸四，诗韵一，茶壶一，碗一，果盒、茶食盒各一。诗成即发刻，三日内尚可改易重刻，出日遍送城中矣。每会酒肴俱极珍美。一日共诗成矣，请听曲……”[62] 但程氏篠园及郑氏休园无一延续到乾隆以后（1795 年 -）。如果说这三座以举行文会而出名的园林就是扬州园林代表的话，那么扬州园林的黄金时代早在乾、嘉交替时（18 世纪末至 19 世纪初）就已终结。[63] 此外，个人举行的诗文会也不在少数，如“江兰……居扬州，购黄氏容园以为觞咏之地。”[64] 至于馆客落魄文人、扶植戏曲等等，方家多有考证，此不赘述。

值得注意的是，如此种种大多是以商人寓居园林为物质载体的，园林提供了一种特殊的社会空间，正如（清）全祖望所言：出园门数步，多尘的小路和肮脏的溪流令人避之尤恐不及，而园内的宁静氛围则令人感到如临仙境。[65] 而这些园主同时具有大贾和康、雍、乾时期文人圈子中核心人物的双重身份，这种身份的认同也是通过园林的实体得到实现。“扬城鹾商中有三通人，皆有名园。其一在南河下，即康山，为江鹤亭方伯（江春）所居……一时觞筵之盛，与汪蛟门（汪懋麟）之百尺梧桐阁，马半槎（马曰琯）之小玲珑山馆，后先媲美，鼎峙而三。”[66] 时至如今，汪、马、江三家园林基本不存。汪氏百尺梧桐阁的遗址，湮没已久，近来据说找到一些蛛丝马迹。位于东关街南侧的马氏小玲珑山馆，只剩下两堵破壁残垣。至于江氏康山草堂，只留下了一条街名。[67] 怀想当年扬州盐商“三通人”之风流儒雅，令人不胜今昔之感。在这些著名园林中，篠园比较特殊，位于保障湖北段，独立于河下徽商园林聚集区，与城市保持着一定的距离，且康熙五十五年（1716 年）创建时保障湖已淤积，直至雍正十年（1732 年）方疏浚可达。

同样，淮安徽商与文人学士的交游也是以园林为载体的，且盛名不输扬州。“河下繁盛，旧媲维扬。园亭池沼相望林立，先哲名流提倡风雅，他乡贤士翕然景从，诗社文坛，盖极一时之盛。”[68] 淮安河下园林名胜鳞次栉比，“南始伏龙洞，北抵钵乾山，东绕盐河五带约十数里，皆淮之胜境地。”[69] 自明嘉靖间（1522–1566 年）迄至清乾（1736–1795 年）、嘉（1796–1820 年）时期，河下构筑园亭计有 114 例，大多为徽商所有。[70] 其中曲江楼、菰蒲曲和荻庄（曾预作乾隆南巡时的行宫）尤负盛名，与扬州马氏小玲珑山馆、郑氏休园和程氏筱园等南北唱和，成为淮扬间的著名园林名胜，“聚大江南北耆宿之士会文其中”[71]，文人墨客与徽商相互揽胜访古，文酒聚会，质疑访学，每逢“晚清月出，张灯树杪，丝竹竞赛，雪月交映，最为胜集。”[72] 类似于此的文人雅集，几乎月月均有，“园亭之美，后先相望，又多名公巨卿、耆儒硕彦，主持风雅，虽仅附郭一大聚落，而湖山之盛播闻海内，四方知名士载酒问奇，流连觞咏。”[73] 通过与文人间的宾朋酬唱，徽商的人文素质得到了显著提高，如徽商大姓程氏一族就先后出现程嗣立、程崟、程梦星、程晋芳四位诗人[74]，均是淮扬一带提倡风雅最负盛名的人物，“倡文社，执牛耳，招集四方知名之士，联吟谈艺，坛坫之盛，甲于大江南北。”[75] 且其中有三人寓居河下。

然而，纵观淮扬两地河下园林发展史实，屡有兴废、不断易手，事实证明只有新的家族和新的财富持续出现，才能确保其发展，其间的文化活动才可延续。因此，园林中的文化活动多呈跳跃和偶然，不具有长期延续性，其文化影响力在很大程度上倚赖于整个徽商社区的综合实力，并不专美于特别个体。

| 二 |

扬州一城，因行政设置，清时有扬州府学、江都县学、甘泉县学三所儒学（后二者实为一体）。书院最著者为府城的安定、梅花和仪征的乐仪书院。此外，还有专为童生肄业的课士堂、邗江学舍、甪里及广陵书院等。

书院是一个多样性、多功能的建筑组群，讲学、藏书、供奉先贤为书院“三大事业”，与之对应，讲堂、祠堂、藏书楼（尊经阁）即为书院的主要建筑。同时兼有老师与士子生活、休闲、学术交流等用，因有斋舍、庖厨、浴湢、射圃等设。而祈祉类建筑（如文昌阁、魁星楼等）因关乎文运科举，亦为常设之举。如始建于康熙元年（1662 年）的扬州安定书院，历七十余年“堂庑旋毁，廨宇亦倾，惟寝堂以安定祠故，特存……其东西偏，则土著侵居，甚且盗鬻。”雍正十三年（1735 年）“仿省会辟书院，檄使者卜居于兹，乃集商士清故址，正方位”，规模甚巨。中轴为讲院，东为学舍，中伫立文昌阁，西为庖厨，其西安定祠“故西向，撤而新之更南向。”祠西北藏书，“将积书备师儒讲习，择学行完洁之士司焉。”西南为书院掌教住宿。书院庭院深深，“四周复道，缭以重垣，高壮悉称。”[76] 讲堂、祠堂和藏书楼的空间排列决定了书院的整体格局，其他各部分功能的空间秩序和层次的建立均以此种空间为中心展开。

书院入口空间的水池形制在淮扬则不多见。梅花书院创建之初，“先门外有池，池水与沟水襟带行窝，而池上有桥，当行窝之旁。”[77] 雍正间（1723-1735 年）重建，再浚方塘。此塘与桥其实也可以算作泮池与泮桥的变体，（宋）朱熹《观书有感》云:“半亩方塘一鉴开，天光云影共徘徊。问渠哪得清如许，为有源头活水来。”其父《蝶恋花・醉宿郑氏别墅》亦有“清晓方塘开一镜”之句，或许可作为方塘成为与泮池相似的学校建筑符号的注脚。囿于文献史料，除梅花书院外，尚未发现他处方塘。

以上为建筑群较为完备情况下的规模，任何建设均非一蹴而就，书院规模扩大或损毁，或不同功能建筑单体的创建都有逐步发展的过程，或囿于财力，或遭天灾人祸等。

扬州社学始于南宋嘉泰二年（1202 年），“教授乔行简建堂，曰养正，设两序，东曰上达，西曰幼仪。”[78] 为一进三合院，规制较小，自是不能与官学、书院比肩。明万历（1573-1620 年）、崇祯（1628-1644 年）先后修设。清康熙初（1662 年 -）即“复议修学延儒”，分立南门内、西门内、小东门内、大东门内等 4 处。扬州所辖仪征县见诸记载者 2 所，一在小市口大街，一在东门内大街。[79] 扬州原有义学 3 所，后增为 5 所。嘉庆间（1796–1820 年）徽商鲍志道建十二门义学，供贫家子弟就读。时人赞曰："自古繁华今返朴，满城风雨读书声。"[80] 次子鲍勋茂念再建崇义堂、集英堂。另有扬州营义学在马神庙，监捕营义学在马市口。城外西北计有陈家集、刘家集、公道桥、黄珏桥、槐子桥等 5 处设学，东南则邵伯镇（甘棠义学）、朴树湾、施家桥、永安镇、全陈陵、仙女镇等 6 处。太平天国乱，义学皆难逃厄运。至同治五年（1866 年）城内先设 4 所，分设于城之四向：西北设于武庙，西南设于文昌宫东，东北设于古道院，东南设于三元宫；八年（1869 年）又增建 2 所，一在新城财神庙，一在旧城城隍庙。[81]

明清地方城市中多有祈祝文运的各类建筑存在，淮扬亦不例外，且数量众多，建筑表现形式多样。如扬州：明弘治九年（1496 年）扬州知府叶同元为沟通市河两岸，以便直达府学，并于河上建文津桥。因该河流经县学、府学、文庙，故更称文河、汶河。万历十三年（1585 年）两淮巡盐御史蔡时鼎倡建文昌阁（又称文昌楼）于桥上，祀奉文昌帝君，以资宏开文运、昌明圣学，阁后毁于火。二十四年（1596 年）江都知县张宁就原址重建。其后迭经修葺，倍加壮丽。文昌阁为三层八角形砖木结构，每层檐口均呈圆形，盖以筒瓦，类于天坛祈年殿。底层四面设门，东、西门可入。阁上四周有窗格，可登楼远眺。此外，汶河南端新桥西有文昌庙一座（创建情况不详）及汶河北端有奎桥一座，其名明显与魁星崇拜有关。

扬州城外大运河上文峰塔创自明万历十年（1582 年），"盖邗水迅驶直下，东南风气偏枯，故造塔以镇之……文笔矗起，厥利科名，自是捷南宫者倍昔，盖其应云。"[82] 系砖木结构，七层八面，塔基为石砌须弥庭，塔身砖建，每层有木构塔檐和平座栏杆，塔平面内方外八角，开四门，内壁上下交错，重叠成八角形，至第七层，内外壁统一为八角形，底层塔檐伸展尤宽，塔底层柱上有精美的雕刻与典丽的彩绘，塔刹又短又细，塔内尚存长形石碑"文峰禅寺"。康熙七年（1668 年）"地震，塔尖坠。明年（1669 年）天都闵象南捐资重葺，得良材，较旧尖高一丈五尺。合尖后大放光明，如万缕千丝盘旋而上，水陆之人皆仰瞻惊叹。"[83] 关乎文运，塔之存亡自是牵动扬州上下，懈怠不得。不过，较之文昌帝君或魁星之奉，文峰塔之类的地貌改造工程耗资较大，并非易事，且前者“掌人间禄秩，司科甲权衡，其居歆之神宫较培地脉文笔为更急。”[84] 淮安文通塔就是利用了原有佛寺浮屠，位于大运河东岸，原为木塔，属龙兴寺，始建于隋文帝仁寿三年（603 年），重建于唐中宗景隆二年（708 年），北宋太宗太平兴国九年（984 年）改建为七层砖塔。明崇祯二年（1629 年）重修时易名文通塔。[85] 今为砖结构空心塔，七层八面，黄身青檐，塔身收分趋势较为明显，稳固雄伟。

学校建筑群内部的祈祉之设则表现形式多样。资财雄厚者造楼建屋，专祀文昌或魁星，如雍正十三年（1735 年）扬州安定书院立文昌阁于讲堂东南之斋舍中心部位，“礼魁宿，兆文明也。”[86] 嘉庆十三年（1808 年）梅花书院于院后“创构文昌楼五楹，每月集多士校艺于此，就其左为使者临莅时所暂息，其右即名状元厅，使与试者皆观感而兴起焉。”[87] 书院层次较高，政府出力及社会捐助不断，非普通开蒙导学之社学、义学所能企及，后者多以神像供奉，非专于一室。如扬州营义学“旧在关帝庙文昌殿，延师课读兵家子弟”，后移至火神殿。关帝庙众神济济，有观音大士、药王、马神、火神、痘神、文昌、城隍等[88]，场地虽陋、条件虽简，美好愿望的表达却不因之减退分毫，民间淫祀集聚一堂，也体现了下层民众懂得变通之理的中庸之道。

清代扬州最大的学术收获——《四库全书》馆（文汇阁，又称御书楼）要归功于其作为全国盐业中心的地位。乾隆四十五年（1780 年）阁成，四十七年（1782 年）《四库全书》成，分贮于北京紫禁城文渊阁、京郊圆明园文渊阁、沈阳故宫文溯阁、承德避暑山庄文津阁、镇江金山寺文宗阁、扬州大观堂文汇阁、杭州圣因寺文澜阁等七处。这种分布证实了长江下游三角洲作为清代文化生产力核心所在的非凡意义，“高宗垂念江浙为人文渊薮，特命多缮三分，颁贮浙江文澜、金山文宗，与此阁为三，江南实得其二。典司出入，掌自盐臣。寻又恐徒供插架，无裨观摩，诏许愿读中秘书者，就阁传钞。嘉惠艺林，旷古未有！”[89] 与北方分馆不同，南方分馆很容易为众所公认的学者大儒们所用。[90] 文汇阁“以恭贮《图书集成》，赐今名，并‘东壁流辉’额”[91]。“凡三层……最下一层中供《图书集成》，书面用黄色绢。两畔橱皆经部，书面用绿色绢。中一层尽史部，书面用红色绢。上一层左子右集，子书面用玉色绢，集用藕合色绢。其书帙多者用楠木作函贮之。其一本、二本者用楠木版一片夹之，束之以带，带上有环。”[92] 文汇阁的存在确认了扬州在全国的突出地位，食盐专卖、徽州商绅与支持了该城繁荣的高层官场之间的联系，在扬州文汇阁典书官的任命上得到了具体化：即本籍仪征、在扬生活、为歙商子弟的谢溶生，此外扬州盐运使和江南各督抚均担负为文汇阁征集藏书的责任，扬州盐商也曾请求为扬州文汇阁和镇江文宗阁提供资助，却遭到拒绝。[93]

不过，商贾之中不乏家富藏书者。“扬州藏书向推马氏小玲珑山馆，藏书八万余卷。”马曰琯“家多藏书，筑丛书楼贮之。”[94]“百年以来，海内聚书之有名者，昆山徐氏、新城王氏、秀水朱氏其尤也，今以马氏昆弟所有，几几过之。”[95] 修《四库全书》时，曾诏征江浙藏书家秘本，马氏呈送书籍被采用者多达 776 种，受赐《古今图书集成》一部，艺林深以为荣。小玲珑山馆除具藏书美名外，“马版”刻书也为后世仰羡，谢国桢先生在《明清史谈丛》中感慨道：“我曾得到过清雍正己酉（1729 年）扬州马氏小玲珑山馆仿宋雕刻的《韩柳年谱》，是一部雕刻精美的书籍。”[96] 此种溢美定评实不为过。令人称奇的倒是关于小玲珑山馆的历史健忘，长期以来其位置都无法确认，直到 1980 年代，（清）张庚有关该馆的画作被发现，才为这个谜团提供了惊人的答案，即终于首商黄至筠之手，乃黄氏个园。[97] 今扬州个园中尚存丛书楼，虽位置和规模都可能非复当年，然文化精神得以传承。此外，“其有与马氏匹者，惟陈氏（陈征君）‘瓠室’最知名于时。”[98] 再如程晋芳，聚书五万余卷，筑藏书楼名“桂宧”（因楼前有桂树）。淮安富商类同于扬州，儒贾共备，家中书塾多有藏书，只不过所居宅院，园亭之名更胜，以藏书闻名者寡闻。

| 三 |

扬州文化教育建筑大多位于旧城之内，或环旧城外护城河，尤其以城内文昌阁、文昌庙等建筑周边集中。一般而言，此祈祉类建筑多位于城市或学校类建筑群的东南方位，其文运泽被处乃在其西，“形家言巽方卑下，非以振文明也”。[99]直至清末太平军乱后，扬州才将建设重点移于新城之内，使得城市文化教育资源略微平衡。

观之唐代扬州地理形势，长江近在咫尺。为减少长江的直接冲激，北宋真宗天禧间（1017–1021 年）江淮发运使贾宗由仪扬运河和瓜洲运河之交汇处扬子桥引江入运，开凿扬州新河，经新河湾，绕扬城南，连接古运河，通向黄金坝、湾头镇东行，史称“近堰漕路”。此举减少坝堰三座，以免漕船驳卸之烦。为减慢水速，新河在扬州城南故意曲折迂回，俗称“三湾”[100]。明万历十年（1582 年）“僧镇存募建浮图七级，因并建寺，俱以文峰名。”[101]三湾遂称“宝塔湾”。扬州旧有民谣“宝塔有湾湾有塔，琼花无观观无花”，宝塔即为文峰塔。

旧时宝塔湾一带，河阔地广、林木扶疏、宝塔巍峨、古刹庄严，为乘舟进入扬州城之第一胜景。文峰塔为楼阁式塔，八面七层，如孤峰耸诱，矗入云宵，足可镇江淮之水，收吴楚之胜，“登塔之最上层，南眺隔江京口三山，北顾蜀冈三峰诸胜，临风放歌，慨然有遗世之志。”[102]俯观塔下殿宇静谧安祥，运河流淌，形成动静对比。不远处即是荷花池，池在“九峰园，旧称南园，世为汪氏别业”[103]，塔影倒悬运河之中，荷池居于绿荫之内。扬州人将塔喻笔，池喻砚，一笔一砚，互为借景，有“砚池染翰”一景。（清）郝譬《文峰塔》云：“拔地浮图蘸水涯，借来天笔焕文葩。瓣珠不必三王子，已见云升五斗霞。”北眺为扬城通衢大街，向南极目则长江静如练。塔外有“古运河”碑，唐时高僧鉴真东渡扶桑即从此扬帆远航，清康熙、乾隆南巡亦均由此过。历史渊源，虽劫难不断，然古塔尚存。弯弯运河流水，悠悠行舟竞发，巍巍宝塔倒影，幽幽静谧寺宇。古往今来，宝塔湾一地成为扬州塔、寺、园合一之景观佳处。

自大运河逶迤入南门（安江门）为汶河，原为明旧城中纵贯南北之市河，南起南水关，北至北水关，可通保障河。唐代称官河，宋、元时称市河。（唐）韦庄《过扬州》云：“二十四桥空寂寂，绿杨摧折旧官河。”诗中之官河，即后之汶河。过义济桥、新桥，达文昌庙，此为城内祀文昌、主文运之第一所在。

再往北过太平桥、通泗桥，即为壮丽之文昌阁。登阁西瞰扬州府学，北眺江、甘县学，学校有此文昌庇佑，心之所往自是祈求科场捷报频传。文昌阁四周开阔，每逢喜庆之日，阁上华灯齐放，光耀数里，蔚为壮观。清时楼西有草堂，为萧畏之所居。其人乃“江都布衣。喜为诗，放荡不羁。小筑数椽，闲莳花树。庭有西府海棠一株，高出檐，花时烂如锦。”[104]清末河道多处淤塞，1952 年平河筑路，名曰汶河路。[105]填河筑路后，文津桥湮埋地下，阁仍矗立于汶河路上，成为扬州城重要标志。

汶河过北门（镇淮门）与护城河交汇，城内以奎桥为北至端点，桥取魁星之意。一条普通的市河因城市对于文运亨通的美好愿望，而具有了现实之外更多的城市文化意义。

护城河北岸、小秦淮北端为天宁寺，即清帝南巡行宫，四库全书馆藏之地——文汇阁即坐落于此，在“御花园中。园之正殿名大观堂。楼在大观堂之旁。”[106]“阁下碧水环之，为字。河前建御碑亭，沿池叠石为山，玲珑窈窕，名花嘉树，掩映修廊。”[107]天宁寺后为重宁寺，“本平冈秋望故址，为郡城八景之一”。“迤东有门。门内由廊入文昌阁。凡三层。登者可望江南诸山。”此为又一处文昌阁，夹重宁寺、东园之间，与城中文昌阁遥相呼应。梅花书院位天宁寺东侧，明万历二十年（1592 年）扬州城开浚城濠，积土为岭，树以梅，因名梅花岭，梅花书院得名于此。至清乾隆四十三年（1778 年）“浚方塘，种柳栽苇……更以浚塘之土，累积于右，树以梅，以复梅花岭旧观……岭上构数楹，虚窗当檐。檐以外凭墉而立，四望烟户，如列屏障。下岭则虚亭翼然，树以杂木。”[108]扬州书院景观佳处无出其右者。

沿河北岸河房林立，“仿京师长连短连、廊下房及前门荷包棚、帽子棚做法，谓之买卖街。令各方商贾辇运买珍异，随营为市，题其景曰：丰市层楼。”刻意模仿北京建筑风格的举动，明显暗示了扬州当地迎合圣意的心理。沿河南岸为新城西北区，乃是城外园林景观和城内世俗生活的交汇和转折点，许多文人墨客（如郑板桥、黄慎等）曾于此逗留小住。因之小秦淮，为画舫码头集中地，可便捷通达各道城门，向西入旧城，向北出至天宁寺。[109]

护城河西折，不远即虹桥，此为扬州西北保障河（瘦西湖）风景绝佳处之起点，“虹桥修禊”与冶春诗社之所在。

“修禊”本为古人消除不祥之祭，也称“拨禊”，多在每年阴历三月上旬巳日于水滨以香薰草药淋浴，借此拔除不祥。王羲之《兰亭诗序》云：“暮春之初，会于会稽山阴之兰亭，修禊事也。”[110] 后演变为游春宴饮，而清代扬州的修禊活动，则成了官吏、工商业者、文人吟诗作对、宾朋酬唱的文化活动。“虹桥即红桥，在保障河中……朱栏跨岸，绿杨盈堤，酒帘掩映，为郡城胜游地”。“红桥原系板桥，桥椿四层，层各四椿；桥板六层，层各四桥。南北跨保障河水口，围以红栏，故名红桥。”乾隆元年（1736 年）易为石桥，十六年（1751 年）“上建过桥亭，红改作虹”[111]。时人《梦香词》云：“扬州好，第一是虹桥，杨柳绿齐三尺雨，樱桃红破一声萧，处处驻兰桡。”[112] 今之虹桥由一孔变三孔，桥面拓宽、桥身拉长，桥面则以城内宋代花岗岩街道条石凿铺而成，其形古朴。

清代“虹桥修禊”位虹桥南岸倚虹园。“倚虹园之胜在于水，水之胜在于水厅”。保障河上水景佳处甚多，“水廊以四桥烟雨之春水廊为最，水阁以九峰园之风漪阁、四桥烟雨之锦镜阁为最，水馆以锦泉花屿之微波馆为最，水堂以荷蒲薰风之来薰堂为最，水楼则以是园之修禊楼为最。”修禊楼“在园东南隅，湾如曲尺……门前即水马头。园门右厅事三楹。中楹屏间鼓儿上刻‘虹桥修禊’四字。大径尺余，旁筑短垣，开便门通转角桥。”

文人诗酒之会本为风雅之事，风景绝佳处自是首选。其著名者主要有三：康熙元年（1662 年）王士禛“与杜濬、张养重、邱象随、陈允衡、陈维崧修禊虹桥，公作浣溪纱三阕为虹桥唱和集”；三年（1664 年）“复同林古度、杜濬、张纲孙、孙枝蔚、程邃、孙默、许承宣、承家赋冶春诗。此皆公修禊事也。”[113] 清初虹桥修禊，尚局限于“诸名士”之间，至乾隆二十二年（1757 年）两淮都转运使卢见曾于“丁丑修禊虹桥”，则“其时和者七千余人，编次得三百余卷，并绘《虹桥览胜图》，以纪其胜。自是，‘虹桥’之名大著于海内。故当时四方贤士大夫来扬者，每以虹桥为文酒聚会之地。”[114]

虹桥西岸之冶春诗社与之相对，康熙间（1662-1722年）“虹桥茶肆名冶春社”。当时王士禛等人在这里游宴，“香清茶熟”，“击钵赋诗”[115]。此后，随王士禛“冶春诗独步一代”而名声大振，于是“过广陵者多问虹桥”，到虹桥者必饮冶春茶肆之茶，此处实际成了文人雅集之所。社旁原为“王山蔼别墅”，“后归田氏，并以冶春社围入园中，题其景曰冶春诗社”。其园“高树或仰或偃，怪石忽出忽没。”[116]

由是观之，虹桥一地的文人诗酒，在内容上已大大超出了诗文的范围，而是成了扬州城市文化交流和发展的一种特有形式。值得注意的是，康熙初（1670年-）平定三藩之乱，剥夺了汉族藩王对南方各省的准自治控制，将满人的统治扩展到了整个中国大陆。而这场叛乱在扬州的最直接见证就是蜀岗平山堂在实体上和作为一个文学活动场所的重建。[117]始建于北宋仁宗庆历十七年（1048年）的平山堂与虹桥不同，在清以前就是一个著名的历史景点，因之欧阳修与苏轼两位文豪，早在宋时诗文之名就已闻名海内。入清后徽商汪懋麟的解囊重建，使之再次崛起，只不过胜在风景，文名与虹桥一地则不可同日而语。

以虹桥为原点，**挟文人诗酒余韵北上可揽保障河上好风光，南下折而东又见巍巍文峰、砚池染翰。**不禁惹人遐思：乘扁舟一叶，即可环扬州城市文化教育胜景，不亦快哉！

清徐

2010.07.28

老西儿的陈醋名扬海内，清徐就是发源地之一。我和相睿当时正在参加太原申报国家历史文化名城的评审，接到个通知说清徐有三处国保要做保护规划，一是狐突庙，余二者皆是文庙，且都有金之遗构，赶紧抽空跑了去。怎么会有两处文庙？原来是区划调整，徐沟县、清源县于 1952 年合并为清徐县，这二者的县学文庙遗存就都归了清徐。徐沟文庙始建于金大定年间(1161–1173 年)，清源文庙始建于金泰和三年(1203 年)。

清源文庙现在是文管所的办公场所，房子虽然破旧，还好沾着人气，还能继续挺着。而徐沟文庙的现状却已是病入膏肓。文庙和城隍庙紧邻，在一个大院子里，主要建筑都还在，但现在各个残破，院子荒废多年，由于地势低，每到雨季院子的前半部分长期泡在水里，城隍庙的山门栖霞楼尤甚,雨季大殿内外如鱼塘一般。原来在一起的还有真武庙和姑姑庵，都毁了。

有副对联，堪称奇绝：“八百年风吹雨打，今日尚可屹立，不倒徐沟，真乃圣地。几十年有看无修,明天或成瓦砾,一堆古城,再无古迹。”横批“今古奇观”。查网上“爱塔传奇”的博客，记录了他自 2012 年 7 月 14 日开始的六次探访经历，可以说是一次比一次让人为文庙和城隍庙的生存揪心。此君此前就有同窗董清泉介绍过，一直在为山西的古建筑保护呼吁奔走，惜无缘谋面。

最终，保护规划也没做成，但作为金代文庙的遗存，此二者是绝不能置若罔闻的。余下，记：宋元之际的庙学配置，徐沟文庙和清源文庙也正是创建于是时。

就习见的地方庙学而言，“庙”的部分包括万仞宫墙、棂星门、泮池、大成门、大成殿、东西两庑、启圣祠（崇圣祠）、名宦祠、先贤祠等建筑;“学”的部分包括讲堂（明伦堂）、学斋、尊经阁等建筑，同时还附属有学舍、仓库、教官宿舍等；另有魁星亭、文昌阁之类的祈祝文运建筑。

宋时，庙学已演进为既相互依存、又有各自独立组成空间的建筑与院落系统，庙的主体建筑为大成门、大成殿（“春秋合乐以致祭，朔望释菜以瞻拜”[118]）、两庑等，学则为讲堂（“图古之儒服、礼器于其两壁”[119]）、藏书楼等，其空间定位决定了文庙的整体格局，其他各部分功能的秩序和层次的建立均以此类控制性建筑或空间为中心展开，如棂星门、泮池等组成的前导空间即为烘托文庙气氛使然。

举例观之，如南宋的邵州学，初在“郡之左，治平四年改卜于郭门外溪水东。绍兴间（1131-1162年）徙入城，今贡院是也。乾道间（1165-1173年）复徙于郭外旧址，襟抱亏殊，风气宣泄，终不满人意”；且“郡博士廨舍且远距三四里，师弟子罕相接。梅潦断桥，舟不得渡，朔旦或废庙谒，春秋丁祭，守臣充献官不庙宿，皆非便”。后择址另建，为左庙右学的格局：庙经棂星门、由殿门而入，则两廊为壁，以绘从祀。中为大成殿，后为藏书阁。“学有重门，由东门而入，则两廊为斋，以处生徒。中为讲堂，后为直舍。钱有库，米有廪，庖池浴室毕具。”[120]

尤为珍贵的是《景定建康志》的南宋建康府学布局图，提供了图像化阅读的可能，且在历来有关宋代或庙学建筑的研究中出现频率极高[121]：基本布局为前庙后学，空间层次多，序列丰富。释奠部分与讲堂，藏书楼等由一条中轴线贯穿，其左右可布置斋舍。

最南有半璧池，池成半圆形，以栏杆环绕，池北道路东西向。路南，门三座，皆为乌头门形制，称前三门，相当于后世所称之棂星门。门内为一狭长院落，院内正中有仪门，五开间、单檐。仪门两侧门各一，与两座从祀所呈曲尺形围合。仪门内为大成殿，三开间、重檐，并左右挟屋。殿后为学，依次为单层明德堂，两层御书阁，阁下层为议道堂，乃师生集会讲论场所，阁北有一台。府学南北中轴线前后共四进院落。

大成殿两侧为生员斋舍及办公场所，东序为说礼、进德、守中三斋，西序为兴贤、育材、由义三斋。议道堂两侧有正录、职事等办公用房及教授直舍。此外，学仓、庖厨、客位等附属用房置于四周。教授厅在西围墙外，其后为射圃，建有绎志亭及射靶。生祠、土地庙、御书碑等散落其间，各就其位。

另，半璧池西有舞雩亭一座，当为寓意孔子及弟子在教学之暇登临游憩之所。元大德四年（1300年）“庙学灾，惟存尊经阁及二教授厅”，七年（1303年）重建。[122] 格局基本延续南宋，只是增加了一些祠祀建筑，如土地祠等；大成殿扩为五间，规格更高。

其他有关宋元时期地方庙学布局的文献记录虽较为零散，但汇总后综观，基本的建筑配置乾纲已定。如教授厅的设置，乃因“讲堂者，利于群居而不利于燕居。使贤者退而与诸生杂处，惧学者之不安席也。”[123] 当应便利教师静处而益于教学，虽偶见远离学校者，但皆得到妥善的安置。前述绍州学即为一例，其他如吉州学、抚州学，亦然。

吉州学，“惟数十年以来，廨舍徙置不常，比来复居城东雄胜楼，杂阛阓且迂远。先生晨入泮宫，揖诸生而进之，执经登堂，颂礼甚严，讲罢抠衣而退。先生不能终日坐堂上，日既昃，归其舍，弦诵之声不接于学官，非所以称劝学兴礼、崇化历贤之意。学者欲迁而近之，有司终以为不急而姑置，亦诚有所未暇也。绍兴戊寅（1158年）八月，鄱阳魏侯来守庐陵……下车谒先圣于学，首询学官之舍，知其晨昏往来之艰也，病之。或议毁学旁编氓之居以迁之，侯谓不宜有所骚动，乃环视学门之外，得隙地延袤可筑……门临通衢，泮宫在其左，兴贤之门出其右。”[124]

抚州学，“为之师者无所乎寓，至僦屋委巷以居，师弟子之面日疏，而弦诵之声以希，又为之慨然以思”，乃“访厅廨旧地，得之学宫东北隅，去演道堂不违咫尺，于日入而讲为尤便。”[125]

如此，宋元之际的地方庙学已基本定型，观之时人的概括性表述，甚为明了，多样性的建筑配置恰是地方庙学多重功能（祭祀、教学、生活等）的必然物质体现。以下为郭黛姮先生对宋代地方学校的总结归纳，亦可视作宋元时期地方庙学的概况[126]：

祭奠先圣先师的“庙”：在宋代，不但在“庙”中要祭奠孔子，而且把祭奠范围扩大到孔子的弟子及一些儒学家，同时，还为一些对教育事业或办学的有功之臣，修筑祠堂，加以释奠。宋代学宫中的“庙”较唐代有了较大的变化，增加了东、西庑、光贤祠等“从祀”建筑，一般设有大成殿，大成门，东、西庑，先贤祠等，先贤祠多设在大成殿两侧的院落中。

存放皇帝诏书、御礼、御札的建筑：凡受过皇帝恩典的学校，皆有这类建筑。

讲堂及学校办公厅堂：讲堂是学校中最核心的建筑，但数量随学校规模而定，少的只有一座，多的如东京太学“建讲书堂四”。临安太学有崇化堂、光尧石经之阁。临安宗学中属讲堂类的有明伦堂、立教堂、汲古堂等。临安医学讲堂为正纪堂。临安府学讲堂为养源堂。建康府学讲堂有明德堂、议道堂，堂的两侧有办公室，教授厅设在府学西围墙之外。

斋舍：即生员宿舍。各校斋舍多少不等，大的学校如太学，可过二十斋。府学，县学，只有斋舍五、六幢，斋舍多布置在释奠及讲堂区两侧。

射圃：供学生习射箭或从事其他体育训练的场地。

学校后勤事务用房：如“学仓”“直房”“仓廪”之类的建筑，多位于庙或学的两侧或后部。

大同

2011.07.02-07.03

出雁门关的时候，念的是（唐）李贺的诗："黑云压城城欲摧，甲光向日金鳞开。角声满天秋色里，塞上胭脂凝夜紫。半卷红旗临易水，霜重鼓寒声不起。报君黄金台上意，提携玉龙为君死。"到了大同，今日景象绝不是十年前的那座关外重镇的感觉，城市"遗产保护"做得轰轰烈烈，对错由得别人去争论，于我，是痛惜已经没了可以追思苍茫的空间。**犹记得学生时代北方古建筑考察时，站在夯筑的城墙上，看行行泛着土黄色的囤顶房子，大漠孤烟直的景象登时浮现。**

不过，那时候并没有去看大同文庙，盖因和一众辽代建筑相比，实在算不得什么。而且，大同府学自明嘉靖十二年（1533 年）遭兵燹破坏又重修后，历二百余年形成规模宏大的建筑群，殿宇、斋堂、廊庑、祠、坊、门、亭台楼阁、环桥、泮池凡 30 余处，直至清末民初仍兴盛不衰，后多数建筑失修，加之人为拆改，已失原貌，仅大成殿、大成殿、神厨、神库、乡贤祠、名宦祠、戟门等 6 处遗存。

等到我博士论文都写完了，才和小棣师叔及相睿，进了文庙的门。说实话，我实实在在是被吓住了，这样的逾矩重修，在古代可是会被误为僭越的，一个府级文庙居然出现了角楼，恐是我孤陋寡闻，好像也只有元至顺二年（1331 年）诏曲阜孔庙可配享宫城规制，准于四隅建角楼。

是非功过，还是交给时间吧，现世风流总是会被雨打风吹去的，我更愿意回到历史里，去触碰那"北方戎马，不能屏视月之儒"的平城岁月。

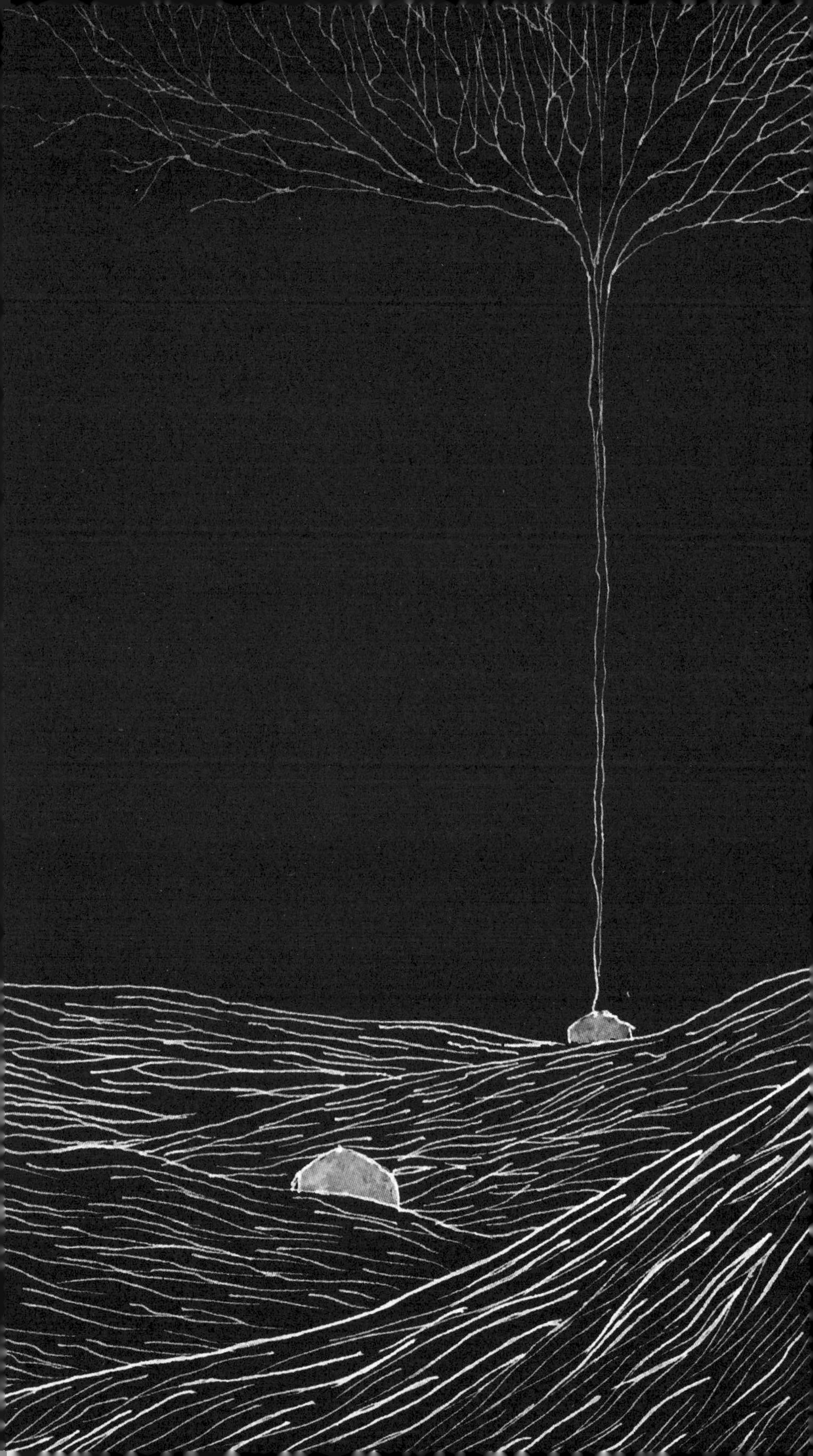

| 一 |

以下，记：北魏平城事及以后。

北魏拓跋氏本为边疆少数民族，借西晋永嘉五年（311 年）匈奴族刘聪永嘉之乱，进入长城域内。后经征战扩张，不仅收拾了黄河流域的残局，也总结了自秦汉以来汉民族与边疆民族以长城为基线的冲突与斗争，同时对东汉以来渗入长城边界的其他部落民族进行整合，以此为基础，与汉人彻底交融。新的血液注入汉民族，新的文化因子也开始在汉文化体内孕育，并转变成隋唐帝国的建国基础。[127] 只不过，北魏前期的汉化多少带有被迫性[128]，大约至孝文帝（471–499 年）时方明显的自觉自愿。

北魏初在平城（今大同）立都，道武帝天兴元年（398 年）“迁都平城，始营宫室，建宗庙，立社稷”，汉化的潮流在北魏初期都城营建上就已彰显。此时尚为草创，“始都平城，犹逐水草，无城郭。”[129] 大规模的建构平城要到迁都后八年，即天赐三年（406 年）[130]，但祭祀孔子和扩展学校在平城营建之初就已是官方行为，并予以高度重视，“初定中原，虽日不暇给，始建都邑，便以经术为先。”[131] 天兴二年（399 年）即“令《五经》群书各置博士，增国子太学生员三千人”；四年（401 年）又“命乐师入学习舞，释菜于先圣、先师。”[132] 太武帝始光三年（426 年）再缮起太学“于城东，祀孔子，以颜渊配”[133]，太平真君十一年（450 年）又遣“使者以太牢祀孔子”[134]。

孝文帝（471–499 年）亲政后，除了推行一系列汉化运动外，积极改建平城，致力于打造一座典型的中原文化城市。延兴二年（472 年）诏曰：“尼父禀达圣之姿，体生知之量，穷理尽性，道光四海。顷者淮徐未宾，庙隔非所，致令祠典寝顿，礼章殄灭，遂使女巫妖觋，淫进非礼，杀生鼓舞，倡优媟狎。岂所以尊明神敬圣道者也！自今以后，有祭孔子庙，制用酒脯而已，不听妇女合杂，以祈非望之福。犯者以违制论。”[135] 据之，可探明三件事情：

其一，北魏都于平城时已有文庙之设。

其二，孝文帝改制后，拓跋氏的原始宗教仍然施行，平城时代的北魏政权不仅在祭祀自身宗教时用女巫，即使在祭孔时也有“妇女合杂”的现象[136]，既透露了拓跋氏女巫掌控原始宗教的现象，亦强烈暗示了北魏形成初期确系经过母系社会阶段。

其三，为确立儒学正统地位扫清障碍，旨在提高拓跋社会的汉化程度，六年（476 年）即“改谥宣尼曰文圣尼父，告谥孔庙”[137]。

太和二年（477 年）又规范祀典，其中“宣尼之庙，已于中省[138]，当别敕有司”；同年，帝“临宣文堂……授策孔子，崇文圣之谥……帝斋中书省，亲拜祭于庙”。[139] 国子学所在类似东晋建康于中堂设国学，孔庙所在亦明确，即设于国子学，且后为辽西京国子监延用。[140] 十三年（489 年）又“立孔子庙于京师”[141]，惜所在不详，疑为城东太学立庙。

平城的太庙、明堂等主要礼制建筑均由将作大匠蒋少游主持完成，在其主持营造的过程中，曾“乘传诣洛，量准魏晋基趾”[142]，故建筑形制当受魏晋旧规影响较大。从文献记载看，北魏平城时代继承了西晋以来的二学（国子学、太学）分立制度，并有新的创制，即二学各有专址，分处两地，更为独立，且皆设庙祭孔。但由于目前平城基址尚未完全探明[143]，故二学及文庙的具体位置或建成与否，需待考古工作的进一步开展落实。

大同在唐中叶至五代初期，一直为云中县，乃云州治，因大同军节度使治设于此，故其时又称“大同军城”。辽、金两代，大同俱为西京，且京学一脉相承。

西京是在唐大同军故城基址上修建的，据大同善化寺所存金碑（朱弁撰）和《宋史·朱弁传》，南垣应在现善化寺的北部；据《辽史》，北垣在明清古城北关一带；据《道光大同县志》，西垣约位在明清古城西门之外。全城周长 10 公里，四面城墙纯系土夯而成，无包砖。[144] 辽时边防官员大抵住在西京[145]，城墙之上建有多处敌楼、箭楼，守御设施齐全，大同军事地位可见一斑。

城内袭唐故城旧制，多条十字街将城划成若干坊。城北乃官衙、军营所在的政治、军事中心。西京留守司兼大同府署在拱极门西，西京学即在府治东，“宏敞靖深冠他所”[146]，乃北魏国子学（中书学）旧地。[147] 此外，据《辽史拾遗》，西京辖内尚有“奉圣、归化、云、德、宏、蔚、妫、儒等州学，各建孔子庙，令博士、助教教之，属县附焉”。又据《山西通志》“应州学旧在城西北隅，辽清宁（1055–1064 年）中建”，同时还有龙首书院“在应州西南，辽翰林学士邢抱朴建”，清时“儒学即其故址”。[148] 大同一带的文化教育事业并未因归契丹而滞退，相反因建西京而得以加强。

元时改西京学为大同县学。明洪武八年（1375 年）易为大同府学，二十九年（1396 年）“以府学为代藩府第，改云中驿为府学”[149]，原与“府学相附共祀文庙”的大同县学得以“规模特创，殿庑堂斋以次具举”[150]，却是罕见的“县前府后”格局，不过嘉靖十二年（1533 年）兵燹后，即易为“左府右县”[151]。

明时还在东南城墙上建了风水塔（雁塔），轴线呈东南——西北走向，直指文庙，兼顾瞭望敌情与祈祝文运。

| 二 |

以下，记：北魏地方兴学事迹。

南朝时虽有梁武帝着手复兴学校，但重点在中央，地方学远离门第选官制度，踪影难觅。北朝则颇为重视，在地方庙学发展史上应占有重要一席，尤其北魏，“斯文郁然，比隆周汉”[152]，既传承了汉儒精神，又为隋唐的承前启后、庙学定制，奠定了必要的地方基础。

自汉以降，河西地区特别是敦煌，已是文化极盛，尤以河西著姓及其家学（即儒学）为代表。[153] 魏晋以后，五凉政权先后建立，为该地区的政治安定、经济文化发达创造了重要的条件。河西本土儒学繁荣的同时，也吸引了饱经战乱之苦的中原士人避祸之处，“永嘉之乱，中州之人避地河西，张氏（即前凉张轨）礼而用之，子孙相承，衣冠不坠，故凉州号为多士。”[154] 河西著姓，无论是中原流徙而来，抑或土生土长，都是以“儒学显”“儒学致位”“以儒学见称”的家族，与魏晋以来的官学衰落形成鲜明对比。

河西儒学的贡献在于：虽没有也不可能有更大、更充分的发挥空间，但经过五凉时期的积聚和酝酿，在北魏政权统一河西之后，成为北魏社会开启儒风、振兴礼乐、完善官制的中坚力量。北魏儒学的发展与进步，“河西因子”占有醒目的位置[155]，且影响延及后世，如陈寅恪先生总结隋制，认为不出三源：梁、陈；北魏、北齐；河西（即中原魏晋以降文物制度转移保存于凉城一隅者）。[156]

至北朝，各少数民族上层集团积极推行汉化政策，其本质就是儒化。而汉化政策的持续，必然推动尊儒敬孔的发展和兴盛，这恰是北朝地方兴学盛于南朝的原因所在。西晋以后的中原大地沦为少数民族角逐的战场，学校教育几乎瘫痪，“自永嘉以来，旧章殄灭。乡闾芜没《雅》、《颂》之声，京邑杜绝释奠之礼。道业陵夷，百五十载。仰惟先朝每欲宪章昔典，经阐素风，方事尚殷，弗遑克复。”[157] 自西晋以降的北方十六国及北朝时期，可以说是中国历史上最动荡不宁的时期，但也是各民族被汉文化融化最深刻的时期，入居内地的少数民族最终融入汉民族中，不能不归结到儒学的推行及汉文化的潜移默化。[158]

北魏太武帝太平真君五年（444 年）曾有禁止私学的诏令：“自顷以来，军国多事，未宣文教，非所以整齐风俗，示轨则于天下也。今制自王公已下至于卿士，其子息皆诣太学。其百工技巧、驺卒子息，当习其父兄所业，不听私立学校。违者师身死，主人门诛。”[159] 但对州郡官学的发展则没有限制，随着鲜卑族与汉族的交往日渐增多，州郡官学得到一定程度的发展。[160] 如太延初（435 年 –）薛谨由河东太守升至秦州刺史，“时兵荒之后，儒雅道息。谨命立庠，教以诗书，三农之暇，悉令受业，躬巡邑里，亲加考试，于是河汾之地，儒道兴焉。”[161] 此为太武帝时期地方官学发展的典型证明。

献文帝（466-471 年）时，相州刺史李欣上疏求立学校："昔之明主，建庠序于京畿，立学官于郡邑，教国子弟，飞其道艺。然后选其俊异，以为造士。今圣治钦明……而所在州土，学校未立……欲仰依先典，于州郡治所各立学官。使士望之流、冠冕之胄，就而受业，庶必有成。"[162]

文明太后的一纸诏令明确表达了建立州郡官学的想法："自顷以来，庠序不建，为日久矣。道肆陵迟，学业遂废……稽之旧典，欲置学官于郡国，使进修之业，有所津寄。"州郡官学的兴建得到了中央政府的诏令允准和支持。并令高允"与中、秘二省参议以闻"。高氏领命，详定各州郡官学规模，史称"郡国立学，自此始也"[163]，标志着中国古代郡国学校教育制度的正式建立。

于是北魏全境之内大兴学校，且触角伸及地方基层组织党里之内。诚然，党里教育主要是侧重推广礼教，顺导人心，社会教化职责大于人才培养，孝文帝太和十一年（487 年）的诏书即点明："乡饮礼废，则长幼之叙乱。孟冬十月，民闲岁隙，宜于此时导以德义。可下诸州，党里之内，推贤而长者，教其里人父慈、子孝、兄友、弟顺、夫和、妻柔。不率长教者，具以名闻。"[164] 如西兖州刺史高祐镇守滑台时，"以郡国虽有太学，县党宜有黉序，乃县立讲学，党立小学。"[165] 高氏在其所辖内的县、党一级都设立学校，反映了北魏地方学校建设的普及化程度。至宣武（500-515 年）、孝明（516-528 年）时，地方官积极发展州郡官学、多建祭孔庙堂及图画圣贤像，已成为一种社会风气。

北魏时期的官学实例大多集中于北魏版图东南线，尤其是都城洛阳周围及与南朝交界之地。从汉代官学集中分布区域和南北儒学交流两方面考量之，北魏官学的集中分布态势似在情理之中。西部地区的阙如，一来囿于史料匮乏，官学有无不可妄下定论；二来以晋以降形成的河西"学在家族"传统推测，官学有无并不决定当地儒学兴盛与否，虽有诏令禁私学，但河西地区，乃至北魏全境，私学一直是兴儒崇学的重要阵地。

北魏时期地方官学的发展呈现出由前期的缓慢推进向后期全面迅速发展

的趋势，这一趋势的形成既与中央政府的倡导有关，也与地方官员努力发展地方教育事业，以振兴当地社会经济的战略构想是密不可分的，而地方官学的发展对于北魏社会迅速摆脱奴隶制的残余有利。[166] 从北魏朝廷屡屡发诏营建中央官学来看，似乎尊儒敬孔的规模在逐步扩大。但北魏迁往洛阳后，对南方地区的持续用兵，耗费了大量的人力物力[167]，诸帝王虽发布诏令兴建学校，亲行释奠，但因戎马倥偬，时时被打断。

同时，地方官学的发展必然带动祭孔活动的蔓延，如《韦彧墓志》赞颂其人在东豫州刺史任上之兴学功绩："建太学，置崇文堂，立孔子庙，生徒负帙，慕义如云，俎豆之容，道齐一变。"[168] 即为典型的庙学皆立案例：学校讲堂名"崇文"，庙内行释奠仪。兴建祭孔庙堂，或图画形象，虽大多出于地方自发，但学校实体的遍布为北魏以后的北齐诏令郡学皆设孔庙，及唐太宗贞观四年（630 年）诏"州、县学皆作孔子庙"[169] 奠定了必要的基础。

其后，北齐将地方学和选官制度相结合，是为地方学获得良性繁兴的主因，而名门士族又对学校多不重视，终致学校开始向寒族子弟开放。[170] 且，北齐亦为官方诏令地方郡学设立孔庙之始[171]，文宣帝天保八年（557 年）诏"郡国修立黉序，广延髦俊，敦述儒风"[172]，并于"坊内立孔、颜庙"[173]。

虽颁诏如此，实际施行状况却令人生疑。时帝子王孙，"内有声色之娱，外多犬马之好……世胄之门，罕闻强学"，国学博士"徒有虚名，唯国子一学，生徒数十人耳"，诸郡学生"俱差逼充员，士流及豪富之家皆不从调。备员既非所好，坟籍固不关怀，又多被州郡官人驱使，纵有游惰，亦不检治"，皆由"上非所好之所致"[174]。真正意义上的具体实施，则为隋、唐之后的事情了。

盱眙

2012.06.01

凡是吃过龙虾的人估计都知道盱眙这个地方，坊间流传这个小东西是日本人侵华时为了破坏农业生产投放在农田里的，哪知道碰上的是敢于战天斗地的中国人民，不惧不怕，将之从田里搬到了餐桌上，成了大快朵颐的绝佳对象。想想就知道这是个戏言，中国那么大，怎么就盱眙的龙虾最出名？常有人不认识这两个字，误读为“于台”，久而久之却成了人们表达喜爱的故意读法：“去于台吃龙虾啊？”我从小就怕麻烦，不是不晓得诸如龙虾、螃蟹之类的美味，实在是用手慢慢剥的食物太过麻烦，当然，这在别人看来是了无生趣的了。

怕麻烦不代表不愿意来这里，2003 年与同门师姐妹刘捷、申丽萍、李国华、孟平等一起大运河考察就拜访了盱眙第一山，暴雨倾盆，众皆湿透。山上有一文庙，当时就对祈祝文运的种种表达颇为有感。直到博士毕业工作了，都一直没再去看过。2012 年，丁颢在那开发个住宅，叫我去看看，总算又上了趟山，据《万历帝里盱眙县志》“张目为盱，举目为眙”，登山才可望远，而第一山正是举目千里的观景佳处。

早在两汉时期，临淮太守孔安国就在南山（后因宋·米芾题“第一山”得今名）建“先圣晏居殿”，隋开大运河后，此山直对通济渠入淮处汴口，居南北冲要；宋时崇圣书院、清时敬一书院先后辉映，甚而被尊为“儒山”。盱眙县学始建于南宋绍兴十三年（1143 年），原在慈氏山麓，明万历间（1573–1620 年）重建于今处，此后屡废屡建，中华人民共和国成立后大成殿毁于 1976 年，2001 年得到重建但做工粗劣。西侧有原来的明伦堂，左右两斋，一为进德，二为修业，曾是泗州试院，清道光间（1821–1850 年）捐修者甚多，时以其巨大规模称雄安徽（当时盱眙属安徽）。自明伦堂西转而上，即魁星亭，乃道光二十四年（1844 年）所建，时人称“盱山多士”“振声文路”，即为此魁星显灵。亭后又新辟魁星壁，自魁星壁南望，正对淮水，以长淮为泮池，以青山为依托，气势就出来了。

如此，盱眙在早期地方文庙发展史上是占了一席之地的。汉承秦制，地方行政制度为郡县二级制，东汉则逐步形成州郡县三级制，地方官学分级亦据之执行。地方自治，地方官拥有较大自主权，地方官学的兴办、祭孔或建庙亦多由其自主推行。易言之，此时段的地方学及文庙发展实脱不开良吏而独立视之，人为因素至关重要。

早期的地方上兴学，绕不开西汉的文翁，"少好学，通《春秋》，以郡县吏察举。"《汉书·循吏传》载：景帝末（－前 141 年）文翁任蜀郡守，"仁爱好教化。见蜀地僻陋有蛮夷风，文翁欲诱进之，乃选郡县小吏开敏有材者张叔等十余人亲自饬厉，遣诣京师，受业博士，或学律令……数岁，蜀生皆成就还归，文翁以为右职，用次察举，官有至郡守刺史者。"[175] 说明在武帝建元五年（前 136 年）置五经博士、元朔五年（前 124 年）为博士置弟子员[176] 之前，蜀地已遣生往京师求学。又据《循吏传》"蜀地学于京师者比齐鲁焉"，显然，非为蜀之特例，齐鲁亦然。其时文翁"减省少府用度，买刀布蜀物，赍计吏以遗博士"，当为政府赠送蜀地特产，以作学生进献"束修之礼"。

后文翁"又修起学官于成都市中，招下县子弟以为学官弟子，为除更徭，高者以补郡县吏，次为孝弟力田。常选学官童子，使在便坐受事。每出行县，益从学官诸生明经饬行者与俱，使传教令，出入闺阁。县邑吏民见而荣之，数年，争欲为学官弟子，富人至出钱以求之。"文翁兴学不遗余力，蜀地"由是大化"，并逐渐成为媲美齐鲁的文化中心，"文翁终于蜀，吏民为立祠堂，岁时祭祀不绝。至今巴蜀好文雅，文翁之化也。"

因于文翁的卓越贡献，其名字逐渐演化为倡导教化官员的代名词，如（唐）杜甫诗云："但见文翁能化俗，焉知李广不封侯。"文翁此举更引起武帝重视，"乃令天下郡国皆立学校官，自文翁为之始云。"[177] 汉兴之初，"反秦之敝，与民休息，凡事简易，禁罔疏阔……至于文、景，遂移风易俗。是时，循吏如河南守吴公、蜀守文翁之属，皆谨身率先，居以廉平，不至于严，而民从化。”[178]及至平帝元始三年（3年）王莽秉政，“立官稷及学官：郡国曰学，县、道、邑、侯国曰校，校、学置经师一人；乡曰庠，聚曰序，序、庠置《孝经》师一人。”[179]简言之，西汉地方官学倡议于景帝末蜀郡文翁，定制于武帝，扩充于元帝、平帝之世。

西汉虽有地方官学之制度化，但时已末世，地方官学普及的施行则在东汉以后。光武中兴，地方官学就已开始向纵深发展，明帝永平二年（59年）又诏“郡、县、道行乡饮酒于学校”，后在章帝、桓帝、献帝（东汉末帝）三朝实例尤多，官学的普及是有一定执行度的，且终东汉一朝，各个主要阶段均有所发展。不过，此时的选官制度主要是察举制，与地方官学的联系并不紧密，加之私学兴盛，地方良吏兴学重责在于施行教化，移风易俗[180]，检之汉时有关兴学的史料，亦多此类记载。

两汉从事地方教育的人员称谓不一，有郡文学、郡文学史、郡文学卒史、《五经》百石卒史以及乡三老等。故，史料中有提及上述职官者，亦可目之为职官所在地已设学。就我的不完全统计，东汉十三个刺史部均见实例，计41个郡（国），以东汉顺帝（126-144年）时“凡郡、国百五”[181]计算，约占总数的39%弱。所谓“四海之内，学校如林，庠序盈门，献酬交错，俎豆莘莘，下舞上歌，蹈德咏仁”[182]，此言不虚。其中，以司隶校尉部和兖州、冀州、益州、豫州刺史部最为密集，主要集中在都城洛阳附近及以北，并东延至沿海地区。益州刺史部虽偏于版图西南，亦官学兴盛，文翁化蜀功不可没。除良吏之倾心兴学，政治与文化中心的直接辐射亦会影响官学之发展。而其他部州的官学设立，则更多地反映了边远地区之首要政治任务乃为移风易俗。

东汉明帝永平二年（59年）的诏书中还明令地方学校“皆祀圣师周公、孔子，牲以犬。”[183]而在此诏颁布之前的光武帝建武六年（30年），即有：丹阳郡太守李忠“以丹阳越俗不好学，嫁娶礼仪，衰于中国，乃为起学校，习礼容，春秋乡饮，选用明经，郡中向慕之”[184]；鲍德出任安阳太守时“郡学久废，德乃修起横舍，备俎豆黻冕，行礼奏乐。又尊飨国老，宴会诸儒。百姓观者，莫不劝服”[185]；章帝建初元年（76 年）秦彭“迁山阳太守。以礼训人，不任刑罚。崇好儒雅，敦明庠序。每春秋飨射，辄修升降揖让之仪。乃为人设四诫，以定六亲长幼之礼。有遵奉教化者，擢为乡三老，常以八月致酒肉以劝勉之……”[186]

以上列举中，地方官学释奠、飨射、乡饮酒等礼均有行之，只是类别不一。至于是否皆有祭祀专室，所知甚少，明确记载者则当推蜀地的文翁石室。此外，始建于两汉并始终即其地者尚有郑州、巩县、太康、长子、新城、耒阳、犍为、益州及所属郫县和双流等处，世所称道。

西充

2012.12.16-12.17

有个设计的活儿，挺有趣的，叫作桃花节村民活动室，是学弟汪晓春向他的领导老梅推荐我的，项目地点貌似很遥远，在四川西充古楼镇，路一定不好走，问我干不干，我不加思索就应下了，为啥？平生已经跑了那么多地方，就是还没进过四川地界。算是个好的开头，此后就经常进川了，一直喜欢这个地方，理由说不好，就是觉得带劲。项目进展也异常顺利，房子从设计到落成不到一年。

买过一本厚书，四川省文物考古研究院编著的《四川文庙》，其对四川境内文庙可谓搜罗殆尽，资料详实，写博士论文的时候没少参考，可惜一直没有实地踏勘过，到西充看项目现场，一定要去看看文庙。同行的有俞海洋，我俩从住处出来一路闲逛，县城不大，有坡，上上下下的，但是不陡所以不累。晃到纪信广场，喧嚣热闹，文庙就在旁边的莲花湖畔，不过这是2000年前后因城市规划需要迁建而来，原址在县城内象溪和虹溪交汇而成的半岛。总之，都是对着水，地势也好。这座文庙的具体情况，有《四川文庙》美玉在前，我就不絮叨了。

前述盱眙部分提到四川的文翁石室在古代地方文庙发展史上的地位，其建筑也颇具特色。文翁初立文学精舍、讲堂，“作石室，一曰玉室，在城南”，[187]“开二堂，左温故，右时习，复作周公礼殿，画孔子像。”[188]自始即图画孔子及弟子像及礼器瑞物，如唐开元八年（720年）国子司业李元瓘奏言时就提及：“七十子者，则文翁之壁，尚不阙如，岂有国庠，遂无图绘。”[189]据之，文翁石室已有学校行礼存在，只是具体施行情状，史载不详。

西汉末，公孙述据蜀称帝，以之为太学；东汉时复为郡学，后益州迁治成都，遂升为州学，而另建郡学于流江（今锦江）南岸。[190]东汉光武帝建武十年（34年）又有“故府梓潼文君增造吏寺二百余间”[191]，至此，文翁石室已是规模颇为壮观的学校建筑群。时在成都少城外西南面的南市区内，北靠秦城城垣，南临内江河道。

两汉时成都已成为西南地区经济中心，而南市更为繁华，人口密集，屋舍相连。安帝永初间（107-113 年）成都大火，殃及全城，几为瓦砾。文翁学宫未能幸免，“烈火为灾，堂及寺舍并皆焚燎，惟石室独存。”[192]“一都之舍，官民寺室，同日一朝，合为灰炭。独留文翁石庙门之两观。”[193]重建后，灵帝中平间（184-188 年）又被火，“火延学观，厢廊一时荡尽，唯此堂（周公礼殿）火焰不及。构制虽古，而巧异特奇。壁上悉图古之圣贤，梁上则刻文宣及七十弟子。”[194]礼殿“制甚古，低房方柱，上狭下广，与今制异。”[195]“其栾栌椽节，制犹古朴……堂基六尺，厦屋三间，通皆图画圣贤古人之象及礼器瑞物。”[196]具有明显的汉建筑风格。后，献帝兴平元年（194 年）蜀郡太守高眹又重建石室建筑群，文翁“教化兴蜀”的精神得以延续和扩大，达于今凡两千余年。[197]

虽周公礼殿的创建时间，史界论点不一，但石室行礼及东汉时已有专殿祭祀却是不争，只是祭祀对象无定论。如石室“圣贤图”以孔子为先圣，“文翁立学宫于成都，首祀孔子，又画七十二子之像于壁，实开万世释奠之宗也”[198]，而东汉周公礼殿则遵照“圣师周孔”制。延至唐，周公礼殿改称“文宣王庙”，“至圣文宣王庙在子城内，南门之东，前文翁学宫故址。”[199]孔子为先圣，方尘埃落定。

入唐之后，剑南道（今四川一带）虽地处内陆、交通不便，却是西汉文翁兴学的滥觞之地，又具“天府之国”之美誉，该地区的集中反映了尊儒兴学的传统延续，并可能与剑南独特的地理位置及唐政府的兴衰皆有密切关联。安史之乱后，唐政府内忧外患，剑南虽受吐蕃和南诏的威胁，但其易守难攻的地理形势及天府之国得天独厚的自然环境使其成为唐政府避难和撤退时的首选之地，继玄宗（712-756 年）之后，德宗（780-805 年）、僖宗（874-888 年）、昭宗（889-904 年）皆曾出幸剑南。社会环境的安定和政治集团的眷顾，为庙学的兴建发展创造了条件。

应该看到，在庙学制度普及的初期阶段，地方庙学发展的不平均确实存在，除了地方之间的固有资源差异，是否有良吏主政亦为关键因素。与唐以前地方官学建立多归功于地方官员的案例类似，虽有官方诏令明确规定了地方庙学的师生和学习内容，但对资金、校舍等办学关键要素却未做任何制度性的规定和保障，主要依靠地方自行解决[200]，如：巴州化成县令卢沔"因祠宇荒僻，垣墉颓圮，憩聚樵牧，亵渎威灵。公以必葺而未言……出家财以资匠费，督门吏以勤役工。自甲至癸，不及旬而功已集。郡官毕贺，百姓未知，足见役不及人也"，时人赞"卢方辞满，不以家为，出钟离俸钱，修孔圣遗庙，善政之余地也。"[201]

虽有地方良吏善政如是，毕竟各地财政及官员资财不一，若不将之的建立与地方官员政绩直接挂钩，制定相应制度、政策来督促、检查地方官，全面实现的可能性似乎就不容过于乐观了，难免不出现兴学诏令成为一纸空文的结局，如（唐）韦稔《涿州新置文宣王庙碑》、（唐）刘禹锡《奏记丞相府论学事》[202]均提及地方政府自筹经费兴学和文庙行礼所带来的巨大负担。因之，地方财政的收入状况也会多少影响其建设或维护；而一旦地方良吏离任，其在职期间的苦心经营则随时可能遭受半途而废的厄运。

直至北宋，政府对地方办学经费及相关法规正式确定后，地方庙学的发展才步入正规化的发展阶段。北宋初期至中期，建设逐步推进，至仁宗庆历兴学发展至最高峰，数量、覆盖区域均居首位，至徽宗崇宁兴学，再掀高潮；后只见南宋初期的高宗朝，仍紧追前朝步伐。庆历和崇宁兴学不仅范围广，而且更带动了县一级的建设热潮。从建设区域来看，呈现两大地带：其一，广大的东南部地区，包括今天的浙江、江苏、江西、湖南、湖北、广西、广东、福建等；其二，山东半岛直往西的整个中原地带，历河南、河北、山西、陕西，再折而西南，直达四川。

颇具玩味的是，南宋时南方地区普遍态势为：自东南沿海西进，越湖北、湖南，仍达于四川境内，两宋地方庙学建设的覆盖地域皆以四川一地为西南部收官。有宋一代，四川分为四路，据周原孙先生的统计数据，虽庙学兴盛，但各路的覆盖率极不平衡，正与各地经济发展有异相适应[203]，四川各路的情状及其原因亦可视作全国版图内庙学覆盖不一的缩影。

西安

2011.06.22-06.23

2014.01.15-01.16

西安文庙所在就是人们通常所说的碑林，也是北方古建筑考察必到的地方，难忘的经历是被黑车司机坑了两回，不过得到了回民街上浓浓市井味的补偿。说起碑林，有一学生时代就敬仰的神人雒建利，直到我工作后参与了国学中心设计的一些工作，才得与之一叙钦慕，老雒听说我做了一些和文庙相关的事，立马神采飞扬："碑林知道吧？我是西安人，小时候摹那些碑刻可是一大快事！"

可惜的是我后来一直就没去过碑林，虽然也到了西安两次。一次和师叔小棣，去看大明宫遗址和大唐芙蓉园，大唐气象的感知源于站在含元殿台基上的龙尾道端头，南望终南剪影；直到了机场，我满脑子还是余光中先生赞李白的句子："酒入豪肠，七分酿成了月光，还有三分啸成剑气，绣口一吐，就是半个盛唐。"携此豪迈，突发奇想，撺掇师叔登上了去玉树的飞机，看看在那里不辞辛劳参与玉树重建的同窗鞠德东，高原反应好强烈，大鞠安慰我："吃不消了？我们中规院管来这工作叫'上树'。"**再一次是和南京文物局一起去考察西安的城墙保护，去了未央宫遗址，正是隆冬，老树昏鸦的世界里，太阳无力地躲在灰蒙蒙的面纱后面，都是雾霾惹的祸。**

| 一 |

以下，记：西汉之太学祭孔。

汉高祖十二年（前 195 年）"行自淮南还，过鲁，以大牢祠孔子。"[204] 事件传达的信息表明，统治者刘邦已由一个蔑视儒学的官僚，转变为中国历史上第一个亲临曲阜孔庙祭孔的君主，开创了帝王祭孔的先河，儒学的价值在社会的变革中开始凸显。不过，农民出身的刘邦虽然意识到"仁义不施，而攻守之势异也"[205]，却对儒家学说有一种本能的反感，只是出于一

些极为现实的功利主义原则，才对儒家学说和孔子表示出一些必要的尊重。

及至武帝刘彻执政，天下大定，经济繁荣，中央集权空前大统一，为谋求统治的长治久安，势必谋求思想上的大统一。社会稳定的维护需要一个适当的工具，儒学雀屏中选，[206] 也为孔子地位的上升提供了极为有利的内在条件。

汉武帝（前 140- 前 87 年）时，“魏其、武安侯为相而隆儒矣。及仲舒对册，推明孔氏，抑黜百家。立学校之官，州郡举茂材孝廉，皆自仲舒发之。”即为史上著名的“罢黜百家，独尊儒术”，董仲舒《对策》曰：“太学者，贤士之所关也，教化之本原也……臣愿陛下兴太学，置明师，以养天下之士，数考问以尽其材，则英俊宜可得矣。”[207] 旋即于建元五年（前 136 年）“置《诗》《书》《易》《礼》《春秋》五经博士”；元朔五年（前 124 年）丞相公孙弘“请为博士置弟子员”，武帝允准。[208] 此为汉太学成立之始，（东汉）班固赞武帝“兴太学”。京师太学设立五经博士，排斥黄老刑名百家之言于官学之外，优礼延揽儒生数百人，大张旗鼓的官方行为昭示了儒学被正式奉为官学，正统地位开始确立。[209]

武帝所创太学，乃“因旧官而兴焉”[210]。所谓“旧官”，“为博士旧授徒之黉舍也。至是官置弟子员，来者既众，故因旧黉舍而兴修之。”弟子员直接赴博士官舍学习，并无特定教育建筑，“武帝置博士弟子员不过令其授学……未尝筑宫以居之。”[211] 高明士先生梳理史实曰：“博士各有官舍，恐是战国以来的传统，博士本掌古通今，官舍自必丰藏典籍，正可授学，只不过可能规模不大。”[212]

武帝“置博士弟子，太常择人年十八以上，仪状端正者补焉”，后屡经发展，至昭帝（前 86- 前 74 年）增员满百人，宣帝（前 73- 前 49 年）倍之，元帝（前 48- 前 33 年）更设员千人，成帝（前 32- 前 7 年）再增员三千人。[213] 如此众数，若悉往博士官舍，必然狭促，于是有“兴辟雍，设庠序，陈礼乐”之议，并决定“案行长安城南，营表未作”，惜“遭成帝崩”，未就，营建校舍之事终由王莽完成。[214]

西汉末王莽篡政，为配合其政治上的托古改制，拆毁建章宫和上林苑中大批宫观建筑，在长安南郊大兴土木（今西安玉祥门外的大土门一带）。平帝元始四年（4 年）王莽“奏起明堂、辟雍、灵台，为学者筑舍万区，作市、常满仓，制度甚盛”[215]，“欲耀众庶，遂兴辟雍，因以篡位，海内畔之。”[216] 后世文献记载大多沿于此说，明堂（告朔行令）、辟雍（礼乐教化）、灵台（星云吉凶），因于王莽而设，史称“元始故事”，在礼制沿革史上具有特殊影响[217]；而“讲习射礼”意义上的太学恐在此之前已有，王莽则是将其物质形态予以完备。

汉长安城是在天下初定、战乱尚未平息的情况下营建的，囿于国力，具体到都城选址过程中，考虑到如何充分利用秦咸阳幸存于渭水南岸的城市设施遗存，且渭南一带经秦始皇大力经营，已具相当基础。因此，该城非为完全异地重建，选址与规划布局均受秦咸阳格局影响，两者夹渭河南北呼应，承前启后，城市的功能分区是由于用地调整权衡后的结果。未央宫早于城墙修筑，惠帝元年至五年（前 194- 前 190 年）先后四次修筑城墙，高祖（前 206- 前 195 年）和惠帝（前 194- 前 188 年）执政间，相继修筑东市、西市、北宫、社稷、高庙等，至此，长安城方粗具规模。武帝太初四年（前 101 年）营建桂宫、明光宫后，城内居住用地相应减少，主要平民区和市场在城北，即被渭水、漕渠所环绕的地带，“内则街衢洞达，闾阎且千，九市开场，货别隧分，人不得顾，车不得旋，阗城溢郭，旁流百廛，红尘百合，烟云四连。”[218]

而经由王莽之手，城南成礼制建筑集中所在，与城北市井气氛迥异，太学即位此。王莽扩建的太学有博士 30 人，太学生 10800 人；博士舍 30 区（博士每人一区），加上职员（主事等职员 72 人）宿舍，共筑舍万区。除教学建筑外，仓储、射圃、居舍等生活设施，一应俱全，俨然一座小型城镇。

《汉书补注》卷九十九上沈钦韩曰：“案《御览》五百三十四《礼仪部·黄图》曰：‘礼，小学在公宫之南，太学在城南，就阳位也。去城七里。王莽为宰衡，起灵台，作长门宫（当为常满仓），南去隄三百步。起国学于郭内之西，南为博士之官寺，门北出，正于其中央为射宫，门出殿南乡为墙，选士肄射于此中。北之外为博士三舍十区，周环之。北之东为常满仓，仓之北为会市。但列槐树数百行为队，无墙屋。诸生朔望会此市，各持其郡所出质物及经书、传记、笙磬乐器，相与买卖。雍容揖让，或论义槐下。其东为太学官寺，门南出，置令丞吏，诘姦宄，理讼词。五经博士领弟子员三百六十,六经三十博士，弟子万八百人。主事、高弟、侍讲各二十四人,学士同舍,行无远近皆随檐,雨不涂足,暑不暴首。'"[219] 其时太学有三门：东"修仁"，西"守义"，南"修礼"[220]。

据之，可生动勾勒太学规模、周边环境及学生日常生活图景：

太学区规划以殿堂为中心，建筑之间相连有廊，绕以围垣。殿堂行课试、射礼，可视作后世学校讲堂（明伦堂）的前身，位置在西、南向，或取"以西方为上""以南方为上"之古制[221]，首要性不遑多让。博士官、太学官为博士、诸生别处之地，分列殿堂南、东，呈环抱之势。逢每月初一、十五，太学生至槐市（又称会市）交易本郡土特产、书籍、乐器等，既可补度日之资，又增学术及情感交流。该市无围墙、房屋，乃临时集市。[222] 且有监狱之设[223]，太学区既如此熙熙攘攘，官府除置令丞吏、设旗亭楼以维拥治安外，设监狱以震慑民众，亦在情理之中，此狱当属长安二十四狱之一。随着太学的扩建，西汉末的长安城南已是喧嚣市廛。

西汉太学从烧毁至今已逾两千年,虽众多文献均有提及,但始终语焉不详,若欲对其具体所在拨开迷雾，尚需从 1950 年代发掘的西安大土门遗址说起。张一兵先生归纳有"辟雍说""明堂说""明堂辟雍说""待定说""明堂（辟雍）说"五种,并据前人图绘,制图呈现若干可能的长安城南的明堂、辟雍、太学、灵台等一干礼制建筑的分布方位。[224] 在目前已发掘的大土门遗址中，圆形礼制建筑有近三分之二在唐长安普宁坊范围内，而张氏检阅后世史料记载中的太学位置，发现与此遗址所在可相印证率最高，并认为太学遗址的可能性较大。问题忝列于此，尚待进一步的考古发掘和科学研究予以证实。

兴礼教化，自古即为学校重责所在，上述太学礼仪殿堂的中心位置即证此点。汉代学校除授业之外，依古制实施礼仪尤为其任。武帝元朔五年（前 123 年）兴学之诏尤重礼乐之义："盖闻导民以礼，风之以乐。今礼坏乐崩……故详延天下方闻之士，咸荐诸朝。其令礼官劝学，讲议洽闻，举遗举礼，以为天下先。"[225] 自古祭、政一家，早期的教育活动被视为宗庙活动之一，汉时太学隶于太常，便为遵古制之明证。太常初名"奉常，秦官，掌宗庙礼仪"，景帝中元六年（前 144 年）"更名太常。属官有太乐、太祝、太宰、太史、太卜、太医六令丞，又均官、都水两长丞，又诸庙寝园食官令长丞，有雍太宰、太祝（祠祀）令丞，五畤各一尉。又博士及诸陵县皆属焉"。武帝太初元年（前 104 年）"更曰庙祀，初置太卜"。后，王莽又改太常为"秩宗"。博士乃"秦官，掌通古今"[226]，（元）马端临指出：西汉博士隶于太常，有周代"成均隶宗伯之意"[227]。

有关西汉太学行礼，除居摄元年（6 年）王莽"祀上帝于南郊，迎春于东郊，行大射礼于明堂，养三老五更，成礼而去"[228] 一则之外，其他无闻。且终西汉之世，孔子尚未得以专祀，仍循周制，受业弟子各有师承，且以传授者为先师，如讲《礼经》者高堂生、讲《乐经》者制氏、讲《诗经》者毛公、讲《书经》者伏生等。[229]

不过，亦有后人对此生疑，如（元）熊禾就曾发问："先生建学，必祀先圣先师，自古至今，未有以异。独五学之说不同。礼家谓诗、书、礼、乐，各有其师，所以为祀亦异，则疑出于汉儒专门之附会。三代以上，大道未分，必不至此。"[230] 虽如此，以孔子为代表的儒家地位的与日俱增乃是不争，并以平帝元始元年（1 年）追谥孔子为褒成宣尼公、"孔子后孔均为褒成侯，奉其祀"[231] 为标志，达到了前所未有的高度，从而为东汉太学祭孔奠定了基础。

| 二 |

以下，记：隋之国子监首立。

581 年，隋文帝杨坚夺取北周政权，都于长安。隋的统一，不仅结束了几百年来南北分治的局面，更为重大的意义在于开始将南北文化融为一体，优势互补，从而为大唐盛世的文化繁荣及宋、明时期中华文化的再生创造了条件。仅就儒学的发展状况目之，隋虽没有最终形成南北儒学的统一，但如果没有隋的短暂过渡及隋儒家学者的努力，唐初的儒学统一也不可能如此坚决和彻底。[232] 从某种意义上说，享国短暂的杨隋王朝在儒学发展史上具有承前启后的重要意义。

随着隋国子监（全国最高教育行政管理机构）的确立，文庙所在及相关行礼亦尘埃落定,即隶于国子监。曲英杰先生总结曰:“隋唐时期三百余年，京都孔庙的发展承于前而启于后。其历经隋时循于旧制；唐代两度改制，使孔子配祀周公，最终恢复单独立庙；孔子被封为文宣王后，庙内塑像又改为居中朝南……配享及从祀者亦初步确定，释奠礼仪大体完备，从而使孔庙建制及祭祀孔子的活动走上制度化。”[233]

隋文帝上台伊始,尽易北周官仪,依照儒家典籍规范,复汉魏之旧,所谓“儒学之道，训教生人，识父子君臣之义，知尊卑长幼之序，升之于朝，任之以职，故能赞理时务，弘益风范”[234]，并号召天下劝学行礼:“建国重道,莫先于学,尊主庇民,莫先于礼……王者承天,休咎随化,有礼则祥瑞必降,无礼则妖孽兴起。人禀五常,性灵不一,有礼则阴阳合德,无礼则禽兽其心。治国立身，非礼不可……始自京师，爰及州郡，宜祗朕意，劝学行礼。”自是，“天下州县皆置博士习礼焉”[235]。

隋的行礼相延于北齐，略有不同：“国子寺每岁以四仲月上丁，释奠于先圣先师。年别一行乡饮酒礼。州郡学则以春秋仲月释奠。州郡县亦每年于学行乡饮酒礼。”[236]

在文帝看来，儒家学说的核心“礼”犹如治国之至宝，有则兴，无则亡。表之儒学传播的物质载体，则首先“延集学徒，崇建庠序，开进仕之路，伫贤隽之人”[237]，大力开展传授和学习儒学经典的教育事业。文帝对教育工作极为重视，常巡省学校，亲听讲授，多行奖励，如开皇二年（582年）“赐国子生经明者束帛”，十年（590年）“幸国学，颁赐各有差。”[238]

及文帝暮年，意识到学校滥而不精的恶果[239]，“国学胄子，垂将千数，州县诸生，咸亦不少。徒有名录，空度岁时，未有德为代范，才任国用。良由设学之理，多而未精”，宜“简省，明加奖励”，遂于仁寿二年（602 年）令国子学“唯留学生七十人，太学、四门及州县学并废。”[240]（唐）魏征论此谓：“及高祖暮年，精华稍竭，不悦儒术，专尚刑名，执政之徒，咸非笃好。”[241] 今史学界持此说者亦不在少数；又有学者认为，就文帝个人兴趣而言，对儒学的尊重并非发自内心，其几乎始终如一地认为隋之兴皆由于佛法。且其子炀帝与乃父同笃佛教，只是未无限扩大之，进行了必要的限制。上述诸言，似与史实不符[242]，吕思勉先生通观《隋书》，精辟指出：“舍儒假术而任刑名，乃历代相沿之积习，高祖特欲革之而未能耳。独指为不悦学，岂得事理之平？抑历代之于学校，皆视为粉饰升平之具，本不期有何实效，故虽成具文，亦不失望，文帝则凡事务求实际，故睹其无效，即必从而裁撤之，则观其废学，正可见其初意之诚也。”[243]

隋首立国子监，此乃中国古代设立真正意义上的专门教育行政管理机构的开端。

初延北齐，仍名国子寺，是太常寺下属部门。文帝开皇十三年（593 年）正式将国子寺罢隶太常，且改称国子学，该官方独立机构的确立亦可作为隋初儒学繁荣的一个重要风向标。炀帝即位后“复开庠序”；大业三年（607 年）改称国子监，下设国子学、太学、四门学，后又增书学、算学等；四年（608 年）又“立孔子后为绍圣侯”[244]。入唐后，恢复隋文帝旧制，又称国子学，再归太常寺。直至太宗贞观元年（627 年）才改回国子监，国子祭酒“掌邦国儒学训导之政令”[245]，自始真正脱离太常寺独立。

后国子监虽几度易名[246]，最高教育机构的地位却再未撼动。若自北齐皇建元年（560 年）设国子寺算起，至唐贞观元年（627 年）设国子监止，共历时六十八年。

但隋统治者穷兵黩武，导致农民起义大爆发，终二世即亡。虽炀帝有心兴儒弘道，无奈时势使然，儒学的大发展没有实现。（隋）李士谦论儒、释、道三者优劣曰："佛，日也；道，月也；儒，五星也。"[247] 大体可以反映儒在隋时的实际地位。国之不保，国子监也只能"师徒怠散……空有建学之名，而无弘道之实。其风渐坠，以至灭亡。"[248]

| 三 |

以下，记：唐国子监之行礼。

杨隋王朝的短命和隋末纷起的农民起义，予唐执政者深刻教训，有关治国之本的思考时刻不敢懈怠。加之唐初统治集团多为浸淫儒家文化的前朝遗老，以史为鉴的同时，更加抬升了儒家思想文化在国家机器中的崇高地位，以道德来规范教化天下生民成为大政方针。唐统治者努力将儒家文化层层渗透到帝国的地方角落，并通过立庙祭孔予以加强。为彰显儒家文化的核心和精华，祭孔规格几经更替，并由此带来文庙规制及祭殿内设之变。

太宗贞观二年（628 年），"大收天下儒士，赐帛给传，令诣京师，擢以不次，布在廊庙者甚众。"增筑"学舍四百余间，国子、太学、四门、广文亦增置生员，其书、算各置博士、学生，以备众艺。"不仅如此，太宗还身体力行，数幸国子监，"令祭酒、司业、博士讲论，各赐以束帛。"以至"四方儒士负书而至者，盖以千数。俄而吐蕃，及高昌、高丽、新罗等诸夷酋长，亦遣子弟请入于学。于是国学之内，鼓箧升讲筵者，几至万人，儒学之兴，古昔未有也。"[249]

唐官学教育在类别上分属两级：一为中央直属馆监系统，二乃隶属于地方的府、州、县学。前者包括门下省所属弘文馆，东宫所属崇文馆，国子监统领的国子、太学、四门、律、书、算六学，玄宗天宝九年（750 年）又增置广文馆，统称为"国子七学"（又称四馆三学）。[250] 此为教育系统概念中的国子监，同时，国子监亦代表一个建筑群体空间，为施行国家高等教育和祭孔行礼的物质场所，且贵为天下之表率。古有"五学之制"，"中为天子之学，所谓太学是也。小学亦只在王宫之南，不惟天子视学行礼为便，而元子、庶子、与夫公卿大夫之適子，入学亦近而易习。东西南北，各设学以代四方之士……未必咸在天子之学，则亦随其方而处之意。”而唐之多学并立，“恐亦其遗意也”[251]。

《四库全书总目提要》赞《大唐开元礼》:“讨论古今，斟酌损益，首末完备，粲然勒一代典制，诚考礼者之圭臬也。”唐以后历朝历代，虽有踵事盛增华之作[252]，均为承袭《开元礼》而来，且规模难与之比肩。并且远播东亚、东南亚，对整个汉文化圈的礼乐律令影响深远。诚如（日）池田温先生所言："渤海、新罗、日本、高丽，均曾请求唐传写《开元礼》，日本礼乐更是全面借鉴唐礼。”[253] 有鉴于此，对《开元礼》有关庙学诸礼仪（尤其释奠礼）的解读，不仅可以明了唐时行礼的步骤及细节，并可借助礼仪陈设、站位及进程等方面的研究，豁然于城市尺度下的空间运作，并为后世诸朝庙学行礼的延传或变化提供最为基本的参照坐标。

唐五礼依次为：吉、宾、嘉、军、凶，庙学礼仪分属吉礼、嘉礼两类。独不见“乡射礼”之记载[254]，射礼体现的是“以射观德”“立德正己”的观念，最初施行于射宫。汉代儒学复兴，尤其是东汉天子大射礼仪得以恢复和实行，成为中央官学学礼的重要组成部分。魏晋之后，则逐渐转向军事礼仪[255]，至隋唐最终定格，《开元礼》“皇帝射于射宫”“皇帝观射于射宫”均属军礼之列，从中央官学学礼体系中脱离出去。后至宋，复于乡饮之后行乡射之礼，“亦古者习射于序之意也”[256]，此为后话。

为明晰行礼过程的空间转换，先须弄清务本坊及国子监的基本布局。观之（宋）吕大防《长安城图》残片，务本坊内有两条主要道路，呈十字交叉，“务本坊半以国子监，监东开街若两坊，街北直抵皇城南，尽一坊之地。”[257] 经考古勘测知，坊址东西约700余米，南北约500余米，面积约35万余平方米。坊东北为官员宅第、旅舍等，东南为景云观（先天观）。二者之间隔有南北向通道，宛如两坊。国子监自成一独立系统，居坊西街北，占地约为全坊五分之一，南北约250米、东西约250米，约6.25万平方米。[258] 又据《大唐郊祀录》“其太学讲论之堂，在庙垣之西”[259]，国子监为左庙右学的排布方式。

以下关于行礼的空间解读集中在视学、释奠、养老三者，着重于程序行进的空间转换及使用。

“视学”过程围绕国子监太学讲堂进行，与孔庙无甚关联。“释奠”在《开元礼》中虽位列视学之后，却是耗时最长、程序最为繁琐，体现了释奠礼地位之崇高。因皇太子身份特殊，计 5 个环节，国子、州、县则只计 3 个环节，除无出宫、讲学、还宫外，其他行礼过程和内容基本与皇太子释奠同。[260]《开元礼》成于玄宗开元二十年（732 年），该时孔庙祭殿内孔像仍坐西朝东，改南向是七年后（739 年）的事情，故记载的行礼人员朝向仍为旧制。“养老”由皇帝、太子、百官、使节、藩客、学生等人员参加，人数庞大，礼节严整，对于准备、仪仗、位次乃至养老礼中的迎、宴、谈、送等环节都讲究有加，整个过程处处彰显了崇儒重教、敬老尊贤的真切意图，与东汉、曹魏、北魏、北齐、北周有明显的制度继承关系，体现了先秦古礼的基本意蕴。

“视学”来去皆有国子祭酒以下、学生以上并出，就监外道东奉迎或奉辞；“释奠”来时不作鼓吹，行事低调，去时已在讲学之后，可作鼓吹及接受欢送，人群仍在道东。坊内有两条主道，南北向路不符合坊“在宫城直南，不欲开北街，泄气以冲城阙”[261]的顾虑，东西向路则以高大坊门限定，其地位不言而喻，迎送皇家的人群不至于屈居在南北向路东。若在东西向路东，则在路当中，似乎更不大可能。若从东坊门进入，则要穿越坊东的繁华地带，较为扰民。故，推测在坊外南北向大街东侧行迎送之礼。国子监东西约 250 米，以正常人步距大概 60-75 厘米、速度约为 1 米 / 秒计算，就算走到尽头，也只是几分钟的事情，况且在行礼前后，皇帝、皇太子均会居停，人群自坊外大街至监内站位之间折返，时间是足够的。

皇太子释奠后返宫，“车至城隅，鼓吹止。过庙，鼓吹作。”该庙当指太庙，与国子监仅一街之隔，皇太子过不作鼓乐，对祖先以示敬意，在情理之中。若皇太子直接自务本坊南北向路北出，至皇城墙所需时间无几（国子监南北约 250 米，且太庙即在其正北的皇城墙内），鼓吹的作、止恐怕就极为仓促了。倘上述推测成立，则皇帝或皇太子往返国子监的行进路线，除务本坊与其西侧兴通坊之间的街道外，其余皆在皇城根下（宫城、皇城及皇城墙东南线），笼罩于皇权的直接范围之内，亦符合国子监行礼中的皇家性格。

视学非常祀，“天子有时而行之者”[262]。唐初高祖（618-626 年）、太宗（627-649 年）时代，视学时均亲临释奠，而《开元礼》不见皇帝释奠礼，可能是准皇太子行之，皇帝在释奠礼中的主持角色已完全退居幕后，为汉晋以来一大变化，始作俑者为太宗李世民，皇太子主持成为定制。而养老虽有仪注之厘定，但观之有唐一代，实施状况恐怕有名无实。[263] 这样一来，皇太子释奠时的城市行进路线，理所当然地成为皇家国子监行礼中的最主要代表，经由的城市空间仅局于紧贴皇城东南隅的线性街道中，限制在皇城的延喜门至安上门之间。玄宗开元以后（741 年 -）释奠礼更退而由国子祭酒主持[264]，国子监原本借由皇家行礼，可以将空间的触角伸至皇城内外的唯一机会，也被无情地剥夺了。

|四|

以下，记：唐国子监之布局。

涉及长安国子监建筑布局及规制的文献只鳞片爪，且常无确定名词表示，因此，对文献记载情况切不可武断论之，应结合唐人论述习惯、其他类型的庙制规格等综合考量。经逐一解读，大致可勾勒出代宗（762-779 年）至宪宗（806-820 年）间的国子监轮廓。

之所以有时段之限定，原因有二：其一，我检出的文献史料中，大多记载代宗至宪宗之间的情形，且撰者亦大多生活于该时段；其二，据路远先生研究，国子监有过五次较大整修，除武则天时期存疑外，其余四次分别为代宗永泰二年（766 年）、宪宗元和十四年（819 年）、文宗太和初年（827 年 -）、昭宗大顺元年（890 年）。[265] 玄宗天宝十四年（755 年）的安史之乱使国子监遭受了巨大破坏，“太学空设，诸生盖寡；弦诵之地，寂寥元声；函丈之间，殆将不扫”。[266] 代宗时的整修无疑是百废待举，“敕修国子学、祠堂、论堂、六馆院及官吏所居厅宇，用钱四万贯，拆曲江亭瓦木助之”[267]，其规模当有所变动。

整个国子监总占地约 6.25 万平方米（约为边长 250 米的方形地块，约合 93.75 亩），文庙大致建于贞观三年（629 年）至七年（633 年）之间，庙学排布方式为左庙右学，目前尚未寻得有关布局明确规定的文献记载，有学者推测可能是源自周制“左祖（宗庙）右社（社稷）”[268]，权作一说。又，代宗永泰二年（766 年）京兆尹黎干“以薪炭不给，自西市引渠”，漕渠自务本坊国子监东过。[269]

庙周以宫垣，有二门：正门在南，为门屋、三间，饰朱色，悬“文宣王庙”额，列十戟，规格并不高[270]；东门亦为门屋、一间，门外有道路，神厨于道北，斋院又在其后，均较为朴素。孔门圣贤集于一殿祭祀，庭院之中尚无后世文庙为孔子从祀者专设的两庑建筑。祭殿装饰华美，基座高三尺五寸，有东、西两阶。屋顶形式不详，殿身面阔七间，进深七架（六椽）或九架（八椽），柱网布置近似宋代的双槽，分三跨，前后跨各深一间（外槽），中跨深二间（内槽），中间空间较大便于安放十哲坐像，七十子及二十二贤图绘于壁。坐像安置方式不明，据《开元礼》载释奠时设先圣、先师神座“席皆以莞”[271]，祭殿内坐像席地而坐或以石为席，似有可能。

太学为一组纵深庭院，以太学南正门起始。先为讲堂，有廊连接，连接方式难以确定。讲堂前有玄宗天宝四年（745 年）所建石台，刻御注并手书《孝经》，雕刻精美，碑座四周蔓草卷曲起伏，雄狮迎风吼啸；碑额祥云缭绕，长龙盘旋腾飞，一派生机。文宗大和元年(827 年)又议立《开成石经》[272]，九年（835 年）开始雕刻，开成二年（837 年）始成[273]，其目的也是鉴于“经籍讹谬，博士相沿”，故“召宿儒奥学，校定元籍，准后汉故事，勒石于太学，永代作则，以玉其阙。”[274]

讲堂有东、西阶，且北墙设门，可由北阶入，堂内布陈为坐席制。代宗大历十年（775 年）修《大历壁经》，据儒官勘校过的经本书于太学论堂东西厢之壁，“辨齐鲁之音取其宜，考古今之文取其正。由是诸生之师心曲学、偏听臆说，咸柬之而归于大同。”如是度过了约六十年，即文宗大和八年（834

年）左右，壁经文字崩剥污秽，于是重修，“惩前土涂不克以寿，乃析坚木负墉而比之。其制如版牍而高广，其平如粉泽而洁滑。”[275]

讲堂后为国子馆门，门内为二进院，类于讲堂庭院，为国子馆所在。再后为三馆门，门内为三进院，广文、大学、四门共处一院。其中，广文馆本在“国学西北隅，与安上门相对”，为玄宗天宝（742-756 年）中增置，但“廊宇粗建，会十三年，秋霖一百余日，多有倒塌，主司稍稍毁撤，将充他用。而广文寄在国子馆中，寻属边戈内扰，馆宇至今不立。”[276] 另，太学射堂、斋舍等皆备，惜所在不明。

安史之乱后，国势一蹶不振，中晚唐的几代帝王虽均力图恢复贞观、开元盛世，无奈地方割据势力日趋强大，中央权威日趋式微，终难再振雄姿。尤其德宗以后（805 年 -）财政日绌，统治者不得不抽取一定数量的官俸来修缮学校。

宪宗元和十四年（819 年）国子祭酒郑余庆奏“请率文官俸禄，修广两京国子监”，乃为“国学毁坏荒芜，盖以兵戎日久，而修葺未暇也”[277]；懿宗咸通间（860-873 年）又令群臣“输光学钱，治庠序，宰相五万，节度使四万，刺史万”[278]；昭宗大顺元年（890 年）再令“内外文臣各于本官料钱上每一缗抽十文助修国学”[279]，并诏“有国之规，无先学校，理官之要，莫尚儒宗。故前王设塾庠，陈齿胄，所以敷扬至道，宏阐大猷者也。国学自朝廷丧乱已来，栋宇摧残之后，岁月斯久，榛芜可知。宜令诸道观察使、刺史与宾幕州县文吏等，同于俸料内量力分抽，以助修葺。”[280] 此举演进为所谓的“光学制”，中央官学尚且如此捉襟见肘，推想地方学校更是难逃衰竭的厄运。

| 五 |

以下，记：试子之集于京师。

隋文帝开皇七年（587 年）废除九品中正制，改为“诸州岁贡三人”[281]，开始施行科举制，炀帝继之又置进士科，唐建国伊始继续之，并逐步完善。唐时科举（唐人习称“贡举”）分制举和常科：前者以皇帝名义临时下诏开科取士；后者则为每年定期举行的遵循既成规范章程的考试，常科举子来源包括“生徒”（中央国学和地方学校选拔举送）和“乡贡”（自行报名参加州县一级考试且成绩合格者）。

每年“孟冬之月”，乡贡举人与来自各级学校的生徒举人“集于京师，麻衣如雪，纷然满于九衢”，准备来年春天的科举考试，此间尚有许多例行的手续。[282]

十一月，试子们进宫朝见帝王，“朝集使及贡士见于（大明宫）宣政殿”；之后赴国子监谒先师，“其诸州乡贡、明经、进士，见讫宜令引就国子监谒先师，学官为之开讲，质问其义。宜令所司优厚设食，两馆及监内得举人亦准。其日，清资官五品以上及朝集使往观礼。”[283] 只不过此两项时行时废。

科举考试虽也有早在冬季、迟至三月的，但通常在正月、二月行之，尤以正月居多；唐前期地点在尚书省，发榜可能在皇城的端门，后期则改在位于尚书省南的礼部贡院，发榜亦改在贡院的东墙。

放榜后便是一系列的庆祝活动：新进士先就大明宫光范门内东廊设宴，候宰相上堂后参谒；再拜座主，地点移往主司府上；谢恩后，齐赴期集院再贺。自是，宴集的帷幕正式拉开，主要包括：闻喜宴（为官方敕令，官宴性质）、曲江游赏、杏园探花、雁塔题名等，活动范围集中在曲江及附近；其他如相识宴、樱桃宴、月灯打球、看佛牙等，则穿插于其间，只是地点、时间皆不一，非为例行节目。

待进士通过吏部关试、领取春关（吏部发放的证明文书）之后，方获出身（入仕做官的资格），再以关宴作为结尾，学子们从进京科考到入仕做官的主要历程，至是告罄。（以上表述，皆为通常情况，未虑及改朝、政令或战乱等因素带来的程序改变）

杨波先生详尽地描摹了唐时科举制度下长安士风的风情画卷[284]，从中可真切体会到在某个特定时段中，文人心态和文士作派对长安政治生活和社会关系的影响和作用。文人雅集虽不可避免地增长了奢华风气，但在丰富城市文化生活的同时，亦在一定程度上再定义了长安部分城市空间。

相较隋大兴，唐长安的最大变化是高宗（650–683 年）时营建大明宫和玄宗（712–756 年）时的兴庆宫，前者代替太极宫成为主要正式朝廷，后者为离宫。另一变化则是增加了两处夹城：一由东苑沿长安城东垣抵曲江池芙蓉园（曲江在秦时已有，隋时开发为风景园林区，唐时又建芙蓉园）；又一由西苑沿北垣至芳林苑；二者均为帝王游幸的专用复道，来往不为平民所知。[285] 东夹城的营建直接沟通了大明宫、东苑、兴庆宫三处皇家空间与曲江池芙蓉园的城市关系，建造行为实现了皇家的实质性介入，长安城东南的名胜佳处成就了皇家、平民共享城市空间的形成。

很显然，在前述描摹长安科考士子的风情画卷中，宴集的最主要几个程序均在以曲江池为中心的城市空间展开，可见该处在城市、文化、景观等众多方面地位的举足轻重，且具备强大的空间辐射作用。而宴集之前的朝见、谒先师、拜宰相及之后的关试，恰是皇家游幸之外，建立的另一个皇权与城市东南部之间的空间联系。

从城市地理空间上看，与科举及试子们相关的城市活动行为主要发生在“太极宫——朱雀门大街”和“大明宫——曲江池”之间。天子与民同乐的主要场所则集中在城市东部，除了高悬于天的皇权空间借由东夹城的导引和保护，安然降落于以曲江池芙蓉园为代表的世俗世界，尚有长安城规模最具的皇帝会见平民百姓的广场，位在兴庆宫西南角的勤政务本楼——花萼相辉楼所面临的十字街口（胜业坊、东市、道政坊道口），玄宗常于此举行盛大的官民同欢的盛大集会，且紧邻东市。长安城南北均分，虽东城（万年县辖区）住户数量远不如西城（长安县辖区），却多高官显贵、皇亲国戚居处，也导致了东市相较西市多售卖奢侈品。[286] 如此种种，皆体现了因皇权所在带来的空间集聚效应。

贵为城市中轴的朱雀门大街宽近 150 米，有“天街”之美誉，却非交通频繁所需，乃因皇帝郊天仪仗所经，一年之中不过一次而已，常日只是壮阔空旷。[287] 大明宫位移了唐政权的实际统治中心，与代表城市休闲文化生活的曲江池南北呼应，二者之间的空间联系发挥着一道隐性的城市轴线功用，在相当程度上置替了原有物化轴线（朱雀门大街）的城市组织角色，担负了唐中后期长安城（尤其是东城）的城市统领重任。上述发生在“大明宫——曲江池”之间的诸般空间行为,有力地促成了“圣”“俗”交融，并极大地推动了城市文化活动和官宦生活举止的重心向帝都的东部转移。

| 六 |

以下，记：唐以后庙学变迁。

唐末黄巢乱，东迁洛阳，驻防长安的佑国军节度使韩建放弃原外郭城，改筑皇城，称“新城”，范围急剧缩小，原二县治所隔于城外，因之又各建小城，城垣规模直至元末，少有变化。由于新城五个城门非对称开设，致使城内布局亦不太规整，中部、中北部、东部、东南部建筑分布最多。[288] 府学位于府衙西侧，临于新城中心南北大街，其位置可谓重要。唐时国子监所在务本坊被划在城外，宋时更沦为“京兆东西门外之草市（一种非正式的市场），余为民田。”[289] 国子监石经独存，为防失散，韩氏将其认为最重要的《石台孝经》移于原唐皇城内尚书省之西南隅，约在新城南北大街附近（今西安北广济街一带）。[290] 后朱温建立后梁，西安为永平军，又将《开成石经》移入城内，与《石台孝经》并置一处。[291]

北宋置京兆府，府衙位置同于五代，仍在城市的心脏部位，政治中心未变，太祖建隆三年（962 年）五代孔庙得到重修。[292] 北宋初重科举而轻学校，各地出现了有庙无学的状况。“奠先师于学而无庙，古也。近世之法，庙事孔子而无学。”[293] 原因在于五代“衰乱之后，荒陋之邦，往往庠序颓圮，教养废弛，而文庙独存”[294]，京兆府城亦然。

仁宗（1023-1063 年）时侍郎范雍奏言：“前资寄住官员颇多，子弟辈不务肯构，惟恣轻薄，盖由别无学校励业之所致。”[295] 其人至京兆府上任后，于景祐元年（1034 年）建京兆府学，位于原唐尚书省西隅，与文庙共处[296]，延师讲学，关中风气稍变。神宗元丰三年（1080 年）或此前不久，陕西转运副使吕大忠以石经所在“地杂民居，其处洼下，霖潦冲注，随立辄仆，埋没腐壤，岁岁折缺，殆非所以尊经而重道”[297] 为由，将府学移于“府城之坤维”，正值北宋第二次兴学，此举当与新政有关。[298] 但史界对其位置多有争论，至今未明。[299]

哲宗元祐二年（1087 年）又将石经徙置“府学之北墉”。《开成石经》“分东西次比而陈列焉，明皇注孝经及建学碑则立于中央、颜、褚、欧阳、徐、柳之书,下迨偏旁字源之类,则分布于庭之左右。”[300] 除《开成石经》和《石台孝经》之外，还新添了不少唐、宋碑刻，具一定规模，为西安碑林的形成奠定了重要基础。徽宗崇宁二年（1103 年）又迁府学及碑石于城东南隅，才移至碑林现址，恰又值北宋第三次兴学。[301] 府学西临官道，有南北向府学道通东南城巷，庙在碑屋之南，呈右庙左学之格局。

相较五代，北宋京兆府城的政治、文化中心由集中走向分离，城市不同区域功能职责分明，影响及于后世。文化中心向东南转移，而中部、东南部所设建置较多，与中部为政治中心、东部是文化中心有必然联系。[302] 金代相延京兆府，也曾多次整修府学、文庙。[303] 元时改奉元路城，东南部文化类建置更多，除府学、宣圣庙、贡院，有比其他区域相对较多的寺庙，如太白庙、三皇庙等，提举司亦位此（选拔人才的行政管理机构）。

明初在城市东、北两个方向上的外拓是西安城市发展史晚期的最重要篇章，奠定了明清西安发展成为西北重镇的坚实基础，一扫宋元城池的狭小局促[304]，西、南仍依原城位置，东、北各向外延伸约三分之一。扩建完毕，城市空间格局基本定型，东西、南北主干道连接城市四门的格局对城市内部街巷、官署、寺庙、学校、府宅等的布局产生了直接影响，府学所在由宋、元偏于东南，转为城南中心大街偏东。

明宪宗成化八年（1472 年）陕西巡抚马文升以“壬辰秋仲，举释奠礼，适大风雨，殿庑益倾圮。乃谋……撤而新之，众议克合。遂令西安知府孙仁出公帑羡余之积，以市材木，集在官民夫匠口，以供诸役，扩其旧址"，九年（1472年）完工。又以"附郭长安、咸宁二学僻从县治，去庙远甚，师生朔望艰于行礼，乃命所司徙长安学于庙之东（应为西），咸宁学于庙之北（应为东），而府学旧在庙西，是庙岿然居中"[305]，形成一庙三学的格局。

长安、咸宁二县学的移徙是明西安庙学分布及变迁中的大事，可视为明、清历任官府集中建设城南文教区的开始。[306]因三学共在，故称其所临前街为三学街。万历二十二年（1594年）又对庙学、碑林进行了有明一代最为完备的整修，"一庙三学，翼比朋翔，乔木联荫，清泮通流，宏规壮观，盖凡为学宫者或鲜其俪。"[307]文庙居中，前为坊，内依次为泮池、棂星门、戟门、大成殿及两庑，殿后为碑室，万历间（1573-1620年）始有"碑林"之称[308]；庙西为府学，再西为长安县学，庙东为咸宁县学。三学的排布关系符合府治及两县治的空间地理位置，俨然微缩的西安府城市布局。西安庙学、碑林极受官方重视，后世多次整修，有明一代见诸史载即达11次之多。[309]

三学均有明显中轴线，如下[310]：

西安府学，门前有坊，内有泮池，仪门内当道为魁星楼，中为明伦堂，旁为志道等四斋及东西号舍，复为尊经阁，阁后神器库。

长安县学，大门、仪门各三楹，博文、约礼二斋，旁为号舍，敬一亭三楹，筑天梯于面城垣，曰"云路"。魁星楼设学西，与射圃东西并列。泮池初在大门处，与西安府学将泮池置于大门内不同，清初方移凿于二门之内，并在泮池上建"春风化雨"坊，设明伦堂三楹，堂东为科举题名之处。教谕、训导宅均在学后院。

咸宁县学，大门三楹，内为泮池；二门同，门内东博文斋，西约礼斋，各三楹，东西各列号房凡十七楹。明伦堂居中，其后为一小门，后设敬一亭，又后为教谕宅。县学大门前原有"腾蛟""起凤"二坊，康熙时（1662-1722年）

已废。魁星楼则建于学南城墙上。

特别处在于祈祝文运建筑的反复出现：西安府学，仪门内当道为魁星楼，居于中心位置，可见对主掌文运星宿的重视；长安县学，筑天梯以登临城垣，美其名曰“云路”，当是寄寓学子早日及第，青云直上，又设魁星楼于学西，与射圃并列；咸宁县学，魁星楼则巍然立于学南城墙之上。至清嘉庆二十三年（1818 年）西安城南实已密集分布了五座代表祈祝文运的楼阁建筑，除上述三处，余二处为钟楼之上的文昌阁、咸宁县治东通化门上的魁星楼。[311]

明万历十年（1582 年）出于防范“民变”、瞭望警戒全城的目的，钟楼移建于四门大街交汇处，成为西安城的绝对中心。移建后的钟楼除以其四隅中心的位置而极具军事之要外，还兼有风水用途。万历间（1573-1620 年）“布政朱改建钟楼不利，巡抚赵可怀移钟旧楼像文昌于上。”[312] 由此钟楼又成为拜祭专司“主持文运，翊赞武功”的文昌神之所，希冀西安城“文运蒸起，抑且风化美仁”[313]，钟楼自此又有“文昌阁”之别名。四座魁星楼则集中分布在永宁门至通化门的南城墙一线，史红帅先生以独到的历史地理眼光详细分析了西安三学四座魁星楼（尤重咸宁县学的二座）建造过程及缘由[314]，借此研究，可一窥明清地方城市在文庙之外，为祈祝文运而进行的建筑活动。只不过史氏以为“在军事防性的城墙上建造主宰文运的魁星楼，是明清西安城墙区别于其他城市城墙的特别之处”，则失之不查，此类建筑在明清北方城市的城墙上或边缘殊为常见，如辽宁兴城、山西大同、河南开封等，不胜枚举。

钟楼（文昌阁）为西安祈祝文运建筑之统领，在意象空间上的中心地位，强化了城南隅文教区以多座高耸建筑为天际线和空间标志物的文教功能及祠祀氛围。[315] 明清西安此类风水建筑的大量兴修及集中布设，均旨在通过供奉文昌神及魁星以祈祝西安乃至三秦大地文运昌盛，人才辈出，凸显了该城作为西北文化重镇的重要地位，并塑造了蔚为壮观的祈祝文运的城市空间景观。虽在当时此类建筑主要是基于风水理念而建造，却由此带来了城市景观的变化和再构。

注释

1 《礼记正义》卷四十六《祭法第二十三》。

2 详见刘章泽《德阳孔庙布局及其与各地孔庙形制的比较研究——关于孔庙形制演变的探讨》,《孔学孔庙研究》P398。

3 主要根据：四川省文物考古研究院《四川文庙》,邹律姿《湖南文庙与书院》,胡炜《云南明清文庙建筑实例探析》,李轶夫《韩城文庙建筑研究》,魏星《广东孔庙建筑文化研究》等。

4 赵克生《试论明代孔庙祀典的升降》,《江西社会科学》2004年6月P108-109。

5 胡炜《云南明清文庙建筑实例探析》P12、49

6 《全宋文》(297)P69-70林士谦《重建祁门县儒学大成殿记》(开禧元年)。

7 《全元文》(9)P91-92李谦《新建两庑记》。

8 儒家思想对孔庙建筑的影响，参阅潘谷西《从曲阜看儒家思想对建筑的影响》,《孔子研究》1986年第2期P67-70；李炳南《儒家学说对中国古代建筑的影响》,《云南社会科学》1999年第3期P88-94。

9 引自(美)巫鸿《礼仪中的美术》(下卷)P553。

10 《全元文》(52)P520-522冯元杰《盐亭县修学记》。

11 《全元文》(58)P279-280贾元《涪陵学宫碑亭记》。

12 《全元文》(25)P570-571杨载《尊经阁记》。

13 《全元文》(9)P425-427姚燧《澧州庙学记》(大德三年)。

14 胡务《元代庙学——无法割舍的儒学教育链》P11。

15 《全元文》(26)P474-476虞集《建昌路新城县重修宣圣庙学记》。

16 (清)许承尧《歙事闲谭》第二十九册，引自张海鹏、王廷元《明清徽商资料选编》P324。

17 详见梁仁志、俞传芳《明清侨寓子弟的教育科举问题》,《安徽师范大学学报》2005年第1期P73-75；李琳琦、王世华《明清徽商与儒学教育》,《华东师范大学学报》1997年第3期P80-82。

18 (清)陈去病《五石脂》P309。

19 该数据见何炳棣《明清社会史论》第二章，引自王振忠《明清徽商与淮扬社会变迁》P127。

20 (澳)安东篱《说扬州：1550-1850的一座中国城市》P231。

21 (清)陈去病《五石脂》P309。

22 (清)许承尧《歙事闲谭》第二十九册，引自张海鹏、王廷元《明清徽商资料选编》P324。

23 《嘉庆两淮盐法制》卷四十七《科第表上》。

24 《康熙两淮盐法制》卷七，引自(澳)安东篱《说扬州：1550-1850的一座中国城市》P111。

25 详见王振忠《明清徽商与淮扬社会变迁》P58-62。

26 (清)素尔纳《钦定学政全书》卷六十七《商学条例》,引自王振忠《明清徽商与淮扬社会变迁》P60。

27 《嘉庆两淮盐法制》卷四十七《科第表上》。

28 (明)谢肇淛《五杂俎》卷十四《事部二》。

29 (清)周庆云《盐法通志》卷九十九《杂记三·两淮商灶籍学额》。

30 参阅《嘉庆如皋县志》卷四《赋役一·户口》;《道光重修仪征县志》卷二《食货志一·户口》。

31 《康熙徽州府志》卷四《风俗》。

32 (民国)王光伯《淮安河下志》卷十三《流寓》P377。

33 《乾隆新安镇志·户口》,引自王振忠《明清徽商与淮扬社会变迁》P64。

34 参阅阎广芬《试论明清时期商人与教育的关系》，《河北大学学报》2001年第3期P53。

35 （明）汪道昆《太函集》卷五十四《明故处士溪阳吴长公墓志铭》。

36 《嘉庆重修扬州府志》卷十九《学校》。

37 （清）王鸣盛《西庄始存稿》卷二十七《仪征县许氏五世建学记》，引自（清）焦循《扬州足征录》卷二十三P428。

38 民国《歙县志》卷一《舆地志·风土》。

39 歙县《汪氏谱乘·光禄寺少卿汪公事实》，引自张海鹏、王廷元《明清徽商资料选编》P321。

40 （清）许承尧《歙事闲谭》第十三册，引自张海鹏、王廷元《明清徽商资料选编》P322。

41 （清）戴震《戴氏遗书文集》卷九《汪氏捐立学田碑》，引自（清）焦循《扬州足征录》卷二十三P427。

42 （清）王鸣盛《西庄始存稿》卷二十七《仪征县许氏五世建学记》，引自（清）焦循《扬州足征录》卷二十三P428。

43 《嘉庆重修扬州府志》卷十九《学校》。

44 《嘉庆两淮盐法志》卷五十三《书院》。

45 《光绪增修甘泉县志》卷十六《学校》。

46 《嘉庆两淮盐法志》卷五十五《杂记四》。

47 具体数额及使用情况详见冯尔康《生活在清朝的人们：清代社会生活图记》P192。

48 《光绪增修甘泉县志》卷十六《学校》。

49 （民国）王振世《扬州览胜录》卷六。

50 （清）李斗《扬州画舫录》卷三《新城北录上》P65-66。

51 （民国）王光伯《淮安河下志》卷十三《流寓》P378-379。

52 （清）刘声木《苌楚斋三笔》卷三，引自王瑜、朱正海《盐商与扬州》P238。

53 《嘉庆两淮盐法志》卷五十三《书院》。

54 《民国歙县志》卷九《人物·义行》。

55 《民国歙县志》卷九《人物·义行》。

56 盛郎西《中国书院制度》P132。

57 （明）汪道昆《太函集》卷五十二《海阳处士金仲翁佩戴氏合葬墓志铭》。

58 （明）何良俊《四友斋丛说》卷四。

59 （清）陈去病《五石脂》P311。

60 《嘉庆江都县续志》卷五《古迹》。

61 《民国歙县志》卷一《舆地志·风土》。

62 （清）李斗《扬州画舫录》卷八《城西录》P180-181。

63 （澳）安东篱《说扬州：1550-1850的一座中国城市》P170。

64 （清）李斗《扬州画舫录》卷十《虹桥录上》P250。

65 （澳）安东篱《说扬州：1550-1850的一座中国城市》P177。

66 （清）梁章钜《浪迹丛谈》卷二《小玲珑山馆》。

67 韦明铧《风雨豪门：扬州盐商大宅院》P149。

68 （民国）王光伯《淮安河下志》卷六《园林一》P163。

69 （清）黄钧宰《金壶浪墨》卷一《纲盐改票》，引自王振忠《明清淮安河下徽商研究》，《江淮论坛》1994年第5期P74。

70 详见（清）李元庚《山阳河下园亭记》，（清）李鸿年《〈山阳河下园亭记〉续编》，（清）汪继先《〈山阳河下园亭记〉补编）》。

71 （清）李元庚《山阳河下园亭记·依绿园、柳衣园》P531。

72 （清）李元庚《山阳河下园亭记·菰蒲曲》P536。
73 （清）李元庚《山阳河下园亭记》P510《序》。
74 （民国）王光伯《淮安河下志》卷十三《流寓》P377。
75 （民国）王光伯《淮安河下志》卷一《疆域》P21。
76 （清）尹会一《重建安定书院纪略》雍正十三年（1735），引自陈谷嘉、邓洪波《中国书院史资料》中册P1028-1029。
77 （清）李斗《扬州画舫录》卷三《新城北录》P60。
78 （民国）柳诒征《江苏书院志初稿》P92。
79 （民国）柳诒征《江苏书院志初稿》P102。
80 （清）林苏门《邗江三百吟》卷二《大小义举·义学馆》P24。
81 （民国）柳诒征《江苏书院志初稿》P111。
82 （清）魏禧《善德纪闻录》，引自（清）焦循《扬州足征录》卷二十二P413。
83 （民国）王振世《扬州览胜录》卷五。
84 《光绪善化县志》卷十一，引自邓洪波《中国书院史》P512。
85 淮阴市文化局《淮阴文物志》P65。
86 （清）尹会一《重建安定书院纪略》雍正十三年（1735年），引自陈谷嘉、邓洪波《中国书院史资料》（中）P1028-1029。
87 （清）阿克当阿《文昌楼孝廉会文堂碑记》嘉庆十三年（1808年），引自陈谷嘉、邓洪波《中国书院史资料》（中）P1038-1039。
88 《道光扬州营志》卷九《署舍》。
89 （清）麟庆《鸿雪因缘图记》第二集下册《文汇读书》。
90 吴哲夫《四库全书纂修之研究》P264。
91 （清）麟庆《鸿雪因缘图记》第二集下册《文汇读书》。
92 （清）李斗《扬州画舫录》卷四《新城北录中》P104。
93 吴哲夫《四库全书纂修之研究》P41、144。
94 （清）董玉书《芜城怀旧录》卷一P40。
95 （清）全祖望《丛书楼记》，引自韦明铧《风雨豪门：扬州盐商大宅院》P93。
96 韦明铧《风雨豪门：扬州盐商大宅院》P92。
97 （澳）安东篱《说扬州：1550-1850的一座中国城市》P181。
98 （清）董玉书《芜城怀旧录》卷一P40。
99 （清）严安儒《重修睢宁书院碑记》，引自邓洪波《中国书院史》P511。
100 韦明铧《画笔春秋（扬州名图）》P203。
101 （民国）王振世《扬州览胜录》卷五。
102 （民国）王振世《扬州览胜录》卷五。
103 （清）赵之壁《平山堂图志》P24。
104 （清）董玉书《芜城怀旧录》卷一P10。
105 韦明铧《画笔春秋（扬州名图）》P81。
106 （清）李斗《扬州画舫录》卷四《新城北录中》P104。
107 （清）麟庆《鸿雪因缘图记》第二集下册《文汇读书》。
108 （清）李斗《扬州画舫录》卷三《新城北录》P61。
109 （清）李斗《扬州画舫录》卷九《小秦淮录》P196-198。
110 傅崇兰《中国运河城市发展史》P402。
111 （清）李斗《扬州画舫录》卷十《虹桥录上》P240-241。
112 （清）李斗《扬州画舫录》卷十一《虹桥录下》P251。
113 （清）李斗《扬州画舫录》卷十《虹桥录上》P220-221。

114 （民国）王振世《扬州览胜录》卷一。
115 （清）李斗《扬州画舫录》卷十《虹桥录上》P221。
116 （清）李斗《扬州画舫录》卷十《虹桥录上》P238。
117 （澳）安东篱《说扬州：1550-1850的一座中国城市》P101。
118 《全元文》（38）P653-654郑元祐《海盐州学兴建记》。
119 《全宋文》（50）P225-226陈襄《天台县孔子庙记》（皇祐元年）。
120 《全宋文》（301）P246-247王元春《邵州迁学记》（嘉定十三年）。
121 关于建康府学图的文本阅读，引自郭黛姮《中国古代建筑史·宋、辽、金、西夏建筑》P584；关于建康府学的历史领域研究，参阅郑雪《宋朝建康府学研究》，上海：华东师范大学硕士学位论文2006.04。
122 《至正金陵新志》卷一《路学新图考》。
123 《全宋文》（107）P166-167黄庭坚《鄂州通城县学资深堂记》。
124 《全宋文》（158）P257-258王庭珪《吉州新修教授厅记》（绍兴二十九年）。
125 《全宋文》（348）P317-318黄震《抚州重建教授厅记》（咸淳八年）。
126 郭黛姮《中国古代建筑史·宋、辽、金、西夏建筑》P583-584，有删减。
127 逯耀东《从平城到洛阳——拓跋魏文化转变的历程》P3。
128 万绳楠《陈寅恪魏晋南北朝讲演录》P216。
129 《南齐书》卷五十七《列传第三十八·魏虏》。
130 《魏书》卷二《帝纪第二·太祖道武帝》。
131 《魏书》卷八十四《列传儒林第七十二》。
132 《魏书》卷二《帝纪第二·太祖道武帝》。
133 《魏书》卷四上《帝纪第四上·世祖太武帝》。
134 《魏书》卷四下《帝纪第四下·世祖太武帝》。
135 《魏书》卷七上《帝纪第七上·高祖孝文帝》。据（唐）封演《封氏闻见记》卷一，有同样记载："流俗妇人多于孔庙祈子，殊为亵慢，有露形登夫子之榻者。后魏孝文诏'孔子庙不听妇人合杂，祈非望之福'。"
136 逯耀东《从平城到洛阳——拓跋魏文化转变的历程》P64。
137 《魏书》卷七下《帝纪第七下·高祖孝文帝》。
138 参阅陈朝晖《北朝儒学教育及其影响》，《齐鲁学刊》1991年第6期P84。
139 《魏书》卷一百八之一《志第十·礼志一》。
140 《乾隆大同府志》卷十四《学校》。
141 《魏书》卷七下《帝纪第七下·高祖孝文帝》。
142 《魏书》卷九十一《列传术艺第七十九·蒋少游》。
143 有关北魏平城考古工作进展，参阅王银田等《山西大同市北魏平城明堂遗址1995年的发掘》，《考古》2001年第3期（总402期）P26-34。
144 辽西京城市布局及引文，详见葛世民《大同》P28-29。
145 《辽史》卷四十八《志第十七下·百官制四》。
146 （清）厉鹗《辽史拾遗》卷十五《志第十一·地理志五》。
147 《乾隆大同府志》卷十四《学校》。
148 《辽代文学考》卷下，引自王耀贵《辽代西京的文化教育发展概析》，《雁北师范学院学报》1996年第2期P20。
149 《乾隆大同府志》卷十四《学校》。
150 《道光大同县志》卷十《学校》。
151 《山西通志》卷八《学校》。
152 《魏书》卷八十四《列传儒林第七十二》。

153 参阅陈英《魏晋南北朝时期的河西儒学》,《北朝研究》第四辑P363-364。
154《晋书》卷八十六《列传第五十六·张轨》。
155 陈英《魏晋南北朝时期的河西儒学》,《北朝研究》第四辑P368。
156 陈寅恪《隋唐制度渊源略论稿》二《礼仪》，引自赵澜《〈大唐开元礼〉初探——论唐代礼制的演化历程》,《复旦学报》1994年第5期P88。
157《魏书》卷四十八《列传第三十六·高允》。
158 马玉山《浅论北朝儒学》,《北朝研究》第四辑P121。
159《魏书》卷四下《帝纪第四·世祖纪下》。
160 许智银《北魏的学校教育》,《北朝研究》第四辑P137。
161《魏书》卷四十二《列传第三十·薛辩》。
162《魏书》卷四十六《列传第三十四·李欣》。
163 参阅《魏书》卷四十八《列传第三十六·高允》。
164《魏书》卷七下《帝纪第七下·高祖纪下》。
165《魏书》卷五十七《列传第四十五·高祐》。
166 许智银《北魏的学校教育》,《北朝研究》第四辑P140。
167 许智银《北魏的学校教育》,《北朝研究》第四辑P136。
168《新出魏晋南北朝墓志疏证》P146，引自盖金伟《汉唐官学学礼研究》P148。
169《新唐书》卷十五《志第五·礼乐志五》。
170 详见成一农《唐末至明中叶中国地方建制城市形态研究》P68。
171 高明士《东亚教育圈形成史论》P78。
172《北齐书》卷四《帝纪第四·文宣》。
173《隋书》卷九《志第四·礼仪四》。
174《北齐书》卷四十四《列传第三十六·儒林》。
175《汉书》卷八十九《循吏传第五十九》。
176《汉书》卷六《武帝纪第六》。
177《汉书》卷八十九《循吏传第五十九》。
178《汉书》卷八十九《循吏传第五十九》。
179《汉书》卷十二《平帝纪第十二》。
180 牟发松《从“移风易俗”看秦汉对地方社会的控制》,《大阪市立大学东洋史论丛15号》2006年11月P1-14，引自盖金伟《汉唐官学学礼》P129-130。
181《后汉书》志第二十三《郡国五》。
182（东汉）班固《东都赋》，引自《文选》卷一《赋甲·京都上》。
183《后汉书》卷九十四《志第四·礼仪上·养老》。
184《后汉书》卷五十一《李陈庞陈桥列传第四十一》。
185《后汉书》卷二十九《申屠刚鲍永郅惲列传第十九》。
186《后汉书》卷七十六《循吏列传第六十六》。
187（东晋）常璩《华阳国志》卷三《蜀志》。
188（宋）董逌《广川书跋》。
189（宋）王溥《唐会要》卷三十五《褒崇先圣（先师已下附）》。
190 四川省文史研究馆《成都城坊古迹考》P283。
191（宋）洪释《隶释》卷一《益州太守高联修周公礼殿记》。
192 参阅《欧阳修集》卷一三六《集古录跋尾》卷三《后汉文翁石柱记》；林和生《文翁石室：科举和文官制度的摇篮》P65注1。
193（宋）洪释《隶释》卷一《益州太守高联修周公礼殿记》。
194《元和郡县志》卷三十一引李膺《益州记》，引自陈煦《文翁学宫在东汉的兴废——兼辩〈周公礼殿记〉的时代》,《成都大学学报》1992年第3期P46。

195 《东汉礼殿柱记》,引自周聪《孔庙与"庙学合一"》,《文史杂志》1996年第2期P63。

196 (宋)李昉《太平御览》卷五百三十四《礼仪部十三·学校》引任预《益州记》。

197 详见四川省文史研究馆《成都城坊古迹考》P282-284。

198 《事物原会》卷七,引自范小平《中国孔庙》P19。

199 费著《成都周公礼殿圣贤图考》,引自周聪《孔庙与"庙学合一"》,《文史杂志》1996年第2期P63。

200 顾向明《唐代太湖地区官学考析》,《临沂师范学院学报》2003年2月P53。

201 《全唐文新编》(7)P4075-4076乔琳《巴州化成县新移文宣王庙颂并序》。

202 《全唐文》卷六百三,刘禹锡《奏记丞相府论学事》。

203 参阅周原孙《宋代四川孔庙的设置及其相关问题》,《孔学孔庙研究》P422-428。

204 《汉书》卷一下《高帝纪第一下》。

205 (西汉)贾谊《过秦论》,引自《文选》卷五十一《论一》。

206 参阅《史记》卷一百二十一《儒林列传第六十一》。

207 《汉书》卷五十六《董仲舒传第二十六》。

208 《汉书》卷六《武帝纪第六》。

209 参阅樊克政《学校史话》P28。

210 《史记》卷一百二十一《儒林列传第六十一》。

211 (元)马端临《文献通考》卷四十《学校考》。

212 高明士《东亚教育圈形成史论》P15。

213 《后汉书》卷四《孝和孝殇帝纪第四·和帝》。

214 《汉书》卷二十二《礼乐志第二》。有关太学建筑事宜,学界多有讨论,参阅中国社会科学院考古研究所《西汉礼制建筑遗址》P212;何清谷《三辅黄图校释》P301;及王国维《观堂林集》卷四,钱穆《两汉经学今古文评议》,吕思勉《读史札记》、《燕石续札》等。

215 《汉书》卷九十九《王莽传上》。

216 《汉书》卷二十二《礼乐志第二》。

217 参阅盖金伟《汉唐官学学礼研究》P24-27。

218 (东汉)班固《西都赋》,引自《文选》卷一《赋甲·京都上》。

219 引自何清谷《三辅黄图校释》P302,今本《三辅黄图》无此文。

220 (宋)宋敏求《长安志》卷七,《宋元方志丛刊》其一,P113。

221 《礼记正义》卷二《曲礼上第一》。

222 何清谷《三辅黄图校释》P101-102。

223 何清谷《三辅黄图校释》P303。

224 详见张一兵《明堂制度源流考》P107-128。

225 《汉书》卷六《武帝纪第六》。

226 《汉书》卷十九上《百官公卿表第七上》。

227 (元)马端临《文献通考》卷四十《学校考》。

228 《汉书》卷九十九上《王莽传第六十九上》。

229 曲英杰《历代京都及地方孔庙考述》,《孔子研究》1996年第3期P118。

230 《全元文》(18)P574-583熊禾《三山郡泮五贤祀记》。另,《全宋文》(72)P157-160章□《广州府移学记》(绍圣三年)亦有类似疑问。

231 《汉书》卷十二《平帝纪第十二》。

232 《儒学发展史》第七章《隋唐:儒学再度官学化》。

233 曲英杰《孔庙史话》P77。

234 《隋书》卷二《帝纪第二·高祖下》。

235 《隋书》卷四十七《列传第十二·韦世康》。
236 《隋书》卷九《志第四·礼仪四》。
237 《隋书》卷二《帝纪第二·高祖下》。
238 《隋书》卷一《帝纪第一·高祖上》。
239 赵云旗《论隋文帝与隋代的儒学》,《孔子研究》1988年第3期P36。
240 《隋书》卷二《帝纪第二·高祖下》。
241 《隋书》卷七十五《列传第四十·儒林》。
242 赵云旗《论隋文帝与隋代的儒学》,《孔子研究》1988年第3期P34。
243 吕思勉《隋唐五代史》(下)P1262。
244 《北史》卷十二《隋本纪下第十二·炀帝》。
245 《旧唐书》卷四十四《志第二十四·职官三》。
246 《旧唐书》卷四十二《志第二十二·职官一》。
247 《隋书》卷七十七《列传第四十二·隐逸》。
248 《北史》卷八十一《列传第六十九·儒林上》。
249 (唐)吴兢《贞观政要》卷七《崇儒学第二十七》。
250 参阅《新唐书》卷四十四《志第三十四·选举志上》;(宋)王谠《唐语林校证》卷五P458-459;侯力《唐代官学中的学规和学礼》,《益阳师专学报》1998年第2期P48。
251 《全元文》(18)P574-583熊禾《三山郡泮五贤祀记》。
252 如:中晚唐《开元后礼》、《曲台新礼》,北宋《太常因革礼》、《政和五礼新仪》,金《大金集礼》,清《清集礼》等。
253 引自《大唐开元礼》出版前言。
254 (唐)中敕《大唐开元礼》卷八十六。
255 盖金伟《汉唐官学学礼研究》P125。
256 《宋史》卷一百十四《志第六十七·礼十七》。
257 (宋)宋敏求《长安志》卷七,《宋元方志丛刊》其一,P111。
258 曲英杰《孔庙史话》P71。
259 (唐)王泾《大唐郊祀录》卷十《释奠文宣王》。
260 参阅《新唐书》卷十五《志第五·礼乐五》,《大唐开元礼》卷五十四、卷六十九、卷七十二。
261 《旧唐书》卷三十五《志第十五·天文上》。
262 《新唐书》卷十四《志第四·礼乐四》。
263 高明士《东亚教育圈形成史论》P103
264 高明士《东亚教育圈形成史论》P99。
265 路远《西安孔庙历史溯源》,《中国孔庙保护协会论文集》P19-23。
266 《旧唐书》卷十一《本纪第十一·代宗》。
267 (清)顾炎武《历代宅京记》卷六《关中四》P102。
268 高明士《东亚教育圈形成史论》P81。
269 (清)徐松《唐两京城坊考》卷四《西京·漕渠》P129。
270 参阅(宋)王溥《唐会要》卷三十二《戟》。
271 (唐)中敕《大唐开元礼》卷五十三《吉礼·皇太子释奠于孔宣父》。
272 或称《大唐石经》、《唐石经》等。
273 《旧唐书》卷十七上《本纪第十七上·文宗上》、卷十七下《本纪第十七下·文宗下》。
274 《旧唐书》卷一百七十三《列传第一百二十三·郑覃》。
275 (唐)刘禹锡《国学新修五经壁本记》,《全唐文新编》(10)P6860。
276 (宋)王谠《唐语林校证》卷五P458-459。
277 (宋)王钦若《册府元龟》卷六百四《学校部·奏议三》。
278 (元)马端临《文献通考》卷四十《学校考》。
279 (宋)王钦若《册府元龟》卷六百四《学校部·奏议三》。

280 《全唐文》卷九十一，李晔《修葺国学诏》。
281 《隋书》卷一《帝纪第一·高祖上》。
282 （唐）牛希济《荐士论》，引自杨波《长安的春天——唐代科举与进士生活》P2。
283 （五代）王定保《唐摭言》卷一《朝见》、《谒先师》。
284 详见杨波《长安的春天——唐代科举与进士生活》。
285 郭湖生《中华古都》P43。
286 郭湖生《中华古都》P44。
287 郭湖生《中华古都》P40。
288 朱士光等《古都西安·西安的历史变迁与发展》P367-368。
289 （宋）张礼《游城南记》，史念海、曹尔琴《游城南记校注》P6。
290 路远《西安碑林史》P52。
291 （元）骆天骧《类编长安志》，《宋元方志丛刊》其一，P286。
292 参阅路远《西安碑林史》P502-504。
293 （宋）王安石《临川先生文集》卷八十二《繁昌县学记》，引自路远《西安碑林史》P59。
294 （元）马端临《文献通考》卷四十六《学校考七》，引自路远《西安碑林史》P59。
295 《乾隆西安府志》卷十九《学校志》。
296 创建时间及地址为路远先生考证，详见路远《西安碑林史》P60-63。
297 北宋元祐五年（1090年）《京兆府府学新移石经记》，引自路远《西安碑林史》P512。
298 路远《西安碑林史》P63。
299 路远《西安碑林史》P54-57。
300 北宋元祐五年（1090）《京兆府府学新移石经记》，引自路远《西安碑林史》P513。
301 路远《西安碑林史》P64。
302 朱士光等《古都西安·西安的历史变迁与发展》P379。
303 参阅路远《西安碑林史》P517。
304 朱士光等《古都西安·西安的历史变迁与发展》P405。
305 据明成化十一年（1475年）《重修西安府学文庙记碑》，引自路远《明代西安碑林、文庙及府县三学整修述要》，《文博》1996年第1期P38。
306 史红帅《明清西安城内教育设施的发展变迁》，《中国历史地理论丛》2000年第4辑P132。
307 《康熙咸宁县志》卷八《艺文》（明）周宇《修学记》，引自史红帅《明清西安城内教育设施的发展变迁》，《中国历史地理论丛》2000年第4辑P133。
308 路远《明代西安碑林、文庙及府县三学整修述要》，《文博》1996年第1期P37。
309 详见路远《明代西安碑林、文庙及府县三学整修述要》，《文博》1996年第1期P37-46。
310 据《嘉庆长安县志》卷十三《学校志》、《嘉庆咸宁县志》卷十五《学校志》整理。
311 参阅史红帅《明清西安城内教育设施的发展变迁》，《中国历史地理论丛》2000年第4辑P134-137。
312 《嘉庆咸宁县志》卷二《建置》。
313 《民国续修陕西通志稿》卷二百一十《文征十》引（清）张鹏飞《重修文昌阁记》，引自朱士光等《古都西安·西安的历史变迁与发展》P418。
314 详见史红帅《明清西安城内教育设施的发展变迁》，《中国历史地理论丛》2000年第4辑P134-137。
315 详见朱士光等《古都西安·西安的历史变迁与发展》P416-418。

参考文献

（一）二十五史中华书局点校本

（西汉）司马迁．史记 [M]. 北京：中华书局，1982.

（东汉）班固撰，（唐）颜师古注．汉书 [M]. 北京：中华书局，2000.

（南朝宋）范晔撰，（梁）刘昭补志，（唐）李贤注．后汉书 [M]. 北京：中华书局，2005.

（晋）陈寿撰，（南朝宋）裴松之注．三国志 [M]. 北京：中华书局，2005.

（唐）房玄龄等．晋书 [M]. 北京：中华书局，1998.

（梁）沈约．宋书 [M]. 北京：中华书局，2003.

（梁）萧子显．南齐书 [M]. 北京：中华书局，2003.

（唐）姚思廉．梁书 [M]. 北京：中华书局，2003.

（唐）姚思廉．陈书 [M]. 北京：中华书局，1972.

（北齐）魏收．魏书 [M]. 北京：中华书局，1974.

（唐）李百药．北齐书 [M]. 北京：中华书局，2003.

（唐）令狐德棻等．周书 [M]. 北京：中华书局，2003.

（唐）魏征等．隋书 [M]. 北京：中华书局，1973.

（唐）李延寿．南史 [M]. 北京：中华书局，1975.

（唐）李延寿．北史 [M]. 北京：中华书局，2003.

（后晋）刘昫等．旧唐书 [M]. 北京：中华书局，1988.

（宋）欧阳修，宋祁．新唐书 [M]. 北京：中华书局，1975.

（宋）薛居正等．旧五代史 [M]. 北京：中华书局，2003.

（宋）欧阳修撰，（宋）徐无党注．新五代史 [M]. 北京：中华书局，1974.

（元）脱脱等．宋史 [M]. 北京：中华书局，1985.

（元）脱脱等．辽史 [M]. 北京：中华书局，1974.

（元）脱脱等．金史 [M]. 北京：中华书局，2005.

（明）宋濂等．元史 [M]. 北京：中华书局，2005.

（清）张廷玉等．明史 [M]. 北京：中华书局，1974.

（民国）赵尔巽等．清史稿 [M]. 北京：中华书局，2003.

（二）丛刊类

（清）阮元校刻．十三经注疏 [M]. 北京：中华书局，1980.

·（东汉）郑玄注，（唐）贾公彦疏．周礼注疏．

·（东汉）郑玄注，（唐）孔颖达疏．礼记正义．

·（魏）王弼等注，（唐）孔颖达疏．周易正义．

石刻史料新编 [M]. 台北：新文丰出版公司，1982.

·（清）王昶．金石萃编（第一辑 1-4）．

·（宋）赵明诚．金石录（第一辑 12）．

·（清）张仲炘．湖北金石志（第一辑 16）．

·（清）毕沅．山左金石志（第一辑 19）．

·（清）胡聘之．山右石刻丛编（第一辑 20）．

·（宋）欧阳修．集古录跋尾（第一辑 24）．

·（宋）欧阳修撰，（清）缪荃孙校辑．集古录目（第一辑 24）．

·（清）丁绍基．求是斋题跋（第二辑 19）．

·（民国）张林．平山县志料集（第三辑 24）．

文渊阁四库全书．电子版．[DB/OL]. 上海：上海人民出版社，1999.

·（元）汪克宽．经礼补逸．经部四·礼类二·仪礼之属．

·（清）厉鹗，辽史拾遗．史部一·正史类．

·（明）冯琦原编，（明）陈邦瞻增辑．宋史纪事本末．史部三·纪事本末类．

·（清）马骕．绎史．史部三·纪事本末类．

·（唐）许嵩．建康实录．史部四·别史类．

·（朝鲜）佚名．朝鲜史略（又名《东国史略》）．史部九·载记类·附录．

·（明）李贤等．明一统志．史部十一·地理类二·总志之属．

·（清）大清一统志．史部十一·地理类二·总志之属．

·（清）阿桂等纂修．钦定盛京通志．史部十一·地理类三·都会郡县之属．

·（清）赵弘恩修，（清）黄之隽纂．江南通志．史部十一·地理类三·都会郡县之属．

·（清）嵇曾筠等修，（清）沈翼机等纂．浙江通志．史部十一·地理类三·都会郡县之属．

·（清）觉罗石麟等修，（清）储大文等纂．山西通志．史部十一·地理类三·都会郡县之属．

·（清）唐执玉、李卫等修，（清）田易等纂．畿辅通志．史部十一·地理类三·都会郡县之属．

·（清）田文镜等修，（清）孙灏等纂．河南通志．史部十一·地理类三·都会郡县之属．

·（清）刘於义等修，（清）沈青崖等纂．陕西通志．史部十一·地理类三·都会郡县之属．

·（清）迈柱等修，（清）夏力恕等纂．湖广通志．史部十一·地理类三·都会郡县之属．

·（清）黄廷桂等修，（清）张晋生等纂．四川通志．史部十一·地理类三·都会郡县之属．

· (清) 岳濬等修, (清) 杜诏等纂 . 山东通志 . 史部十一 · 地理类三 · 都会郡县之属 .
· (清) 赵弘恩等修, (清) 黄之隽等纂 . 江南通志 . 史部十一 · 地理类三 · 都会郡县之属 .
· (清) 嵇曾筠等修, (清) 沈翼机等纂, 浙江通志 . 史部十一 · 地理类三 · 都会郡县之属 .
· (清) 郝玉麟等修, (清) 谢道承等纂 . 福建通志 . 史部十一 · 地理类三 · 都会郡县之属 .
· (清) 谢旻等修, (清) 陶成等纂 . 江西通志 . 史部十一 · 地理类三 · 都会郡县之属 .
· (清) 金鉷等修, (清) 钱元昌等纂 . 广西通志 . 史部十一 · 地理类三 · 都会郡县之属 .
· (清) 郝玉麟等修, (清) 鲁曾煜等纂 . 广东通志 . 史部十一 · 地理类三 · 都会郡县之属 .
· (清) 鄂尔泰等修, (清) 靖道谟等纂 . 云南通志 . 史部十一 · 地理类三 · 都会郡县之属 .
· (清) 鄂尔泰等修, (清) 靖道谟等纂 . 贵州通志 . 史部十一 · 地理类三 · 都会郡县之属 .
· (宋) 徐竞 . 宣和奉使高丽图经 . 史部十一 · 地理类十 · 外纪之属 .
· (明) 董岳 . 朝鲜赋 . 史部十一·地理类十·外纪之属 .
· (明) 俞汝楫编 . 礼部志稿 . 史部十二·职官类一·官制之属 .
· (明) 徐溥等撰, (明) 李东阳重修 . 明会典 . 史部十三 · 政书类一 · 通志之属 .
· (宋) 朱熹 . 绍熙州县释奠仪图 . 史部十三 · 政书类二 · 仪制之属 .
· (金) 佚名 . 大金集礼 . 史部十三 · 政书类二 · 仪制之属 .
· (元) 佚名 . 庙学典礼 . 史部十三 · 政书类二 · 仪制之属 .
· (宋) 陈思 . 宝刻丛编 . 史部十四 · 目录类二 · 金石之属 .
· (宋) 董逌 . 广川书跋 . 子部八·艺术类一·书画之属 .
· (清) 孙承泽 . 春明梦余录 . 子部十 · 杂家类三 · 杂说之属 .
· (元) 程钜夫 . 雪楼集 . 集部五 · 别集类四 .
· (元) 耶律楚材 . 湛然居士集 . 集部五 · 别集类四 .
· (元) 吴澄 . 吴文正集 . 集部五 · 别集类四 .
· (明) 危素 . 说学斋稿 . 集部六 · 别集类五 .
· (宋) 李昉 . 文苑英华 . 集部八 · 总集类 .
· (元) 苏天爵 . 元文类 . 集部八 · 总集类 .
续修四库全书 . 影印本 [M]. 上海：上海古籍出版社，1995.
· (明) 杨守礼修, (明) 管律纂 . 嘉靖宁夏新志 (册 649) .
· (清) 刘敏崧 . 通义堂文集 (册 1546) .
四部丛刊 . 电子版 .[DB/OL] 北京：书同文数字化技术有限公司 ,2001.
· (宋) 赵明诚 . 金石录 . 续编 · 史部 .
· (宋) 洪释撰 . 隶释 . 三编 · 史部 .
国学备要 . 电子版 . [DB/OL]. 北京：国学时代文化传播有限公司 ,2003.
· 论语 . 经部 · 十三经 .
· 孟子 . 经部 · 十三经 .
· 庄子 . 子部 · 诸子 .
· (东晋) 常璩 . 华阳国志 . 史部 · 别史、杂史 .
· (北魏) 郦道元，水经注 . 史部 · 别史、杂史 .
· (唐) 张九龄，李林甫 . 史部 · 别史、杂史 .
· (五代) 王定保 . 唐摭言 . 史部 · 野史 .
· (唐) 韩愈 . 韩愈集 . 集部 · 别集 .
· (唐) 柳宗元 . 柳宗元集 . 集部 · 别集 .
· (宋) 欧阳修 . 欧阳修集 . 集部 · 别集 .
· (宋) 司马光 . 资治通鉴 . 史部 · 别史、杂史 .
· (宋) 李昉等编 . 太平御览 . 子部 · 类书 .
· (清) 顾炎武 . 日知录 . 子部 · 笔记 .
中国古代都城资料选刊 [M]. 北京：中华书局 .
· 何清谷 . 三辅黄图校释，2005.
· (宋) 程大昌撰，黄永年点校 . 雍录 .2005.
· (宋)孟元老撰,伊永文笺注 . 东京梦华录笺注 .2007.
· (清) 顾炎武著，于杰点校 . 历代宅京记 .2005.
· (北魏)杨衒之著,杨勇校笺 . 洛阳伽蓝记校笺 .2008.
唐宋史料笔记丛刊 [M]. 北京：中华书局 ,1997.
· (唐) 刘餗撰，程毅中点校 . 隋唐嘉话 .
· (宋) 罗大经撰，王瑞来点校 . 鹤林玉露 .
· (宋) 周密撰，吴企明点校 . 癸辛杂识 .
· (宋) 李心传撰，徐规点校 . 建炎以来朝野杂记 .
· (宋) 庄绰撰，萧鲁阳点校 . 鸡肋编 .
· (宋) 王谠撰，周勋初校证 . 唐语林校证 .
· (宋) 赵彦卫撰，傅根清点校 . 云麓漫钞 .
· (宋) 王栐撰，诚刚点校 . 燕翼诒谋录 .
元明史料笔记丛刊 [M]. 北京：中华书局 .

·（明）顾起元撰，陈家禾点校．客座赘语．1987.
·（明）何良俊．四友斋丛说．1997.
·（明）沈德符．万历野获编．1997.
·（明）余继登．典故纪闻．1997.
·（明）陆容．菽园杂记．1997.
清代史料笔记丛刊 [M]. 北京：中华书局．
·（清）梁章钜撰，陈铁民点校．浪迹丛谈．1981.
·（清）钱泳撰，张伟点校．履园丛话．1997.
·（清）刘禺生撰，钱实甫点校．世载堂杂忆．1997.
·（清）陈其云撰，杨璐点校．庸闲斋笔记．1997.
·（清）金埴撰，王湜华点校．不下带编．1997.
·（清）陆以恬撰，崔凡芝点校．冷庐杂识．1997.
·（清）陈康祺撰，晋石点校．朗潜纪闻初笔、二笔、三笔．1997.
·（清）方浚师撰，盛冬铃点校．蕉轩随录．1997.
·（清）李斗撰，汪北平、涂雨公点校．扬州画舫录．2001.
宋元方志丛刊 [M]. 北京：中华书局，1990.
·（宋）杨潜修，（宋）朱瑞常等纂．云间志（册 1）．
·（宋）宋敏求纂修．长安志（册 1）．
·（宋）赵不悔修，（宋）罗愿纂．新安志（册 1）．
·（元）骆天骧纂修．类编长安志（册 1）
·（宋）马光祖修，（宋）周应合纂．景定建康志（册 2）
·（宋）周淙纂修．乾道临安志（册 4）．
·（宋）施谔纂修．淳祐临安志（册 4）．
·（宋）潜说友纂修．咸淳临安志（册 4）．
·（宋）沈作宾修，（宋）施宿等纂．嘉泰会稽志（册 5）．
·（宋）项公则修，（宋）凌万顷，边实纂．淳祐玉峰志（册 6）．
·（元）马泽修，（元）袁桷纂．延祐四明志（册 6）．
·（元）张铉纂修．至正金陵新志（册 6）．
·（宋）胡榘修，（宋）方万里，罗濬纂．宝庆四明志（册 8）．
·（元）佚名纂修，（清）徐松辑．河南志（册 8）．
·（宋）谈钥纂修．嘉泰吴兴志（册 11）．
天一阁藏明代方志选刊 [M]. 上海：上海古籍出版社，1982.
天一阁藏明代方志选刊续编 [M]. 上海：上海书店，1990.
中国方志丛书 [M]. 台北：成文出版社有限公司，1975.
·（民国）赵祖抃修，（民国）吴庚，赵意空纂．民国乡宁县志．华北地方·81 号．
·（民国）周秉彝等修，（民国）刘瑞麟等纂．民国郑县志．华北地方·104 号．
·（清）杨受延等修，（清）马汝州等纂．嘉庆如皋县志．华中地方·9 号．
·（清）宗源瀚等修，（清）周学濬等纂．同治湖州府志．华中地方·54 号．
·（清）尹会一修，（清）程梦星等纂．雍正扬州府志．华中地方·64 号．
·（清）龚嘉儁修，（清）李榕纂．光绪杭州府志．华中地方·194 号．
·（清）丁廷楗修，（清）赵吉士纂．康熙徽州府志．华中地方·237 号．
·（清）卫哲治等纂修，（清）陈琦等重刊．乾隆淮安府志．华中地方·397 号．
·（清）崇谦等纂修，宣统楚雄县志．云南省·39 号．
中国地方志集成 [M]. 南京：凤凰出版传媒集团，2007.
·（清）舒其绅等修，（清）严长明等纂．乾隆西安府志．陕西府县志辑 1.
·（清）张聪贤修，（清）董曾臣纂．嘉庆长安县志．陕西府县志辑 2.
·（清）高廷法，沈琮修，（清）陆耀遹，董佑成纂．嘉庆咸宁县志．陕西府县志辑 2.
·（清）费淳、沈树声纂修．乾隆太原府志．山西府县志辑 1.
·（清）吴辅宏修，（清）王飞藻，文光校订．乾隆大同府志．山西府县志辑 4.
·（清）黎中辅纂修．道光大同县志．山西府县志辑 5.
·（清）吴其均纂修．道光繁峙县志．山西府县志辑 15.
·（清）何才价修，（清）杨笃纂．光绪繁峙县志．山西府县志辑 15.
·（清）谢延庚，吕宪秋修，（清）唐毓和，贺廷寿纂．光绪六合县志．江苏府县志辑 6.
·（清）谭均培，李铭皖修，（清）冯桂芬纂．同治苏州府志．江苏府县志辑 7-10.
·（清）阿克当阿修，（清）姚文田，江藩等纂．嘉庆重修扬州府志．江苏府县志辑 41-42.
·（清）徐成敷等修，（清）陈浩恩等纂．光绪增修甘泉县志．江苏府县志辑 43-44.
·（清）王检心修，（清）刘文淇，张安保纂．道光重修仪征县志．江苏府县志辑 45.
·（清）孙云锦修，（清）吴昆田，高延第纂．光绪淮安府志．江苏府县志辑 54.

·（清）张兆栋，孙云修，（清）何绍基，丁晏等纂．同治重修山阳县志．江苏府县志辑 55.
·（清）五格，黄湘纂修．乾隆江都县志．江苏府县志辑 66.
·（清）王逢源修，（清）李保泰纂．嘉庆江都县续志．江苏府县志辑 66.
·（民国）石国柱，楼文钊修，（民国）许承尧纂．民国歙县志．安徽府县志辑 51.
长安史迹丛刊 [M]. 西安：三秦出版社．
·（唐）杜宝撰，辛德勇辑校．大业杂记辑校，2006.
·（宋）张礼撰，史念海，曹尔琴校注．游城南记校注，2003.
南京稀见文献丛刊 [M]. 南京：南京出版社，2007.
·（清）余怀撰，薛冰点校．板桥杂记．
·（清）珠泉居士撰，薛冰点校．续板桥杂记．
·（民国）夏仁虎撰，杨献文点校．秦淮志．
·（民国）夏仁虎撰，卢海鸣点校．岁华忆语．
·（民国）潘宗鼎撰，卢海鸣点校．金陵岁时记．
江苏地方文献丛书 [M]. 南京：江苏古籍出版社．
·（宋）朱长文撰，金菊林点校．吴郡图经续记，1986.
·（宋）范成大撰，陆振岳点校．吴郡志，1986.
·（清）徐崧，张大纯纂辑，薛正兴点校．百城烟水，1986.
· 王謇撰，张维明整理．宋平江城坊考，1999.
扬州地方文献丛刊
·（清）董玉书著，蒋孝达，陈文和点校．芜城怀旧录 [M]. 南京：江苏古籍出版社，2002.
·（清）徐谦芳著，蒋孝达，陈文和点校．扬州风土纪略 [M]. 南京：江苏古籍出版社，2002.
·（清）赵之壁著，高小健点校．平山堂图志 [M]. 扬州：广陵书社，2004.
·（清）焦循辑，许卫平点校，祁龙威审订．扬州足征录 [M]. 扬州：广陵书社，2004.
·（清）林苏门撰，刘永明点校，蒋孝达审订．邗江三百吟 [M]. 扬州：广陵书社，2005.
淮安市地方志办公室编．淮安文献丛刻 [M]. 北京：方志出版社，2006.
·（明）马麟修，（清）杜琳等重修，李如枚等续修，荀德麟，周平，王朝堂，陈凤雏点校．续纂淮关统志．
·（清）李元庚著，（清）李鸿年续，（清）汪继先补，刘怀玉点校．山阳河下园亭记（续编、补编）．
·（民国）冒广生著，刘怀玉，荀德麟点校．淮关小志．
·（民国）王光伯原辑，程景韩增订，荀德麟，刘功昭，朱崇佐，刘怀玉点校．淮安河下志．

（三）唐及以前

（汉）许慎撰，（清）段玉裁注．说文解字注 [M]. 上海：上海古籍出版社，1981.
（南朝宋）刘义庆撰，（梁）刘孝标注．世说新语 [M]. 郑州：中州古籍出版社，1994.
（清）董诰等编．全唐文 [M]. 北京：中华书局，1982.
（唐）杜佑．通典 [M]. 北京：中华书局，1984.
（唐）中敕．大唐开元礼 [M]. 北京：民族出版社，2000.
（唐）王泾．大唐郊祀录 [M]. 北京：民族出版社，2000.
吴钢主编．全唐文补遗 [M]. 西安：三秦出版社，2000.
周绍良主编．全唐文新编 [M]. 长春：吉林文史出版社，2000.
（梁）萧统编，（唐）李善注．文选 [M]. 北京：中华书局，2005.
（唐）吴兢撰，裴汝诚等译．注贞观政要 [M]. 上海：上海古籍出版社，2006.
（宋）王溥．唐会要 [M]. 上海：上海古籍出版社，2006.

（四）宋、辽、金、元

（宋）李诫撰，邹其昌点校．营造法式 [M]. 北京：人民出版社，2006.
（宋）灌圃耐得翁撰．都城纪胜．杭州掌故丛书·南宋古迹丛考（外四种）[M]. 杭州：浙江人民出版社，1983.
（宋）叶隆礼撰，贾敬颜，林荣贵点校．契丹国志 [M]. 上海：上海古籍出版社，1985.
（宋）宇文懋昭撰，崔文印校证．大金国志校证 [M]. 北京：中华书局，1986.
（宋）王钦若等编纂．册府元龟 [M]. 北京：中华书局，1989.
（宋）王应麟辑．玉海 [M]. 扬州：广陵书社，2007.
（元）熊梦祥著，李致忠等点校．析津志辑佚 [M]. 北京：北京古籍出版社，1983.
（元）马端临编纂．文献通考 [M]. 杭州：浙江古籍出版社，2000.

曾枣庄，刘琳主编．全宋文（360 册）[M]. 上海：上海辞书出版社，2006.
阎凤梧主编．全辽金文（上、中、下）[M]. 太原：山西古籍出版社，2002.
李修生主编．全元文（60 册）[M]. 南京：江苏古籍出版社，1999.

（五）明

（明）汪道昆．太函集 [M]. 金陵刻本，万历十九年（1591 年）.
（明）黄佐纂．南雍志 [M]. 江苏省立国学图书馆影印本，民国二十年（1931 年）.
（明）佚名撰．金陵玄观志 [M]. 江苏省立国学图书馆影印本，民国二十六年（1937 年）.
（明）胡广等修．明太祖实录 [M]. 江苏省立国学图书馆影印原本，民国二十九年（1940 年）.
（明）李辅等修，（民国）金毓黻辑．全辽志：辽海丛书（第二集）[M]. 辽沈书社，民国本．
（明）任洛等修，（民国）金毓黻辑．辽东志：辽海丛书（第二集）[M]. 辽沈书社，民国本．
（明）陈子龙等选辑．明经世文编 [M]. 北京：中华书局，1962.
（明）谢肇淛撰．五杂俎 [M]. 台北：台湾伟文图书出版社有限公司，1977.
（明）田汝城撰．西湖游览志 [M]. 杭州：浙江人民出版社，1980.
（明）王圻，王恩义编集．三才图绘 [M]. 上海：上海古籍出版社，1985.
（明）朱之瑜撰．朱氏舜水谈绮 [M]. 上海：华东师范大学出版社，1988.
（明）张德信，毛佩琦．洪武御制全书 [M]. 合肥：黄山书社，1995.
（明）刘侗，于奕正著，孙小力点校．帝京景物略 [M]. 上海：上海古籍出版社，2001.

（六）清

（清）麟庆．鸿雪因缘图记 [M]. 道光二十七年（1847 年）刊本．
（清）王师旦辑．文庙备考 [M]. 德聚堂重刊本，道光二十七年（1847 年）.
（清）铁保．嘉庆两淮盐法制 [M]. 扬州书局重刊本，同治九年（1870 年）.
（清）高晋编撰．南巡盛典 [M]. 上海点石斋缩印本，光绪八年（1882 年）.
（清）陈述．秣陵集 [M]. 淮南书局本，光绪十年（1884 年）.
（清）甘熙．白下琐言 [M]. 筑野堂刻本，光绪十六年（1890）.
（清）陈述祖．道光扬州营志 [M]. 扬州古旧书店刊印，民国．
（清）陈梦雷编纂，蒋廷锡校订．古今图书集成 [M]. 中华书局影印版，民国二十三年（1934 年）.
（清）黄钧宰．金壶七墨：笔记小说大观（第二十七册）[M]. 扬州：江苏广陵古籍刻印社，1984.
（清）丁丙编纂．武林坊巷志 [M]. 杭州：浙江人民出版社，1984.
（清）徐松辑，（清）张穆校补，方严点校．唐两京城坊考 [M]. 北京：中华书局，1985.
（清）陈去病著，苏州博物馆等编．五石脂：江苏地方文献丛书 [M]. 南京：江苏古籍出版社，1985.
（清）徐扬绘，辽宁省博物馆等编．盛世滋生图 [M]. 北京：文物出版社，1986.
（清）胡之锃修，（清）周学会等纂．道光晋江县志 [M]. 泉州：泉州市鲤城区地方志编纂委员会，福建省博物馆，1994.
（清）宋继郊编撰，王晟等点校．东京志略 [M]. 开封：河南大学出版社，1999.
（清）文庆，李宗昉等纂修，郭亚南等点校．钦定国子监志 [M]. 北京：北京古籍出版社，2000.

（七）民国

（民国）周庆云．盐法通志 [M]. 文明书局铅印本，民国三年（1914 年）.
（民国）任治沅．金陵旗德会馆志 [M]. 铅印本，民国十七年（1928 年）.
（民国）柳诒征．江苏书院志初稿：中国历代书院志（第一册）[M]. 南京：江苏教育出版社，1995.
（民国）王振世著，蒋孝达点校．扬州览胜录 [M]. 南京：凤凰出版社，2002.
（民国）朱偰．金陵古迹图考 [M]. 北京：中华书局，2006.

今人论著

（一）专著

盛郎西 . 中国书院制度 [M]. 台北：华世出版社，1977.

谭其骧 . 中国历史地图集 [M]. 北京：中国地图出版社，1981.

吕思勉 . 读史札记 [M]. 上海：上海古籍出版社，1982.

扬州市地名委员会 . 江苏省扬州市地名录 [M]. 扬州：扬州市地名委员会，1982.

吕思勉 . 隋唐五代史 [M]. 上海：上海古籍出版社，1984.

董鉴泓 . 中国城市建设发展史 [M]. 台北：明文书局，1984.

王仲殊 . 汉代考古学概说 [M]. 北京：中华书局，1984.

张海鹏，王廷元 . 明清徽商资料选编 [M]. 合肥：黄山书社，1985.

傅崇兰 . 中国运河城市发展史 [M]. 重庆：四川人民出版社，1985.

南京工学院建筑系，曲阜文物管理委员会 . 曲阜孔庙建筑 [M]. 北京：中国建筑工业出版社，1987.

中国社会科学院考古研究所，徐苹芳 . 明北京城复原图 [M]. 北京：地图出版社，1986.

南京市人民政府办公厅，人民画报社 . 金陵风光 [M]. 北京：中国画报出版社，1988.

陈高华，史卫民 . 元上都：中国少数民族文库 [M]. 长春：吉林教育出版社，1988.

于杰，于光度 . 金中都 [M]. 北京：北京出版社，1989.

（韩）柳承国著，传济功译 . 韩国儒学史 [M]. 台北：台湾商务印书馆，1989.

江苏省南京市公路管理处史志编审委员会 . 南京古代道路史 [M]. 南京：江苏科学技术出版社，1989.

吴哲夫 . 四库全书纂修之研究 [M]. 台北：故宫博物院，1990.

阮仪三 . 古城留迹：神州鸟瞰系列一 [M]. 香港：海峰出版社，1990.

（日）平冈武夫 . 唐代的长安与洛阳：地图篇 [M]. 上海：上海古籍出版社，1991.

泉州历史文化中心主 . 泉州古建筑 . 天津：天津科学技术出版社，1991.

景爱 . 金上京 [M]. 北京：生活·读书·新知三联书店，1991.

杨布生，彭定国 . 中国书院与传统文化 [M]. 长沙：湖南教育出版社，1992.

丘光明 . 中国历代度量衡考 [M]. 北京：科学出版社，1992.

南京地方志编纂委员会 . 南京建置志 [M]. 深圳：海天出版社，1994.

孟广耀 . 儒家文化——辽皇朝之魂 [M]. 哈尔滨：哈尔滨出版社，1994.

淮阴市文化局 . 徐省生，程杰校对 . 淮阴文物志 [M]. 淮阴：淮阴市文化局，1994.

（韩）郑判龙，李钟殷 . 朝鲜—韩国文化与中国文化 . 北京：中国社会科学出版社，1995.

张海鹏，王廷元 . 徽商研究 [M]. 合肥：安徽人民出版社，1995.

周愚民 . 宋代的州县学 [M]. 台北：台湾编译馆，1996.

王振忠 . 明清徽商与淮扬社会变迁 [M]. 北京：生活·读书·新知三联书店，1996.

白玉奇 . 大金国第一都 [M]. 哈尔滨：黑龙江人民出版社，1996.

郭湖生 . 中华古都 [M]. 台北：空间出版社，1997.

严耕望 . 中国地方行政制度史 [M]. 台北：三民书局，1997.

陈谷嘉，邓洪波 . 中国书院史资料 [M]. 杭州：浙江教育出版社，1998.

路远 . 西安碑林史 [M]. 西安：西安出版社，1998.

黄进兴 . 优入圣域：权力、信仰与正当性 [M]. 西安：陕西师范大学出版社，1998.

周宝珠 . 宋代东京研究 [M]. 开封：河南大学出版社，1999.

李家寅 . 名城扬州记略 [M]. 南京：江苏文史资料编辑部，1999.

山东省曲阜市文物管理委员会 . 圣迹之图 [M]. 济南：山东友谊出版社，1999.

郭亚南，韩丽 . 陈坚，摄影 . 北京国子监 [M]. 北京：中国物价出版社，2000.

安作璋 . 中国运河文化史 [M]. 济南：山东教育出版社，2001.

王鸿 . 老扬州：烟花明月 [M]. 南京：江苏美术出版社，2001.

杨新华，卢海鸣 . 南京明清建筑 [M]. 南京：南京大学出版社，2001.

辽宁省地方志编纂委员会办公室 . 辽宁省志·文物志 [M]. 沈阳：辽宁人民出版社，2001.

傅崇兰，孟祥才，曲英杰，吴承照 . 曲阜庙城与中国儒学 [M]. 北京：中国社会科学出版社，2002.

程存洁．唐代城市史研究初篇 [M]. 北京：中华书局，2002.
杨慎初，高介华．中国书院文化与建筑 [M]. 武汉：湖北教育出版社，2002.
高明士．东亚教育圈形成史论 [M]. 上海：上海古籍出版社，2003.
叶新民，齐木德道尔吉．元上都研究资料选编 [M]. 北京：中央民族大学出版社，2003.
王建军．元代国子监研究 [M]. 澳门：澳亚周刊出版有限公司，2003.
陈笃彬，苏黎明．泉州古代书院 [M]. 济南：齐鲁书社，2003.
韦明铧．风雨豪门：扬州盐商大宅院 [M]. 扬州：广陵书社，2003.
中国社会科学院考古研究所．西汉礼制建筑遗址 // 中国田野考古报告集：考古学专刊丁种第七十号 [M]. 北京：文物出版社，2003.
朱士光，吴宏岐．古都西安：西安的历史变迁与发展 [M]. 西安：西安出版社，2003.
潘谷西．中国建筑史 [M]. 第 5 版．北京：中国建筑工业出版社，2004.
卢群，宋文辉．文庙：郡学甲天下 [M]. 南京：东南大学出版社，2004.
邹律姿．湖南文庙与书院 [M]. 北京：文物出版社，2004.
张敏杰．中国孔庙保护协会论文集 [M]. 北京：北京燕山出版社，2004.
董培良．平遥文庙 [M]. 太原：山西经济出版社，2004.
范小平．中国孔庙 [M]. 成都：四川出版集团，2004.
徐振贵，孔祥林．孔尚任新阙里志校注 [M]. 长春：吉林人民出版社，2004.
冯尔康．生活在清朝的人们：清代社会生活图记 [M]. 北京：中华书局，2005.
贺云翱．六朝瓦当与六朝都城 [M]. 北京：文物出版社，2005.
李范文．西夏通史 [M]. 银川：宁夏人民出版社，2005.
司燕人．学宫时代 [M]. 北京：中国社会科学出版社，2005.
黄进兴．圣贤与圣徒 [M]. 北京：北京大学出版社，2005.
高岱明．淮安园林史话 [M]. 北京：中国文史出版社，2005.
（美）巫鸿．礼仪中的美术——巫鸿中国古代美术史文编 [M]. 北京：生活・读书・新知三联书店，2005.
胡务．元代庙学——无法割舍的儒学教育链 [M]. 成都：巴蜀书社，2005.
辛德勇．隋唐两京丛考 [M]. 西安：三秦出版社，2006.
荀德麟，周平，刘功昭．运河之都——淮安 [M]. 北京：方志出版社，2006.
孟森．明史讲义 [M]. 北京：中华书局，2006.
邓洪波．中国书院史 [M]. 上海：中国出版集团东方出版中心，2006.
杨永生，王莉慧．建筑史解码人 [M]. 北京：中国建筑工业出版社，2006.
洪铁城．沉浮榉溪 [M]. 北京：机械工业出版社，2006.
（美）巫鸿著；柳扬，岑河，译．武梁祠——中国古代画像艺术的思想性 [M]. 北京：生活・读书・新知三联书店，2006.
逯耀东．从平城到洛阳——拓跋魏文化转变的历程 [M]. 北京：中华书局，2006.
（日）中川忠英．清俗纪闻．方克，孙玄龄，译．北京：中华书局，2006.
黄仁宇．中国大历史 [M]. 北京：生活・读书・新知三联书店，2006.
杨宽．中国古代都城制度史 [M]. 上海：上海人民出版社，2006.
四川省文史研究馆．成都城坊古迹考 [M]. 成都：成都时代出版社，2006.
吴天墀．西夏史稿 [M]. 桂林：广西师范大学出版社，2006.
中国地图册 [M]. 北京：中国地图出版社，2007.
张一兵．明堂制度源流考 [M]. 北京：人民出版社，2007.
杨波．长安的春天——唐代科举与进士生活．北京：中华书局，2007.
万绳楠．陈寅恪魏晋南北朝讲演录 [M]. 贵州：贵州人民出版社，2007.
林和生．文翁石室：科举和文官制度的摇篮 [M]. 成都：成都时代出版社，2007.
赵荣光．《衍圣公府档案》食事研究 [M]. 济南：山东画报出版社，2007.
（澳）安东篱（Antonia Finnane）著，李霞译，李恭忠校．说扬州：1550—1850 的一座中国城市 [M]. 北京：

中华书局，2007.
四川省文物考古研究院．四川文庙 [M]. 北京：文物出版社，2008.
张亚祥．江南文庙 [M]. 上海：上海交通大学出版社，2009.

（二）丛刊类

中国古代建筑史 [M]. 北京：中国建筑工业出版社．

- 刘叙杰．原始社会、夏、商、周、秦、汉建筑：第一卷，2003.
- 傅熹年．三国、两晋、南北朝、隋唐、五代建筑：第二卷，2001.
- 郭黛姮．宋、辽、金、西夏建筑：第三卷，2003.
- 潘谷西．元、明建筑：第四卷，2001.
- 孙大章．清代建筑：第五卷，2002.

中华文明史话 [M]. 北京：中国大百科全书出版社，1998.

- 曲英杰．孔庙史话．
- 樊克政．学校史话．
- 李尚英．科举史话．

中国历史文化名城丛书 [M]. 北京：中国建筑工业出版社．

- 葛世民．大同，1988.
- 黎承贤，等．洛阳，1990.
- 吴承桢．杭州，1992.
- 屈春山．开封，1993.
- [4] 国家文物局．中国文物地图集 [M].
- 广东分册．广州：广东省地图出版社，1989.
- 河南分册．北京：中国地图出版社，1991.
- 青海分册．北京：中国地图出版社，1996.
- 云南分册．昆明：云南科技出版社，2001.
- 山西分册．北京：中国地图出版社，2006.
- [5] 朱正海．扬州历史文化丛书．
- 王瑜，朱正海．盐商与扬州 [M]. 南京：江苏古籍出版社，2001.
- 韦明铧．画笔春秋：扬州名图 [M]. 扬州：广陵书社，2006.

马超骏，荀德麟．淮安历史文化丛书 [M]. 北京：中共党史出版社，2002.

- 荀德麟．淮安史略．
- 马超骏，程杰．淮安古迹名胜．

（三）论文

梁思成．曲阜孔庙之建筑及其修葺计划 [J]. 中国营造学社汇刊：第六卷第一期（曲阜孔庙研究专号）北京：国际文化出版公司，1997.
陈仲篪．识小录・营造法式所载之门制二・乌头门 [J]. 中国营造学社汇刊：第六卷第二期．北京：国际文化出版公司，1997.
贾洲杰．元上都调查报告 [J]. 文物，1977（05）：65-74.
中国科学院考古研究所洛阳工作队．汉魏洛阳故城太学遗址新出土的汉石经残石 [J]. 考古，1982（04）：381-389.
乐山．杏坛 [J]. 孔子研究，1986（01）：108.
潘谷西．从曲阜看儒家思想对建筑的影响 [J]. 孔子研究，1986（02）：67-70.
乐寿．舞雩台 [J]. 孔子研究，1986（02）：119.
赵云旗．论隋文帝与隋代的儒学 [J]. 孔子研究，1988（03）：34-42.
高明士．唐代的武举与武庙 [C]// 第一届国际唐代学术会议论文集．台北：唐代研究学者联谊会，1989.
卢仁龙．河间献王与汉代儒学 [J]. 河北学刊，1990（03）：27-33.
周原孙．宋代四川孔庙的设置及兴盛原因 [J]. 四川文物，1990（05）：32-37.
王剑英．明中都 [J]. 故宫博物院院刊，1991（02）：61-69.
冬野．四川孔庙"棂星门"溯源 [J]. 文史杂志，1991（03）：41-42.
顾吉辰．孔子思想在西夏 [J]. 史学集刊，1991（04）：32-37.
姚学奎．试绘北魏平城图说明 [J]. 北朝研究，1991（04）：121-123.
陈朝晖．北朝儒学教育及其影响 [J]. 齐鲁学刊，1991（06）：84-88.
刘章泽，隗瀛涛．德阳孔庙布局及其与各地孔庙形制的比较研究——关于孔庙形制演变的探讨 [G]// 孔学孔庙研究．成都：四川书社，1991.
周原孙．宋代四川孔庙的设置及其相关问题 [G]// 孔学孔庙研究．成都：四川书社，1991.
孔祥林．朝鲜的孔子庙：儒家思想深远影响的象征 [J].

孔子研究，1992（01）：108-114.
陈国栋．哭庙与焚儒服——明末清初生员层的社会行动作[J]. 新史学，1992（03）：69-94.
陈煦．文翁学宫在东汉的兴废——兼辩《周公礼殿记》的时代[J]. 成都大学学报：社科版，1992（03）：44-46.
范寿琨．论金代孔庙的建置及其作用[J]. 社会科学辑刊，1993（02）：88-94.
刘岩．哈尔滨文庙的维修与保护[J]. 北方文物，1993（03）：107-110.
吴竞．简论太平天国后期的崇教排儒[J]. 苏州大学学报：哲学社会科学版，1993（03）：116-119.
曲英杰．汉魏鲁城考[J]. 史学集刊，1994（01）：49-55.
陈朝晖．梁武帝与南朝的儒学[J]. 孔子研究，1994（01）：50-55.
任荣．儒教造像源流[J]. 浙江师大学报(社会科学版)，1994（04）：11-15.
赵澜．《大唐开元礼》初探——论唐代礼制的演化历程[J]. 复旦学报：社会科学版，1994（05）：87-92.
王振忠．明清淮安河下徽商研究[J]. 江淮论坛，1994（05）：72-82.
彭林．杏坛考[J]. 中国史研究，1995（03）：117-124.
王振忠．两淮盐业与明清扬州城市文化[J]. 盐业史研究，1995（03）：18-23.
Tao Jingshen.Public School in the Chin Dynasty.[G]// Hoyt Cleveland Tillman，Stephen H Wes.China under Jurchen Rule.New York：State University of New York Press，1995.
路远．明代西安碑林、文庙及府县三学整修述要[J]. 文博，1996（01）：37-46.
王耀贵．辽代西京的文化教育发展概析[J]. 雁北师范学院学报：文科版，1996（02）：20-21.
周聪．孔庙与"庙学合一"[J]. 文史杂志，1996（02）：62-65.
曲英杰．历代京都及地方孔庙考述[J]. 孔子研究，1996（03）：118-123.
黄震云．辽代的宗教文化（续）[J]. 民族研究，1996（03）：55-62.
张稚庐．莱州府之哭庙[J]. 春秋，1996（03）：32-33.
朱剑飞著，邢锡芳译．天朝沙场——清故宫及北京的政治空间构成纲要[J]. 建筑师，1997（02）：101-112.
李琳琦，王世华．明清徽商与儒学教育[J]. 华东师范大学学报：教育科学版，1997（03）：80-88.
张亚祥，刘磊．泮池考论[J]. 孔子研究，1998（01）：121-123.
侯力．唐代官学中的学规和学礼[J]. 益阳师专学报，1998（02）：48-51.
冯永谦．辽史地理志考补——中京道、南京道、西京道失载之州军[J]. 北方文物，1998（03）：69-77.
冯永谦．辽史地理志考补——上京道、东京道失载之州军[J]. 社会科学战线，1998（04）：191-201.
钮因莉．杭州孔庙的历史变迁与现状[J]. 浙江档案，1998（05）：39-40.
张敏杰．金代孔庙的修建及其在民族融合中的作用[J]. 北方论丛，1998（06）：74-78.
李炳南．儒家学说对中国古代建筑的影响[J]. 云南社会科学，1999（03）：88-94.
胡凡．儒教与明初宫廷祭祀礼制[J]. 齐鲁学刊，1999（06）：42-49.
徐泓，赵毅，林凤萍．明南京国子监的校园规划[C]//第七届明史国际学术讨论会论文集．长春：东北师范大学出版社，1999.
史红帅．明清西安城内教育设施的发展变迁[J]. 中国历史地理论丛，2000（04）：123-252.
（美）斯蒂芬·福伊希特旺．学宫与城隍[A]//（美）施坚雅主编，叶光庭，等译．中华帝国晚期的城市．北京：中华书局，2000.
杜成辉．辽代西京文化教育的发展[J]. 大同职业技术学院学报，2000（12）：21-23.
张亚祥，刘磊．泮池考论[J]. 古建园林技术，2001(01)：36-39.
王银田，曹丞明，韩生存．山西大同市北魏平城明堂遗址1995年的发掘[J]. 考古，2001（03）：26-34.
阎广芬．试论明清时期商人与教育的关系[J]. 河北大学学报：哲学社会科学版，2001（03）：9-55.
顾宏义，王守琴．两宋州县学官及其任用考核制度[J]. 洛阳师范学院学报，2001（04）：69-72.
周志斌．论清初苏州的"哭庙案"[J]. 学海，2001(06)：124-127.
陈薇．解读地方城市[J]. 建筑师，2001（12）：44-47.

唐晓涛．唐代贬官与流人分布地区差异探究——以岭西地区为例 [J]. 玉林师范学院学报：哲学社会科学版，2002（02）：43-46.

张晓旭．中国孔庙研究专辑 [J]. 南方文物，2002（04）.

楚人．贡院学宫对河房 [J]. 书屋，2002（10）：22-23.

王雪玲．两《唐书》所见流人的地域分布及其特征 [J]. 中国历史地理论丛，2002（02）：79-85.

顾向明．唐代太湖地区官学考析 [J]. 临沂师范学院学报，2003（02）：52-56.

林从华．闽台文庙建筑形制研究 [J]. 西安建筑科技大学学报：自然科学版，2003（03）：20-27.

于学斌，孙雪坤．金代孔庙的发展、成因及作用 [J]. 北方论丛，2003（04）：46-49.

胡克森．西晋国子学建立原因初探 [J]. 晋阳学刊，2003（06）：59-63.

陈熙远．中国夜未眠：明清时期的元宵、夜禁与狂欢 [J]. 台湾研究院历史语言历史所集刊，2004（第 75 本第 2 分册）：283-327.

杨知秋．云南尊孔源流考 [J]. 孔子研究，2004（01）：112-116.

盛险峰．五代官学考论 [J]. 东北师大学报：哲学社会科学版，2004（01）：63-70.

滕新才．朱元璋的孔孟情结与明初民本政策 [J]. 西南师范大学学报：人文社会科学版，2004（03）：105-109.

姚崇新．唐代西州的官学——唐代西州的教育（之一）[J]. 新疆师范大学学报：哲学社会科学版，2004（03）：62-68.

张亦文．《营造法式注释》卷上“乌头门与棂星门”误作同类门的献疑 [J]. 古建园林技术，2004（04）：18-19.

陆泓．云南建水县孔庙棂星门形制分析与探讨 [J]. 古建园林技术，2004（04）：20-21.

马玉山．浅论北朝儒学．[G]// 中国魏晋南北朝史学会，大同平城北朝研究会．北朝研究：第四辑．郑州：中州古籍出版社，2004：105-112.

许智银．北魏的学校教育．[G]// 中国魏晋南北朝史学会，大同平城北朝研究会．北朝研究：第四辑．郑州：中州古籍出版社，2004：133-146.

陈英．魏晋南北朝时期的河西儒学．[G]// 中国魏晋南北朝史学会，大同平城北朝研究会．北朝研究：第四辑．郑州：中州古籍出版社，2004：361-368.

赵克生．试论明代孔庙祀典的升降 [J]. 江西社会科学，2004（06）：104-110.

许智银．浅论汉代地方官办教育的发展 [J]. 商丘师范学院学报，2004（04）：94-96.

陶然．论金元之际庙学碑记文的文化内涵 [J]. 浙江大学学报：人文社会科学版，2004（09）：109-116.

路远，张敏杰．西安孔庙历史溯源．[G]// 中国孔庙保护协会论文集．北京：北京燕山出版社，2004：10-16.

李举纲．陕西省内现存孔庙述略．[G]// 中国孔庙保护协会论文集．北京：北京燕山出版社，2004：92-96.

赵克生．明代地方庙学中的乡贤祠与名宦祠 [J]. 中国社会科学院研究生院学报，2005（01）：118-123.

梁仁志，俞传芳．明清侨寓子弟的教育科举问题 [J]. 安徽师范大学学报：人文社会科学版，2005（01）：73-76.

车文明．神庙献殿源流 [J]. 古建园林技术，2005（01）：36-39.

（韩）韩东洙，崔志荣．从朝鲜时代的宫中礼仪看遮日的功能和特性——以 19 世纪以后宫中宴享为中心 [J]. 故宫博物院院刊，2005（05）：114-122.

曹国媛，曾克明．中国古代衙署建筑中权力的空间运作 [J]. 广州大学学报：自然科学版，2006（02）：90-94.

孔祥林．中国和海外近邻文庙制度之比较 [J]. 孔子研究，2006（03）：45-56.

宋秀兰．郑州文庙的保护与复建 [J]. 中原文物，2006（04）：78-80.

高惠斌．南朝中央官学探微 [J]. 殷都学刊，2006（04）：39-43.

梁小丽，聂松鹿．正定府文庙戟门 [J]. 文物春秋，2006（04）：34-36

张雪红．论宋代国子监教育传播的新特征和传播职能的转变 [J]. 河南大学学报：社会科学版，2006（04）：20-28.

林振礼．宋代泉州府学、石笋变迁管窥 [J]. 泉州师范学院学报：社科版，2006（05）：49-55.

万书元．中国书院建筑的语义结构与纪念性特征 [J]. 华中建筑，2006（11）：78-81.

何礼平，应四爱．我国古代书院建筑的伦理学阐释 [J]. 华中建筑，2006（11）：82-84.

盖金伟，孙钰华．论“释奠礼”与唐代文化权威的构

建 [J]. 新疆大学学报：哲学·人文社会科学版，2007（01）：105-111.
姜东成．元大都孔庙、国子学的建筑模式与基址规模探析 [J]. 故宫博物院院刊，2007（02）：10-27.
高福顺．辽代上京地区官学教育发展探析 [J]. 黑龙江民族丛刊，2007（02）：87-96.
刘成国．宋代学记研究 [J]. 文学遗产，2007（04）：53-60.
霍红伟．清代地方官学的恢复与重建———以清代地方志为中心的考察 [J]. 中国地方志，2007（07）：55-60.
沈旸．明清南京的会馆与南京城 [J]. 建筑师，2007（08）：68-79.
卜然然．汉代地方官学的教师设置 [J]. 教育学报，2007（05）：85-91.
高福顺．辽朝文教政策之影响 [J]. 史学月刊，2007（11）：125-128.
邓巧明．历史地段的整体性保护与可持续发展——以曲阜古泮池为例 [J]. 华中建筑，2007（11）：61-64.
白颖．明洪武朝建筑群规模等级制度体系浅析 [J]. 建筑师，2007（12）：79-86.

（四）硕、博士学位论文

（韩）韩东洙．初探中韩两国古代建筑文化的比较与交流 [D]. 北京：清华大学，1997.
何易．明清城市牌坊初探 [D]. 南京：东南大学，2002.
刘捷．扬州城市建设史略 [D]. 南京：东南大学，2002.
胡炜．云南明清文庙建筑实例探析 [D]. 昆明：昆明理工大学，2003.
汤晔铮．明清南京城南建设史 [D]. 南京：东南大学，2003.
成一农．唐末至明中叶中国地方建制城市形态研究 [D]. 北京：北京大学，2003.
周家凤．五代中央官学考 [D]. 长春：东北师范大学，2004.
魏星．广东孔庙建筑文化研究 [D]. 广州：华南理工大学，2004.
李轶夫．韩城文庙建筑研究 [D]. 西安：西安建筑科技大学，2004.
范春玥．由"学记"看北宋地方官学 [D]. 北京：首都师范大学，2005.
许康．牌坊研究 [D]. 深圳：深圳大学，2005.
郑雪．宋朝建康府学研究 [D]. 上海：华东师范大学，2006.
兰美琴．唐代岭南谪宦及其对该地区教育的贡献 [D]. 广州：广州大学，2006.
罗玉霞．北宋太学的复兴及其管理的完善 [D]. 武汉：华中师范大学，2006.
张光莉．明代国子监研究 [D]. 开封：河南大学，2006.
盖金伟．汉唐官学学礼研究 [D]. 上海：华东师范大学，2007.
陈伟生．宋朝太学教育管理研究 [D]. 长沙：湖南师范大学，2007.
李丽莉．两晋南朝的国子学 [D]. 郑州：郑州大学，2007.
郑岩．清前期京旗官学研究 [D]. 北京：中央民族大学，2007.
王劲．苏州古典园林理水与古城水系 [D]. 南京：东南大学，2007.
朱茹．宋代江西孔庙研究 [D]. 南昌：江西师范大学，2008.
彭蓉．中国孔庙研究初探 [D]. 北京：北京林业大学，2008.
刘溪．城市商业中心公共空间结构形态演变特征研究 [D]. 南京：东南大学，2009.

（五）其他

赫图阿拉城文物管理所．赫图阿拉城 [Z]. 辽宁省文物保护中心提供，2004.
王建国，陈薇．沈阳方城（故宫—张氏帅府及周边地块）城市设计 [Z]. 东南大学建筑学院，2004—2005.
曹书杰．孔氏的三次南迁 [N]. 光明日报·国学版，2007.
（日）妹尾达彦．隋唐长安与东亚史的转型 [C]// 纪念刘敦桢先生诞辰 110 周年暨中国建筑史学史研讨会，2007.
朱光亚．苏州府学文庙保护规划 [Z]. 东南大学建筑学院，2007—2008.
泉州学校 [EB/OL].[2014-04-10].http://qzhnet.dnscn.cn.
儒学发展史 [EB/OL].[2014-04-10].http://www.zh5000.com/ZHJD/zgrx/zgrx-index.htm.
张郁．辽上京城址勘查报告 [EB/OL].（2010-04-13）.http://blog.sina.com.cn/s/blog_5f61c8820100in31.html.
巴林左旗文体局．巴林左旗辽上京遗址 [EB/OL].（2008-06-04）.http://www.nmgnews.com.cn/balinzuoqi/system/2008/06/04/010048397.shtml.

韩国文献

東國輿地志 [M]. 首爾大學校奎章閣藏 1487 年版本.

사진으로 보는 朝鲜時代 – 생활과 풍속. 서문당, 1987.

(朝鲜) 李肯翊. 燃藜室记述 · 别集 [A]. (국역) 연려실기술 (IX) P527–750, (X) P629–906[C]. 민족문화문고간행회, 1988.

李廷國. 朝鮮時代 鄉校建築의 配置와 空間構成에 关한 研究 [D]. 漢陽大學校大學院, 1990.

東闕圖. 韓國文化財保護協, 1992.

김지민. 한국의 유교건축. 도서출판 발언, 1993.

(국역) 태학지 (太學志) (상). 成均舘, 1994.

朴龍雲. 고려시대 開京 연구. 一志社, 1996.

(嶺南大博物館所藏) 韓國의 옛地圖 (圖版篇). 嶺南大學校博物館, 1998.

(한국의 중요무형문화재 17) 석전대제 (釋奠大祭). 국립문화재연구소, 1998.

박왕희. 한국의 향교 건축. 문화재관리국, 1998.

泮中杂咏 // (朝鲜) 尹愭, (韩) 李敏弘译注. 朝鲜朝成均舘의 校園과 太學生의 生活像. 成均舘大學校出版部, 1999.

조선 왕실의 행사그림과 옛지도. 한국학중앙연구원, 2005.

창덕궁 육백년 (1405–2005). 문화재청 창덕궁관리소, 2005.

图书在版编目（CIP）数据

圣域传灯录 / 沈旸著 . —北京：中国建筑工业出版社，
2016.12
ISBN 978-7-112-20094-8

Ⅰ.①圣… Ⅱ.①沈… Ⅲ.①孔庙-文集
Ⅳ.①K928.75-53

中国版本图书馆 CIP 数据核字（2016）第 273229 号

责任编辑：李 鸽
书籍设计：付金红
责任校对：刘梦然
插图绘制：一 一
国家社会科学基金项目（18BGL278）

圣域传灯录
沈 旸 著
*
中国建筑工业出版社出版、发行（北京海淀三里河路9号）
各地新华书店、建筑书店经销
北京嘉泰利德公司制版
北京雅昌艺术印刷有限公司印刷
*
开本：787×960 毫米 1/16 印张：$30^3/_4$ 字数：470千字
2018年6月第一版 2018年6月第一次印刷
定价：89.00元
ISBN 978-7-112-20094-8
（29511）